초등 학급운영 1

학급운영 터잡기

초등 학급운영 **1**

ⓒ 우리교육, 2005

2005년 4월 25일 처음 펴냄
2012년 2월 9일 1판 11쇄

엮은이 · 우리교육
펴낸이 · 신명철
펴낸곳 · (주)우리교육
주소 · (121-841) 서울특별시 마포구 서교동 449-6호
전화 · 02-3142-6770
팩스 · 02-3142-6772
등록 · 제313-2001-52호
홈페이지 · www.uriedu.co.kr

· 이 책의 내용을 쓰고자 할 때에는 출판사의 허락을 받아야 합니다.
· 잘못된 책은 바꾸어 드립니다.
· 책값은 뒤표지에 있습니다.

ISBN 978-89-8040-621-0 14370
ISBN 978-89-8040-624-1 (세트)

· 이 도서의 국립중앙도서관 출판시도서목록(CIP)은 e-CIP 홈페이지(http://www.nl.go.kr/cip.php)에서
  이용하실 수 있습니다. (CIP제어번호: CIP2005000783)

초등 학급운영 1

학급운영 터잡기

우리교육

《초등 학급운영》을 펴내며

　　　　어린 시절, 누구나 한번쯤 퍼즐 놀이에 골몰했던 기억이 있을 것입니다. 처음 퍼즐 조각을 집을 때에는 완벽하게 다 맞춰서 끝을 보리라는 마음으로 시작하지만, 그 과정은 매우 어렵습니다. 작은 조각들을 여기에 놓을까 저기에 놓을까 망설이다 포기해 버리기도 합니다.

《초등 학급운영》을 만드는 과정이 꼭 이 퍼즐 맞추기 같았습니다. 몇백 개의 조각 퍼즐처럼 전국 각지에서 펼쳐 내는 학급운영 사례를 접하면서 어떤 자리에 올려야 선생님들의 열정과 지혜를 온전히 담아낼 수 있을지 무척이나 어려웠습니다. 그러다 보니 적지 않은 준비 기간을 두었음에도 출간이 많이 늦어졌습니다. 기대를 저버리지 않고 끝까지 기다려 주신 여러 선생님들 덕분에 늦었지만 이제서라도 지난한 작업을 매듭짓게 되었습니다.

　　　　책을 마련하는 첫 삽을 뜨기 전, 우리교육에서 내는 학급운영 개론서는 어떠해야 하는지에 대한 고민을 가지고 여러 선생님들을 만났습니다. 선생님들의 공통된 의견은, 프로그램의 나열이 아닌, 각 교실에서 이루어지고 있는 학급운영의 의미를 밝혀, 성찰의 자리를 마련해야 한다는 것이었습니다. 또한 15년의 역사를 가지고 있는 교육 전문 월간지 《초등 우리교육》의 성과를 알차게 모으되 현재의 학급운영 흐름을 비중 있게 반영해야 한다는 의견도 있었습니다. 학급운영과 교과지도, 그리고 생활지도가 톱니바퀴처럼 맞물려 돌아가면서 아이들의 올곧은 성장을 지원해 줄 수 있어야 한다는 점도 강조하였습니다.

이러한 조언들을 밑거름으로 학급운영이라는 바탕을 점검하고, 그간 여러 선생님들이 싹 틔워 낸 다양한 사례로 그 빛깔을 더했습니다. 이 책이 마치 학급운영의 '정답지'인 것으로 오인되지는 말았으면 하는 바람입니다. 이 책은 학급운영이라는 너른 퍼즐판에 길을 잡아 갈 수 있도록 힌트가 되는 몇 개의 퍼즐 조각을 얼기설기 짜 맞추어 놓은 것에 불과합니다. 나머지 퍼즐 조각을 들어 올려 하나하나 제자리에 놓는 것은 독자인 선생님들의 몫입니다. 선생님들이 완성한 퍼즐들은 제각각 다를 테지만, 그 속에는 아이들에 대한 각별한 애정과 헌신, 그리고 열정이 공통으로 들어가 있을 것입니다.

모두 세 권으로 이루어진 이 책은 초등 선생님들의 교육활동을 살펴 일 년의 흐름과 하루의 호흡을 중심으로 구성했습니다. 1권의 주제는 '만남'입니다. 새 학년 아이들과의 첫 만남부터 학급운영의 든든한 동반자인 학부모와의 만남까지, 그리고 학급임원 선거, 모둠활동, 교실환경 가꾸기 등 학급운영의 골격을 갖추기 위한 일상활동을 망라했습니다. 2권은 선생님의 하루를 따라 아침 시간과 수업, 마침 시간을 잇대어 살피며, 아이들 삶을 보듬는 생활지도와 상담의 지혜를 보탰습니다. 3권은 학급운영의 폭을 넓히고 깊이를 더하는 다양한 학급활동을 소개하며, 평가와 마무리까지 촘촘하게 다루었습니다.

일 년 학급운영에서 가장 중요한 것은 학급이라는 텃밭을 소중히 하는 마음과 그 텃밭에서 커 나갈 아이들을 중심으로 생각하는 것입니다. 각 권에서 다루고 있는 주제에 대해서 여러 선생님들이 생생한 목소리로 아이들과 함께한 [우리 반 이야기]를 들려주며, [한뼘 더]에서 주제에 대한 깊이 있는 성찰을 일깨웁니다. 다양한 학급운영 소재를 상상해 보는 [이런 건 어때요]와 [정보 쌈지]로 학급운영에 윤기를 더하고자 하였습니다.

아이들이 얼마나 재기발랄한 대안의 창조자인지는 아이들을 가르치고 있는 선생님들이 더 잘 아실 겁니다. 아이들과 들숨과 날숨을 같이 하며, 아이들의 번득이는 재치와 귀여운 제안을 들어 보십시오. 그리고 그것을 《초등 학급운영》과 함께 버무려 멋진 일 년 학급운영을 설계해 보시기 바랍니다. 그 성찬에 우리교육이 조금이나마 보탬이 된다면, 지난한 편집 과정의 수고는 큰 영광으로 남을 것입니다.

이 책이 나오기까지 기획과 책임집필을 맡아 주신 신명기 선생님과 기획 단계에서 인터뷰에 응해 주신 선생님들, 좋은 원고로 책을 풍성하게 꾸며 주신 선생님들, 그리고 편집 과정 동안 응원해 주시고 격려해 주신 모든 선생님들께 진심으로 감사하다는 말씀 전합니다.

2005년 4월 우리교육

차례 

II. 짜임새 있는 학급조직

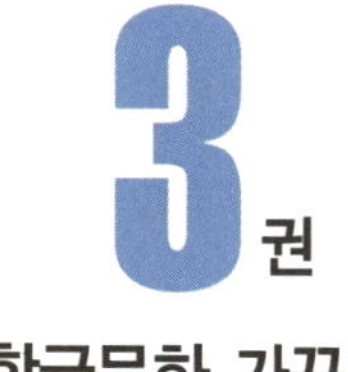
3
권
학급문화 가꾸기

여러분 반가워요~

I

새 학년

01 | 첫 만남을 여는 지혜

첫 만남입니다.

호기심 가득한 동그란 눈동자들이

새 학년에 대한 기대와 다짐으로 선생님을 맞이합니다.

새 학년 첫 만남은 학교생활을 하면서 맞는

가장 극적인 만남 가운데 하나입니다.

선생님들마다 가치관과 목표 추구 방법이 다르듯

첫 만남을 준비하는 방법과 내용도 모두 다릅니다.

아이들 입장에서 그런 경험은 다양할수록 좋습니다.

다양한 만남은 아이들의 성장을 돕는 밑거름 역할을 합니다.

해마다 썰물처럼 밀물처럼 그렇게 아이들을 보내고 다시 맞이하는 일을 거듭하지만, 새 학년 첫 만남에 대한 기대와 설렘은 늘 새롭기만 하다. 담임 발표 날, 올해 첫 담임을 맡은 김 선생님은 걱정 반 기대 반, 제일 먼저 학급 아이들의 이름이 적힌 임시 출석부부터 챙긴다. 시라도 한 편 암송하듯이 이렇게 저렇게 아이들 이름을 불러 본다. 십수 년 경력의 노련한 박 선생님, 새로 맡은 아이들 이름을 한 명 한 명 공책에 정리하더니 '우리 반'이 된 아이들의 작년 담임을 찾아가 한 말씀 부탁한다. 찬 기운 가득한 교실 문을 열고 들어가 아이들 책상과 의자를 하나하나 세어 보며, 일 년 동안 이 자리 주인은 누가 될까 미리 상상해 보는 선생님도 있다.

첫 만남을 준비하는 교사들의 모습은 참으로 여러 가지이다. 하지만 그 마음은 한결같이 아이들에게 '좋은 선생님'이 되고 싶은 것이다. 분명 학기 중에 이런저런 속상한 일도 많을 것이고, 어쩔 줄 몰라 당황하는 일도, 때론 좋은 선생님과는 거리가 먼 모습을 보일 수도 있겠지만, 첫 만남 무렵에는 모두 각오를 새롭게 다진다. 우리는 이제 막 새 학년이라는, 모든 것을 새롭게 시작할 수 있는 선물을 받지 않았는가.

첫날 교실에 가지런히 앉아 있는 아이들은 이미 누군가를 맞이하고 그와 함께할 마음의 준비가 되어 있다. 숨을 죽이고 앉아 있는 아이들의 빛나는 눈빛은 그들이 보내는 '준비 완료' 신호이다. 이 아이들 눈빛에 화답할 수 있는 담임의 선물을 하나하나 점검해 보자. 아이들과 더불어 이루어 낼 학급운영 목표는 세웠는지, 학부모를 배려한 통신 준비는 되어 있는지, 차분하게 지낼 하루 활동 채비는 갖추었는지, 그리고 당장 첫날 해결해야 할 번호 정하기나 자리 배치, 청소에 대한 대안은 마련되어 있는지, 담임 소개를 할 준비는 되어 있는지, 아이들에게 들려줄 만한 이야기와 눈빛은 준비되어 있는지……

아무리 노련한 교사라도 준비를 하지 않으면 허둥댈 수밖에 없고 사무적인 표정과 일처리

태도를 보이게 된다. 아이들 눈빛은 그런 것을 놓치지 않는다. 스스로의 교직관과 무엇을 얼마만큼 해낼지에 대한 입장을 명확히 정리하지 못하면, 학급운영은 지속성을 갖지 못하고 무원칙하게 그때그때 분위기에 휩쓸려 결국 좌절과 의욕 상실만을 거듭하게 된다. 작고 소박하더라도 차분하고 확신에 찬 출발이 믿음과 기대를 심어 준다.

 담임 발표에서 개학 전까지

새 학년 다짐은 '학급운영 계획서'로

담임 여부를 확인하고 아이들을 만나기 전까지 시간은 그리 길지 않다. 그 짧은 기간 동안 일 년 학급운영을 어떻게 할 것인가에 대한 계획을 세우는 것은 조금 무리일 수 있다. 그렇지만 담임으로서 새 학급에 대한 다짐을 글로 정리해 나가다 보면 자연스럽게 그 전해 담임으로서 자신의 교육활동에 대한 평가와 함께, 올 한 해 할 수 있는 일과 해 보고 싶은 일이 조금 더 분명해질 것이다.

1학년을 만나는 교사와 6학년을 만나는 교사의 마음속에는 서로 다른 설계도가 마련되어야 한다. 어떤 학년, 어떤 학급에 가도 괜찮은 교사는 아무 준비도 하지 않은 교사이다. 혹시 학년에 관계없는 '빈' 상태로 교실에 들어서고 있지는 않은지 점검해 보아야 한다. 아이들에게 일 년 학급운영을 총체적으로 말하기는 쉽지 않다. 한눈에 볼 수 있도록 일 년 학급운영 계획서를 나누어 주면 좋다. 글로 정리한 학급운영 계획은 첫날 아이들과 나눌 수 있는 담임의 약속이자, 계획서를 받아든 아이들 눈빛에서 '우리 반'에 대한 기대를 눈치 챌 수 있는 기회가 된다.

배려해야 할 아이 살피기

담임 발표부터 첫 만남까지 아이를 제대로 파악할 수 있는 시간은 아주 짧다. 그래도 아이들 정보를 읽는 일은 빼놓을 수 없다. 아이들에 대해 조금이라도 알고 있으면 문제가 생기더라도 허둥대지 않고 좀 더 여유 있게 대처할 수 있기 때문이다. 어렵지만 정보를 파악할 수 있는 한도 내에서 아이들을 읽고 '배려해야 할' 아이에 대해서는 꼭 체크를 해 놓아야 한다. 지난해 담임을 통해 아이들 특성(알레르기 체질이나 장애 유무 따위)이나 형편 정도는 미리 살펴 둘 수 있을 것이다.

이때, 주의할 점은 평소 인간 관계에서도 마찬가지겠지만 '첫인상'이 주는 선입견이다. 몇 년 교사생활을 하다 보면 자연스레 교사와 아이들 사이에도 궁합이라는 것이 있다는 느낌을 받게 된다. 내가 가르칠 때는 꽤 괜찮은 아이였는데 다른 선생님은 어긋난 평가를 하는 경우가 있다. 물론 그 반대의 경우도 있다.

이는 교사가 '어디에 더 중점을 두고 아이를 바라보는가' 하는 시각 차이에서 비롯된다고 할 수 있다. 때문에 그 아이가 전 학년에서 어땠다더라는 식의 정보는 잘못된 선입견을 낳을 수 있다. 물론, 미리 알아 두면 좋을 정보라면 큰 도움이 되겠지만 꼭 필요한 정보가 아니라면 굳이 다른 교사에게 물어 가며 알려고 하지 말고 자신이 부딪쳐 가며 알아 가는 것이 좋다.

의외로 새 학년 첫 일주일 동안 마음에 상처를 받는 아이들이 많다. 교사가 아이들을 모두 똑같다고 생각한 상태에서 학급운영을 하다 보니 배려가 필요한 아이를 제대로 배려하지 못해 나타나는 현상이다. 그렇게 마음에 상처를 입은 아이는 일 년 동안 교사에게 마음 열기가 아주 어렵다.

교실 둘러보기

아이들을 처음 만나는 날, 일 년 동안 아이들과 함께 지낼 교실에 선생님도 처음 가 보는 것은 아닌지. 개학 전에 교실을 미리 한번 둘러보자.

방학 동안 오래 비워 두었던 터라 책상도 비뚤비뚤, 구석구석에 먼지가 쌓여 있고, 미처 정리하지 못한 게시물이나 기자재들이 어수선하게 널려 있을 것이다. 아이들이 교실에 들어왔을 때 어수선하고 썰렁한 기분이 들지 않도록 손 가는 대로 치우면서, 우리 반에 꼭 필요한 것과 없어도 될 것, 부족한 것은 무엇이 있는지 미리 살펴본다. 특히, 떨어질 수 있는 물건이나 튀어나온 못 같은 건 없는지, 책상과 의자, 사물함이 아이들 수에 맞는지를 확인해 둔다.

봄방학에 교실을 꾸미는 일이 쉽지는 않다. 그래도 눈에 띌 만한 것 한두 가지만 준비해 두어도 낯선 교실에 들어서는 아이들의 긴장된 마음을 풀 수 있다. 예를 들어 '풍선'과 '꽃' 같은 작은 소품은 시간을 많이 들이지 않고도 교실 분위기를 따뜻하게 만들어 준다. 칠판이나 교실 앞문과 뒷문에 '축하합니다.' '만나서 반가워요.' 같은 글귀를 써서 붙이고 색색깔의 풍선을 달아 두면, 아이들이 교실에 들어서는 순간 눈이 휘둥그래진다. 교탁이나 교실 창틀, 사물함 같은 곳에 '꽃 한 송이'를 놓아 두는 여유를 보여도 좋을 것이다. 그러면서 꽃말이나 꽃 이야기를 들려준다면 첫 만남을 한결 부드럽게 열 수 있지 않을까.

거창한 환경정리까지는 아니더라도 '안내' 수준에서 게시판이나 교실환경을 조금 손봐 주는 것도 좋겠다. 아이들이 교실에 들어와 어디에 앉을지 몰라 뻘쭘하게 서 있거나 신발을 어디에 놓아야 할지 몰라 어리둥절해하는 일은 없어야겠다. 교실 뒤에 잘 보이도록 인쇄 글씨를 좀 크게 하여 '번호'를 알려 주고, 첫날 청소는 어떻게 할 것이며, 수업 시간 운영은 어떻게 되는지 안내서를 정리해 아이들이 교실에 들어오면 다 볼 수 있도록 게시해 주는 정도로 손을 좀 봐 둔다. 사물함에 미리 예쁜 이름표를 달아 놓고 아이들이 자기 물건을 넣어 둘 수 있도록 준비해 주는 것도 좋다. 특히 교사 책상 주변을 미리 잘 정리하여 두면 깔끔한 첫인상을 남길 수 있다.

'나'를 알리는 준비는 정성스럽게

누구 앞에 서서 첫인사를 하는 일은 아주 가슴 떨리는 일이다. 해마다 반복되는 일이지만 미리 준비해서 신중하게 대처해야 자연스런 믿음의 공감대를 형성할 수 있다. 첫날 담임은 아이들로부터 나이는 몇인지, 결혼은 했는지, 친절한지, 무서운지 등 모든 관심을 한 몸에 받게 된다. 막연하게 머릿속으로 생각하고 아이들을 만나 아쉬운 첫인사를 하지 않도록 집에서 충분히 연습을 한다.

그렇다고 해서 담임 소개가 장황할 필요는 없다. 아이들을 가르치면서 가장 소중하게 생각하는 것이 무엇인지, 일 년 동안 학급을 어떻게 운영할 것인지, 앞으로 어떻게 지냈으면 좋겠다는 희망의 말 등을 소박하게 편지나 일기 형식으로 써서 준비해 가면 된다. 정성스런 마음보다 더 의미 있는 준비가 무엇이 있겠는가. 아이들에게 믿음을 심어 줄 수 있는 선에서 이야기를 추스르는 것이 효과적이다.

학급운영 길동무, 학부모 만남 준비

아이들과의 만남은 동시에 학부모와의 만남을 의미한다. 아이들과의 만남을 정성을 다해 준비하듯 학부모와의 만남 또한 그래야 한다.

학부모통신은 어쩌면 그런 활동 가운데 가장 작은 행위일 것이다. 요즘은 교사와 학부모가 직접 얼굴을 마주하고 교육에 대해 진지하게 고민하기 힘들어져서 그 자리를 학부모통신으로 메우는 교사들이 많아졌다. 학부모를 통해 아이들을 바라보고 학부모를 통해 교사의 학급운영을 점검해 보고 학부모와 함께 교육에 대해 깊은 대화를 나눌 수 있다면 얼마나 좋은가.

학부모통신뿐만 아니라 인터넷 홈페이지, 카페, 이메일, 전화 등 어떤 방법을 통해서라도 학부모에게 '교사'를 제대로 알리고 학부모의 소리를 경청할 수 있는 장치를 만들어야 한다. 학부모통신은 첫 일주일 안에 보내는 것이 좋다.

 설레는 첫 만남, 친절한 안내로 열기

담임 소개하기

너무 거창하게 시작할 필요는 없다. 어떤 선생님은 칠판에 이름을 써 놓고 자기 이름으로 삼행시를 지어 소개하기도 하고, 별명으로 자신의 특징을 알리기도 한다. 또 어떤 선생님은 미리 명함을 손수 만들어서 아이들에게 나누어 주며 한 명 한 명 인사를 건네기도 한다. 여기에, 아이들 또래일 때의 선생님 사진을 한 장 준비해서 자연스레 이야기를 풀어 나가는 것도 한 방법이다. "선생님이 너희들만 할 때는 말이다."로 시작해서 그 당시 자신이 꿈꾸었던 미래의 모습이나 관심사 등을 들려준다면 어떤 설명보다도 선생님이 더 가깝게 느껴질 것이다. 이렇게 형성된 유대감은 일 년 동안 교사와 아이들을 묶어 줄 튼튼한 울타리가 된다.

미리 준비되어 있다면 담임의 소신이 담긴 학급운영 계획서를 이 시간에 소개한다. 말로 설명하는 것보다 예쁘게 편집된 자료를 준비해서 하나씩 나누어 주고 차근차근 짚어 가는 것이 좋다. 끝에 일주일간의 학사일정이나 준비물 등을 안내하면 며칠 동안 비슷한 이야기를 반복하는 것을 피할 수 있다. 교실 앞 게시판에도 하나 붙여 둔다. 물론 첫 시간에 이것을 반드시 해야 할 필요는 없다.

톡톡 아이디어

삼행시로 교사를 소개하는 것도 좋은 방법이다. 익살스러운 내용의 삼행시로 이름을 풀어 주다 보면, 긴장해 있던 아이들 마음이 스르르 풀릴 것이다. 정애순 선생님(서울 도봉초)은 삼행시로 자기 소개를 한 다음 아이들에게 선생님 이름으로 삼행시 짓기 공모전을 한다. 그랬더니 이런 당선작이 나왔다.

정 : 정이 많으시고 호박맨으로 불리우는 우리 선생님
애 : 애정도 많으셔서 우리를 사랑으로 가르치시는 우리 선생님
순 : 순대를 먹을 때 찍어 먹는 소금처럼 없어서는 안 될 우리 선생님, 바로 정애순 선생님이시랍니다!

우선, 임시 출석부로 아이들 이름을 한 명 한 명 불러 가며 출석 상태를 확인해야 한다. 간혹, 저학년의 경우 다른 반 아이가 교실에 앉아 있을 수도 있다. 특히 운동장에서 개학식을 마치고 교실로 들어온 경우라면 바로 출석을 불러 인원 점검을 다시 정확하게 해야 한다.

교사의 자기 소개와 간단한 인원 점검이 끝나면 아이들에게도 자신을 소개할 기회를 준다. 좀 더 다양하고 재미있는 활동들은(1권 62쪽 참고) 다음에 하도록 하고 여기서는 그야말로 간단한 소개에 그치는 것이 좋다. 아이들도 준비가 안 되어 있을 것이고 첫날은 시간이 모자랄 수도 있다. 더욱이 교과과정에도 자신을 소개하는 수업활동이 있기 때문에 여기서 너무 욕심을 부릴 필요는 없다.

예컨대, 자기 이름과 새 학년이 된 소감 정도면 충분하다. 이때, 자기 이름만 말하지 말고 별명을 넣어 자기를 소개하게 하면 지루함도 덜 수 있고 아이들이 서로 얼굴과 이름을 외우기에도 좋다. '배추머리 배은희, 날쌘돌이 김경민, 공룡박사 이성원⋯⋯.' 이렇게 자신을 나타내는 별명을 덧붙인다면 어색한 분위기를 푸는 데 도움이 된다.

아이들이 자기 소개를 하는 동안 교사는 한 명 한 명 눈에 띄는 점을 간단히 정리해 보는 것도 좋다. 짧은 발표 순간에도 유독 부끄러움을 많이 탄다거나 굉장히 활달하다거나, 다소 장난이 심하다거나 자신감이 넘치는 아이 등 눈에 띄는 특징을 파악할 수 있다.

첫날은 키 순서대로 앉히는 것이 좋다. 교사가 아이들 특성을 파악하는 데 어느 정도 시간이 걸리므로 그때까지는 키 순서대로 앉힌다. 아이들이 자리에 익숙해지는 데 큰 무리가 없고, 또 쓸데없는 편애 시비에 휘말리지 않을 수 있다.

개학식 끝나고 교실에 들어와서 자리를 정하려 하지 말고, 아예 운동장에서 미리 키 순서대로 남녀 각각 한 줄씩 세워 교실에 들어오는 것이 편하다.

학교에 따라 다소 차이가 있겠지만 출석 번호가 이미 정해진 경우는 운동장에서 교실에 들어오면서 신발장과 사물함의 위치도 이날 바로 알려 주는 것이 다음 날 일어날 수 있는 불편을 미리 막을 수 있다. 그러기 위해 교사가 자신이 맡은 반의 신발장이나 사물함의 위치, 책상의 배치 정도는 미리 파악해 두는 게 좋다.

학년 초는 교사뿐만 아니라 아이들과 학부모에게도 아주 혼란스러운 시기이다. 새 담임 교사의 학급운영에 따라 아이들의 학급생활이나 준비물뿐만 아니라 생활 리듬도 많이 바뀌기 때문이다. 따라서 아이들과 학부모를 위해 '친절한 안내'가 필요하다. 학급 홈페이지나 카페, 알림장, 학부모통신 등 어느 것을 이용해도 좋으나 안내 내용만큼은 학년에 관계없이 '새내기 1학년'에게 하듯 꼼꼼하게 설명해 준다.

첫날은 나눠 줄 것도 참 많다. 때문에 여러 장을 한꺼번에 나눠 주고 그냥 보내 버리면 고학년이라도 그 내용을 잊어버리는 일이 많다. 학부모통신 같은 것을 나눠 준 뒤에는 반드시 같이 확인하는 작업이 필요하다. 통신문을 보며 간단한 내용을 살피고 오해 소지가 있는 부분은 자세히 보충 설명을 해 주면 그 활용도를 높일 수 있다.

이때, 학교에서 나누어 주는 통신문 말고 교사 자신의 통신문을 만들어 활용해 봄직하다. 교사의 자기 소개와 학급운영 계획 등을 간단히 적어 보내면 학부모가 가정에서 아이들을 지도하는 데 도움을 받을 수 있다. 뿐만 아니라, 학부모와의 관계도 자연스럽게 물꼬를 틀 수 있게 된다.

또, 아이들을 이해하는 데 도움이 될 기초조사 자료를 미리 준비해 나누어 준다. 학부모가 교사에게 부탁하고 싶은 말을 전할 수 있도록 통신문을 꾸며 아이들 지도에 도움을 받도록 한다. 이후에도 이런 학부모통신을^(1권 30쪽 참고) 월별로 계속 만들어 가면 큰 도움이 된다.

글쓴이 · 도움 주신 분들 신명기 | 서울 영훈초 교사 · 이지례 | 대구 대천초 교사

저학년 아이들은 생활의 장이 갑자기 바뀌면 불안해하거나 긴장하여 학교 생활에 잘 적응하지 못하는 경우도 있다. 교사의 표정과 말 한마디에 예민한 반응을 보이기도 한다. 이러한 이유로 학교생활의 첫 단계에서 교사에게 받는 사랑과 관심, 학습방법이나 환경은 앞으로의 학교생활과 학습에 대한 태도나 자신감 등을 형성하는 데 결정적인 영향을 준다. 서두르지 않고 아이들의 눈높이에 맞추어 기다려 주고 보아 주는 것, 첫 만남을 준비하며 저학년을 맡은 담임교사가 새겨야 할 다짐이다.

학교 생활이 낯선 저학년 맞이하기

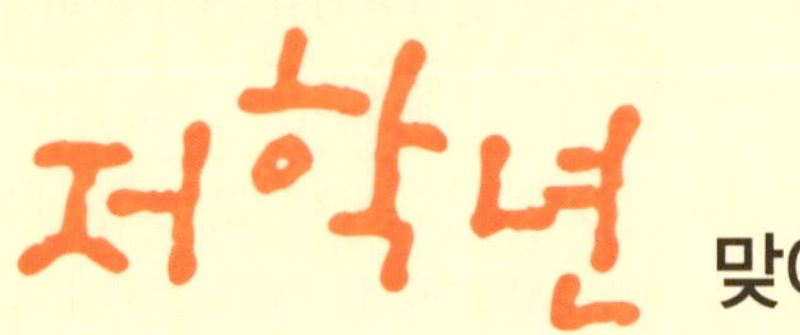

신명기 | 서울 영훈초 교사 · 이지례 | 대구 대천초 교사

첫인사는 교사가 먼저 따뜻하게   아이들과 처음 만나서 이름을 확인하거나 마치고 돌아갈 때, 한 사람씩 안아 주는 것도 친근감을 형성하는 데 매우 효과적이다. 3학년 이상이 되면 쑥스러워 하는 경우가 많지만 저학년은 신체 접촉을 통한 애정표현을 좋아하는 경향이 있다. 첫날 한 사람씩 나와 자기 소개를 마치고 자리에 들어갈 때 교사가 안아 주며 "만나서 반가워요!"라며 다정히 말해 주면 새 담임선생님에 대해 좀 더 따뜻한 인상을 받을 것이다.

아이들 눈높이에 맞춘 교사 소개   '교육관'이니 '운영 방향'이니 하는 거창한 말을 사용하면 아이들은 도통 모르겠다는 표정을 짓는다. 간단한 이야기 자료를 준비해서 이야기를 통해 교사가 중요하게 생각하는 점을 알려 주는 것이 좋다. 특히 1학년은 얼굴 표정이나 눈빛, 말의 속도와 쉬운 단어의 사용 등도 세심하게 고려해야 한다.

하나하나 미리 챙겨야   첫날부터 아이들이 가고 난 교실에 여기저기 방금 나누어 주었던 학부모통신이 나뒹구는 경우가 있다. 누가 무엇을 가져갔는지 안 가져갔는지 파악하기도 힘들뿐더러 가져갔어도 제대로 전달이 되었는지 확신할 수가 없다. 이럴 때를 대비해 미리 학부모통신 파일을 마련해 두면 편리하다.

우선, 통신문을 받는 대로 통신문 위쪽에 이름을 쓰게 한다. A4 용지 크기의 투명 파일을 준비시켜 거기 끼워 가방에 넣게 하면 아무 데나 떨어뜨릴 확률이 적다. 또, 이름을 써 두었기 때문에 누가 놓고 갔는지 찾아 주기도 쉽다. 다음 날, 통신문을 받았다는 학부모 확인을 받아 오게 하면 가정에 제대로 전달이 되었는지 확인할 수 있어 편리하다.

첫날 학부모가 찾아오면 대체로 1학년은 입학식 날 학부모와 함께 등교한다. 입학식을 마치고 교실에 들어올 때, 학부모를 그냥 복도에 세워 두지 말고 교실로 안내한다. 학부모는 담임에 대한 인상을 대체로 아이들에 대한 배려 정도로 판단한다.

첫날은 아이들 자리 배치도 입학식 때 섰던 줄대로 키순으로 하거나 자유롭게 앉혀도 무방하겠지만, 이후 학부모에게 학사일정을 안내하며 자리 배치를 어떻게 하겠다는 얘기도 해 주는 것이 좋다. 학부모들 중에는 은근히 아이의 자리에 대해 신경 쓰는 분들이 있기 때문이다. 그리고, 입학식 전에 학교 주변 길을 미리 살펴 두었다가 아이들 등굣길에 위험한 곳은 없는지 학부모가 알아 두면 좋을 사항들을 안내해 주는 것도 좋다.

가끔 학부모로부터의 연락이 담임에게 정확히 이르지 않거나 학교에서의 연락과 통신문이 잘 전달되지 않아서 문제가 생길 수도 있다. 1학년에게는 "꼭 보여 드리세요."라고 말하는 것만으로는 해결이 안 된다. 이를 위해 학부모와 알림장을 쓰는 방법에 대해 서로 약속을 정하는 것이 좋다. 학부모들의 '염려'를 덜어 줄 수 있는 작은 배려가 신뢰를 쌓는 초석이 된다.

학부모와의 약속

- 결석이나 부모님이 아이에 대해 알려 주어야 할 내용은 알림장에 기록해 주시기 바랍니다.
- 알림장에 무언가 적어 주셨을 때는 적은 부분이 보일 수 있도록 편 상태로 가방에 넣어 주며 아이에게 "선생님께 보여 드리렴." 하고 말씀해 주세요.
- 매일 아이가 학교에서 돌아오면 알림장을 꼭 확인해 주세요.

아이들과의 약속

- 아침에 교실에 들어오면 곧장 알림장을 선생님 책상에 갖다 둡니다.
- 집에 돌아가면 어른들께 "다녀왔습니다!" 인사를 하고 알림장을 보여 드립니다.

학급운영 계획 세우기

박정애 | 인천 동부초 교사

담임이 된다는 것은 '관계 맺음'의 시작이다. 그 관계를 어떻게 맺어 가느냐에 따라 학급운영의 성패는 갈리게 될 것이다. 그 관계가 지속적이고 풍부해지기 위해서는 튼실한 뼈대가 필요한 법. 방법은 여러 가지가 있겠지만 무엇보다도 내실 있는 연간 계획서를 권한다. 학급이란 어떤 공동체가 되어야 하는지, 그 속에서 '나'는 어떤 아이들을 길러 내고 싶은지, 그러기 위해서 교사는 어떤 역할을 해야 하는지……. 이런 질문들을 던지다 보면 무엇을 가지고 만날 것이냐는 오히려 자연스럽게 결정될 것이다.

매년 아이들은 새롭게 변해 가고 있으며 그에 따른 학급운영의 방법도 틀림없이 달라지게 된다. 또한 어떤 목표를 가지고 어떤 방법으로 이끌어 가느냐에 따라서 학급의 분위기가 좌우된다. 사실 이것저것 애는 써 보지만 일 년 뒤 남는 게 없는 것 같고, 따라와 주지 않는 아이들에게 상처를 입는 경우도 많다. '요즘 아이들은 정말……' 하고 아이들 탓으로 돌릴 것이 아니라 내 학급운영의 목표는 무엇이었고, 그 목표를 이루기 위해 나는 무엇을 했는지 심각하게 되돌아볼 줄 알아야 한다. 그러한 자기 반성의 단초가 되는 것이 학급운영 연간 계획서이다.

의욕이나 절망을 앞세우기 전에 선배교사들이 들려주는 학급운영 설계 비법을 찬찬히 살펴보자. 그리고 오늘부터 한 줄 한 줄 '나의 학급운영'을 그려 가 보자.

뚜렷한 학급운영관이 필요하다

"시냇물이 흐르는 것을 보십시오. 작은 물줄기로 시작하여 서로 어울려 잘 흘러가다가 바위가 나오면 그 바위를 감싸 안은 채 휘둘러 가지요." 이것은 어떤 심오한 철학자의 말이 아니다. 경험이 쌓인, 그리고 그 경험을 공유하고자 하는 어느 교사의 학급운영론이다. 학급운영은 물과 같아야 한다. 조금 위기가 닥친다고 금방 사그라들고, 다른 것이 끼어든다고 멈출 것이 아니다. 따라서 학급운영 계획을 세우기 전에 무엇보다 먼저 고려해야 할 점은 자신의 학급운영론이 어떠한가를 더듬어 보는 것이 아닐까.

먼저 '나는 일 년 동안 아이들과 어떻게 생활할 것인가?' '일 년 동안 우리 학급을 어떻게 운영할 것인가?'라는 교사 자신의 목표와 관점을 점검하자. 일 년의 목표는 교사의 학급운영관에 따라서 다양해질 수 있다. 어떤 교사는 교과지도에, 어떤 교사는 독서교육에, 어떤 교사는 공동체를 중시하는 학급운영에 목표를 두게 될 것이다. 이처럼 학급운영 목표란 담임교사의 교육철학과 아동관이 반영되고, 아이들과 함께 일 년 동안 노력한 결과로 충분히 도달 가능한 것이어야 한다. 너무 추상적이거나 뜻만 좋은 말로 된 학급운영 목표는 없는 것과 마찬가지다. '나는 일 년 후 아이들이 어떤 모습을 갖기를 원하는가?'가 명확하다면, 바로 그것이 학급운영 목표가 될 것이다. 그리고 학급운영의 기본 활동과 학기별, 월별 프로그램 역시 그 목표에 따라 배치될 것이다. '민주주의를 체험한다.'가 학급운영의 목표라면 학급어린이회와 모둠운영을 통해 자율적인 의사결정을 하는 데 중점을 두어 프로그램을 마련하는 식이다.

교사 자신과 아이들, 학교의 특성 등을 고려하자

옆 반에서 놀이를 이용한 학급운영을 하여 성과가 좋았다. 그렇다면 나도 놀이를 중심축에 둔 학급운영을 해 볼까? 하지만 잠깐 다시 생각해 보자. 혹시 내가 몸은 뻣뻣하고 노래하는 걸 어색해하는 사람은 아닌지. 학급운영에서 빠지지 않고 등장하는 게 모둠활동이고, 공동체 의식을 배우는 데 가장 좋은 방법이 모둠활동이라 할지라도 학급당 학생 수가 한두 모둠을 꾸릴 정도밖에 안 되는 농어촌 작은 학교에서 모둠활동을 억지로 꾸리는 것은 무리다. 담임의 적성에 맞지 않고, 아이들 특성(지역, 학급 규모, 학부모 성향, 학년, 남녀 비율 등)을 고려하지 않은 학급운영이라면, 아무리 좋은 목표와 좋은 프로그램을 가진다 해도 성공할 수 없다. 학급운영을 계획할 때에는 자신이 가장 잘할 수 있는 것을 중심축으로 놓고, 아이들 특성에 따라 융통성을 발휘할 수 있어야 할 것이다. 나와 아이들, 우리 학교의 특성을 파악하여 학급운영 계획을 세우자.

지나친 욕심은 금물!

겨울방학 동안 각종 연수를 받으며 의욕을 한껏 부풀리고 나서 최대한 거창한 학급운영 계획을 세운다. 그리고 나서 학년 초에 아이들 앞에서 온갖 약속을 남발한다. 각종 행사를 벌이겠다, 절대 매를 들지 않겠다, 큰소리를 내지 않겠다 등. 그리고 처음 한두 번 행사를 하고 나서는 바쁜 일정을 핑계로 나 몰라라 한다. 또 일주일 후부터 아이들이 떠들 때마다 소리를 버럭버럭 지르면서 야단을 친다면, 아이들의 눈빛은 금세 싸늘하게 바뀔 것이다. 게다가 학부모나 학교의 요구는 오죽 많은가. 거기에 휘말려 이리저리 끌려 다니다가는 결국 아무것도 할 수 없게 된다. 작심삼일에 그칠 계획과 약속보다는 자신의 수준에 맞는 하나만이라도 꾸준히 해 보려는 결심이 중요하다. 분명한 목표와 현실적 가능성을 꼼꼼히 따져 보고 욕심을 버리자.

적절한 방법과 융통성 있는 실천이 필요하다

'내 계획은 이거니까 무슨 일이 있어도 이렇게 해야 해!' 하고 무작정 밀고 나간다면 그건 교사의 자기만족을 위한 학급운영이 될 뿐이다. 그렇다고 '이게 좋다더라.' 하고 따라 하는 것은 의미가 없다. 학급운영의 목표가 세워졌다면 그 목표를 이루기 위한 가장 적절한 방법을 찾아야 한다. 아무리 목표가 훌륭하다고 해도 방식에 문제가 있다면 교사나 아이들이나 상처받기 쉽다. 또한 한번 세운 계획이라도 계속해서 수정하고 보완하면서 실천해 가야 할 것이다.

넓게 보고 함께할 우군을 만들자

교과지도와 재량활동을 포괄하는 초등학교의 학급운영에서 담임은 제왕적 존재이면서 또 외로운 존재다. 이럴 때 빠지기 쉬운 함정이 독불장군식 학급운영이다. 학급운영에서 가장 중요한 존재이면서 중심축이 되는 건 담임교사이지만, 학급은 외부와 완전히 차단된 진공 상태의 공간이 아니다. 학교 전체의 분위기가 학급운영에 미치는 영향도 크며, 학부모나 교과전담 교사, 보건교사 등, 함께해야 하거나 도움을 받을 수 있는 존재도 많다. 학급 안의 일에만 매몰되어 학년 전체, 학교 전체를 개혁하는 일에는 나 몰라라 하는 건 아닌지, 학부모나 동료교사의 협조를 구하는 데 소홀한 건 아닌지 돌아볼 일이다. 우리 반 학급문고를 잘 운영하는 것도 중요하지만 학교도서관을 잘 갖추는 게 독서지도에 더 중요할 수도 있다. 학급운영의 우군 만들기와 우방 찾기, 모두 아이들을 위한 일이다.

학급운영 연간 계획서

1. 학급운영의 목표

- 자신감 있는 어린이 - 자신의 생각을 바르게 표현하고 모든 일에 적극적이며 자신감 있게 행동하는 어린이
- 친구를 사랑하고 돕는 어린이 - 고운 심성으로 남과 더불어 살아가는 기쁨을 깨닫고 주위의 친구를 도울 줄 알며 사이좋게 지내는 어린이
- 스스로 생각하고 스스로 행동하는 어린이 - 바르게 말하고 듣고 쓰는 기본 능력을 갖추며, 자신이 할 일을 스스로 알아서 처리하는 자주적인 어린이

2. 아이들의 특성

- 학급 인원수 41명, 남자 20명, 여자 21명.
- 한글을 해독하지 못하는 아이는 없다. 진단평가 결과, 수학과 학력은 높으나 국어과 학력이 떨어지는 편이다.
- 아이들은 학습 열의가 높고 의욕적이나 기본 생활습관이 잘 형성되어 있지 못한 편이다. 발표에 자신감이 부족하고 바르게 말하고 쓰는 능력이 부족하다.
- 학부모들의 교육에 대한 열의가 높다. 맞벌이 부부가 많다.
- 한부모 자녀 1명

  조○○ : 아버지가 군인으로 재직하시다 돌아가셨다. 국가유공자이다. 어머니는 직업이 없고, 연금으로 생활하고 있다. 아이는 생활에 자신감이 적은 편이나 학습에 적극적인 태도를 보인다.

- 생활 부적응아 2명 - 개별 지도가 필요★★

  정○○ : 전입생. 약간의 자폐 증상이 보인다. 하루 종일 아무것도 안 하고 동화책만 읽으려고 한다. 사회성이 떨어지는 편이다. 친구들과 어울리기보다는 혼자 떨어져 놀기를 좋아한다. 학습 면에서는 붙잡고 가르치면 잘 따라온다. 움직이는 것을 싫어한다. 특히, 대부분의 아이들이 체육을 좋아하는 데 반해 체육을 싫어한다. 부모가 잘 챙겨 주지 못하는 것 같다.

  최○○ : 또래보다 한 살 어리다. 친구들을 잘 괴롭히고 고집이 있는 편이다. 자기가 하기 싫은 활동은 잘 안 하려고 한다. 무척 산만해서 자리에 얌전히 앉아 있지 못한다.

3. 교사의 특성

교직 경력 9년째에 접어들었으며 2학년 담임은 처음이다. 작년에 고학년(5학년)을 가르쳤기 때문에 2학년 아이들의 발달 단계나 수준에 잘 적응하지 못하고 있다. 아이들을 세심히 관찰하고 돌볼 필요가 있다.

아이들을 가르치는 데 열의가 있으며 학급활동에 적극적이다. 새로운 아이디어를 갖고 아이들을 가르치려고 하나 일관성이 부족하고 따뜻하게 배려하는 자세가 부족하다. 주 1회 학급운영 모임을 하면서 교육에 대한 지속적인 고민을 하려고 노력하고 있으며, 월 한 권 정도는 꼭 책을 읽는다. 계획을 세워 학급운영을 하려고 노력하나 아이들과의 약속을 잘 지키지 못할 때가 있다. (학교생활을 하다 보면 정신을 잘 못 차린다.) 전교조 ○○분회 분회장이다.

4. 교사의 목표

· 마음과 행동이 따뜻한 교사 : 아이들과 신체 접촉 많이 하기
· 치밀한 교사 : 세심하고 따뜻하게 보살피기, 계획을 갖고 학급활동 준비하기
· 학습자료 준비, 교재 연구 철저히! : 매일 한 가지씩 자료 준비, 자료 수집
· 교단일기 쓰기
· 아이들과의 약속을 꼭 지킨다!

5. 학급운영의 원칙

· 즐거운 마음으로 학교생활을 할 수 있도록 한다.
· 아이들을 사랑과 따뜻함으로 대한다.
· 학교생활 적응과 기본 학습능력, 생활능력 향상에 중점을 둔다.
· 학부모와의 관계를 긴밀히 하며 모든 아이들을 세심히 보살핀다.
· 더불어 사는 생활공동체로 작은 일에서부터 깨닫게 활동한다.
· 체험학습을 위주로 한다.
· 체벌하지 않는다.

학급운영 연간 계획서에는 정해진 틀이 있을 수 없다. 교사 나름의 생각과 관점을 가지고 만든 것은 모두 다 연간 계획서의 틀이 될 수 있다.
연간 계획서의 내용은 보통 다음과 같은 개요로 구성한다.

① 학급운영의 목표
② 교사 개인의 특성 및 목표
③ 아이들의 특성
④ 학급운영의 원칙
⑤ 학급운영의 주요 방법
⑥ 월별 계획

1. 첫 만남에서 벽 허물기

신명기 | 서울 영훈초 교사

아이들을 처음 만나는 날. 나는 아이들보다 더 설레는 가슴을 안고 교실에 들어선다. 담임 발표가 난 날부터 아이들 이름을 다 외우고, 꼭 알아야 할 사항(특이사항에 해당하는 부분)에 대해서는 알아 둔 상태에서 이름과 얼굴을 확인해 가며 만나는 첫날의 가슴은, 어쩌면 '짜릿하다'고 표현해야 맞겠다.

10년이 지난 이야기이다. 처음 아이들을 만나는 날, 어떻게 하면 아이들이 나에 대한 벽을 조금이라도 허물고, 나와 가까워질 수 있을까 고민하다 한 가지 방법을 찾았다. 한 명 한 명 이름을 불러 앞으로 나오게 한 다음 악수를 하는 것이다. 어깨를 토닥여 주며 "만나서 반갑다."라는 말도 잊지 않는다. 아이들과 첫인사를 하고 나면 나도 아이들도 아주 가까워진 느낌을 갖게 된다. 그런 작은 행동으로 서먹서먹한 분위기가 무너지고 만난 지 오래된 듯한 느낌을 얻게 된다는 걸 깨달은 뒤로 몇 년 동안 그 방법을 이어 갔다. 그리고 그 효과는 정말 좋았다.

그러다 6년 전부터 나는 아이들과 처음 만나는 날 '껴안기 인사'를 한다. 내가 이름을 부르면 아이가 앞으로 나와서 나와 껴안는 것이다. 나는 "강주연, 만나서 정말 반갑다." 같은 인사말을 잊지 않고 챙긴다. 그리고 아이가 하는 말도 정해져 있다. "만나서 반갑습니다." 인사가 다 끝나고 나면 아이들에게 '사랑'에 대해 말해 준다.

"선생님이 2월에 담임 발표가 난 후부터 지금 이 자리에 서기까지 가장 많이 생각한 사람은 바로 여러분들입니다. 여러분 한 명 한 명의 이름을 외우면서 나는 이 한 명 한 명과 올 일 년 가장 행복하고 즐거운 시간을 갖겠다고 다짐했습니다. 선생님은 '아이들을 사랑하는 선생님'을 이렇게 생각합니다. 아이들을 가장 많이 생각하고, 아이들에게 무엇을 해 줄 것인가 가장 많이 고민하는 선생님. 그런 선생님이 아이들을 가장 사랑하는 선생님이라고 생각한답니다. 일 년 동안 선생님은 여러분들을 그렇게 사랑할 겁니다. 올 일 년 선생님이 가장 사랑하는 사람은 선생님 가족과 여러분들입니다. 선생님은 우리 만남이 너무 소중해서 이렇게 껴안기 인사를 했습니다. 자, 그럼 선생님의 마음을 알았으니 우리 다시 한 번 껴안기 인사를 해 볼까요. 이번에는 여러분들도 마음속에 '일 년 동안 선생님을 사랑하겠다.'라는 마음을 갖고 했으면 좋겠습니다. 그리고 우리 사랑에 대한 약속을 일 년 동안 잘 지켜 가길 바랍니다."

내가 아이들을 만나면서 벽 허물기로 껴안기 인사와 사랑에 대한 말을 빼놓지 않는 것은 첫날부터 아이들에게 교육의 가장 큰 바탕에 깔려 있어야 할 '믿음'과 '사랑'을 주고 싶기 때문이다. 그리고 그 방법으로 껴안기 인사가 좋다고 생각하기 때문이다. 처음에 아이들은 부끄러워서 어쩔 줄 몰라 한다. 고학년 여자 아이들 같은 경우는 도망가기까지 한다. 그런데 '사랑'에 대한 이야기를 하고 나서 (지면상 자세히 설명하지 못했지만 아이들이 충분히 고개를 끄덕일 정도로 구구절절이 말한다), 두 번째로 껴안기 인사를 할 때는 누구나 다 즐겁게 한다.

두 번째 껴안을 때, 첫날 우리 만남은 가장 극적인 만남이 되고 우리는 사랑하는 사이가 된다.

2. 재미있는 이야기로 부드럽게 여는 첫날

정애순 | 서울 도봉초 교사

"선생님, 3월 첫날 하신 삼행시 올해 아이들한테도 하셨어요?"

이번 방학에 7년 전에 가르쳤던 아이들을 대학로에서 만났다. 영속적인 시간, 긴 세월 가운데 우리가 만났던 때, 그 일 년의 시간을 실감하면서. 아인슈타인의 상대성 이론에 의하면 빛의 속도와 시간의 속도는 같다고 했던가? 그래서 시간의 속도가 빛의 속도보다 빠르면 과거로도 갈 수 있다고 했었지. 그날 나는 마음의 타임머신을 탔다. 빛보다 빠른 속도로 아이들과 함께 과거와 현재를 오가면서 즐거운 시간 여행을 했다.

첫 발령, 첫 만남, 첫사랑, 첫 키스……. (더 이상 나가면 안 되겠다.) '첫'의 두려움과 긴장 그리고 그 인상 깊음에 대해서는 잘 알고 있었지만 제자들을 만나면서 새삼 중요성을 느끼게 되었다.

영화 〈오! 수정〉처럼 부분적인 기억과 이해는 서로 다 다른데, 만나서 이야기를 하다 보면 만장일치가 되는 부분이 바로 첫날의 내 모습이었다. 그리고 내가 했던 이야기였다. 아이들은 나중에도 때때로 생각이 났다고 하였다.

아이들의 긴장과 기대가 침묵으로 흐르는 3월 첫날, 교실 문을 열고 들어설 때부터 한순간도 나를 놓치지 않는 그 맑은 눈들이 내 이름 삼행시 소개에 비로소 웃는다.

"정말로 애들을 사랑하고 잘 가르치는 순수한 선생님이 되고 싶은……."

나도 멋쩍어 아이들과 함께 웃는다. 그리고 우리가 얼마나 대단한 인연으로 만나게 되었는지 확률적인 근거를 대 가면서 한마디한다. 또 알고 있거나 본 것, 책에서 읽은 이야기들을 내 나름대로 바꿔서 만든 짧은 이야기를 하나 들려준다.

그 이야기는 매년 조금씩 다르다. 그해 첫날 아이들을 만나기 전까지 내가 생각하고 고민한 내용들이 들려줄 이야기가 되기 때문이다. 하지만 어떤 이야기든지 결국은 서로 다른 존재에 대한 사랑과 존중, 함께하는 공동체에 대한 내용들이다.(1권 32쪽 참고)

교사들 사이에 전설처럼 내려오는 이야기가 있다. 첫날, 그리고 3월 한 달 동안 표정 관리를 잘해야 일 년이 편하다는. 하지만 나는 아이들의 삶 속에서 잊혀지지 않고 때때로 생각날 '첫날'은 웃으면서 즐겁게 시작해야 한다고 생각한다. 결코 그 '첫날'의 아름답고 순수한 두려움을 교사 자신의 편안함과 바꿀 일이 아니다.

일 년 동안 내가 가르치고 또한 나를 가르칠, 그래서 함께 성장할 또 다른 나인 아이들. 첫날, 그 아이들에게 살아갈 날들에 대한 즐거운 기대와 새로운 희망을 갖게 하고 싶다.

사랑으로 마음의 상처와 굳은살을 벗겨 내고, 자유로운 의지와 맑은 지성으로 살아가는 연습을 하는 첫날이므로. 어느 순간, 어디에서고 첫날처럼 더불어 처음처럼 살아가야 하므로.

첫인사를 드립니다

안녕하십니까? 올해 ○학년 ○반 담임을 맡은 ○○○입니다.

아이들은 첫날 담임선생님을 보고 무서울까 봐 염려가 되었다고 하더군요. 우리 반 아이들은 아무 말도 하지 않고 선생님 얼굴만 빤히 쳐다보고 있었습니다. 저는 아이들을 보면서 올해 일 년도 열심히 가르쳐야겠다는 생각을 했습니다. 아이들을 직접 만나고 나니, 혼자서 올 일 년 아이들을 이렇게 저렇게 가르쳐 보겠다고 생각하고 계획할 때보다 훨씬 신도 나고 재미있을 것 같아 기대도 많이 됩니다.

담임을 맡은 지 며칠밖에 되지 않았는데 이렇게 학부모통신을 보내는 이유는 저의 경험에 비추어 아이들의 학교교육은 교사, 학부모, 아이들이 함께 같은 교육목표를 가지고 노력해야만 좋은 결과를 볼 수 있다고 생각하기 때문입니다. 그래서 제가 일 년 동안 ○학년 ○반 아이들을 교육하고자 하는 방향과 교육활동에서 중요하다고 생각하는 것을 부모님께 말씀드리고 부모님의 생각도 들어 보면서 함께 이루어 가는 교육으로 만들고 싶습니다.

저는 아이들을 행복한 사람으로 자라게 하려고 합니다. 행복한 사람이란 학교생활이나 일상생활에서 스스로 기쁨을 얻고 자기 행동의 가치를 느끼며 살아가는 사람을 말합니다. 바로 삶을 가꾸는 사람이라고 말할 수 있겠지요.

삶을 가꾸는 일은 학습을 하는 여러 활동일 수도 있고, 아이들이 친구와 정을 나누고 하나 됨을 느끼는 과정일 수도 있고, 철저한 자기 반성을 통해 존재의 중요성이나 생명 존중의 가치관을 깨닫는 철학적 사고일 수도 있고, 역사와 사회 속에서 개인의 역할을 알고 행동하는 과정일 수도 있고, 몸을 움직여서 땀 흘리는 과정일 수도 있습니다. 이러한 아이들의 삶을 가꾸는 일은 여러 가지 활동을 통해서 이루어질 것입니다.

그 활동은 크게 학습, 문학과 글쓰기, 친구 관계, 선생님과의 관계, 가족 관계로 나누어 계획을 세워 실천하려고 합니다. 자세한 계획은 다음 번 통신이나 학부모총회 때 말씀드리겠습니다.

이런 모든 활동을 진행할 때 제가 나름대로 실천하고자 하는 몇 가지 원칙을 말씀드리겠습니다.

첫째, 저는 아이들을 사랑으로 가르치려고 합니다. 사랑이라 함은 아이들을 무조건 받아 주고 멋대로 하게 하는 방임적인 사랑이 아니라 '존재를 인정' 해 주는 사랑입니다. 아이들의 행동에는 대부분 이유가 있습니다. 문제행동이나 거슬리는 행동조차도 아이들에게는 나름의 이유가 있다고 생각합니다. 그래서 아이들의 이야기를 하나하나 들어 가며 생각과 행동을 인정해 주는 사랑의 교육을 하려고 합니다.

둘째, 저는 모든 아이들을 고루 사랑하려고 합니다. 고루 사랑한다 함은 일률적으로 똑같은 양을 측정하여 주는 사랑이 아닙니다. 아이의 가정 사정에 맞는 엄한 사랑도 있고, 결손가정의 아이에게 주는 풍성한 관심도 있습니다. 필요한 아이들에게 꼭 필요한 사랑을 줄 수 있는 교육을 하려고 합니다. 소외되는 아이들, 관심에서 벗어난 아이들이 없도록 특히 애쓰려고 합니다.

셋째, 학부모님들과 가깝게 지내려고 합니다. 아이들의 사소한 일들에 대해서도 교사와 학부모가 서로 잘 알면 더욱 알찬 교육이 될 수 있다고 생각합니다. 그래서 학부모들과 전화상담이나 홈페이지를 통한 의사소통을 언제나 자유롭게 하려고 합니다. 학부모통신은 홈페이지를 통해 정기적으로 올리도록 하겠습니다. 저희 반 홈페이지 주소는 ××××××입니다.

마지막으로 저는 학부모로부터 촌지를 받지 않습니다. 제가 추구하는 교육내용이나 방향이 바르게 이루어지려면 반드시 학부모와 교사, 아이들 사이에 믿음이 있어야 한다고 생각합니다. 믿음과 사랑으로 이루어진 좋은 관계 속에서 밝은 아이들과 만나 참교육을 해 보고 싶습니다.
아이들이 끈이 되어 학부모님을 만나게 되어 참으로 반갑습니다. 수업 후나 전화로 언제나 교육에 관한 의견을 나누실 수 있습니다. 건강하시고 다음 통신이나 학부모총회에서 뵙겠습니다.

○○○○년 3월 ○일 담임 ○○○ 드림

만남의 확률

우리는 어느 별에서 살고 있나요? 지구라는 별이지요. 그럼 우주에는 별이 얼마나 있을까요? 무수히 많은 별들이 있지요. 지구는 태양계에 있는 아홉 개의 별들 중 세 번째 별이랍니다. 태양계를 한 가족, 한 집으로 생각하면 태양계와 같은 별가족이 여럿이 모여 은하계를 이룬답니다. 이런 은하계가 또 여럿이 모여서 우주를 이루고 있지요. 우리는 정말 무수히 많은 별 중에 하나인 지구에 살고 있어요. 혹시 어젯밤에 밤하늘의 별을 본 사람 있나요? 어젯밤에 내가 본 그 별빛은 이미 몇만 광년 전의 것이랍니다. 빛은 1초에 30만km를 간다지요. 그건 1초에 지구를 일곱 바퀴 반이나 돌 수 있는 속도라니 얼마나 빠른 건지 짐작이 안 되지요? 별에 대한 이야기를 하자면 끝이 없으니 오늘은 이쯤 하고.

그럼 그 무수히 많은 별들 중의 하나인 아름다운 초록별 지구에는 나라가 몇 개나 있을까요? 이제껏 수집된 자료에 따르면 211개쯤 된다고 해요. 그 211개 나라 중에서도 우리나라. 그런데 우리나라는 남한과 북한으로 나뉘어 있어요. 그 중에서도 남한. 그리고 남한의 여덟 개 도. 그리고…….

선생님과 여러분들이 만난 것, 그리고 여기 ○○명의 친구들이 만난 것, 우리가 ○학년 ○반으로 이렇게 만난 것은 과학적으로나 수학적인 확률로 봐서도 굉장히 어려운 일이지요. 엄청난 인연인 거예요. 불교에서는 지나가다 옷깃만 스쳐도 전생에 큰 인연이 있었다고 하고 기독교에서는 하나님의 뜻이 있어 만날 수 있었다고 얘기합니다. 오늘 우리의 만남은 우주의 힘과 깊은 뜻이 담겨 있는 소중한 인연입니다. 우리의 만남을 기쁜 마음으로 받아들이고 우리 인연의 뜻이 과연 무엇일지 올 한 해 동안 찾아봅시다.

이렇게 만난 오늘, 첫날을 기념하기 위해 선생님이 이야기 하나를 선물로 준비했어요. 여러분들의 이야기예요. 돌멩이들의 이야기.

사람들이 많이 찾아오는 어느 산 길가에 돌멩이들이 많이 살고 있었어요. 어느 날부턴가 누가 시작했는지 알 수 없지만 사람들은 산을 올라가다가 잠시 쉬면서 이 돌멩이들을 집어서 쌓기 시작했어요. 그리고 자신의 소원을 빌었지요. 여러분들도 사람들이 이렇게 쌓아 놓은 돌탑을 본 적 있지요? 처음에는 먼저 선택된 돌멩이들이 무척 좋아했어요. 그런데 돌탑이 쌓이기 시작하면서 먼저 선택된 돌멩이들이 점점 힘들어지기 시작했어요. 그리고 돌멩이들은 더 높은 곳에 놓인 돌멩이들을 부러워하기 시작했어요. 남은 돌멩이들은 처음에 선택된 것을 뽐냈던 돌멩이들을 비웃으면서 자신이 맨 꼭대기에 올라갈 거라고 서로 싸웠지요. 시간이 흘러 더 이상 돌을 올려놓을 수 없을 만큼 돌탑이 아주 높아졌어요. 그리고 마지막으로 맨 위에 돌멩이 하나가 올려졌어요. 그 돌멩이는 다른 모든 돌멩이들의 부러움 속에 뽐내며 맨 위에 올려졌지만 그것도 잠시였어요. 맨 꼭대기는 너무나 춥고 외로웠어요. 또 조금만 바람이 불어도 떨어지지 않기 위해 혼자서 애써야 했지요. 돌탑이 된 돌멩이들은 모두가 불만이었고 스스로 불행하다고 생각했어요. 아래에 있던 돌멩이들은 우리만 너무 힘들다고, 중간에 있는 돌멩이들은 먼저 선택된 것도 아니고 그렇다고 위에 있어서 경치를 보거나 뽐낼 수도 없다고, 맨 위의 돌멩이는 위험하고 외롭다고.

그러나 어느 돌멩이도 먼저 솔직하게 이야기하지 않았고, 그렇게 시간이 흐르자 돌탑은 무너지려고 했습니다. 비바람이 불던 어느 날 돌멩이들은 비로소 서로의 처지와 어려움을 알게 되었고 하나라도 빠지면 돌탑은 무너진다는 사실을 깨닫게 되었어요. 또 힘들지만 보잘것없는 돌멩이였던 자신들이 몸을 대주어 아름다운 돌탑이 되었고, 서로 함께하고 의지해야 한다는 사실도 알게 되었어요. 그리고 돌멩이가 아닌 돌탑이 된 자신들만이 사람들의 마음에 희망과 용기를 준다는 것도.

02 첫 일주일 나기

따져 보면 모든 생활은

그 하나하나가 만남의 연속입니다.

수업 시간에 만나고, 청소하면서 만나고,

편지로 만나고, 문제상황에서 만납니다.

만남은 지속적으로 관계를 이어 가며 신뢰를 쌓아 갈 때

만남으로서 진정한 의미가 살아납니다.

새 학년 첫 일주일은 첫 만남의 기대를

학급이라는 생활의 장으로 풀어놓는 시기입니다.

차근차근 아이들과 마음 맞춰 알맞은 밑돌을 놓는 데서부터

학급 공동체의 가능성이 시작됩니다.

새 학년 첫 일주일은 교사도 아이들도 분주하기 그지없다. 아이들에게는 새로움에 대한 설렘과 두려움이 공존한다. 교사는 교사대로 새 출석부 점검하랴, 새 학기에 맞춰 몰려오는 각종 공문 처리하랴, 눈코 뜰 새 없다. 그렇게 허둥대다 보면 신선해야 할 일주일이 얼떨결에 지나가기도 한다.

학년 초 일주일은 아이들과 교사가 서로 마음을 열고 서로에게 집중해야 할 시기이다. 첫 만남의 이미지가 결정되는 것도 대부분 이 무렵인데, 바쁜 일정 때문에 오히려 아이들과 살갑게 지내지 못하는 경우가 많다. 제대로 돌보지 못한 일주일은 일 년 학급운영에도 영향을 미친다. 첫날을 산뜻하게 열었다 하더라도 일주일의 일정을 계획대로 진행하지 못하면 그 뒤로 이어지는 학급운영의 흐름을 놓치기 쉽다. 처음에 학급운영의 흐름을 놓치면 그 다음부터는 쫓기면서 가는 1학기가 되고 일 년이 된다.

정·부회장을 뽑고 모둠을 짜서 본격적인 학급활동을 하기까지 몇 주 동안은 임시 방법으로 학급을 이끌게 된다. 임시라지만 기본적인 질서는 있어야 한다. 튼튼한 줄기를 앉히기 위한 탐색 기간이기 때문이다. 학급 공동체의 뜻을 모아 급훈과 약속을 정하고, 좋은 예감을 품고 짝을 만나고, 학급일을 나누는 과정 하나하나가 이후 학급운영의 단단한 밑돌이 된다. 흔히 하는 '행복하다.'는 말은 매우 추상적이다. 주관적 판단이 강하기 때문이다. '교실에서 행복하다.'는 말은 더 어렵다. 서른 명이 넘는 아이들이 모두 행복을 느낀다는 것은 어쩌면 불가능한 일인지도 모른다. 그럼에도 많은 교사들이 행복한 교실을 가꾸기 위해 노력하고 있다. 아이들도 "우리 반은 행복해요."라는 말을 한다. 교실 밖에서 보아서는 판단할 수 없는, 교사와 아이들 사이에 흐르는 그 행복은 언어로 전달되는 것이 아니라 느낌으로 알 수 있는 것이다. 교사도 아이도 행복한 교실, 그 첫걸음을 학년 초 일주일 나기에서 마련해 보자.

학급 공동체를 위한 마음 모으기

우리 반 뜻 세우기(급훈)

급훈은 교사의 학급운영 철학과 교육관을 포괄하는 개념이며, 아울러 학급 공동체를 위해 학급 안에서 지켜야 할 약속을 큰 틀에서 규정하는 지침이다. 그러나 대부분의 학교에서 급훈이 사라지거나 우리 반 급훈이 무엇인지도 모르고 한 해를 넘기는 경우도 흔하다. 급훈의 형식화는 애당초 교사가 학급운영의 목표와 방향을 명확하게 하지 않는 데서 비롯된다. 급훈만으로 '아, 이 학급은 이런 학급이구나.' 하고 학급의 특색을 짐작할 수 있어야 하며, 교사와 아이들이 일 년 동안 이루고자 하는 학급운영의 방향이 드러나야 한다.

급훈의 내용은 학급생활의 바탕을 이루는 뜻을 담아 실천을 뒷받침할 수 있도록 하는 게 좋다. '한 걸음씩' '더불어 함께' '늘 푸르게' '생각하는 어린이' '사랑을 담은 반' '한 알의 밀알이 되어' '들꽃 세상' 등 공동체 생활의 지침이 되거나 올바른 인격체 형성을 지향하는 내용이라면 아이들의 성장을 넉넉히 담아낼 수 있을 것이다.

급훈을 정하는 방법은 여러 가지다. 담임이 자신의 교육관을 반영해 제시하는 방법도 있고, 아이들에게 공모해서 표결을 통해 결정하는 방법도 있다. 어떤 방법이든 학급의 형편에 맞게 취하되, 담임의 교육과 급훈이 맞물리지 않을 때 아이들 역시 급훈을 하나의 장식으로 생각하게 된다는 점을 잊지 말자. 학부모에게도 급훈을 통해 교사의 교육관을 제대로 펼쳐 보여 주고 또 그에 맞는 학급살이를 계획한다면 무리 없이 협조를 구할 수 있다.

학급약속 정하기

급훈이 결정되면 이제는 실행을 위한 다음 활동으로 들어간다. 학급약속을 정하는 일과, 반가를 정하는 일, 교실 꾸미기가 그것이다. 이러한 활동들이 전체 학급운영 계획과 연결되지 않을 때 급훈이든 학급약속이든 반가든 그야말로 '왕따' 가 되기 쉽다.

학급약속을 만들기 전에 교사가 먼저 세워야 할 원칙은 급훈과 마찬가지로 학급약속이 '규제' 를 위한 규칙으로 흘러서는 안 된다는 것이다. 아이들이 활동하는 데 있어 이것저것 못하게 막는다는 느낌을 갖게 한다면 아이들에게 호응을 얻지 못하게 되고 '강제' 에 의한 타율적인 활동이 된다. 학급약속은 많은 아이들이 한 공간에서 더 원활하고 민주적인 공동체 생활을 하기 위한 보조 역할을 한다. 규칙이 너무 무게를 갖게 되면 규칙에 끌려 다니는 아이들이 된다. 아이들과 교사의 머리 위에 너무 무거운 돌을 얹어 놓아 서로가 불편한 교실 생활을 만들지 않았으면 좋겠다.

그리고 약속을 만들 때 어른 사회를 흉내 내어 장황하게 만드는 일도 피해야 한다. 꼭 필요한 것만 정해서 아이들이 늘 머릿속에 담아 둘 수 있도록 하자. 약속이 너무 많아서 선생님도 아이도 규칙을 써 놓은 종이를 봐야 무슨 약속이 있었더라는 것을 기억하게 된다면 그것은 실효성이 없는 종이쪼가리에 불과하다.

학급약속은 아이들과 함께 정하는 것을 원칙으로 한다. 그러나 학급운영을 하는 데 꼭 필요한 것은 아이들에게 이해를 시키고 교사가 결정해야 한다.

학급약속은 학급의 하루 생활을 나열한 뒤 분야별로 나누어 필요한 약속을 아이들과 함께 뽑는다. 한 번의 회의를 통해 학급규칙을 결정하지 말고 두세 번 회의를 거쳐 최종적으로 결정하는 신중함을 보일 필요가 있다. 그리고 한 번 정해진 규칙이더라도 학급회의를 통해 다시 개정할 수 있는 여유를 보여 준다.

> 교과지도와 관련된 약속을 정할 때는 수업 시간에 다른 학생이 발표할 때 보충 발표나 이견 발표는 어떤 방법으로 구별할 것인지, 과제와 준비물 점검은 어떻게 할 것인지, 공책은 과목별로 어떻게 쓸 것인지, 과제는 과제장에 따로 할 것인지 과목별 공책에 함께 기록할 것인지도 미리 고민한 뒤 교사의 의견을 제시할 수 있어야 한다. 《수학익힘책》과 《자연 실험관찰》, 《생활의 길잡이》 등의 보조 교과서는 수업 시간에 어떻게 활용할지도 결정해야 한다. 판서는 어떤 수준까지 하고, 아이들은 그것을 언제 어떻게 기록해야 하는지, 교과서는 어떻게 활용할 것인지 등도 약속을 정해 두면 좋다.

예시

피해야 할 학급약속

1. 친구들과 이유 없이 싸우면 20분 동안 손을 들고 서 있는다.
2. 과제를 해 오지 않으면 교실에 남아 과제물을 두 번 베껴 쓴다.
3. 쓰레기를 버리면 그 쓰레기를 물고 친구들 앞에서 5분 동안 서 있는다.
4. 욕을 하면 "욕을 하지 않겠습니다."라는 말을 친구들 앞에서 100번 한다.
5. 실내에서 뛰면 친구들 앞에서 엉덩이로 이름을 쓴다.
6. 군것질을 하다 걸리면 손을 높이 들고 10분 동안 서 있는다.

'벌'을 내세우지 않고 정한 학급약속

1. 교실에 8시 30분까지 들어온다.
2. 점심 시간에는 제자리에 앉아서 먹는다.
3. 과제는 과제함에 넣고, 스스로 확인란에 표시한다.
4. 친구와 싸웠을 때는 20분 동안 선생님과 상담한다.
5. 실내에서 뛰면 쉬는 시간에 '사뿐히 걷기'라는 팻말을 들고 다닌다.
6. 친구에게 고운 말을 쓴다.
7. 자기 역할을 다하지 않은 친구는 '하루 봉사의 날'을 갖는다.
8. 숙제를 해 오지 않으면 선생님과 상담하고 3회 이상 해 오지 않으면 선생님이 부모님과 상담한다.

선생님이 아이들에게 하는 약속

1. 선생님도 일기를 쓰고 일주일에 한 번 공개하겠습니다.
2. 하루를 마칠 때는 웃는 얼굴로 헤어집니다.
3. 하루에 한 가지씩 이야기를 들려주도록 노력하겠습니다.
4. 아이들의 이야기를 끝까지 들어 주도록 노력하겠습니다.

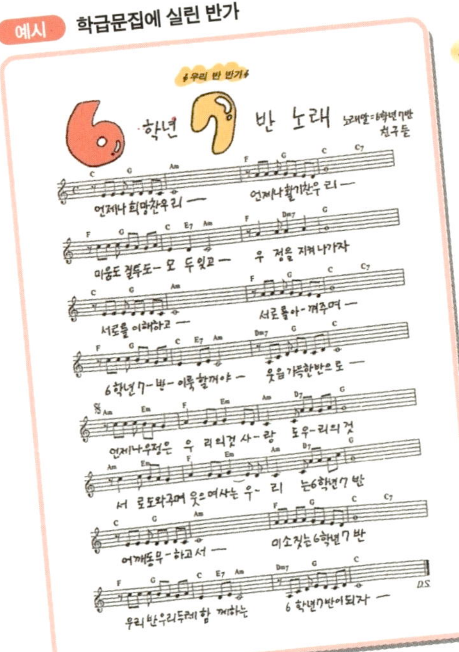

우리 반 노래 정하기

한 교실에서 함께 지내는 아이들끼리 '자기들' 의 노래를 갖는다는 것은 얼마나 신나는 일인가. 학급행사나 학교행사가 열릴 때마다 함께 부르면 남다른 결속력을 다질 수 있으며, 마침 시간에 함께 부르고 헤어지면 학급 공동체의 의미가 새록새록 되살아남을 느낄 수 있다. 아이들이 직접 글을 쓰고, 가락을 만든다면 더 좋겠지만 그렇게 하기 힘들면 이미 나와 있는 노래 가락에 내용을 바꾸어 넣는 것도 좋다. 학부모의 도움을 얻어서 새롭게 '우리 노래' 를 만들어도 좋지만, 되도록 '노랫말' 에 한정해 아이들이 참여할 수 있는 폭을 넓히는 것이 좋겠다. 가사는 아이들 수준에 맞게 아이들 입말을 살려 쓰는 게 훨씬 정감 있고 가슴에 와 닿을 것이다. 노래를 만들었으면 자주 불러야 한다. 애써 만들어 놓고는 노랫말을 잊을 정도로 뜸하게 부른다면 의미가 없다.

 즐거운 학급생활을 위한 징검다리 놓기

자리 정하기

학년 초에 자리를 배치할 때에는 학급환경을 가꾸는 것과 교사와 학생, 학생과 학생에 대한 파악이 중요하다. 대체로 3월 한 달 동안은 고정적인 자리 배치가 무난하나, 짝을 정할 때에는 아이들에 대한 정보를 얼마간 수집하고 분석한 뒤에 하는 것이 좋다. 개별 아이들의 세세한 성향은 잘 모르더라도 여러 경로의 아이들 읽기를(1권 68쪽 참고) 통해 얻은 자료를 바탕으로 배려가 필요한 아이들은 따로 챙겨야 한다. 특히, 시력이나 지체 등 신체적인 장애가 있는 아이는 다른 아이들의 양해를 얻어 자리를 결정해 준다. 일반적으로 남녀가 짝이 되도록 하는 경우가 많은데, 이때 여자 아이는 왼쪽, 남자 아이는 오른쪽에 앉히는 것이 좋다. 오른손을 많이 쓰는데, 아무래도 남자 아이들이 활동적이기 때문에 남자 아이의 오른쪽을 비워 두면 서로 부딪히는 일이 줄어든다.

또 학부모로부터 짝 정하기 혹은 자리 배치와 관련해 교사에게 하고 싶은 말을 들어 보는 것도 좋다. 초등학교는 대부분 한 지역에서 같은 학교를 몇 년씩 다니기 때문에 부모들은 '내 아이가 누구와 성격이 안 맞아 힘들어하는지' 정도는 알고 있다. 부모의 이기적인 마음이 아니라면 좋은 정보를 얻어 아이들끼리 힘들지 않은 첫출발을 할 수 있다.

교사와 아이들이 어느 정도 익숙해지면 아이들에 대한 이해를 바탕으로 학급운영의 내용이나 교과 수업 형태 등을 고려해 정기적으로 자리에 변화를 줄 필요가 있다. (1권 64쪽 참고)

자리를 정할 때 생각해 둘 일

1. 책상과 의자 놓기
· 교사와 모든 아이들이 서로 잘 보일 수 있도록 배치해야 한다.
· 교실 안 안전사고를 대비해 책상 간 공간을 충분히 벌리고 출입구 부근에는 여유 공간을 두어야 한다.
· 아이들이 고개를 들면 칠판이 보일 수 있도록 한다.

2. 짝과 자리를 정할 때
· 배려가 필요한 아이들을 먼저 : 미리 아이들의 양해를 구해 질병이나 장애가 있는 아이 먼저 자리를 정해 주도록 한다. 눈이나 귀가 불편한 아이는 앞으로, 볼일을 자주 보는 아이는 출입문 근처로 자리를 정해 준다. 개별지도가 필요한 아이나 부산스러운 아이도 교사 앞으로 자리를 정해 보살펴 줄 수 있도록 한다.

· 신체 균형을 맞춰 : 짝을 정할 때 신체적인 균형이 절대적인 기준이 되는 것은 아니지만 배려할 필요는 있다. 가끔 짝의 키를 가지고 놀리는 아이도 있고, 짝이 뚱뚱하다고 놀리는 아이도 있기 때문이다. 아이의 성격을 외모로 판단할 수는 없어도 짧은 관찰 속에서 마음이 넓은 아이와 그렇지 못한 아이의 궁합을 맞춰 줄 수 있으면 더 좋다. 일방적으로 짝꿍에게 당하는 일은 없도록 해야 한다.

· 앞과 뒤를 골고루 : 예전처럼 모두가 칠판을 바라보고 분단 형태로 앉는다면 문제가 되겠지만 그렇지 않다면 아이들이 앞에서 뒤까지 골고루 앉을 수 있는 자리 배치를 하면 좋다. 키가 크다는 이유 때문에 항상 뒤에 앉아서 집중력이 떨어지거나 학습 태도가 나빠지는 경우가 종종 있다.

· 여러 친구를 만날 수 있도록 : 짝은 잘 만나면 단짝이 되지만 잘못 만나면 원수가 된다. 좋은 친구 사이였다가도 짝으로 지내다 서로 등을 돌리는 경우도 있다. 그렇다고 궁합이 맞는 친구하고만 계속 같이 앉게 하는 것이 좋은 것만은 아니다. 아직 사회성이 여물지 않은 아이들이므로, 친구의 폭을 넓힐 수 있도록 될 수 있으면 많은 아이들과 앉아 보게 해야 한다.

· 성별을 신경 써서 : 짝을 정할 때 대부분의 교사들은 여학생과 남학생이 함께 앉아야 한다는 것을 거의 '원칙'으로 삼고 있다. 굳이 원칙이 아니더라도 자연스러운 것을 찾다 보니 알게 모르게 굳어져 있다.
다른 성끼리 짝을 지우는 것은 아이들에게 자연스럽게 이성과 어울릴 수 있는 기회를 준다는 장점이 있다. 또 남자끼리 앉았을 때 더 소란스럽기 때문에 그렇게 하기도 한다. 그러나 가끔 여학생은 여학생끼리 남학생은 남학생끼리 앉히는 것도 괜찮다. 아이들이 원한다면 같은 성끼리 앉아 보는 경험도 필요하다.

역할 나누기(1인 1역)

1인 1역을 맡기지 않고도 학급일을 잘 해결할 수 있다면 좋겠지만, 아직 책임감이나 사회성이 부족한 아이들과 학급생활을 하다 보면 아이들은 아이들대로 천방지축이고 담임도 일일이 잔신경을 쓰지 못해 교실생활이 엇나가는 경우가 생긴다. 이럴 때는 학급의 구성원으로서 아이들이 공동체 생활의 원리를 깨치고 책임감을 익힐 수 있도록 적절한 장치를 마련할 필요가 있다. 이런 의미에서 1인 1역 활동은 아이들 한 명 한 명과 학급일을 나누고, 생활 속에서 아이들의 책임감과 주인의식을 키워 주는 교육활동이 될 수 있다. 또한 자칫 몇몇 아이들에게 집중될 수 있는 교사의 관심이나 학급일의 불균형을 바로잡는 데에도 도움이 된다.

그런데, 1인 1역 활동을 하면서 한 번 정해진 활동을 그 아이가 좋아하든 말든 일주일, 한 달, 심지어 한 학기 동안 계속하도록 정해 놓는 경우를 종종 볼 수 있다. 이런 방식은 자발적인 1인 1역 활동이라고 보기 힘들다. 어떤 경우에도 아이들 의사를 확실히 물어보고 결정해야 아이들이 입을지도 모를 마음의 상처를 줄일 수 있다. 또한 어떤 방법을 쓰든 모든 아이들이 학급활동에 참여할 수 있도록 한다는 원칙은 지켜야 한다.

1인 1역을 정할 때, 가장 먼저 할 일은 아이들과 학급에 꼭 필요한 활동을 하나하나 정하는 것이다. 아이들의 의견을 듣고 그 활동이 꼭 필요한 것인가를 토론하는 과정을 거치면서 날마다 해야 할 일과 가끔 해야 할 일을 구별하고, 그 활동에 필요한 사람의 수를 알맞게 조정한다. 아이들과 함께 의논해 보면 대체로 학급에 꼭 필요한 일은 15~20가지 정도가 나온다.

> 1인 1역을 적은 카드를 명함 크기로 만들어 두고, 그 카드를 뽑아서 1인 1역을 정하는 방법도 가능하다. 카드 뒷면에 각각의 활동을 제대로 하는 방법을 적어 둔다.

이 과정에서 주의할 점은 학급 인원수에 맞게 역할을 조정해야 한다는 것이다. 아이들이 많을 경우에는 전체를 둘 또는 세 모둠으로 나눠 전체 아이들이 모둠별로 2~3일에 한 번씩 1인 1역을 할 수 있도록 조정할 수도 있다. 반대로 해야 할 일에 비해 아이들이 적을 경우에는 역할의 비중을 따져 어려운 일을 맡은 아이는 한 가지만 하도록 하고 쉬운 일을 맡은 아이는 두어 가지를 함께 하도록 할 수도 있다. 물론 쉬운 일만 하려는 아이들이 있을 수 있으므로 모든 활동을 골고루 하도록 규칙을 정하는 것이 좋다.

또 여학생과 남학생의 역할을 따로 구분해서 배정하는 일은 없도록 한다. "여자 아이니까

컵 정리를 시켜야겠다."거나 "남자 아이니까 프로젝션 텔레비전 같은 기기 관리를 맡겨야겠다."라는 식의 성 고정관념을 교사부터 버려야 한다. 도저히 여학생이 하기에 힘든 일이라고 느껴 남학생에게 맡겼다면 그 일은 사실 아이들 일이 아니라 교사의 일이라고 봐야 한다.

이렇게 1인 1역 활동 내용이 정해지면 그 내용을 정리해 아이들 눈에 잘 띄는 출입문 안쪽 벽이나 교탁 또는 사물함 위에 두고, 아이들이나 교사가 확인할 수 있도록 한다. 활동을 담당한 아이의 이름을 적는 칸 옆에 작은 칸을 마련하여 그 활동이 알맞게 이루어졌다는 표시를 할 수 있도록 한다. 아이들은 그 표시를 보면서 스스로의 활동을 확인할 수 있다. 주중에 공휴일이 끼어 있는 경우 그 날은 비워 두고 넘어가도록 하는 것이 일주일 단위로 아이들의 활동

예시 **학급활동 역할 나누기**

할 일	이번주 모둠	월		화		수		목		금		토	
		담당	확인	담당	확인	담당	확인	담당	확인	담당	확인	담당	확인
교실 앞													
교실 뒤													
복도													
복도 창틀													
교실 창틀													
신발장													
걸레													
신문													
우유													
물 떠오기													
급식 봉사													
교탁													
아침활동													
자료													
컴퓨터 텔레비전													
중간 휴식 난방													
학급문고													
게시물													
화분·식물													
창문 여닫기													

 **톡톡 아이디어**

친구와 사귀는 것을 두려워하고 교실에서 겉도는 아이에게 식물이나 곤충을 돌보는 역할을 맡겨 볼 수도 있다. 노은희 선생님(경기 수원 일월초)은 평소 쉽게 화를 내어 친구가 거의 없는 길동이에게 의도적으로 교실에서 기르는 누에에게 먹이를 주는 역할을 맡겼다.

"길동아, 누에 징그럽지 않니?"

"맨 처음에는 징그러워서 소리를 질렀는데요. 자꾸만 들여다보고 먹이도 주고 하니까 지금은 되게 귀여워요."

"아 그래."

"예전에는 내 손에 벌레가 있을 때 '이놈이!' 하고 죽였는데 지금은 풀밭에 놓아줘요."

"길동이가 사람 말고 또 다른 생명체를 인정하게 된 거야. 친구들도 보렴. 처음에는 가까이하고 싶지 않은 친구들도 자꾸만 가까이하려고 애쓰면 친하게 되잖아. 귀뚜라미, 누에, 열대어, 올챙이 같은 작은 생명들을 키우며 이런 점을 가슴으로 느끼게 되는 거란다."

이렇게 길동이는 누에를 기르면서 마음씀이 넉넉해지고, 친구 관계도 차츰 좋아지게 되었다.

내용을 정리하기에 편리하다. 토요일 일과가 끝나면 그 주분의 표를 빼서 따로 보관해 두었다가 봉사활동평가나 행동발달평가에 이용할 수 있다.

교사가 할 일은 이러한 활동들이 제대로 이루어지고 있는지 그때그때 확인하는 정도이다. 물론 교사가 해야 할 1인 1역도 한 가지쯤 넣어 두고, 아이들과 함께 움직인다면 더욱 좋을 것이다. 아이들의 활동을 확인하는 책임을 1인 1역 가운데 하나로 정할 수도 있다.

학습 준비물 챙기기

학년 내내 오래 쓸 학습 준비물은 학년 초에 미리 준비해 두는 것이 좋다. 준비물을 가져와야 하는 바로 전날 준비물을 알려 주는 것은 학부모 입장에서는 매우 당황스러운 일이다. 교사가 미리 다 계획을 세워 놓았더라도 하루 이틀 만에 준비물을 '통보' 하는 일은 없어야겠다. 아이들이 한 학기 혹은 일 년 동안 생활하면서 꼭 필요한 것들, 빈번하게 사용하는 것들은 첫 일주일 안에 모두 준비할 수 있도록 계획을 세워 두자. 교사에 따라서는 아이들마다 준비해야 할 학습 준비물이 조금씩 다른 경우가 있다. 그럴 경우에는 일반적인 학습 준비물을 먼저 준비하도록 한 뒤에 학부모 앞으로 안내장을 보내서 어떤 학습자료가 왜 필요한지 이해시키도록 한다.

학습 준비물을 준비하라고 학부모에게 미리 안내장을 띄워도 준비물을 못 챙겨 와서 학습 활동에서 소외되는 아이들이 있게 마련이다. 이런 아이들을 위해 교사의 작은 배려가 필요하다. 아이들이 꼭 준비해야 수업이 가능한 준비물을 여분으로 몇 개씩 갖추어 놓는 것이다. 예를 들어 색종이 오리기를 하여 여러 모양을 만드는데 몇몇 아이가 색종이가 없다거나 가위가 없으면 아주 곤란하다. 그렇지만 교사가 미리 교실에 가위를 여분으로 준비해 두고, 색종이를 여러 묶음 챙겨 놓았다면 문제는 쉽게 해결된다. 물론, 교사의 그런 배려를 이용하려는 아이가 있을 수도 있고, 습관적으로 준비물을 빠뜨리는 아이도 있다. 그런 부분에 대해서도 적절한 지도를 하면서 배려해 주는 마음이 필요하다.

글쓴이 · 도움 주신 분들 권병진 | 서울 도림초 교감 · 신명기 | 서울 영훈초 교사 · 최진수 | 경남 창원 사파초 교사

안녕하십니까?

따뜻한 봄과 함께 새 학년 새 학기가 시작되었습니다. 며칠 지나지 않았지만 우리 반 아이들은 새 친구들과 잘 어울리며 즐겁게 생활하고 있습니다.

오늘은 아이들과 함께 지내면서 필요한 학습 준비물에 대해 안내해 드리고자 합니다.

학습 준비물은 아이들이 학교생활을 할 때 꼭 있어야 하는 것인데 가끔 준비물 없이 학습에 임하는 아이들이 있습니다. 학습 준비물이 제대로 갖추어지지 않으면 교사가 생각했던 학습 목표에 다다를 수 없고 또 학습 활동에서 외톨이가 되는 경우도 있습니다.

한 학기 또는 일 년 활동을 하면서 늘 있어야 할 학습 준비물에 대해서 말씀드리겠습니다. 그리고 그때그때 필요한 학습 준비물에 대해서는 적어도 보름 전에 다시 안내해 드리겠습니다.

아이가 학습 활동에 적극적으로 참여할 수 있도록 학습 준비물을 잘 챙겨 주시기 바랍니다.

1학기 또는 일 년 활동을 하면서 꼭 필요한 학습 준비물

· 공책 : 국어, 사회, 수학, 음악, 일기장, 관찰 기록장
· 학습도구 : 연필(한 학기에 세 자루, 그림 연필 한 자루), 지우개(작은 것으로 세 개), 칼(꼭 덮개가 있는 작은 칼 한 개), 자(30cm 자 한 개), 가위(작은 것 한 개), 모양자(우리 학년에서는 모양자만 있어도 됩니다), 컴퍼스(한 개), 물감(24색), 팔레트, 그림붓(6호, 10호), 물통(접이식), 벼루, 먹, 먹물 한 통, 서예 붓
· 그 밖의 것 : 그림 그리기 공책, 풀, 원고지, 모눈종이, 색종이, A4 갱지, 붉은 색연필, 돋보기, 손수건, 체육복, 운동화

교과 공책은 숙제를 해 오는 양에 따라 아이마다 필요한 권수가 다릅니다. 가끔 공책을 확인하셔서 다 쓰기 전에 새로운 것을 준비할 수 있도록 해 주십시오. 일기장과 관찰 기록장도 마찬가지입니다.

학습도구는 아이가 갖고 다녀야 할 것만 나누어 주고 나머지는 이름표를 붙여 모두 교실에서 공동 보관합니다. 대부분 모둠별로 보관을 합니다. 잃어버리면 바로 새것으로 준비해 주시기 바랍니다. 이름표는 견출지에 써서 붙이고 투명 테이프로 한 번 더 붙여 주세요.

그 밖의 공책이나 준비물에 대해서는 어떤 활동에 필요해서 준비하게 했는지 준비물을 활용하면서 다시 안내해 드리겠습니다.

교과 수업에서 필요한 준비물은 적어도 2주 전에 안내해 드리도록 노력하겠습니다.

ㅇㅇㅇㅇ년 3월 ㅇ일
3학년 ㅇ반 담임 ㅇㅇㅇ 드림

어떤 학년이나 새로운 환경에 놓이는 것은 똑같지만, 1학년이 느끼는 환경의 변화는 또 다른 세계에 들어서는 것과 같다. 1학년은 편안하고 느긋하게 아이들의 성장 속도에 맞추어 문자나 수, 표현활동 등을 해 나갈 수 있는 교육과정과 분위기를 만들어 나가야 한다. 그 중에서도 3월은 아이들이 긴 교육과정에 편입해 들어가는 준비기로서 즐겁고 자신 있게 학교생활을 시작하게 해 주는 시기이다. 특히 학교와 공부에 대한 두려움을 줄일 수 있도록 기초학습 과정과 학교생활에 세심한 배려가 필요하다.

1학년은 **3월**을 이렇게 보내세요

박지희 | 서울 상경초 교사

1. 소개하기

- 규칙에 맞춰 소개하기

1학년은 자기 소개나 친구 사귀는 과정을 한꺼번에 형식적으로 하는 것보다 시간을 두고 천천히 해 나가야 한다. 매일 아침 아이들이 다 모이면 자리에 앉게 하고 아침활동 시간과 1교시를 연결해 소개하기를 꾸준히 한다.

맨 처음에는 이름 소개하기부터 시작해서 좋아하는 것과 싫어하는 것, 잘하는 것과 기분, 아침에 엄마한테 들었던 말과 알게 된 친구 이름 말하기, 첫 인상 말하기 등을 해 나간다. 교사가 먼저 시범을 보이면서 무엇에 대해 말하는지 자연스럽게 알게 하고 교사가 소개하는 방식으로 각자 돌아가며 소개를 한다. 소개 항목도 이름만 소개하기부터 시작해 차츰 내용을 덧붙여 나가며, 아이들이 발표에 부담을 느끼지 않도록 한다.

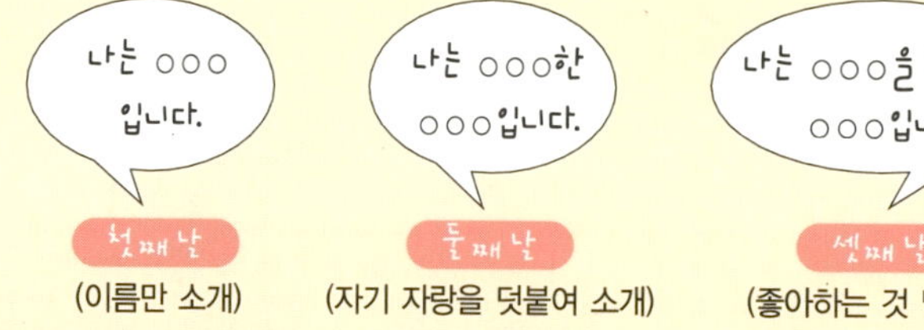

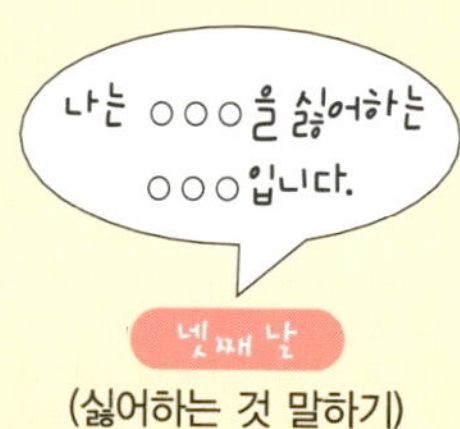

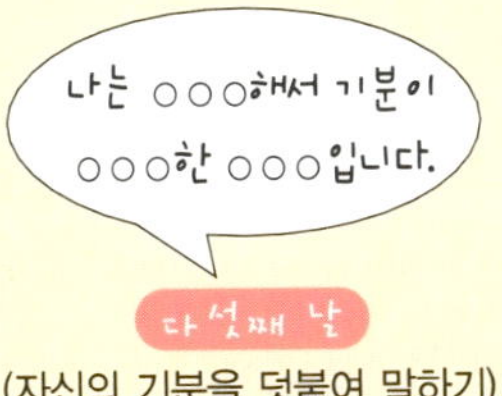

(자신의 기분을 덧붙여 말하기)

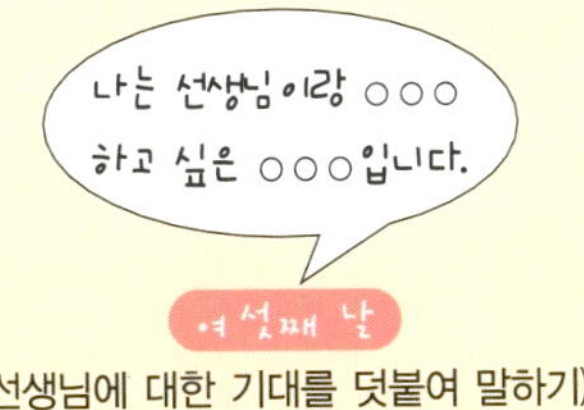

(선생님에 대한 기대를 덧붙여 말하기)

– 카드 이름표를 이용하여 소개하기 아이들 이름을 크게 쓴 카드 이름표를 만든다. 이 카드 이름표는 한 번 만들어 놓으면 여러 곳에 유용하게 쓸 수 있는데, 특히 자기 소개와 친구 이름 익히기를 하면서 이름표로 글자 익히기를 연습할 수 있다.

내 이름 말하기

교사가 박지희라는 카드를 들면 박지희가 일어나서 자기 소개를 한다. 처음에는 자기 이름 발표하기부터 시작하고 아이들이 학교생활에 익숙해지면 차츰 별명이나 좋아하는 것 등 항목을 늘려 가며 여러 번 반복해서 자기 소개 활동을 한다.

친구에 대해 말하기

'오늘 관심을 가지고 살펴볼 친구는 누구다.' 라고 카드를 보여 주면 아이들이 그 친구를 살피고 좋은 점이나 그날의 기분 등을 이야기한다. 궁금한 것이 있으면 친구에게 직접 물어보고 대신 말해 주는 활동을 할 수 있다. 이 밖에도 이름과 친구 얼굴 맞히기를 하거나 카드를 뽑아서 돌아가며 뽑힌 친구에 대해 알고 있는 점을 이야기해 볼 수도 있다.

도움 친구 정하기

뒤집어 놓고 무작위로 뽑아서 뽑힌 친구 도와주기, 집에 갈 때 같이 가 주기, 화장실 같이 가 주기, 학습 준비물 빌려 주기 등 친구 사귀기를 한다.

2. 소근육 발달을 돕는 활동

저학년 아이들에게 있어 소근육 발달은 매우 중요하다. 특히 컴퓨터를 일찍 접한 요즘 아이들은 손가락을 사용해서 매듭을 짓거나 글씨를 쓰거나 하는 활동을 힘들어하고 손으로 섬세한 표현을 하는 데 애를 먹는다. 나중에 글씨를 잘 못 쓰거나 선을 바르게 긋지 못하면 자신의 활동 결과에 만족하지 못하고 자칫 자신감을 잃어버리기도 한다.

– 선 그리기 3월 한 달은 크레파스나 색연필을 사용하여 선을 긋거나 색칠하는 활동을 많이 하는데, 이때 굵은 필기구부터 시작해 연필처럼 가는 필기구를 잡는 연습을 한다.

선 그리기는 처음에는 짧게 시작하여 긴 선을 반듯하게 그리거나, 대칭을 맞추거나 동그랗게 그릴 수 있도록 하는 것이 좋다. 선 구성만으로도 아름다운 작품이 될 수 있도록 완성도에 힘을 실으면 아이들의 흥미와 관심이 매우 높아진다.

마음을 담아 천천히 그릴 수 있도록 여유 있게 진행하며, 한 가지를 여러 번 연습한다. 이런 활동을 통해 소근육뿐만 아니라 아이들의 공간 감각과 색감, 공간 구성력, 정서적 안정감 같은 것을 키울 수 있다.

이런 활동이 끝나면 아이들에게 느낌이 어땠냐고 한번 물어본다. 대부분 그냥 재미있었다고 하거나 앞사람의 대답을 따라 하는데, 점점 자기만의 기분이나 느낌을 표현하는 법을 배운다. 자유선 그리기에서 시작해서 교사의 선 모양을 보고 따라 하기, 흐린 선 따라 하기 등을 해 나가는데 선 그리는 소재도 자유롭게 한다. 크레파스나 색연필로 그리기, 손가락에 물감 찍어 그리기, 풀로 선 그어 색모래 뿌리기, 긴 끈을 이용해서 선 표현하기 등 다양하게 응용하여 본다.

자유선 긋기

도화지 아래 부분에는 나비나 개미 등을 그리고, 반대 쪽으로 제일 먼 곳에 꽃이나 꿀을 그려 준다. 그리고 나서 아이들에게 나비처럼 '붕붕' 날아서, 개미처럼 '천천히' 기어가서 꽃이나 꿀을 찾아가는 선을 그려 보라고 한다. 한 가지 선으로만 잇지 말고 도화지 곳곳을 사용해 나비나 개미가 돌아다니는 것을 표현하는 활동이다. 교사는 아이들을 돌아보며, 빨리(나비) 천천히(개미) 선을 그리는 아이들을 찾아 칭찬해 준다. 아이들은 이렇게 자유선을 그리는 활동을 그냥 선 긋기 활동보다 재미있어한다.

다른 동물들을 해도 재미있는데, 동물의 특성에 따라 흉내 내는 방법을 적절히 제시하여 아이들이 선의 느낌을 살려 표현할 수 있도록 한다.

자유선 긋기 활동을 하면서 반대로 아이들이 선생님을 안내하는 역할을 맡아 볼 수도 있다. 선생님도 칠판에 아이들과 똑같이 자유선 긋기 활동을 하는데, 이때 선생님은 앞을 볼 수 없다고 가정하고 시작한다. 즉, 선생님이 앞이 안 보이는 동물이 되어 먹이나 친구를 찾아가는데, 아이들이 안내자가 되어 선생님을 도와주는 것이다. 아이들은 선생님을 안내하며 위, 아래, 왼쪽, 오른쪽 방향 표현을 함께 익힐 수 있다. 아이들은 정말로 선생님이 앞이 보이지 않는다고 생각해 안타까워하며, 아주 진지하게 선생님을 이끌기 위해 애쓴다. 이 활동을 하면서 아이들은 누군가를 돌보아야 하는 책임감 같은 것을 느끼기도 한다.

곧은 선(상하 직선) 처음에는 짧은 선에서 시작하여 점차 긴 선을 그린다. 또 두세 개씩 규칙적으로 묶어서 아이들에게 규칙을 발견하게 하거나 여러 색을 사용하여 색의 어울림도 함께 지도하면 좋다.

곧은 선(좌우 직선) → 짧은 선 → 긴 선으로 나아가며 크레파스 끝을 보면서 천천히 긋도록 하면 필기구를 쥐는 방법도 연습할 수 있다. 선 길이와 선 색깔에 변화를 주어 아이들이 흥미 있게 참여하도록 하는 것이 중요하다.

이런 방식으로 사선, 꺾은 선, 곡선, 직선과 곡선의 결합과 무늬 만들기를 해 나가는데, 3월 한 달 동안만 하고 마는 것이 아니라 선 그리기 종합장을 따로 마련하여 일 년 동안 아침 시간에 꾸준히 해 나간다.

– 구멍 꿰기와 매듭 묶기 간단한 매듭이나 끈 묶기, 구멍이 뚫린 하드보드지나 코팅지에 바느질 하듯 실을 꿰어 표현하기, 젓가락으로 여러 물건 옮겨 담기, 선을 따라 모양 오리기, 손가락 유희 등을 통해서 소근육 운동을 많이 한다. 이때 가위와 같은 학습도구를 올바르게 쓰는 방법도 함께 알려 줄 수 있다. 매듭끈이나 구멍 뚫린 코팅지, 색끈, 젓가락 등을 교실에 비치해 두면 일 년 동안 아이들이 창의적으로 갖고 노는 놀잇감이 된다.

3. 몸 움직이기

1학년에게는 소근육 운동과 더불어 몸의 유연성이나 균형 감각을 키우는 교육도 중요하다. 손가락 유희를 통해 소근육 운동을 꾀했다면, 걷기, 달리기, 매달리기, 선을 따라 움직이거나 신호에 맞춰 움직이기, 동물처럼 움직이기 등을 하면서 아이들이 자기 몸을 의지대로 균형 있게 움직일 수 있도록 도와주어야 한다.

3월이면 아직 꽃샘 추위가 남아 있어서 운동장 수업이 쉽지 않은데, 몸 움직이기 활동은 하루에 잠깐씩 시간을 내어 해 볼 수 있다. 직선으로 달리기, 구불구불한 선 달리기, 동물 걸음걸이 흉내 내기, 건너뛰기, 매달리기, 높은 곳에 오르기, 뛰다가 멈추기 등 변화를 주면서 한다.

4. 글자 익히기 - 자음과 모음으로 놀기

놀이 방식을 도입해 자음·모음 익히기와 음절 익히기를 해 본다. 기본 음절 쓰기나 음절표를 나누어 주고 선생님이 불러 주는 단어 찾기 등을 반복해서 하다가 이 활동이 익숙해지면 차츰 어휘를 늘려 줄 수 있는 활동을 한다.

자음·모음 쓰기	선 그리기처럼 크고 바르게 쓰는 연습을 한다. 쓰기와 함께 색종이로 오려 보기나 찰흙으로 만들어 보기를 할 수도 있다.
자음과 모음으로 음절 놀이, 낱말 놀이	**놀이 1** 선생님의 지시에 따라 자음과 모음을 맞추어 음절 만들기를 해 본다. 선생님이 "'ㄱ' 나와라. 'ㅏ' 나와라. 둘이 만나면 무엇이 될까?" 이렇게 질문을 하면 아이들은 음절을 쓰고 읽기를 한다. **놀이 2** 아이들에게 자음과 모음을 하나씩 정해 주고 선생님이 낱말을 부르면 자음과 모음 아이들이 나와서 낱말을 칠판에 쓴다. 예를 들어 선생님이 "'나무'를 만들자." 하면 각 자음과 모음의 아이들이 나와서 낱말을 만든다. **놀이 3** 선생님이 불러 주는 자음이 들어간 낱말 만들고 읽기. 예를 들면 선생님이 "'ㄱ'이 받침으로 들어간 낱말을 만들어 보자."고 하면 아이들은 '국' '각' '약' 등의 글자를 만든다.
음절표 가지고 놀자	**놀이 1** 음절표에 있는 음 따라 읽기 **놀이 2** 선생님이 불러 주는 낱말을 찾아서 색칠하기 **놀이 3** 1줄 음절표로 글씨 쓰고 생각나는 낱말 쓰기
자음 모음 운동장 놀이	**놀이 1** 운동장에 나가 크게 자음이나 모음을 쓰고 선대로 움직이기 **놀이 2** 아이들을 자음과 모음으로 나누고, 친구와 만나서 무슨 글자가 될까 말하기 **놀이 3** 글자 술래잡기 : 큰 원을 하나 그려 놓고 술래를 뽑는다. 술래만 빼고 나머지 아이들은 모두 원 안에 들어간다. 술래가 자음이나 모음을 하나 말하면 아이들은 원 안에서 자음이나 모음이 들어간 낱말을 쓰고 원 밖으로 나온다. 술래가 10을 셀 때까지 다 못 쓰면 그 아이가 술래가 된다.

5. 책 읽어 주기

일정한 시간을 정해 하루나 이틀에 한 권 정도 책을 읽어 준다. 요즘 아이들은 글을 빨리 깨치기는 하나 듣는 능력이 부족한 편이라, 책을 읽어 주다 보면 아이들마다 듣는 태도에서 조금씩 차이가 엿보인다. 하루에 한 가지씩 이야기 들려주기를 하면서 듣는 훈련이 충분히 안 된 아이들이 듣는 활동에서 읽는 활동으로 자연스레 넘어가도록 한다.

이야기를 듣고 그림으로 느낌을 표현해 보게 한다든지 주인공에게 한마디씩 하기 등을 통해 느낌을 표현하는 활동들을 많이 해 본다. 책 읽어 주기는 일 년 동안 이어지는데, 처음 3월에는 들으면서 글자와 친해질 수 있도록 하고, 점차 듣는 발음과 쓰는 글자가 조금씩 다르다는 것을 알려 준다. 이렇게 책을 읽어 주다 보면 받아쓰기를 하면서 글자를 익히는 시간을 줄일 수 있고, 아이들도 애를 덜 먹고 받아쓰기를 해낸다.

- OHP를 활용하여 책 읽어 주기   OHP를 활용하면 화면이 커서 글자를 읽지 못하는 아이들도 재미있게 볼 수 있다.

글자가 큰 책을 OHP 필름에 복사하여 보여 주면서 반복되는 말을 따라 읽거나 숨어 있는 물건 찾기, 틀린 글자 찾기를 해 본다. 글씨 쓰기는 힘들어하지만 따라 읽기나 찾아보기를 하면서 재미있게 책과 글자에 빠져든다. OHP 필름이 단색이라 아이들은 흑백 그림을 신기해하기도 한다.

또, 글자가 없는 그림책을 보면서 그림만 가지고 이야기를 꾸미거나 그림에서 풍기는 분위기나 주인공의 표정을 살펴 느낌 나누기를 한다. 이야기가 없는 그림책은 분위기를 파악해 아이들이 직접 대화글을 한마디씩 만들어 볼 수도 있다. 그런 뒤 대화글로 즉흥극을 꾸며도 재밌다.

6. 학습도구 바르게 쓰기

아이들의 소근육 발달을 꾀하면서 학습도구를 바르게 쓸 수 있도록 한다. 학습도구를 사용하면서 작품을 끝까지 마무리 지을 수 있도록 아이들을 보살펴 준다. 활동 후에는 정리 정돈을 깔끔하게 하는 것도 꼭 일러 준다.

풀칠하기	이런 것도 가르치나 싶지만 건너뛰면 6학년이 되어도 풀칠을 잘 못하고 미술 활동을 할 때도 작품을 너덜거리게 만든다. 대충 하는 것도 습관이 될 수 있으므로, 풀칠 하나라도 꼼꼼하게 하는 법을 가르쳐 주자. 여러 가지 모양의 색종이를 하루에 한 가지씩 나누어 주고 종합장에 붙여 본다. 풀칠을 할 때는 가장자리부터 꼼꼼하게 칠하여 붙인다. 색종이를 붙이고 그 위에 그림을 그리는 표현활동을 해 볼 수도 있다. 예를 들면 네모난 색종이를 꼼꼼하게 붙인 다음 크레파스를 이용하여 학교를 그리거나 컴퓨터를 그리거나 집을 그려 본다. 원이나 삼각형 등 여러 가지 모양을 색도화지에 복사해 두고 오리기 활동을 겸하면 좋다.
가위질	가위도 바르게 잡는 법을 알려 주고, 종이를 움직여 가며 반듯하게 오리기 등을 충분히 연습해 두어야 한다. 선을 그려 따라 오리기나 색종이를 접었다 펴서 접은 선대로 오리기 등을 연습한다. 자른 것은 종합장에 붙여서 작고 간단한 작품으로 꾸며 볼 수도 있다.
투명 테이프 잘라 붙이기	투명 테이프는 필요한 상황에서만 사용하게 하고, 작은 학습지나 색종이 등을 덕지덕지 테이프를 사용하여 붙이지 않도록 분명히 가르친다. 붙일 곳의 길이와 테이프의 길이를 충분히 생각한 다음 필요한 만큼 잘라서 사용하도록 한다. 테이프에 붙어 있는 칼날 사용법과 가위로 자르는 법 등을 골고루 지도한다.
크레파스와 색연필 쥐는 법	필기구를 쥐는 법은 한 번 잘못 배우면 쉽게 고쳐지지 않는다. 바르게 익힐 수 있도록 쥐는 방법을 꾸준히 연습해야 한다. 글씨나 선을 비뚤게 그리는 아이들은 필기구를 쥐는 방법이 바르지 못한 경우가 많으므로, 선생님이 살펴보고 필기구를 쥐는 위치나 방법을 교정해 준다.

7. 정리정돈

여러 가지 분류하기 활동을 통해 사물함이나 가방 속, 책상 속을 제 힘으로 정리할 수 있는 힘을 키워 준다. 3월에는 학교에 자주 가지고 다니는 것들부터 이름과 정리 방법을 알려 주고 학교생활과 관련해서도 한 가지씩 약속을 정해 나간다. 정리정돈과 관련된 약속은 아이들이 등교해서 그날그날 바로 볼 수 있도록 칠판에 써 놓는다.

아이들과 약속해야 할 학습용품 이름	종합장, 네모 공책, 교과서, 파일 박스, 사물함, 정리 상자, 작품 모음, 학급도서, 돌려 읽는 책 등에 대한 약속을 하고 그것들을 평소에 어떻게 정리해야 하는지 정리하는 법을 하나씩 익혀 나간다.
가방 속 정리	가방 속 물건을 꺼내 책과 종합장은 책상 속 왼쪽에, 크레파스는 오른쪽에 넣고 빈 가방은 책상 안쪽으로 걸고, 다른 물건은 사물함에 정리한다.
옷 정리	옷걸이를 마련하기가 힘든 경우, 아이들이 입고 온 겉옷을 정돈하는 방법도 알려 주어야 한다. 교실에 들어오면 겉옷을 벗어서 의자 뒤에 입히고 소매를 서로 맞잡게 하면 바닥에 끌리지 않고 옷을 잃어버리지 않게 된다.
정리 상자	색종이, 풀, 가위, 투명 테이프가 들어가는 작은 상자를 미리 준비하게 한다. 오리거나 풀칠하거나 색종이를 사용할 때 상자를 들고 와서 사용하고 상자를 다시 정리해 사물함에 갖다 놓는다.

이 밖에도 여러 가지 놀이나 구체적인 조작활동을 통해서 아이들에게 학교가 즐겁다는 인식을 가지게 하는 활동도 중요하다. 학부모들에게도 많이 부탁하는 것이 "너 그래서 학교 가서 어쩔래?" 하는 협박은 제발 하지 말아 달라는 것이다. 협박하지 않아도 아이들은 유치원과 판이하게 다른 환경과 내용 때문에 많이 힘들어해서 머리나 배가 아프다고 호소하기까지 한다. 부모들이 무심코 하는 협박에 아이들은 잔뜩 주눅이 든다. 그 주눅 든 마음을 풀어 주기 위해 노래, 놀이도 많이 하고 이야기도 들려주고 대답하기 쉬운 발표도 시킨다. 아이들 입에서 "선생님, 공부 안 해요?"라는 기특한 질문이 나올 때까지 공부라고 느껴지지 않게 접근해 들어간다. 그러다 "이게 공부야."라고 하면, 아이들은 "야, 학교 재밌다."는 탄성을 지른다.

학급약속을 잘 만드는 지혜

신명기 | 서울 영훈초 교사

규칙이 자유를 넓혀 준다고는 하지만 너무 많은 규칙을 정해 아이들이 규칙에 얽매이게 하면 안 된다. 지나치게 아이들의 생활 반경을 좁히는 규칙은 자유를 넓히는 것이 아니라 오히려 축소하고 제한하는 부작용을 낳는다. 따라서 규칙은 큰 덩어리로 만드는 게 좋다. '헌법' 흉내를 내어 작은 글씨로 서너 쪽씩 되게 학급규칙을 정하는 경우도 있는데, 보기는 좋지만 얼마나 효과가 있을지 의문이다. 쉬는 시간, 점심 시간의 행동까지 약속으로 정하는 반이 있다. 아이들의 시간은 아이들에게 돌려 주는 지혜도 필요하다. 규칙이 너무 엄격하면 교실 전체 분위기가 딱딱해질 수 있다. 교사는 스포츠 경기의 주심 역할을 해야 하는데 계속해서 호루라기를 불어 대면 경기 전체의 흐름이 끊어진다. 어른의 관점이 아닌 아이들 눈높이에서 학급약속을 정하도록 하자.

본보기를 보여 주자

종이 한 장 던져 주고 '그림을 그려라.' 라고 하면 아이들은 당황해하며, 무엇을 어떻게 그려야 할지 몰라 교사에게 자꾸 질문을 한다. 학급약속을 정할 때도 똑같다. 제대로 된 설명 없이 막연하게 학급약속을 정하자고 하면 방향을 제대로 잡지 못해 우왕좌왕한다. 선생님이 본보기를 보여 주는 것이 좋다.

약속이라는 것이 무엇이고, 공동체 생활에서 약속이 왜 필요한지, 어떤 토론 과정을 거쳐야 좋은 약속이 나오는지 등에 대해 기초적인 안내를 하고, 좋은 약속의 '예' 를 한두 개 들어 준다. 그러나 '예시' 를 보여 줄 때는 간단하게 한두 개를 보여 줘야지 자세하게 보여 주면 토론 과정에서 오히려 아이들의 생각을 제한할 수도 있다.

아이들 눈높이에 맞추자

아이들은 아이들이다. 우리가 가르치고 있는 대상이 아이들이라는 이 기본적인 사실을 가끔 잊는 경우가 있다. 아이들이 교실에서 또는 학교에서 생활하는 데 필요한 학급약속을 정하는 것이다. 지나치게 욕심을 내어 어른들 회칙 정하듯이 장황하게 늘어놓는 것은 좋지 않다. 아이들 눈높이에 맞는 약속을 정하고 아이들 수준에서 지킬 수 있는 것을 정하도록 하자.

토론을 하자

학급약속을 정하는 데 있어 가장 먼저 생각해야 할 일은 '아이들이 원하는 일인가?' 이다. 아이들이 원하지도 않는 일을 교사가 일방적으로 요구해서 약속으로 정하면 아이들은 시작부터 별로 원치 않는 일을 한 것이 된다. 학년 초에 만들어지는 학급약속이 아이들의 생각과 다르게 진행되면 넓게는 선생님에 대한 신뢰에도 영향을 미친다.

약속을 정할 때는 꼭 전체 토론을 하는 게 좋다. 모두가 어떤 약속이 정해지는지 스스로 알아야 하고 참여해야 한다. 전체 토론에서 주의할 것은 분위기이다. 사회자를 비롯한 몇 명의 아이들만 이야기하고 학급약속이 정해져서는 안 된다. 아이들의 자유롭게 마음속에 있는 것을 말할 수 있는 학급 분위기가 미리 만들어져 있어야 한다.

또 전체 토론에서 어떤 내용을 학급약속으로 정하기 전에 반드시 '그 내용에 대한 다른 의견'이 있는지 확인해야 한다. 그것이 학급약속으로 정해졌을 때 학급 아이들 전체에게 좋은 것인지도 고려한다. 몇몇 아이들만 지킬 수 있고 대부분의 아이들은 약속의 피해자가 될 것이 분명한 약속이라면 교사가 개입할 필요가 있다.

책임을 지게 하자

아이들은 학급약속을 정할 때 좀 들떠 있다. 마치 새해에 많은 사람들이 일 년 계획을 세우면서 흥분하는 것과 같다. 좋은 의견도 많이 낸다. 자신들의 생활을 불편하게 만들 수 있는 내용에 대해서도 학급약속으로 정하자고 큰소리친다. 아이들이기 때문이다. 아이들은 약속을 정하는 순간의 흥분만 생각하지 나중에 약속을 지키는 일이 쉽지 않다는 것에 대해서는 별 생각이 없다.

교사는 그런 아이들에게 약속이 정해지고 나면 그 약속에 대한 '책임'이 얼마나 중요한가에 대해서도 충분히 설명해야 한다. 스스로 약속을 정한 만큼 그 약속을 지키는 것도 아이들 스스로가 책임져야 한다는 것을 강조한다. 교사가 정해진 약속에 대해 비중을 두지 않는 학급운영을 하면 아이들은 점점 약속에 대해 둔감해진다. 그리고 책임을 지지 않아도 된다는 생각이 조금씩 자리 잡게 된다. 약속은 정하는 것보다 지키는 것이 중요하다는 것을 아이들이 느낄 수 있도록 늘 강조하자.

벌을 줄이자

어느 교실의 학급약속을 보면 서로가 행복한 생활을 위해 지켜야 할 것을 정한 것인지 아니면 약속을 어긴 사람에게 '벌'을 주기 위해 만든 것인지 궁금할 때가 있다.

규칙을 정하는 것은 서로 노력해서 즐거운 공간을 만들자는 것이지 정해진 규칙을 어기는 사람에게 '어떤 벌'을 줄까를 연구하여 만드는 것은 아니다.

똑같은 행동을 했을 때 선생님이 혼내는 정도와 방법이 똑같아야 하기 때문에 학급약속에 '벌'을 명시해야 할 필요성이 있다면 좀 더 고민해서 그 벌이 과연 아이들에게 효과가 있는 것인지 생각해 보아야 한다. 굳이 '학급약속'에 벌의 내용을 구체적으로 넣지 않고도 교사가 학급운영을 할 수 있다면 넣지 않아도 된다.

1. 1인 1역 활동으로 아이와 친해지기

신명기 | 서울 영훈초 교사

처음에 1인 1역이라는 말을 들었을 때 별로 기분이 좋지 않았다. 아이들 모두에게 한 가지씩 일을 시켜야 한다는 의미로 들렸고, 아이들이 학교에 와서 일을 해야 하나 하는 생각도 했다. 그런데 학급운영을 하다 보니 공동체 생활에서 비롯되는 이런저런 일이 많았다. 교사가 해야 할 일 말고도 아이들이 생활하는 교실의 환경과 학습활동을 위해 어쩔 수 없이 아이들의 일손이 필요했다. 그때까지는 청소 당번만 공평하게 나누었지 나머지 학급일은 학급임원을 비롯한 몇몇 아이들이 도맡아 하고 있었다.

그때서야 1인 1역의 의미를 다시 생각했다. 대신 1인 1역을 맡기되 같은 일이라도 아이의 성격에 썩 어울리는 것을 맞춰 주고 싶었다. 특히 반 친구들과 잘 어울리지 못하거나 소극적인 아이의 경우에는 내가 가까이서 지켜볼 수 있는 일을 만들어서 맡겼다. 지금도 1인 1역을 통해 성격이나 생활태도 등 많은 변화를 보인 몇몇 아이들이 생각난다. 아이만 바뀐 것이 아니라 그런 활동을 통해 교사인 나 스스로도 어떻게 대하면 아이의 마음을 열고 움직일 수 있는지 깨달았다.

지연이와 미정이는 3월 한 달 동안 내게 말 한마디 하지 않고, 수업 시간에도 질문이나 발표를 하지 않던 아이였다. 해마다 교실에서 더러 볼 수 있는 '출석을 해도 안 해도 표시가 나지 않는 아이'였던 것이다. 그 이전까지 나는 교사도 1인 1역을 해야 한다고 생각해서 내 책상 주변과 교실 바닥은 1인 1역표에 내 이름을 써넣었다. 그런데 그해는 이 두 아이들을 유심히 관찰하다 그 역할을 맡겼다.

처음에는 이 아이들과 개인상담을 해야겠다고 계획을 세웠다. 그런데 더 생각해 보니 평소에도 말을 안 하는 아이들이 상담이라고 선생님과 마주 앉으면 더 말을 안 할 건 뻔한 일이었다. 그래서 내린 결론이 개인상담보다는 자연스럽게 이야기를 할 수 있는 기회를 만드는 것이었다. 내 책상 주변을 정리하는 일을 두 명의 아이에게 맡겼던 건, 그런 이유였다.

교사 책상 주변을 청소하는 일은 어쩌면 가장 일이 없고 쉬운 일이다. 특별히 지저분할 일도 없고, 다른 아이들이 와서 어지르는 공간도 아니었기 때문에 아침에 한 번 하고 나면 집에 갈 때까지 별로 할 일이 없는 편이다. 두 녀석에게 일을 넘기고는 일부러 책상 주변을 좀 지저분하게 사용했다. 역시나 내가 책상 근처에 있을 때는 부끄러워서 다가오지도 못했다. 그럴 때마다 나는 큰 소리로 이름을 불렀다. 바닥만 보고 걸어오는 두 아이에게 일을 부탁하고, 청소를 하는 동안 다른 아이들이 듣지 못하게 작은 소리로 자꾸 말을 걸었다.

"오늘 지연이 머리핀이 바뀐 것 같네. 네가 골랐니? 아니면 엄마가 사 주셨니?"

처음에는 거의 단답형의 대답만 하면 되는 질문을 했다. 그런데도 지연이와 미정이는 5월이 지나도록 들릴까 말까 하는 작은 목소리로 '예' '아니요'라고만 할 뿐 도통 말이 없었다. 달라진 게 있다면 내가 의자에 앉아 일을 하고 있는데도 가끔 옆에 와서 청소를 하는 것이었다.

나는 조금씩 대답이 '설명'이 되어야 하는 질문을 던졌고 때로는 대답을 하지 않으면 몸을 간질이며 장난을 쳤다. 눈에 보이지 않을 정도로 조금씩 바뀌고 있다는 느낌을 받을 때쯤 이미 1학기가 끝나고 있었다. 과연 이렇게 해서 뭐가 달라질까 고민을 하며 방학을 보내고 있는데, 뜻하지 않게 두 녀석에게서 편지가 왔다. 그때부터 확신이 들었다. 다른 아이들의 1인 1역은 바꾸었지만 지연이와 미정이는 바꾸지 않고 2학기에도 계속 그 일을 맡겼다.

그러는 사이 이 아이들은 정말 180도로 바뀌었다. 매일같이 나와 이야기를 하고 아주 명랑한 아이가 되었다. 물론 발표력도 좋아졌다. 대학에 들어간 녀석들은 요즘도 가끔 전화를 걸어 수다를 떨곤 한다.

어느 해인가는 학급문고를 운영하면서 책을 관리할 아이들을 네 명 뽑았다. 책을 좋아하는 녀석들은 서로 하겠다고 야단법석이었다. 당시 나는 아이들에게 일주일에 한 권은 꼭 읽고 느낌까지 쓰게 했는데, 정규는 한 달이 지나도록 한 권도 읽지 않고 책이라면 아예 고개를 흔들었다. 학년 초 어머니와 상담을 할 때도 어머니께서 정규가 책을 읽지 않는다며 걱정하셨던 터라 나는 정규한테 책읽기와 관련

해 너무 심한 스트레스는 주지 말아야겠다는 생각을 하고 있었다.

그러다 학급문고 관리를 하던 한 아이가 전학을 갔다. 다시 그 빈자리를 차지하기 위해 관심을 보이는 아이들에게 나는 사실대로 설명을 하고 정규에게 학급문고 관리를 맡겼다. 정규는 울상이었다. 나는 정규에게 먼저 우리 반에서 아이들이 가장

많이 읽는 책이 무엇인지를 조사하게 했다. 책을 읽으라는 강요가 아니어서 그런지 정규는 책 뒤에 꽂혀 있는 카드를 보면서 열심히 정리를 했다.

며칠이 걸려 정리를 끝내고 정규가 정리 공책을 가져왔다. 나는 정규가 정리한 공책을 보며 "왜 우리 반 아이들이 이 책을 이렇게 좋아할까? 이상하네. 정규야 너도 이 책 한번 읽어 봐라. 이렇게 아이들이 다 좋아하는 책이면 아마 재미있을 거야." 하고는 책을 쑥 내밀었다. 정규는 뜻밖에 아무 말 없이 받아 들고는 집에 갔다. 그때부터 정규는 아무 소리 없이 내가 주는 책을 읽기 시작했다. 그리고 어느 날부턴가 나는 정규에게 책을 주지 않았다. 책꽂이를 정리하다 소리 없이 가방에 책을 넣고 집에 가는 정규를 보았기 때문이다. 그 다음 해 6학년이 되어 정규는 자기 반에서 가장 책을 많이 읽는 아이 중 한 명이 되었다.

한 번은 이런 적도 있다. 교사가 자기 점심을 아이에게 가져오도록 했다면 욕을 얻어먹을지도 모를 일이다. 그런데 그해 두 명의 사내 녀석에게는 정말 시키고 싶었다. 남녀 성역할에 대한 편견이 너무 심했기 때문이었다. 배식 당번도 싫어하면서 그런 건 여자가 하는 일이라고 생각하는 아이들이었다. 남자와 여자 일이 따로 없다는 것을 알려 주고 싶었다. 뭐 교사의 점심 심부름을 하는 그런 일로 어떻게 남녀 성역할에 대한 인식이 달라질까 싶지만 두 아이에게는 아주 중요했다. 배식을 할 때는 꼭 머릿수건과 앞치마를 입게 했다. 그리고 1인 1역으로 내 점심을 챙기는 거 말고도 가끔 수돗가에서 뭔가를

씻어 와야 하는 일이 있으면 시키기도 했다. 물론 아이들이 기분 나빠하지 않도록 설명을 했고 부모와도 상담을 해서 오해가 없도록 하였다. 아이들은 밝은 얼굴로 일을 열심히 했고 함께 생활하는 동안에는 그런 생각이 없어진 듯했다. 아이들을 보면서 이 경험이 성인이 되어서도 이어지면 좋겠다는 생각을 한다. 누가 아나, 이 경험이 바탕이 되어 나중에 아내와 집안일 분담 때문에 싸우는 일은 없을지도!

2. 아이들과 함께 만드는 우리 반 약속

최진수 | 경남 창원 사파초 교사

하나하나 아이들과 함께

학교내규가 있으므로 학급약속까지 따로 정해 둘 것까지 있을까 싶지만, 여러 명이 한 공간에서 함께 생활하다 보면 나름대로 지켜야 할 것이 생기게 마련이다. 몇 시까지 교실에 올 것인지, 숙제는 어떤 방식으로 점검할 것인지 하는 것이 이에 해당한다. 학급약속은 아이들의 삶 속의 사소한 부분까지 포함하는 것이므로, 이를 짜고 만드는 것을 학급운영의 첫 단추를 꿰는 일이라고 해도 과언이 아니다.

"얘들아, 오늘은 학급약속을 만들어 보자." 아이들 얼굴이 좀 익을 무렵 이런 말을 먼저 건넨다.

"그게 뭐예요?"

"우리 학급에서 생활하면서 지켜야 할 약속 말이야. 학교 오는 시간, 과제, 일기, 청소, 점심 시간, 싸웠을 때 벌칙 같은 것을 함께 정하는 거야. 학교 오는 시간을 먼저 정해 볼까?"

"아홉 시까지 오기로 해요."

"아니, 여덟 시 반까지요!"

"잠깐! 주장만 하지 말고, 왜 그 시간에 와야 하는지 그 까닭도 함께 이야기하자."

이런 식으로 아이들과 이야기를 주고받으며 학급약속을 정해 가면 아이들 스스로 논리를 세워 설득을 해 나가고 그렇게 정해진 약속은 나름대로 지키려고 노력하는 모습을 보인다. 어떤 교사는 3월 아이들을 만나자마자 학교 오는 시간이나, 과제, 일기 쓰기, 점심 시간에 할 일 따위를 먼저 정해 두고, 복사해서 나누어 주기도 한다. 이런 친절한 안내가 바쁜 학년 초에 학급을 빨리 안정시키는 데 도움이 되기도 한다. 하지만 조금 더 민주적인 의사소통이 되려면, 그리고 아이들을 학급의 주체로 세우려면 이런 문제에 대해 아이들과 함께 의논하는 시간을 가져야 한다.

모든 약속을 아이들과 의논하기 힘들다면 처음에는 기본이 되는 규칙은 교사가 정해 두고, 생각하지 못한 문제는 그 문제를 나타날 때마다 학급어린이회의 시간에 토론하여 함께 풀어 가도록 한다. 아이들에게 이런 문제만큼 깊이 있고, 뜻 깊은 주제가 없다. 교사가 경력이 붙을수록 아이들한테 나타날 수 있는 여러 가지 일을 미리 살펴 의논할 수 있는 자리를 앞당길 수 있을 것이다. 학급운영이 학급약속을 만들고, 실천하는 과정의 흐름이라고 해도 틀린 이야기는 아니다.

아이들과 교사 사이에도 나름대로 계획과 약속이 있다. 학급약속 안에도 스스로 약속, 모둠약속, 선생님 약속, 학급약속으로 나누어 생각할 수 있다. 모둠약속과 학급약속은 자기 뜻과 조금 달라도 전체가 따라야 한다. 스스로 약속과 선생님 약속은 각자 다를 수 있다.

새내기 교사 때에는 모든 학급활동에 의욕이 높아 엄하고 철저히 하려고 드는 경우가 많다. '때리지 않겠다.'는 규칙도 그 가운데 하나일 것이다. 이것은 약속했다면 끝까지 지켜야 할 일이고, 앞으로도 꾸준히 이어 가야 할 일이다. 그런데 생각만큼 쉬운 일이 아니다. 맞는 아이들은 '때린다.'는 개념을 매우 폭넓게 생각한다. 장난삼아 꿀밤을 준 것도 때리는 것으로 여길 수 있다.

지나친 싸움이나 상식으로 이해할 수 없는 일이 벌어졌을 때에는 학교규정을 내밀어 체벌도 할 수 있을 것이다. 그러면 이 순간 담임이 한 '때리지 않겠다.'는 약속은 깨지는 것이다. 몇몇 아이들한테 그 교사는 오랫동안 약속을 어기는 선생님으로 기억될 것이다. 교사에 대한 믿음이 깨진 다음 아이들과 갈등의 깊이가 더해져서 한 해 동안 어려움을 겪기도 한다. 그래서 벌칙 문제도 함께 만들어 두는 것이 좋고 교사의 꾸준한 본보기 실천이 중요하다. 이런 문제는 새내기 교사에게도 모진 갈등과 시련이 될지도 모른다.

벌칙은 이렇게

"이번엔 우리 반 벌칙도 만들어 볼까? 과제를 하지 않을 때, 싸웠을 때, 친구를 괴롭혔을 때 어떤 어떻게 할까?"

"그냥 용서해 줘요."

"그래, 선생님도 그러고 싶은데 자꾸 해 오지 않거나, 또 싸우면 어떻게 하지?"

"벌 청소시키세요."

"청소는 벌로 하는 게 아닌데? 청소가 얼마나 좋은데 청소로 벌을 세우지? 청소는 벌로 할 수 없지?"

"그럼, 때리세요."

"기합 주세요. 무릎 꿇리세요."

아이들과 몇 마디 나누다 보면 가장 많이 나오는 것이 벌 청소와 때

예시 벌은 이렇게

- 잘못을 저지른 사람이 책임지고, 그 일을 자세히 선생님께 알립니다.
- 벌은 일정 시간 안에 끝내고, 공부 시간에는 벌을 서지 않도록 합니다.
- 벌은 학급에 도움을 주는 것일수록 좋습니다.
- 벌로 청소를 시키지는 않습니다.
- 심한 싸움이나 다툼이 있으면 30분 넘게 선생님과 이야기 나누는 시간을 가집니다.

리는 것이다. 아이들 말을 듣다 보면 자연스레 아이들이 이때껏 어떤 벌칙을 받아 왔으며, 벌에 대해 어떤 생각을 하고 있는지 짐작할 수 있다. 아이들의 생각과 눈높이를 알 수 있는 기회이다.

요즘은 벌로 청소를 시키는 교사는 거의 없다. 있다면 이삼십 년 전에 썼던 버릇을 버리지 못했거나 뾰족한 방법을 찾을 수 없어 마냥 그대로 이어 온 것일 것이다. 이런저런 까닭으로 안 되는 일을 빼고 나면 아이들은 "때려야 한다."고 말한다. 그동안 벌칙으로 몸을 상하게 하는 방법을 많이 봐 오고 겪었기 때문일 것이다. 집이나 학원, 학교, 여러 곳에서 겪는 문제일 것이다.

벌칙 문제를 교과 시간에 끌어들여 참다운 벌칙을 고민하고 풀어 가는 시간을 마련해 볼 필요가 있다. 아이들과 함께 풀어 가도록 노력하는 것이 생활지도이고, 학교교육의 전문성을 높이는 일이 아닐까 생각한다.

한꺼번에 통일된 벌칙을 만들기보다는 그때그때 자기 스스로 벌칙을 정해서 하는 방법도 있다. 스스로 약속과 벌칙 카드를 만들어 뒷게시판에 붙여 놓고 어겼을 때 적용하는 방법도 있다. 이때 벌칙은 너무 장난스럽거나 몸을 상하게 하는 벌칙이 되지 않게 한다.

벌칙으로 할 만한 것을 살펴보면, 친구들의 어깨 주물러 주기, 친구들에게 하루 동안 봉사하기, 오후 시간 30분 봉사활동하기, 찢어진 책 붙이기, 숙제 문제 친구들한테 설명해 주기, 책 한 권 읽고 친구들한테 재미있게 이야기해 주기. 싸운 친구 발 씻어 주기, 생각 의자에 30분 앉아서 생각한 것 친구에게 말하기, 우리 반 친구들(또는 모둠 아이들)에게 편지 쓰기 따위가 있다.

벌칙으로 '사탕 사 주기'와 같은 것도 있다. 그런데 이것은 돈으로 해결하는 방법이라서 좀 곤란하지 않을까 싶다. 어떤 벌칙은 재미있어서(!) 장난삼아 벌칙을 받으려는 경우도 있다. 그러나 벌칙은 엄격하고 진지해야 한다. 그리고 여러 사람들에게 도움이 되고, 자신에게도 한 번 생각해 볼 수는 시간을 가지도록 하는 것이 좋다.

학급약속에는 지킬 것을 만드는 일과 어겼을 때 벌칙이 함께 있다. 너무 한쪽으로 치우치지 말고 아이들과 함께 고민하면서 풀어 나가야 할 것이다. 아이들에게 엉뚱한 생각과 방법이 나오더라도 함께 겪어 보면서 다시 고쳐 나가는 여유와 기다림도 필요할 것이다.

첫 일주일을
윤기나게 하는
활동

 **이런 선생님이 좋아요**

아이들에게 좋은 선생님의 기준은 무엇일까? 무조건 잘 놀아 주고 공부 덜 시키는 선생님을 좋은 선생님이라고 생각할지도 모른다. 그러나 아이들에게 어떤 선생님을 원하는지 토론한 뒤에 그 내용을 써내라고 하면 꼭 그렇지도 않다.

아침 시간이나 차분하게 글쓰기를 할 수 있는 적당한 시간을 내어 '이런 선생님이 좋아요'라는 제목의 글쓰기를 한다. 막연한 글쓰기는 아이들이 힘들어하기 때문에 글에 어떤 내용이 들어가야 하는지 소재거리를 주는 게 좋다.

> **이런 선생님이 좋아요**
>
> ① 내가 생각하는 가장 좋은 선생님은 어떤 선생님인가?
> ② 내가 만나 본 선생님 가운데 가장 **훌륭했던** (좋았던) 선생님은 누구였나? 왜 그 선생님이 훌륭하다고 생각했나?
> ③ 가장 재미없던 과목은 무엇이었나? 어떻게 가르치면 좋겠는가?
> ④ 수업을 정말 재미있게 잘 가르친 선생님은 누구였나? 어떻게 가르치셨나?
> ⑤ 지금 새 담임선생님에게 '이런 선생님이 되어 주십시오.' 하고 바라는 것을 써 보자.

글쓰기를 마치면 모둠토론을 한다. 모둠별로 한 장의 종이에 '선생님, 우리가 원하는 건'이라는 제목으로 각자의 생각을 모아 정리한다. 각자가 생각하는 좋은 선생님은 제각각 다르겠지만 서로 토론하는 과정에서 스스로 가장 중요한 것이 무엇인지 가려낼 수 있다.

모둠 대표가 나와 전체 아이들 앞에서 모둠에서 정한 것을 발표한다. 발표가 끝나면 교사는 그 종이를 다 걷은 뒤 다음 날 내용을 정리해서 칠판 앞에 붙여 놓는다. 교사가 보기에는 좀 억지스러운 것이 있더라도 아이들의 이야기라는 관점에서 받아 주고 이를 반영하려고 노력하려는 자세를 보이면 좋다.

 **사랑의 대화**

3월, 아이들은 학년에 관계없이 나름대로 새 학년에 대한 야무진 계획을 세우고 교실에 들어선다. 이런 아이들의 마음을 살펴 새 학년의 각오와 집과 학교에서 지킬 약속 등을 담아 부모님께 편지 쓰기를 해 보자. 아이들이 정성스레 쓴 편지는 교사의 확인을 거쳐 가정으로 보내고 부모님도 이에 대한 답장을 써 달라고 부탁한다. 대부분의 학부모들이 답장을 써 주는데 편지는 모아 두었다가 나중에 문집에 실어 주면 된다.

 **꿈봉투 만들기**

3월 초에 올해 꼭 이루고 싶은 것, 꼭 고치고 싶은 버릇 등을 A4 용지에 하나씩 써내라고 한다(꿈봉투 양식을 만들어 나누어 주어도 좋다). 다 쓰면 친구들 앞에서 발표를 한 후 미리 준비한 봉투에 다짐을 적은 종이를 넣고 밀봉한다. 이것을 선생님이 일 년 동안 보관하고 있다가 학년이 끝날 때쯤 그 꿈봉투를 다시 친구들 앞에서 읽게 한다. 학년 말이 되어 꿈봉투를 공개하겠다고 하면 새까맣게 잊고 있던 아이들이 긴장을 한다. 처음에 꿈봉투를 쓸 때는 새 학년이라는 분위기 때문에 의욕적으로 계획을 세웠는데, 학년 말에는 자신이 학년 초에 어떤 계획을 세웠는지 기억조차 못하기 때문이다.

꿈봉투에 좀 더 깊은 의미를 담으려고 한다면 쓰기 전에 아이들에게 일 년이 지난 뒤 다 같이 공개한다는 것을 알려 주는 것이 좋다. 그러면 아이들은 좀 더 신중하게 계획을 세운다. 아이들은 자신의 꿈봉투를 읽어 내려가며 웃음과 함께 반성의 표정을 짓기도 한다. 새 학년의 다짐을 새기는 장치로 매력적이다.

나의 꿈봉투

내가 올해 꼭 이루고 싶은 것, 꼭 고치고 싶은 버릇을 각각 한 가지씩만 적어 봅시다. 이 꿈봉투는 오늘 이 자리에서 묶어 두었다가 일 년 뒤 학년 말에 풀게 됩니다. 꿈과 소망을 이루는 것은 매우 어려운 일입니다. 그러나 여기 담긴 여러분의 꿈을 이루는 요술 방망이가 하나 있습니다. 첫 마음과 노력입니다. 일 년 뒤 이 꿈봉투를 받아드는 여러분의 얼굴에 기쁜 웃음꽃이 가득하길 기대합니다.

★ 올해 내가 꼭 이루고 싶은 소망 한 가지와 그 이유

★ 올해 내가 꼭 고치고 싶은 습관 한 가지와 그 이유

★ 일 년 뒤 이 글을 읽을 나에게 쓰는 쪽지편지

짝을 정하는 재미있는 방법 몇 가지

이상우 | 서울 대조초 교사

돌아가며 제비뽑기

쪽지를 아이들 숫자만큼 준비한다. 쪽지에 '1-1'이라고 쓴 건 1모둠의 1번 자리이다. 선생님은 모둠과 좌석만큼 제비를 준비하는데, 쪽지를 담은 통을 두 개 준비해야 한다. 왼쪽과 오른쪽 통 가운데 각각 한쪽은 여자, 한쪽은 남자를 지정한다. 남녀 각 첫 번째 자원자가 뽑기를 해서 '4-3'이 나왔다면 4모둠의 3번 자리로 간다. (첫 번째 뽑기를 할 사람을 정하는 방법도 나름대로 아이디어를 짜내어서 하는 것이 좋다. 선생님과 아이들 전체가 가위바위보를 하여 제일 나중까지 살아남는 아이가 첫 번째 제비를 뽑는 것이다.) 그러면 원래 그 자리에 앉아 있던 아이가 나와서 뽑기를 이어 가는 식인데 시간이 조금 걸리기는 하지만 나름대로 재미있는 방법이다.

누구 것일까?

제비뽑기를 변형한 방법이다. 남자(여자) 아이들이 자신의 물건을 하나씩 짝이 될 사람(남자, 혹은 여자)이 모르도록 꺼내어 놓으면, 여자(남자) 아이들이 마음에 드는 물건을 순서대로 뽑은 뒤 자신이 뽑은 물건의 주인을 찾아가는 방법이다.

같은 번호끼리 짝하기

먼저 남녀 각각에게 돌릴 수 있도록 두 개의 바구니를 준비하고 각 바구니에 번호를 적어 넣는다. 그리고 남녀 아이들이 서로 번호를 집는데, 1번을 뽑은 아이들끼리, 2번을 뽑은 아이들끼리, 즉 서로 같은 번호를 뽑은 아이들끼리 짝이 된다.

속담을 이용한 짝 찾기

종이에 속담을 적고 그 뒤에 자리 위치(1모둠 3번, 2분단 셋째 식으로)를 적은 다음 반으로 자른다. 각자 나와서 종이를 집고 적힌 속담 짝을 찾아 자리에 앉는 방법이다.

예를 들어, '아니 땐 굴뚝에'라는 쪽지를 집은 철수는 '연기 나랴.'를 집은 연희와 짝이 되고, '부뚜막의 소금도'를 집은 해림이는 '집어넣어야 짜다.'를 집은 구섭이와 짝이 되는 방법이다. 제일 늦게 상대를 찾은 짝에게 벌칙을 주면 재미있다.

나의 반쪽을 찾아라

일정한 크기의 종이(B5 용지나 A4 용지)를 학생수의 반만큼 준비한다. 각각의 종이를 모두 반 정도 크기가 되게 가위로 자른다. 이때 잘라진 면의 모양을 제각각 다르게 잘라야 한다. 반으로 자른 종이에 자리를 써 놓는다(예 : 1분단 첫째 줄, 3분단 셋째 줄). 상자나 바가지에 종이를 모두 섞어 놓고 한 사람씩 집어 가게 한 후 각자 종이쪽지를 하나씩 들어 이가 맞는 상대를 찾는다. 짝을 다 찾았으면 종이에 적힌 자리에 가서 앉는다.

무작위로 모둠을 조직하고자 할 때 그림 엽서나 같은 크기의 그림을 모둠 수만큼 구하여 모둠 내 인원수대로(4명이 한 모둠일 경우에는 4조각, 6명이 한 모둠일 경우 6조각) 조각을 내어 섞어 놓고, 한 장씩 집어 가게 하거나 나누어 준다. 그런 후에 퍼즐 맞추기 식으로 원래 그림을 맞추어 모둠을 구성하도록 한다.

학교 오는 순서대로 앉기

학교에 오는 순서대로 자리를 배치한다. 친한 친구와 앉으려고 새벽부터 오는 경우도 있다. 그러나 친한 친구와 앉아서인지 아주 산만해서 수업 진행이 어려워지는 단점도 있다. 한 달에 한 번이나 일주일에 한 번쯤(토요일) 이렇게 앉도록 하면 아이들이 무척 좋아한다. 또는 토요일에만 자유롭게 앉게 하거나 연말이나 2월쯤에 하는 것도 좋다. 특별 이벤트식으로 가끔 한 번씩 이용하는 게 좋을 듯하다.

우리 반 자리 배치도

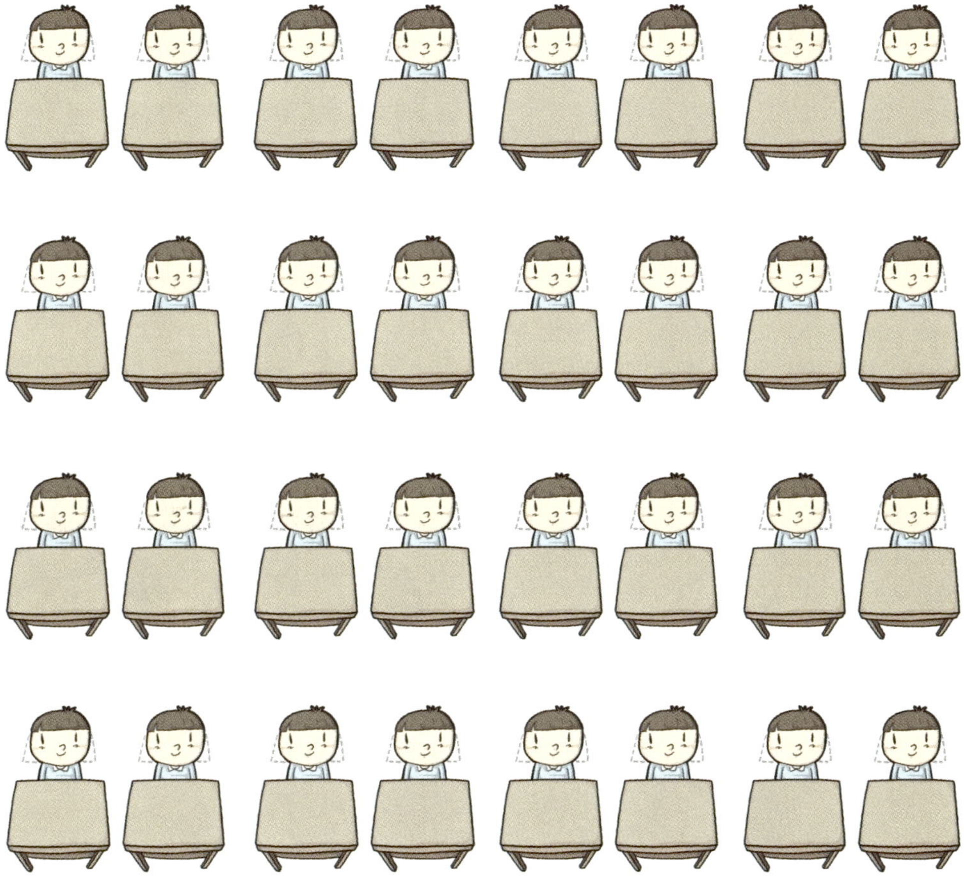

* 여자 아이는 머리에 색칠을 하여 구별해 주세요.

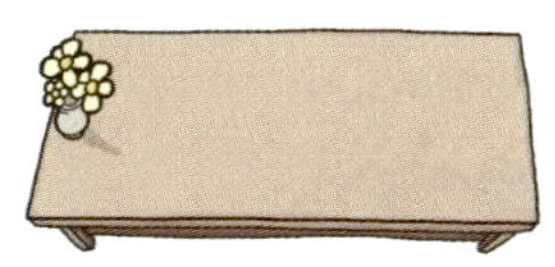

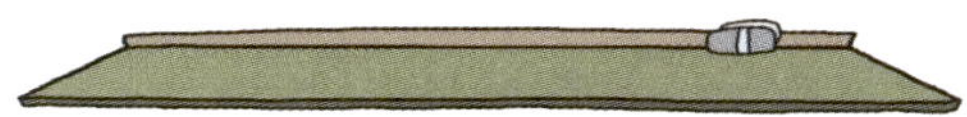

〈교탁 등에 붙여 놓고 새 학년 아이들 이름을 외우는 데 활용하세요.〉

**짝과
금방 친해지는
마음 맞추기 놀이**

퐁당퐁당

짝끼리 마주 보고 '퐁당퐁당' 노래를 부르며, 한 사람은 위아래로, 다른 한 사람은 양옆으로 손뼉을 번갈아 가면서 친다. 처음에는 천천히 하다가 조금 빨리 한다. 놀이 자체는 매우 간단하지만, 박자가 맞지 않거나 서로 호흡이 맞지 않으면, 서로 손뼉을 치다가 짝의 손을 치게 된다. 먼저 박자를 놓친 사람이 진다.

쥐 · 고양이

두 명의 짝 중에서 한 명은 쥐, 다른 한 명은 고양이로 정한다. 등을 맞댄 상태에서 교사의 신호(하나 둘 셋)에 따라 각각 고개를 왼쪽이나 오른쪽, 마음대로 돌린다. 얼굴이 마주치면 고양이가 이기고, 그 반대면 쥐가 이긴다.

솥뚜껑 · 바가지

서로 왼손 주먹과 오른손 주먹을 번갈아 쌓아 올린다. 교사가 "위!"라고 말하면 누구의 주먹이든 상관없이 맨 아래에 있는 주먹을 맨 위로 올린다. "아래!"라고 말하면 맨 위에 있는 주먹을 맨 아래로 내린다.

몇 번 반복한 뒤에 "솥뚜껑!"이라고 하는데, 이때는 짝과 나의 주먹 중 아래에 있는 두 개의 주먹 중에 먼저 주먹을 펴서 맨 위로 가져가 덮는 사람이 이긴다. '바가지'는 '솥뚜껑'과 반대로 짝과 나의 주먹 중 위에 있는 주먹을 펴서 맨 아래에 받치는 사람이 이긴다.

별칭 정하기

4명씩 한 모둠을 만든다. 작은 종이를 4장씩 나누어 가진다. A4 용지 반 장을 다시 사등분하면 된다.

자기의 별칭을 포함하여 나머지 3명의 별칭을 각각 지어 준다. 이때 모둠에서 서로 이름을 익히는 것도 좋다.

자기의 별칭을 지을 때에는 자신이 다른 사람에게 불리고 싶은 새로운 이름을 짓는다. 지금까지 불리던 별명, 좋아하는 동물이나 꽃 이름, 또는 자기 자신이 앞으로 되고 싶은 것, 그렇게 되었으면 하고 바라는 것 등. 다만 자신의 별칭이 언제나 자랑스럽고 사랑스러워서 남이 불러 주었을 때 기분 좋은 것이라야 한다.

친구들에게서 받은 별칭과 자기가 지은 별칭을 포함해서 4개의 별칭 중에서 가장 마음에 드는 별칭을 고르고 나머지 것은 버린다.

(다른 사람의 별칭을 지어 줄 때에는 하루 이틀 정도 겪어 보고 그 사람의 특징을 파악한 뒤에 하는 것도 좋다.)

별칭 빙고

별칭을 지은 후, A4 용지를 가로세로 6칸씩 접어 빙고 놀이를 준비한다. 반의 인원수에 따라 칸을 조정하는데, 전체 인원수보다 조금 적게 되도록 칸을 만든다.

왼쪽 맨 위의 칸에 자기 이름과 별칭을 적고, 교실 안에서 자유롭게 돌아다니며, 만나는 사람마다 반갑게 인사를 하고(악수를 하는 것도 좋다), 별칭을 물어서 자기 종이에 적고, 자기의 별칭을 가르쳐 준다. 어느 정도 시간이 지나면 다 채우지 못했어도 중지하도록 한다. 교사도 별칭을 정하여 함께 다니며, 수줍음이 많거나 사교적이지 못한 아이들을 이끌 수 있도록 한다.

자리에 앉아 빙고 놀이를 한다. 처음에 교사가 부르고, 다음부터는 별칭이 불린 사람이 일어나 다른 사람의 별칭을 부른다. 빙고에서 한 줄이 맞으면 '얼씨구', 두 줄이 맞으면 '절씨구', 세 줄이 맞으면 '지화자', 네 줄이 맞으면 '조오타'를 외친다.

이후에 별칭 이어 부르기 게임을 하거나, 이름표 대신 자신의 별칭을 적어 서로를 익힐 때까지 가슴에 달고 다니는 것도 좋다.

무엇이 달라졌을까

짝끼리 마주 보고 서로를 자세히 관찰하도록 한 다음 한 사람을 잠시 화장실에 다녀오거나 밖으로 나가서 자기 모습을 바꾸도록 한다. 교실에 남아 있는 사람도 그 사이에 자기 모습을 바꾸고, 나갔던 사람이 다시 자리에 돌아오면 짝과 함께 서로 어떻게 변했는지 알아맞힌다.

단추를 풀거나 머리 모양을 바꾸거나 나름대로 전과 다른 모습을 하고 다시 관찰한 다음 짝의 바뀐 모습을 간단하게 적게 한다. 얼굴에 점을 한 개 더 그리기도 하고, 여자 아이는 다른 친구의 머리핀을 빌려 한 개였던 머리핀을 두 개로 늘려 오기도 한다. 늘 옆에 앉아도 짝을 살펴볼 기회가 별로 없는데, 이 놀이로 짝의 얼굴이나 특징을 자세히 알게 된다.

답을 맞히는 것이 중요한 것이 아니라 상대방을 자세히 관찰하는 것이 중요함을 알게 해야 한다. 이 놀이를 가끔 하면 친구의 모습이 조금만 바뀌어도 "머리 잘랐니?" "못 보던 옷인데 새로 샀니?" 하고 관심을 가지고 물어보는 모습을 종종 볼 수 있다.

내 짝을 소개합니다

짝을 지어 자리에 앉아도 처음 만나면 말 트기도 쉽지 않다. 아주 적극적인 성격이 아니면 일주일이 다 가도록 짝과 서먹서먹하게 지내기 일쑤다. 놀이를 겸해 짝 소개 시간을 만들어 보자. 짝끼리 서로 묻고 대답한 뒤에 그 내용을 바탕으로 짝을 소개하는 것이다.

이때 막연히 인터뷰하라고 하면 무엇을 어떻게 해야 할지 잘 모르기 때문에 교사가 몇 가지 예를 제시해 주는 것이 좋다. 가족관계와 부모님께서 하시는 일, 잘하는 것과 장래희망, 좋아하는 친구나 음식, 짝에게 바라는 점 등 칠판에 질문거리를 써 주도록 한다. 인터뷰 시간은 10분 정도면 충분하다.

이 밖에도 아이들이 짝에 대해서 궁금한 점이나 교사가 아이들로부터 듣고 싶은 점을 덧붙여 물어볼 수도 있다.

재미있는 벌칙주기

간단한 놀이는 쉽게 익히기 때문에 너무 오래 하면 지루해할 수 있다. 이때 재미있는 벌칙으로 아이들이 놀이를 하면서 짝끼리 좀 더 친해질 수 있도록 한다. 예를 들어 "이긴 사람은 만세! 진 사람은 손들고 있는 사람 간지럼 태워!" "이긴 사람은 진 사람의 코를 살짝 잡아! 지금부터 하나 둘 셋 하면 코를 꽉 쥔다! 그리고 진 사람들은 일제히 코를 푼다." "이긴 사람은 왼손으로 진 사람의 턱을 받치고 오른손으로 진 사람의 이마에 손을 올린다. 그리고 나서 이긴 사람은 진 사람에게 뽀뽀를 한다."는 벌칙을 주면, 쑥스러워 키득거리면서도 금방 친해질 수 있다.

03

아이들 읽기

학년 초에 이루어지는 모든 행사는

넓게 보면 모두 첫 만남의 범주에 속합니다.

첫 시간에 눈에 띄지 않던 아이를 청소 시간에 만날 수도 있고,

한참 뒤에 교실 꾸미기 때 만날 수도 있습니다.

학급운영에서 아이들을 제대로 파악하는 것보다 중요한 일은 없습니다.

아이들 읽기는 비단 학급운영뿐 아니라

생활지도나 교과지도를 위한 가장 기본적인 준비 과정이기도 합니다.

만남의 상황을 각기 따로 볼 것이 아니라 장기적인 관점에서 배려하고

균형을 잡는 만남의 철학이야말로

'영원한 첫 만남'을 가능하게 합니다.

아이들과의 만남은 '아이들 읽기'에서 시작되고 깊어진다. 새 학년 첫날, 아이들은 저마다 올해 담임선생님이 어떤 분일까 궁금해한다. 아이들뿐이랴? 교사도 마찬가지다. 3월 첫 한두 주는 아이들과 교사, 아이들과 아이들끼리의 탐색 기간이다.

아이들 읽기에 왕도가 있는 것은 아니다. 중요한 것은 아이에 대한 정보를 파악하기 위해 얼마나 다양하고 화려한 방법을 동원하느냐가 아니라, 얼마나 깊은 배려를 가지고 아이를 이해하느냐이다. 아이들 읽기는 교사가 아이들을 파악하는 것, 아이들이 교사를 파악하는 것, 그리고 아이들이 서로를 파악하는 것, 세 축으로 이루어진다. 이 세 축이 조화롭게 균형을 이룰 때 아이들의 성장을 돕고 장애를 제거하기 위한 준비 작업으로서의 좀 더 섬세한 탐색이 가능하다.

너무 여러 가지 방법을 동원하기보다는 학년에 맞게, 교사 자신의 취향에 맞게, 아이들 사정에 맞게 몇 가지 방법을 선택해서 심층적이고 지속적으로 진행하는 게 좋다. 그러나 그 방법이 너무 단조롭게 반복되는 것은 피해야 한다. 아리랑곡선 그리기, 자신의 10대 사건 써 오기, 가족 소개하기 등은 각각 다른 영역을 파악하기 위해 동원된 것이지만 모두 '글쓰기'를 기본으로 한다는 점에서 아이들에게 싫증을 불러일으킬 수 있다. 마찬가지로 각 교과 시간에 필요한 정보를 얻기 위해 매시간 설문조사를 하는 것도 아이들을 식상하게 할 수 있다. 담임이 파악하고자 하는 중요한 주제가 무엇인지, 그것은 어떤 방법으로 파악하는 것이 가장 효과적인지를 염두에 두는 정밀한 '설계'가 필요하다.

아이들을 안다는 것은 단지 정보의 입수만을 의미하지는 않는다. 그 정보들은 교사의 생활지도나 교과지도를 위한 좌표가 되어야 한다. 생활지도나 교과지도에서 교사가 강조점을 두는 부분은 무엇인가에 대한 진단을 먼저 한다. 그에 맞춰 필요한 방법을 도입하면 된다. 그렇기 때문에 어떤 방법으로 아이들을 읽을 것인가에 대한 정답은 없다. 정보의 수집보다는 해석이, 해석보다는 아이들에 대한 애정과 이해가 중요하다. 애정과 이해를 전제한 교사라면, 백 가지 기법을 동원하기보다 아이들의 눈빛을 읽는 데서 더 많은 것을 얻어 낼 수 있기 때문이다.

아이들을 읽을 때 주의할 점은 교사의 주관을 최대한 줄이는 것이다. 3학년 담임교사에게 아주 괜찮다고 칭찬받던 아이가 4학년 담임교사가 보면 그저 보통의 아이로 보일 수도 있다. 교사의 관점이 다르기 때문이다. 사람이기 때문에 바라보는 관점이 다른 것은 어느 정도 인정해야 한다. 교사 자신과 성향이 다르더라도 아이들을 있는 그대로 받아들이고 존중해 주는 자세가 필요하다.

두 번째로, 아이들의 결점을 찾기보다는 가능성과 잠재능력을 찾으려고 애써야 한다. 결함을 찾아내는 것처럼 쉬운 일은 없다. 반대로 감추어진 좋은 점을 찾기란 쉽지 않다. 학년 초에 교실에서 마구 떠들고 돌아다니는 아이가 있으면 왜 그런 행동을 하는지 파악하기에 앞서 무조건 야단치고 나무라기 쉽다. 이런 아이 가운데 일부는 주의력 결핍 과잉 행동 장애(ADHD) 때문일 가능성이 높은데, 이 경우에는 야단치는 것이 전혀 효과가 없다. 오히려 더 난폭해질 수도 있다. 그런 아이에게 맞는 방법을 찾아 지도해야 한다. 여러 가지 성격 유형 이론이나 학습 유형 이론을 알아 두는 것도 아이들을 이해하는 데 참고가 된다.

 아이들을 읽는 몇 가지 방법

놀이로 읽기

3월 첫 만남을 치른 지 얼마 되지 않았는데 아이들을 파악하느라 상담을 하는 건 좀 이른 감이 있다. 첫 두 주 가량은 새 선생님에 대해 마음을 열지 못하는 아이들도 많다. 또, 새로운 친구들과 아직 친해지지 않은 까닭에, 아이들도 나름대로 표정 관리를 한다. 표정 관리를 하는 마음은 그것대로 예쁘게 봐 주고 북돋워 줘야겠지만, 그렇다고 서로 표정 관리만 하고 있을 수는 없다. 이때 놀이를 해 보면 아이의 숨은 성격을 파악하는 데 도움이 된다. 3월 초의 어색한 학급 분위기를 부드럽게 하는 데도 효과적이다.

교실에 앉아서 하는 놀이보다는 운동장으로 데리고 나가 편을 갈라 겨루는 놀이가 더 좋다. 누가 누구와 같은 편이 되려고 하는지, 혹 어느 편에도 끼지 못하는 아이는 누구인지, 놀이의 규칙이나 서로

아이들을 모두 남겨서 대청소를 시켜 볼 수도 있다. 이때는 분단별로 청소 구역을 나누어 주는 정도 외에는 따로 역할을 주지 말고 스스로 찾아서 하도록 자연스럽게 놓아 둔다. 이런 청소는 교실을 깨끗하게 하려는 데 목적이 있는 것이 아니라, 아이들의 특성을 빨리 파악하고 학교나 학급활동에서의 적극성이나 자율성, 협동심 등을 파악하기 위한 것이므로 관찰하면서 잘 기록해 둔다.

간의 약속을 잘 지키는 아이는 누구인지, 자주 규칙을 어겨 말썽의 소지를 만드는 아이가 누구인지, 그런 충돌이 생겼을 때 해결하는 방법은 각각 어떠한지, 중재를 자발적으로 맡는 아이가 누구인지 눈여겨봐 두면 아이들 각각의 성격도 금방 알 수 있다. 또, 학급임원을 구성하거나 모둠을 편성할 때에도 좋은 자료가 된다. 운동장을 휘젓고 다니며 소리를 지르고 서로 몸을 부딪쳐 보는 것 자체로 서로에 대한 보이지 않는 마음의 벽을 허무는 것이 더 큰 목적임은 당연하다.

간단한 프로그램으로 많은 정보를

고학년이라면, 아리랑곡선(생애곡선) 그리기, 자기 생태도(자신에게 영향을 준 사람들) 그리기 등 간단한 양식을 이용하면 뜻밖에 많은 것을 읽을 수도 있다. 교사가 미리 기본 양식을 갖춘 자료를 나누어 주고 아이들에게 작성하게 하는 것이 편리한데, 교사 자신이 작성한 것이나 선배들이 작성했던 것을 예시로 보여 준 후 실시하면 한결 정확하게 작성한다. 학교에서 할 경우 자신에 대해 충분히 생각할 수 있는 시간을 주어야 한다.

기본 양식이 같다 하더라도 아이들마다 중요하게 생각하는 사건은 다르게 마련이며, 다르게 나와야 한다. 좀 더 섬세한 아이들 읽기를 위해서는 같은 시간에 전체 학생들을 대상으로 프로그램을 실시하는 것보다는 아이들 몇몇을 묶어서 하루에 한 모둠씩 소규모로 실시하는 게 좋다. 또, 자신이 작성한 자료에 대해 왜 그렇게 작성했는지 스스로 설명하는 시간도 갖게 한다.

담임은 아이들이 어떤 경험을 가장 슬픈 일로 기억하는지(아리랑곡선), 혹 부모보다 조부모나 다른 사람을 더 가깝고 크게 그렸는지(자기 생태도) 체크해 두었다가 학부모 면담이나 아이 개인상담에서 좀 더 구체적으로 알아볼 수 있다. 이 밖에도 학년에 맞게 구성한 간단한 자기 소개서 양식은 형식적인 가정환경 조사서의 한계를 조금은 극복하게 해 준다.

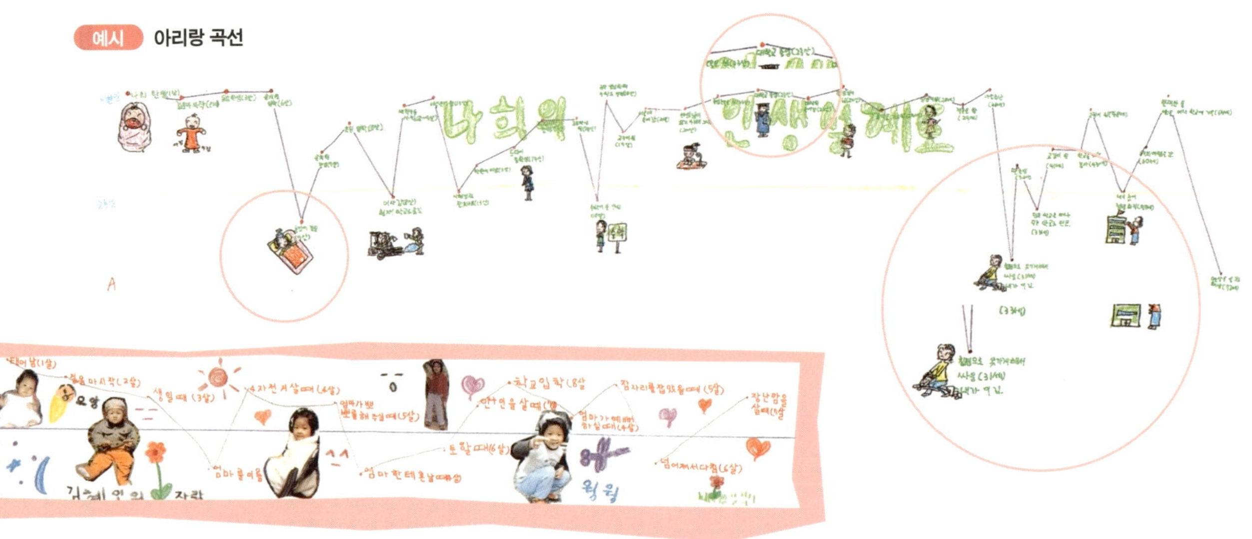

공책 검사를 통해 성격과 기초학력까지

아이들 읽기가 아무리 담임에게 필요한 활동이라고 해도, 자꾸 무엇을 그리고, 말하고, 쓰게 만든다면 아이들이 귀찮아할 수 있다. 이때 간단한 '검사'를 통해서 필요한 정보를 알아낼 수 있다. 그 가운데 일기나 공책 검사는 아이의 생활태도, 부모의 관심 정도, 기초학력 등을 한 번에 알아낼 수 있는 효과적인 방법이다.

먼저 일기 검사. 아이들이 형식적으로 쓰지 않았다고 전제한다면, 일기만큼 아이들 속내를 잘 드러내는 것은 없다. 게다가 해가 바뀌고 학년이 바뀌었다고 아이들이 금방 변하지는 않을 것이기 때문에, 아이의 고민이 무엇인지, 무엇을 좋아하는지, 방과 후 생활이 어떤지 아는 데 가장 좋은 자료다. 부모와 아이 사이에서 일어나는 갈등을 읽을 수도 있고, 아이의 글쓰기 정도를 가늠할 수도 있다.

며칠 동안의 알림장, 종합장의 기록 상태나 보관 상태를 살펴보아도 아이의 성격과 부모의 배려 정도를 금방 알 수 있다. 교사는 먼저 아이가 알림장에 제대로 기록했는지, 또 부모가 알림장 검사를 하고 준비물 등을 꼼꼼히 챙겨 주었는지 알 수 있다. 공책을 통해 글씨체는 바른지, 맞춤법을 제대로 쓰고 있는지, 주로 틀리게 쓰는 글씨는 어떤 것인지 등을 확인하고 아이들의 기초학력을 알아볼 수 있는 자료로 쓸 수도 있다.

담임이 아이의 일기나 공책에 관심을 기울이는 이유는 부모가 얼마나 아이에 대해 신경을 쓰는지를 조사하기 위해서가 아니다. 아이가 어떤 재능을 가지고 있을 때 혹은 문제를 가지고 있을 때, 그 재능을 키워 주거나 문제를 해결하기 위해서 부모가 배려를 하고 있는지, 부모의 협조를 구할 수 있는 사정이 되는지, 아니면 담임이 끌어안고 가야 하는지를 판단하기 위해서 더 필요한 것이다.

학부모 설문으로 정보와 신뢰를 동시에

필요한 문항을 간결하고 풍부하게 넣어서 작성한 학부모 대상 설문지(1권 90쪽 참고)는, 아이들을 통해서는 알 수 없는 가족 관계, 아이들의 병력이나 특별히 배려해야 할 사항을 알 수 있게 해 준다. 여기에서 더 나아가, 성실하게 만들어진 설문지는 담임이 아이들에 대해 많은 관심을 갖고 있으며 전문성과 체계성을 갖고 있음을 학부모에게 알려 주는 도구가 되기도 한다. 설문조사의 의의와 담임의 인사말, 연락처, 학부모와 개인상담을 할 수 있는 시간 등을 적은 간단한 학부모통신과 함께 설문지를 아이에게 들려서 보내고 하루 이틀 말미를 준 다음 거둔다. 설문지와 함께 보내는 학부모통신에는 담임교사가 일 년 동안 학급을 어떻게 운영할 것이며, 지도할 때 가장 중요하게 여기는 것, 교육관, 삶에 대한 자세 등은 어떤지 자세히 적어 보내 자칫 설문에 대해 답으로 아이에 대해 편견을 갖게 되지 않을까 하는 학부모의 걱정을 없애야 한다. 설문지를 들려 보내거나 받아 올 때 아이가 내용을 볼 수 없도록 밀봉 봉투를 이용하도록 하는 배려를 잊지 않는다면, 부모도 안심하고 시시콜콜한 내용까지 적을 수 있다.

설문지를 회수한 다음, 아이 각각의 특이 사항은 따로 기록해 두고 학급의 전체적인 가정환경, 학부모의 관심사 등을 간단한 통계와 함께 기록해 둔다면, 정기적인 학급 학부모회의의 토론 주제로 삼거나 학부모통신의 주제로 활용할 수 있다. 고학년이 되어 반항기가 많아진 자녀와의 대화를 어려워하는 부모가 많다면 사춘기의 특성과 자녀와 말트기를 주제로 토론하거나 그에 대한 자료를 학부모통신에 첨부할 수 있고, 일기 쓰기 지도에 관심 있는 학부모가 많다면 그를 주제로 삼을 수 있다.

설문지를 보완하는 개인상담

학부모가 시간이 없거나 글 쓰는 데 익숙하지 않다면 설문지 회수율이 아주 낮거나, 회수하더라도 별로 도움이 안 될 수도 있다. 이럴 때는 아이와 직접 얘기를 하는 수밖에 없다. 아이와 직접 얘기를 할 때에는, 정색하고 따로 상담 시간을 갖기보다는 아이나 교사 모두 부담 없이 만날 수 있도록, 쉬는 시간이나 방과 후 등의 자투리 시간을 활용하는 게 좋다.

아이와 묻고 대답할 때는 담임이 궁금한 것을 한 번에 해결하려고 하지 말고(그러다간 자칫 아이는 취조당하는 것처럼 느끼게 되고, 교사 역시 피상적인 정보밖에 얻지 못한다), 아이에게 핵심적으로 질문할 것 한두 가지만 유념해 두었다가 지나가는 말투로 물어본다. 즉, 준비물을 잘 안 챙겨 오는 아이가 있어서 가족 관계를 묻고 싶다면, "아버지는 뭐하시니?" "부모님이 맞벌이를 하시니?" "형제는 몇 명이나 있니?" 등의 질문을 순차적으로 하기보다는 "어제는 몇 시에 잤니?" "어머니가 오늘 아침 반찬은 무얼 해 주셨니?" 등의 우회적인 질문으로 시작하는 것이다.

본격적인 상담은 교사에게 여유가 생기고 아이들도 마음을 터놓고 교사를 대할 수 있는 4월쯤에 하는 게 좋겠다. 그리고 서로 부담스러운 개인상담보다는 모둠별 집단상담을(1권 158쪽 참고) 통해서 서로를 더욱 깊이 파악하고 속속들이 친해지는 계기를 만들어 주면 모둠활동도 동력을 얻는다.

학년 초에 담임선생님은 아이들의 학급일기와 별도로 교사만의 만남일기를 써 보자. 일종의 교단일기처럼, 일상적으로 이루어지는 아이들과의 만남, 대화, 관찰 내용을 수시로 메모하다 보면, 아이들 읽기는 물론 교사의 자기 성찰 자료로 거듭난다.

수업 시간에 아이들 읽기

아이들 파악의 기본은 '관찰'이다. 아이들이 청소하는 모습, 자리에 앉아서 짝과 이야기하는 모습, 쉬는 시간에 노는 모습 모두가 교사에게 무언의 메시지를 전하는 관찰자료이다. 마찬가지로 수업 시간의 아이들 모습을 관찰하면 앞으로의 교과지도에 유용한 정보를 얻을 수 있다. 질문을 활발하게 하는 아이, 친구를 잘 도와주거나 교사의 설명을 보충해 주는 아이, 여러 가지 자료를 보고 조사 숙제를 꼼꼼하게 하는 아이, 상상력이 풍부한 아이 등을 눈여겨봐 두면 아이들에 맞는 수업 방법을 구안할 때 많은 참고가 된다.

각 교과마다 아이들의 사전 인지도가 어떤지, 아이들이 가장 좋아하는 교과나 전체적으로 약한 교과가 무엇인지를 살펴 놓는 것도 3월에 빼놓지 말고 해야 할 일이다. 국어 시간에는 교사가 몇 권의 책을 제시하고 각자 읽은 책에 표시하라고 하면 아이들의 기본 독서 수준을 알 수 있다. 사회 시간이라면 교과서 몇 쪽 정도를 읽게 한 후 모르는 단어를 찾아내게 할 수도 있다.

그 밖에 아이들이 좋아하는 텔레비전 프로그램, 연예인, 만화책 등을 학년 초에 조사해 놓아도 이후 수업 시간에 예시를 들거나 토론 주제를 잡을 때 유용한 자료로 활용할 수 있다.

동료교사도 훌륭한 자료원이다

교사의 관찰력이 제아무리 뛰어나고 여러 가지 프로그램을 활용해 아이들을 파악하려 해도, 만난 지 며칠 혹은 몇 주밖에 되지 않은 새 담임이 아이들을 속속들이 파악하기는 쉽지 않다. 이럴 때 아이를 일 년 동안 지도했던 전 담임으로부터 얻는 정보는 그 질과 내용에 있어 따를 것이 없다. 물론 규모가 큰 학교에서는 아이들의 전 담임을 일일이 찾아다니며 정보를 얻을 수도 없고, 생활기록부를 통해서는 양식화된 정보 말고는 알맹이를 찾기 어렵다. 하지만 모든 아이의 모든 정보라는 단서를 달지 않는다면 교무실이나 휴게실의 티타임을 통해서 얻을 수 있는 정보도 쏠쏠하다.

먼저 아이들의 전 담임이 누구였는지 일별한 다음, 만남의 기회가 있을 때마다 한마디씩 물어보는 것이다. "아, ○○요? 그 녀석 첫인상은 뺀질뺀질해도 아주 진국이에요. 작년에 남학생하고 여학생하고 거의 패싸움에 가까운 일이 벌어졌는데, 그 녀석이 왔다 갔다 하면서 중재를 했지 뭡니까." "××는 자폐 증상이 좀 있어요. 선생님이 특별히 신경 좀 써 주세요." "△△는 재작년에 부모님이 이혼을 하고 아버지하고 같이 사는데, 아버지가 재혼을 하려는 모양이에요. 고민을 많이 하더군요." 등의 알짜 정보를 얻을 수 있다.

물론, 정보를 주는 교사나 받는 교사나 아이에 대한 나쁜 선입견을 주고받지 않도록 주의해야 함은 당연하다. 특히 초임교사의 경우, 선배교사가 전해 주는 정보는 절대적이다. 되도록 아이의 장점을 부각시켜 전해 주고 기억하자.

동료교사와 정보 주고받기는 학기 중에도 유용하다. 주로 예체능 과목을 맡게 되는 교과전담 교사들로부터 주지교과 시간에는 알 수 없는 아이들의 다양한 모습을 전해들을 수 있다. 국어나 수학을 못하는 아이가 리코더를 기가 막히게 분다는 얘기를 들으면 학급운영을 하면서 아이의 기를 살려 줄 수 있다. 미술 시간에 검은색이나 보라색을 많이 써서 그림을 그리는 아이가 있다면 아이의 건강 상태나 가족 관계에 대해 다시 한 번 관심을 기울여 볼 일이다.

관계를 잇는 아이들 자기 소개

점점 친해지겠지, 생각하며 자칫 소홀하기 쉬운 것이 아이들끼리의 관계이다. 학년 초 아이들에게는 담임선생님뿐만 아니라 '누가 우리 반이 되었는지'도 대단히 중요한 관심사이다. 동시에 자신을 어떻게 드러낼지에 대해서도 조심스럽게 탐색하게 된다. 이런 관심을 적극적으로 활용하면 아이들의 관계를 돕는 여러 장치를 매끄럽게 만들어 낼 수 있다. 아이들 스스로 자신을 표현하게 하고 이를 정보 파일에 정리하고 학급행사와 연결시키는 것은 일년 학급 농사의 기초를 다지는 중요한 작업이다. 학년 초 아이들의 여러 가지 자기 소개서는 교실 앞뒤 게시판이나 자투리 공간을 적절히 활용해 '공유'하도록 한다. 게시된 자료는 아이들의 눈길과 관심을 모으는 계기도 되고, 학급임원을 선출할 때 정보가 되기도 한다. 또한 이렇게 아이들이 아이들을 읽는 과정은 모둠을 편성할 때 힘을 발휘한다.^(1권 124쪽 참고)

활동지로 해 보는 자기 소개

처음으로 자기 소개를 하는 것이라면 교사가 미리 일정한 틀을 만들어 나누어 주는 것이 좋다. A4 용지 왼쪽 윗부분에 자신의 모습을 직접 그릴 수 있는 상자를 3×4cm나 4×5cm 정도로 만들어 두어 자신의 모습을 직접 그리게 한다(여러 가지 색깔의 A4 용지를 준비하면 게시판에 붙였을 때 보기가 좋다). 그 오른쪽에 자신의 이름, 생년월일과 함께 자신의 자랑거리 세 가지, 조금만 더 잘했으면 하는 것 세 가지 등 교사가 알고 싶은 사항을 골라 그 항목을 쓰게 한다. 생년월일은 음력과 양력을 구분하여 실제 생일을 알아 두는 것이 생일잔치를 하는 데 도움이 된다.

글쓰기로 해 보는 자기 소개

굳이 틀을 갖추지 않고 아이들이 살아온 환경과 아이들의 마음을 읽고자 한다면 글쓰기 활동을 활용할 수 있겠다. 개학한 첫 1~2주일 동안은 정상적인 수업이 이루어지기 힘들다. 학급의 틀을 잡고 모양새를 갖추기 위해 해야 할 것도 많고 맞추어 가야 할 것도 많기 때문이다. 이런 분위기 속에서 아이들은 산만해지기 쉬운데, 이럴 때는 글쓰기 활동으로 들뜬 마음가짐을 차분히 가라앉힐 수 있다.

이때 하는 글쓰기는 학습의 의미보다는 지난날들을 정리하고, 이를 처음 만난 교사와 친구들에게 자기 소개로서 알린다는 의미가 있다. 자기 소개를 위한 글쓰기는 대부분 설명문이다. 설명문을 쓰기 전에는 그 내용을 정리하고 분류하는 구상 단계가 필요하며, 형식상으로는 처음, 가운데, 끝맺음이 필요하다는 등, 설명문 쓰기를 위한 대강의 설명이 있어야 한다. 물론 단편적인 사실만 늘어놓기보다는 자신의 개성이 드러나는 글이 좋은 글이라는 설명도 빼놓지 말아야 한다. 좋은 예시가 될 수 있는 보기글을 읽어 주면 아이들의 활동에 도움을 줄 수 있다.

개성 있는 자기 소개서를 작성하는 활동으로 기본적인 정보를 알았다면 글쓰기를 통해서 더욱 세밀한 정보를 알 수 있다. '우리 집 이야기' 나 '부모님께 편지 쓰기' 라는 주제를 주면 집안 사정이나 부모와의 관계를 잘 알 수 있다. 자기 공부방의 풍경 그리기나 자기가 가장 아끼는 물건 세밀하게 그리기 등을 해 보아도 아이들의 환경을 읽는 데 도움이 된다.

'선생님께 바라는 점' 이나 '새 학년이 되어서' 라는 주제를 주면 자신의 단점과 장점, 혹은 교사에게 부탁하고 싶은 점 등을 들어 볼 수 있다. 의외로 아이들은 자신의 장단점을 잘 파악하고 있다.

이런 글들은 잘 보관하였다가 학년 말에 아이들에게 나누어 주고 이

(김국철, 1999년 명륜초 6학년
한내반 학급문집 『수다쟁이들과 먼대들』
(지도교사 주순영)에서 발췌)

예시글 1

우리 집 이야기

우리 집은 가끔씩 돈이 없을 때 남들에게 돈을 꾼 적이 있었다. 나는 서울에서 태어나서 집이 단칸방같이 생긴 데에서 살았다.

그렇지만 돈이 없어서 내가 5살 때 이사를 갔다. 그것도 돈을 별로 못 벌었다. 그래도 내가 점점 커 가면서 아빠와 엄마가 일자리를 찾고 월급도 받아서 다시 우리 가족은 원주에 이사를 왔다. 그래서 행구동에 이불 공장과 집이 붙어 있는 곳에서 화목하게 지냈다. 그렇지만 돈이 없어서 남들에게 돈을 꿔서 갚을 게 많았다. 그렇지만 아빠는 이불 공장에서 땀 흘려서 모은 돈으로 차츰차츰 갚아 나갔다. 그래서 우리 가족은 또 다시 개운동으로 내려와서 이사를 하였다. 그래서 거기는 일도 할 수 있고 돈을 벌어 나갈 수 있는 공간이 있어서 아빠와 엄마는 사계절 밤늦게까지 일을 했다. 그래서 우리에게 옷도 사 주시고 맛있는 음식도 사 주시고 함께 나들이도 하면서 이렇게 지냈다.

그렇지만 우리는 재미있는 시간도 잠시, 다시 돈이 없어서 이사를 가기 위해 집을 마련해야 했다. 드디어 우리 가족이 살 만한 집을 찾아서 보증금을 받고 나서 이사를 갔다. 그리고 지금 우리 가족은 교회를 다니면서 믿음의 확신을 가지면서 전보다 화목하게 지내고 있다.

예시글 2

부모님께 편지 쓰기

부모님, 안녕하세요? 저는 누구보다 어머니, 아버지를 사랑하는 창완이에요. 어머니 아버지 힘드시죠? 그래서 TV도 팔고 IMF가 빨리 지나가야겠는데 아버지는 우리에게 더 잘해 주려고, 돈 쓰지 마세요. 승아와 저는 괜찮아요.

그리고 어린이날 저희 한화프라자도 못 데리고 가서 기분 좀 내려고 설악산 가고 선물도 못 사 주신 거 다 괜찮으니깐 아빠 군대 생활 잘하세요. 그리고 내가 제일 존경하는 우리 엄마. 엄마가 우는 모습이 안돼 보여요. 그때는 우리가 잘살았는데 외삼촌의 보증을 서는 바람에 엄마께서는 이 다음에 커서 '보증 서지 말아라.' 하고 그러는데 저는 절대 안 할 거예요.

그리고 외삼촌도 지금 잘 뛰고 있으니깐 엄마, 아빠 힘내세요. 파이팅!

예시글 3

4학년이 되어서

나는 지금 3학년 때를 반성하고 있다. '발표도 잘 안 하고 친구들과도 자주 싸우고……'

내가 이런 생각을 하는 이유는 벌써 4학년이 되었기 때문이다. 나는 3학년 때 선생님께서 발표를 해 보라고 하시면 쑥스러워서 하지도 못했다. 그렇지만 지금부터는 다르다. 씩씩하고 발표도 잘하고 일기도 열심히 쓰는 하경이가 되겠다. 그리고 손톱 물어뜯는 버릇이 있는데 그 버릇을 조금씩 고치고 있다. 그래서 꼭 손톱 모양이 다른 아이들처럼 예뻐졌으면 좋겠다. 그리고 내 동생에게 그동안 너무 미안하다. 걸핏하면 동생을 때리고 울리고……. 이제 4학년이 되었으니 1, 2, 3학년 동생과 내 동생을 잘 돌보아 주어야겠다. 그리고 김동수 선생님 말씀처럼 재미있게 공부하고 바른 말, 고운 말을 써야겠다.

전 것과 비교하여 다시 써 보게 할 수도 있다. 이렇게 쓴 글들을 잘 모아 두면 학년 말 학급문집을 만들 때 소중한 재료가 되는 것은 물론이다.

소품을 가지고 하는 자기 소개

1번부터 나와서 자기 소개를 하라고 하면 "저는 취미는 피아노 연주이고요, 특기는 축구입니다. 사는 곳은 가리봉 1동입니다. 친구들과 사이좋게 지내고 싶습니다." 2번이 나와서 "저는 취미는 리코더 불기고요, 특기는 피아노 연주입니다. 사는 곳은 가리봉 2동입니다. 일 년 동안 싸우지 않고 사이좋게 지내고 싶습니다." 이런 식으로 늘어지기 일쑤다. 몇몇 아이들만 창의적이고 자기 특성이 드러나게 자기 소개를 잘한다.

그런데 여기에서 조금만 방식을 달리해도 아이들의 자기 소개는 뜻밖의 내용으로 채워진다. 예를 들면, 아이들에게 교실에 나뒹구는 이면지 한 장씩을 나누어 주고, 손으로 구기거나 찢어서 자신을 표현한 뒤 친구들에게 그 내용을 설명해 보라고 하면 아주 개성 있는 자기 소개가 된다.

캐릭터 만들어 자기 소개하기

준비물 : 연습장, 연필, 지우개, 사인펜, 색연필, 색상지나 도화지,
　　　　자신이 좋아하는 캐릭터 그림

① 교사나 아이가 준비해 온 여러 가지 캐릭터의 공통점이나 차이
　점을 찾아보면서 캐릭터가 무엇인지를 막연하게나마 이해하고
　그 활용의 폭까지 알아보게 한다. 예를 들면, 미키 마우스, 키티,
　둘리, 스누피 등 캐릭터의 공통점과 활용되는 예를 살펴본다.
② 나를 캐릭터로 만든다면 어떻게 나타낼 수 있을지 연습장에 그
　려 보게 한다. 생김새의 특징을 살려서 그리거나(예를 들어 긴
　머리, 왕눈이, 들창코, 작은 키와 같이 신체의 특징을 과장하여
　그리기), 별명을 이용하여 그려 본다(돼지, 외계인, 양파, 할아버
　지, 아줌마, 강아지 등). 단, 기존 캐릭터를 그대로 흉내 내거나
　친구와 비슷하게 그리지 못하도록 주의시키고 충분한 시간을
　준다.
③ 자신의 캐릭터가 결정되면 소개서를 어떤 모양으로 만들지 그
　리고 자기를 소개할 내용과 캐릭터를 어떻게 활용할지를 구상
　하게 한 후, 자유로운 형식으로 완성하도록 한다. 이때 아이들에
　게만 맡기지 말고 교사가 다양한 예시와 제안을 해 준다.

※ 이 활동은 어려운 편이기 때문에 교사의 기대 수준이 너무 높으
　면 실패하기 쉽다. 완성도에 집착하지 말고 아이들이 이 활동을
　통해 재미도 느껴 보고, 창작의
　어려움도 느껴 보는 것에 만족
　하면서 성의 있게 완성할 수 있
　도록 격려하고, 끝난 뒤에는 함
　께 볼 수 있도록 모든 작품을
　게시한다.

예시

줄다리기하는 내 모습

준비물 : 아이들 - 16절 도화지, 크레파스, 가위 / 교사 - 색테이프,
　　　　이름표

① 6명 정도의 아이들을 나오게 하여 줄다리기를 시킨다. 이때 나
　머지 아이들은 줄다리기를 하는 친구들의 표정이나 자세를 관
　찰하게 한다.
② 친구의 모습을 관찰한 후 자신이 줄다리기를 하는 모습을 떠올
　리면서 16절 도화지에 세로로 그리도록 한다. 이때 교사는 줄다
　리기에서 오른쪽으로 당기는 편과 왼쪽으로 당기는 편으로 아
　이들을 나누어야 한다. 그림을 그릴 때에는 머리에서 발까지 다
　들어가게, 자기 머리 모양, 입고 있는 옷 모양을 그대로 그리는
　것이 좋다. 또 손을 뻗어 줄을 잡고 있는 모양, 몸을 뒤로 젖히고
　있는 모양을 그릴 수 있도록 강조하고 격려한다.
③ 입고 있는 옷의 색깔대로 크레파스로 색칠하고, 완성하면 가위
　로 오려 내게 한다.
④ 아이들이 그리는 동안 교사는 작품 게시판이나 벽면을 활용하여,
　줄다리기 줄을 색테이프나 두꺼운 끈으로 길게 만들어 붙인다.
⑤ 자기 모습을 오려서 나오는 순서대로 가운데를 중심으로 하여
　마주 보게 한 명씩 붙여 나간다. 붙일 때 그림에서처럼 손이 미
　리 붙여 놓은 줄을 잡을 수 있게 위치를 맞추어 붙인다.
⑥ 자기 모습 밑에 이름표를 붙여 완성한 후 아이들과 누가 제일 힘
　껏 당기고 있는지, 어느 편이 이길 것인지 등의 이야기를 나누어
　보는 것도 재미있다.

※ '줄다리기하는 내 모습 그리기'는 여러 가지 측면에서 의미 있
　는 활동이다. 우선, 줄다리기는 협동이 필요한 운동 경기이다. 한
　사람 한 사람의 힘을 합하여 줄을 당기듯이 한 사람 한 사람의 모
　습이 모여서 반 전체가 줄다리기하는 모습을 완성할 수 있다.
　뿐만 아니라 웃는 얼굴, 차렷 자세 등의 정지된 모습만을 그려
　본 아이들에게 힘이 들어가 있는 표정, 줄을 당기는 자세 등 여
　러 가지 움직임을 관찰하고 그려 볼 수 있는 기회가 되기도 한
　다. 완성된 작품을 통해 아직은 서먹서먹한 같은 반 친구들을
　더 가깝게 느끼게 되고 교실 환경 꾸미기에도 도움이 된다.

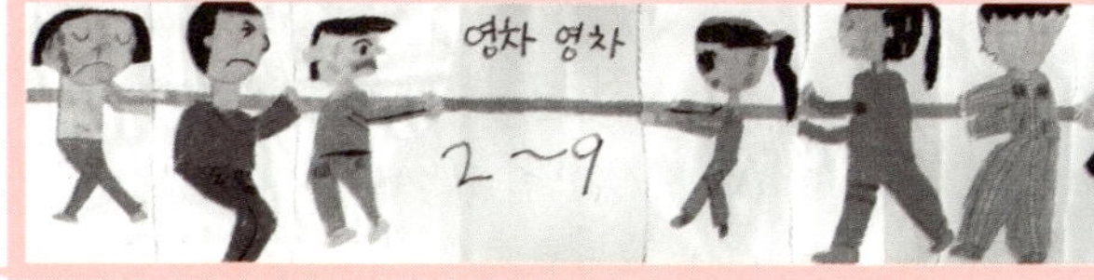

글쓴이 · 도움 주신 분들 신나영 | 전 인천 효성동초 교사 · 신동구 | 서울 명일초 교사 · 신명기 | 서울 영훈초 교사

1학년 아이들을 읽는 일은 아주 어렵다. 특히 학년 초 1학년은 정보가 거의 없는 백지 상태이다. 전 담임을 통한 정보나 생활기록부 등 어떤 통로를 통해서도 사전에 아이 읽기가 불가능한 경우가 1학년이다. 가정환경 조사서에 적혀 있는 사항들은 '참고' 할 수는 있지만 아이들을 제대로 읽는 것은 역시 아이들의 생활 속에서 가능하다. 그렇지만 1학년은 1학년이다. 교사가 조금만 노력을 보인다면 아주 쉽게 읽을 수 있다는 장점이 있다.

1학년을 읽는 몇 가지 방법

신명기 | 서울 영훈초 교사

손놀림을 잘 살펴보자 1학년 아이들에게 초등학교는 매우 낯선 공간이기 때문에 심리적으로 불안해하는 경우가 많다. 이는 대부분 행동으로 나타나는데, 가장 많이 잘 보이는 것이 '손'이다. 손톱을 물어뜯는 것이 가장 흔하지만, 주의해서 보면 손을 불안정하게 움직이는 경우도 많다. 때로는 그런 불안함이 친구에게 주먹을 쓰는 것으로 나타나기도 한다. 아이들의 손놀림을 그냥 습관이려니 하고 넘기지 말자.

관심을 끌려는 행동을 놓치지 말자 1학년 아이들은 선생님이나 친구들에게 인정을 받지 못한다고 생각될 때 관심을 끌기 위한 행동을 하기도 한다. 고학년과 달리 1학년은 대부분 '돈'이나 '물건'과 관련된 행동으로 나타난다. 돈을 가져와서 자랑을 한다든지, 군것질거리를 사 와서 아이들에게 나누어 주기도 한다. 아이가 관심을 끌기 위해 하는 행동을 읽으면 그 아이의 마음이 어떤 상태인지 좀 더 쉽게 접근할 수 있다.

이성에 관심이 많은 아이들을 읽자 이성에 대한 관심이라고 하면 고학년에게만 해당되는 이야기 같지만 1학년 아이들 사이에도 많이 나타난다. 1학년의 이성에 대한 관심은 구체적인 행동으로 나타나기 때문에 유심히 관찰하여 사후지도까지 제대로 해 줘야 한다. 특히 이성에 관심 있는 남자 아이들은 여자 화장실에 자꾸 들어가려고 한다. 지나치게 이성 친구의 손을 자주 잡으려고 하거나 껴안으려 하고 뽀뽀를 하는 등의 행동을 무심코 방치하면 학부모 사이의 갈등으로까지 번질 수 있다.

주의집중을 얼마나 하는지 눈여겨보자 아이들의 주의집중 태도를 보면 1학년 아이들의 성장습관이나 가정교육이 어떻게 진행되는지 엿볼 수 있다. 이를 수업태도라고도 말할 수도 있지만, 그보다는 좀 더 구체적인 개념으로, 수업 시간에 혼자 할 일을 주었을 때 어느 정도 집중하는가를 포함한 것이다. 주의집중 태도를 제대로 읽고 나면 아이의 가정학습이 어떻게 이루어지는지 또는 자라면서 어떤 환경적 요인이 있었는지 어느 정도 가늠을 할 수 있다. 1학년이기 때문에 아이를 읽는 과정에서 문제를 발견했다면 반드시 학부모와 대화를 통해서 문제를 빨리 해결할 수 있는 방법을 찾아야 한다.

그림을 풀이해 보자 유치원생이나 초등학교 저학년 아이들이 그림을 통해 자신의 내면을 얼마나 잘 표현하는지는 많이 알려져 있다. 고학년으로 올라갈수록 그림을 읽기가 어려워지겠지만 저학년은 아이의 마음 상태가 비교적 많이 나타나는 편이다. 전문가적 지식을 갖추고 있지 않더라도 1학년 아이들이 그린 그림을 유심히 관찰해 보면 심리 상태가 불편한 아이의 경우를 충분히 읽어 낼 수 있다.

학부모를 만나자 1학년은 아주 조심스러운 시기이다. 아이들의 작은 행동을 지나치게 확대 해석해서도 안 되지만 모든 것을 '1학년이니까…….' 라는 식으로 덮고 넘어가서도 안 되기 때문이다. 때문에 교사가 아이를 읽는 데 어려움이 있다거나, 아이를 읽는 과정에서 고민스러운 점이 있다면 가장 먼저 학부모를 만나야 한다.

아이가 왜 그런 행동을 보이는지 부모를 통하지 않고는 그 원인을 온전히 읽어 낼 수 없다. 1학년 아이들이 보이는 문제행동의 원인은 대부분 부모로부터 나온다. 학부모를 자주 만나서 아이를 제대로 읽고 문제가 있다면 학년이 올라가기 전에 해결을 하려고 노력하는 자세가 중요하다. (1권 256쪽 참고)

지속적인 관계 맺기를 위한
교사의 마음가짐

황재숙 | 서울 상원초 교사

3월에 교사는 참 바쁘다. 학년이 바뀌면서 새로 준비할 일도 많고, 새로 만난 아이들 얼굴도 익히고 이름도 외워야 한다. 서로의 생각과 버릇도 잘 살펴서 알아야 하고, 함께 지내는 데 불편함이 없도록 교실도 다시 꾸며야 한다. 이것저것 조사해서 빈칸에 써내야 하는 것도 한두 가지가 아니고, 교실에 두고 쓸 물건들은 자리를 정해서 옮겨 놓아야 한다.

이렇게 머리를 좀 쓰거나 몸을 움직여서 해 나가는 일도 있지만 마음을 기울여 할 일도 있다. 마음을 내서 하는 일은 눈에 금방 드러나지는 않지만 머리나 몸을 쓰는 일보다 더 중요하다. 아이들이 가지고 있는 개성은 무엇인지, 장점과 단점은 무엇인지, 보이지 않게 숨겨진 상처는 없는지 살피는 일이다. 그러나 더욱 중요한 것은 아이들을 '읽은 다음' 이다.

제일 먼저 할 일은 아이와 '좋은 관계를 만드는 것' 이다

좋은 관계라는 건 서로 믿고 이해하고 마음을 나눌 수 있는 사이를 말한다. 서로 사이가 좋아야 일 년 동안 공부도 잘되고 어려운 일도 쉽게 풀어낼 수 있지 않겠는가? 교사와 학생이 사이가 별로일 때 그 반에는 즐거움이 사라진다.

좋은 관계를 만들기 위해서 교사는 먼저 아이들과 함께 행복을 만들어 가야 한다.

교사들이 많이 하는 말 가운데 이런 게 있다.

"3월에 아이들을 꽉 잡아 놔야 일 년이 편해요."

"아이들을 처음부터 그렇게 풀어놓았다가 나중에 어떻게 감당하려고 그래?"

"올해는 꽉 잡을 거야. 지난해 아이들이 날뛰어서 너무 힘들었어."

이런 말 속에는 어떤 뜻이 담겨 있을까? 아이들의 마음은 없고 편하게 지내고 싶은 교사의 마음만이 엿보인다. 교사가 자신의 편안함을 먼저 챙길 때 아이들은 뒤로 밀려날 수밖에 없다.

잠시 아이들 편에 서서 생각해 보기로 하자. 아이들도 새 학년을 시작하면서 기대와 설레

는 마음을 안고 학교에 온다.

'담임선생님은 어떤 분일까?' '무서운 분일까, 아닐까?' '나를 예뻐해 주실까?' '올해는 공부를 잘해 봐야지.'

이런 아이들 마음에 찬물을 끼얹은 일은 없었나 돌아볼 일이다. 작은 실수 하나 놓치지 않고 엄하게 꾸짖어서 겁을 먹게 하거나 '우리 선생님은 나를 싫어한다.'는 인상을 심어 주면 아이들 마음은 굳게 닫혀 버린다. 그 뒤에는 모든 게 다 어려워진다. 이 마음이 자리 잡고 나면 여간해서는 되돌리기 힘들다.

교사가 중심인 교실에서 아이들은 답답하고 때론 기분 나쁠 수 있다. 그렇다고 무조건 아이들을 따라가자는 것은 아니다. 어차피 교사와 학생은 함께 행복을 만들어 가는 사이이기 때문이다. 적군으로 맞서 싸우기 위해 만난 건 아니지 않는가?

둘째로, 판단을 서두르지 말아야 한다

몇 차례 숙제를 안 해 오거나 준비물을 빠뜨리는 아이를 보고 '문제가 많은 아이로군.' '너는 내 말을 참 안 듣는구나.' 생각하거나 말을 해 버리면 그 아이는 어쩔 수 없이 일 년간 그런 아이가 된다. 아이들은 교사가 기대하는 만큼 행동한다. 사실 어른들도 마찬가지다. 윗어른이 자신에게 기대를 거는 만큼 마음을 내서 일을 한 경험이 누구에게나 있을 것이다. 숙제는 자주 안 해 오지만 아픈 친구를 잘 도와주는 귀한 마음을 가진 아이도 있다. 그런 아이들을 단박에 알아차리는 것은 힘들다. 일상생활 속에서 천천히 자연스럽게 만나 간다는 마음의 자세가 중요하다. 서둘다 보면 억지가 생기고, 억지가 생기면 아이들이 바로 보이지 않는다.

셋째로, 아이 편에 서서 말 없는 말을 귀 기울여 들어 보자

겉으로 드러난 정보만으로는 충분하지 않다. 부모의 학력과 직업, 아이가 사는 곳, 공부에 대한 열의, 건강 상태 따위를 아는 것만으로는 아이를 안다고 할 수 없다.

'저 아이가 숙제를 안 해 오는 건 무엇 때문일까?

'손톱을 자꾸 물어뜯는 버릇은 왜 생겼을까?

'귀찮을 정도로 교사 주변을 맴도는 저 아이가 내게 보내는 신호는 무엇인가?

'늘 밝은 얼굴이던 영희가 오늘은 왜 얼굴이 어두울까? 무슨 일이 있나?

아래 학년 공부를 제대로 못해서 문제를 못 푸는 아이에게 수학 숙제를 내주고, 남과 같이 안 해 온다고 야단치면 무슨 소용이 있겠는가? 손톱 물어뜯는 아이에게 나쁜 버릇이라고 계속해서 주의를 주면 고쳐지는가? 주의를 주고 나무라기 전에 잘 살펴보고 원인을 찾아볼 일이다. 그래야만 그 버릇을 고칠 방법을 찾을 수 있다.

마지막으로, 내 욕심을 부리고 있지 않나 살펴보고, 욕심이다 싶으면 얼른 버리자

욕심을 부리면 교사와 학생이 똑같이 힘들어진다. 아무리 좋은 프로그램이더라도 아이들이 마음을 내지 않는다면 다시 한 번 생각해 볼 일이다. 가짓수가 너무 많지 않은가도 살펴봐야 한다. 숙제를 늘 안 해 오던 아이가 하루아침에 바뀔 것이라는 욕심은 버리자. 일주일에 세 번 정도 싸우는 아이가 있다면 아주 안 싸우기를 바라지 말고 횟수를 줄이도록 권해야 한다. 싸움 횟수가 일주일에 한 번으로 줄어들었다면 크게 나아진 것 아닌가? 행동이 느린 아이가 똑같은 시간 안에 과제를 해결하길 바라는 것도 욕심이다. 내 기준이 너무 높이 잡혀 있으면 낮추어 잡고, 하나의 기준을 모든 학생에게 적용해서 문제가 있었으면 기준을 몇 개 더 만들어서 잣대를 달리하는 게 좋다.

새 학년을 시작하는 3월 첫 단추를 잘 끼워서 아이들과 함께 기쁨 넘치는 한 해를 만들어가자. 첫 만남의 중요성은 아무리 강조해도 지나치지 않다.

교사들끼리 우스갯소리로 하는 말 가운데 "학생만 없으면 교사도 할 만하다."는 것이 있다. 무슨 뜻인지 한번 생각해 볼 일이다. 학생이 없으면 교사도 없다. 교사는 학생에게 쓸모 있는 사람이어야 한다. 학생에게 쓸모가 없는 교사가 어디에 필요하겠는가? 교사의 생명을 포기하지 말고 학생에게 잘 쓰이는 사람이 되도록 노력하자.

"아이들 자서전을 보내 주세요"

최은희 | 충남 아산 거산초 교사

이런저런 일 때문에 몸이 두 개라도 모자랄 학년 초, 아무리 바쁘다지만 절대 빼 먹을 수 없는 학년 초 업무 중 하나가 아이들 읽기이다. 새롭게 만난 아이들은 제각각 그 아이만의 '역사'를 가지고 있다. 그 '역사'를 읽어 내지 못하면 아이와 깊은 관계를 맺는 데 어려움이 많다. 첫 단추를 잘 꿰어야 옷을 가지런하게 입을 수 있듯 아이들과의 만남에서도 처음에 어떤 모습으로 만나느냐가 무척 중요하다. 아이가 생활하는 터전에 대한 이해가 조금이라도 있으면 작은 충돌을 너끈히 피해 갈 수 있기 때문이다. 그런데 아이에 대한 배경지식이 없으면 아이의 행동에 대해 이해가 부족하게 되고, 그리다 보니 아이를 다그치거나 배려하지 못하는 경우가 생긴다. 결국 교사와 아이 사이에 신뢰가 만들어질 기회를 놓치게 된다.

나는 학년 초가 되면 학부모들에게 아이의 '자서전'을 써 보내 달라고 한다. 태어나면서부터 지금까지 살면서 아이가 겪었던 큰 사건부터 시작해서, 아이가 집에서 어떻게 생활하는지, 편식하는 습관은 있는지, 어릴 때 병을 앓은 적이 있는지, 어떤 놀이를 좋아하는지, 학원은 어디를 다니는지, 아주 구체적이면서 자세하고 자유롭게 써 달라고 한다. 물론 학부모 설문지를 만들어 보내기도 하지만, 아이를 가장 잘 알 수 있는 것은 아무래도 학부모가 정성껏 아이에 대해 쓴 이 '자서전'이다. 자칫 내 아이에 대한 편견이 생기지 않을까 우려를 하는 학부모가 있을 수도 있기 때문에 '자서전'이 필요한 이유, 그리고 그 쓰임새에 대해 자세히 안내한다.

학부모에게 아이의 자서전을 받기 위해서는 학부모통신에, '자서전을 꼼꼼하게 잘 써 주셔야 제가 아

아이의 자서전을 보내 주세요

안녕하십니까?

이번에 3학년 꽃잎마을 아이들과 일 년을 함께 생활하게 된 최은희입니다. 새로운 환경에 놓여진 우리 아이들의 호기심 어린 눈을 보며 조금 덜 죄를 짓는 어른이 되어야겠다는 다짐을 해 봅니다. 그래서 죄를 덜 짓는 어른이 될 수 있도록 학부모님의 도움을 부탁드립니다.

▶ 왜 필요한가?

학년 초 아이들의 삶을 이해해야 아이들과 가까워지고 또 그 아이의 행동 하나하나에 관심을 갖고 지도할 수 있습니다. 물론 교사가 아이를 만나면서 면면을 이해할 수도 있지만 그러기 위해서는 많은 시간이 필요합니다. 또 아이를 속속들이 이해하는 데 한계도 있구요. 아이가 보여 주는 행동에는 분명 원인이 있고, 원인을 정확하게 파악해야만 그 결과에 대해 객관적으로 파악하고 지도할 수 있습니다.

혹시나 내 아이에 대한 편견을 우려하여 꼭(?) 써야 할 일을 빠뜨리면 저와 아이가 가까워지는 데 어려움이 많습니다. 그러니 저를 믿고 가능한 자세하게 아이가 살아온 시간을 그림을 그리듯 써 보내 주십시오. 아울러 아이가 생활하는 집안 분위기(부부 사이의 문제나 함께 생활하는 가족의 이야기, 다니는 학원) 따위의 이야기까지 써 준다면 더욱 좋습니다.

※ 아이에 대한 자료는 제가 아이의 삶을 이해하고 또 교육적으로 지도하기 위해서만 활용할 것입니다. 개인적인 비밀은 유지됩니다.

오늘부터 한 배에 탄 우리는 일 년 동안 여러 가지 일을 함께 해 나갈 한 운명입니다. 무슨 일이 닥칠지 모르는 바다에 닻을 올리고 배를 띄우는 심정입니다. 학부모님의 격려와 지지를 부탁드리며 다음에 뵙겠습니다.

안녕히 계십시오.

ㅇㅇㅇㅇ년 3월 2일
3학년 마을지기 최은희 드림

이를 온전하게 이해하고 일 년을 아이와 함께 자연스럽게 서로 이해하면서 생활할 수 있습니다. 되도록 아주 구체적이고 사소한 것까지, 가능하면 가정의 어두운 면까지도 함께 써 주시면 좋겠습니다. 이 문서는 교사인 제가 아이의 삶을 이해하고 아이와 함께 일 년을 함께 지내기 위한 유용한 자료로 활용될 것이며, 비밀은 보장됩니다.' 라는 문구를 넣어서 보내면 웬만한 부모들은 나름대로 자유롭게 써서 보내 준다.

이렇게 진심을 담아 학부모통신을 띄우면, 우리 아이 잘 봐 달라는 식의 답장은 거의 없다. 대부분 아이의 흠을 많이 써서 보낸다. 우리 반 영식이는 나와 눈을 안 마주치고 말을 하지 않는 데다 걸핏하면 운동장에서 쪼그리고 앉아 무언가에 몰두하다가 수업 시간에 들어오지 못하였다. 그런데 영식이 어머니가 쓴 자서전을 보니 그 행동이 수긍이 되었다. 영식이는 태어나자마자 인큐베이터에서 치료를 받고, 만 세 살이 될 때까지 일 년에 육칠 개월은 병원에서 살다시피 했다는 것이다. 폐가 무척 약해 심한 운동은 어렵고 또 병원 생활을 하며 겁이 많아져서 다른 사람과 관계를 맺는 것을 힘들어한다는 이야기를 해 주었다. 그래서 유치원에서도 잘 적응하지 못해 혹 자폐가 아닐까 걱정을 했다는 것이다. 영식이 어머니가 보내 준 아이의 정보를 읽고서 아이의 배경에 대해 알게 된 나는 아이가 수업 시간에 들어오지 않으면 꾸지람하기보다는 우리가 얼마나 재미있게 공부를 했는지 들려주었다. 물론 다른 동무의 입을 통해서. 또 수줍음이 많고 용기가 부족해 발표를 하지 못할 때 발표시키기 위해 애를 쓰기보다는 어떻게 하면 아이가 자연스럽게 발표할 수 있을지 궁리하기 시작했다. 만약 영식이 어머니의 글을 읽지 못했다면 나는 영식이를 다른 아이들과 같이 그저 조금만 추켜세우면 발표를 할 만한 아이로 여겼을 것이고, 그랬으면 그 아이는 점점 더 교사와 학교를 멀리했을 것이다.

병 때문에 꼬박꼬박 약을 먹어야 하는 아이도 자서전을 통해 병에 대한 구체적인 정보와 교사가 어떻게 배려해야 하는지 알 수 있다. 아이에게 약은 먹었는지 교실에서 확인해 보기도 하고 선생님도 어렸을 때 많이 아파서 약을 먹으며 학교에 다닌 적이 있다는 이야기를 해 주어 용기를 북돋아 주기도 한다.

이렇게 아이의 정보를 세밀히 알고 배려하면 교사와 아이 사이, 교사와 학부모 사이에는 점점 신뢰의 싹이 움터 자라게 된다. 처음에는 아이에 대해 이야기하기를 꺼리던 학부모들이 마음의 문을 열게 되었다. 이런 신뢰의 싹이 움틀 때 학기 중 학부모모임이나 학부모통신을 통해 학부모에게 집에서 있었던 일을 낱낱이 이야기해 달라고 요청한다. 전날 부부싸움 했던 이야기, 아이 아버지가 실직한 이야기 등을 학부모들이 해 주면, 가뜩이나 집에서 심란했던 아이가 학교에 와서나마 상처받지 않게 아이를 배려할 수 있다.

아이의 삶을 알면 그 아이가 보이게 되고, 또 보이는 만큼 사랑하게 된다. 교사가 아이에 대해 세세하게 알고자 하는 것은 그를 통해 그 아이의 삶 속에서 함께 어우러지길 원하기 때문이다.

※ 아이 이름은 가명입니다.

저를 소개합니다

1. 제 이름은 _________________ 입니다.

2. 저를 소개하겠습니다. (이야기 속에 다음 내용이 들어가도록 쓰세요.)

· 저는 (   )년 (   )월 (   )일에 태어났습니다.

· 저의 키는 (   )cm이고 몸무게는 (   )kg입니다.

· 저의 혈액형은 (   )형입니다.

· 제가 가장 잘하는 것은   · 제가 가장 못하는 것은

· 제가 가장 좋아하는 과목은   · 제가 가장 싫어하는 과목은

· 제 성격은   · 저랑 친한 친구는

· 엄마, 아빠나 다른 사람들은 저보고 이렇게 말합니다.

3. 우리 가족을 소개합니다.

함께 사는 가족은 누구누구입니까?	엄마, 아빠는 무슨 일을 하시나요?	엄마, 아빠가 집에 들어오는 시각은 주로 몇 시인가요?
가정에서 나와 이야기를 하거나 놀아 주는 사람은 주로 누구인가요?	우리 엄마, 아빠의 가장 좋은 점은 무엇인가요?	우리 엄마, 아빠에게 바라는 것이 있다면 무엇인가요?

4. 쉿! 이건 선생님께만 이야기하는 비밀이에요.

· 제가 생각하는 저의 가장 좋지 않은 점은

· 다른 사람들이 잘 모르는 나의 가장 큰 자랑거리는

· 이제까지 초등학교 생활 중에서 가장 좋았던 선생님은 ＿＿＿＿＿＿＿＿＿ 선생님이셨어요.

　왜냐하면

· 이제까지 초등학교 생활 중에서 가장 싫었던 선생님은 ＿＿＿＿＿＿＿＿＿ 선생님이셨어요.

　왜냐하면

· 우리 엄마 아빠는 이런 점이 나빠요.

5. 선생님, 이렇게 해 주세요.

내가 가장 좋아하는 선생님은 이렇게 하는 선생님이에요.	선생님이 이렇게 해 주시면 좋겠어요.

6. 혹시 고민이 있나요?

(요즘 고민이 있는 사람은 자신의 고민을 솔직하게 이야기해 보세요. 선생님이 요술 지팡이를 써서 해결해 줄 수도 있잖아요.)

[학부모 설문지]

선생님께 알려 드리는
우리 아이 이야기

안녕하십니까?

올 한 해 아이들과 함께 생활할 담임 _______________입니다. 한 해 동안 아이들과 저 그리고 학부모님은 한 배를 탄 운명입니다. 이 설문은 아이들과 저, 학부모님이 한마음이 되어 아이의 학교생활과 성장 발달을 알차게 가꾸기 위해 꼭 필요한 자료입니다. 바쁘시더라도 꼼꼼히 살펴보시고 솔직하게 써 주시면 자녀 지도에 큰 도움이 될 것입니다. 고맙습니다.

학생　　번호 (　) 이름 (　　　　) 전화번호 :　　　 －

　　　　　주소 :

학부모　아버지 이름 (　　　　) 직업 (　　　　　) 나이 (　 세) 종교 (　　　) 연락처 (　　　)

　　　　　어머니 이름 (　　　　) 직업 (　　　　　) 나이 (　 세) 종교 (　　　) 연락처 (　　　)

　　　　　* 직업은 구체적으로 써 주세요. (무슨 일을 하는지, 어떤 회사인지)

　　　　　* 급한 일이 생겼을 때 연락할 수 있는 방법을 꼭 써 주세요.

자녀관 / 교육관

1. 자녀가 어떤 직업(희망 직종)을 갖기를 바랍니까?

2. 올 한 해 동안 자녀의 어떤 부분이 특히 발전했으면 좋겠습니까?
　① 성적 향상　　　　② 건강 증진　　　　③ 성격(인격) 성숙
　④ 안정된 생활습관
　⑤ 그 밖에 (　　　　　　　　　　　　　　　)

3. 자녀의 생활태도 가운데 바람직한 점은 어떤 것입니까?

4. 자녀의 생활태도 가운데 고쳐야 할 점이 있다면 어떤 것입니까?

5. 학교교육에 대해 (또는 담임교사에게) 바라는 점이 있으면 생각나는 대로 써 주십시오.

가정환경

1. 지금 함께 사는 식구들은 모두 몇 명이며 누구입니까?
   ① (　　　　) 명
   ② 누구 :

2. 부모님께서 특히 엄하게 꾸짖는 때가 있다면 어떤 경우입니까?

3. 부모님께서 칭찬하실 때는 주로 어떤 경우입니까?

4. 아이가 집에 돌아와서 학교에서 있었던 이야기를 하는 편입니까?
   ① 자세히 한다　　② 조금 하는 편이다　　③ 물어봐야 한다　　④ 전혀 하지 않는다

5. 아이와 대화는 어떻게 이루어집니까?
   ① 언제든 자연스럽게 이루어진다　　　　　　② 일이 생길 때마다 불러서 한다
   ③ 별로 대화를 하지 않는다　　　　　　　　④ 정기적으로 한다(가족회의 따위)
   ⑤ 그 밖에 (　　　　　　　　　　　　　　　　　　　)

학습지도

1. 현재 아이의 학습 성취도(성적과 노력)에 만족합니까?
   ① 만족스럽다　　　　② 대체로 만족스럽다　　　　③ 전혀 만족스럽지 못하다

2. 집에서 "공부하라."는 소리를 자주 합니까?
   ① 알아서 하기 때문에 전혀 하지 않는다　　　　② 조금 하는 편이다
   ③ 시키지 않으면 하지 않기 때문에 많이 한다　　④ 그 밖에 (　　　　　　　　　　　　)

3. 아이가 집에서 공부하는 시간은 몇 시간쯤 됩니까?

4. 학원을 다니고 있습니까? 있다면 어떤 학원입니까?

5. (성적 관련 학원을 보내는 학부모님만 적어 주세요.) 학원에 보내는 이유는 무엇입니까?
　① 본인이 원해서　　　　　　　　　　　② 성적이 자꾸 떨어져서
　③ 학교 공부만으로는 모자라는 것 같아서　④ 집에서 공부를 봐 줄 사람이 없어서

6. 자녀는 컴퓨터 사용을 어떻게 하고 있습니까?
　① 하고 싶은 때는 언제든 한다　　　　　② 시간 약속을 정해 놓고 한다
　③ 공부를 위한 목적 이외에는 전혀 사용하지 못하게 한다
　④ 그 밖에 (　　　　　　　　　　　　　　　　　)

7. 자녀의 성적이 올랐을 경우, 어떤 방법으로 격려를 해 줍니까?

8. 아이가 공부를 하는 데 가장 큰 방해요소가 있다면 어떤 것이라고 생각합니까?
　① 텔레비전　　② 컴퓨터 게임　　③ 만화　　④ 친구　　⑤ 집 주변 환경
　⑥ 그 밖에 (　　　　　　　　　　　　　　　　)

9. 교과 가운데 아이가 잘하는 과목과 잘하지 못하는 과목은 무엇입니까?
　① 잘하는 교과(흥미가 있는 교과) :
　② 잘하지 못하는 교과(흥미가 없는 교과) :

10. 아이의 학습습관 가운데 꼭 고쳤으면 좋겠다 하는 것이 있다면 어떤 것입니까?

일상생활

1. 아이의 책상 서랍이나 일기장 따위를 확인하는 편입니까?
　① 정기적으로 한다　　　② 가끔 한다　　　③ 전혀 하지 않는다

2. 용돈은 한 달에 얼마쯤 줍니까?

3. 평소에 아이에게 특히 강조하는 생활습관은 어떤 것입니까?

4. 아이가 어렸을 때 자란 환경은 어떠합니까?
　① 부모님이 길렀다　　　② 남이 길렀다　　　③ 친척이 길렀다
　④ 그 밖에 (　　　　　　　　　　　　　　　　　　　　)

5. (부모님께서 아이를 기르지 않은 학부모님만 자세히 적어 주세요.)
　① 누가 :
　② 언제까지:
　③ 왜 :

6. 아이의 친구에 대해서 얼마나 알고 있습니까?
　① 얼굴도 알고 집에 자주 놀러 오게 한다　　② 얼굴은 모르나 이야기를 통해 알고 있다
　③ 얼굴도 이름도 모른다　　　　　　　　　④ 어떤 아이와 어울리는지 전혀 모른다

7. 아이가 가장 흥미 있어 하는 것은 무엇입니까?(취미나 특기)

8. 아이의 성격 가운데 좋은 점은 어떤 것이라고 생각합니까?

9. 아이의 성격 가운데 고쳐야 할 점은 어떤 것이라고 생각합니까?

10. 아이의 건강 가운데 특히 좋지 않거나 염려스러운 점이 있다면 어떤 것입니까?
　(알레르기 체질을 비롯해 학교생활을 하는 데 신경이 쓰이는 부분이 있으면 알려 주세요.)

※ 그 밖에 담임에게 하고 싶은 말씀이 있으면 어떤 것이든 써 주십시오.

3월 초, 풀어 줄까? 꽉 잡을까?

Q 3년 차 교사입니다. 처음 발령을 받고 연수를 받으면서, 3월에 아이들을 맞이하는 자세가 중요하다는 강의를 들었습니다. "친절하고 자상하면서 수용적인 선생님이 되세요." 하지만 '사랑'으로 맞이하는 새내기 교사의 마음을 아이들이 알아주지는 않았습니다. 아이들이 저의 머리 위에 서 있다는 생각을 했지요.

이듬해, 선배교사들은 3월에는 아이들을 꽉 잡아야 한다고 충고를 해 주더군요. 2년째부터는 엄격하고 단호한 자세를 다짐했습니다. 그래서 수업 진행은 참 수월해진 것처럼 느껴졌습니다. 하지만 다른 고민이 생겼습니다. 말썽 없는 '착한' 아이들이 너무 멀게 느껴지는 것은 왜일까요. 몇몇 머리 굵은 여학생들의 미소마저 쌀쌀하게 느껴집니다.

A1 사랑으로 대하되 원칙을 지켜라

신명기 | 서울 영훈초 교사

"이창환, 이창환이 누구야?"

대부분의 아이들이 한 아이에게 시선을 돌렸다. 교실은 정말 숨소리조차 들리지 않을 정도로 조용했다. 아이들은 불안한 눈빛으로 한 아이와 처음 만난 담임선생님을 번갈아 쳐다보았다. 누구에게 배운 것도 아닌데 나의 목소리와 표정은 스스로 짐작이 될 정도로 무서웠다.

"네가 그렇게 유명한 녀석이야? 나한테는 절대로 통하지 않는다. 이 시간 이후로 한 번만 선생님 눈에 잘못하는 행동을 보이면 그땐 각오해!"

그전까지 나는 첫 만남을 아주 따뜻하게 준비했다. 그것은 그 하루만이 아니라 일 년 내내 계속되었다. 아이들과도 사이가 좋았다. 가는 말이 고와야 오는 말이 곱다는 말처럼 아이들은 내가 사랑을 베푼 만큼 즐거움을 주었다.

그런데 그해, 나는 학교에서 떠들썩했던 이창환에게 지레 겁을 먹었던 것 같다. 아니 이창환 한 아이 때문이 아니라 쌍룡띠 아이들이 얼마나 극성스러운지 모른다는 선생님들의 충고에 미리 '기를 꺾자.'는 생각을 했던 것 같다. 마음속에서는 결코 그렇게 하지 말아야지 하면서도 일주일만

'겁을 주자.'는 결론을 내렸다. 일주일 뒤에 아이들과 다시 친하게 지내면 되지 하는 마음으로. 그러나 그 일주일의 영향은 모든 아이들의 마음을 꽁꽁 닫아 버렸다. 그 뒤 2학기가 되어서야 겨우 아이들과 관계를 회복할 수 있었다. 얼마나 후회했는지 모른다.

많은 선생님들이 동료교사들의 상반된 조언을 들으면서 어떤 방법을 선택할지 망설인다. 그러나 이는 서로 다른 문제를 놓고 하나로 혼동하는 면이 있다. 아이들과 첫 만남을 따뜻하게 갖고 친근하게 대해 주는 것과 아이들 버릇이 나빠지고 교사 머리 위에 앉으려 한다는 것은 사실 별개 문제이다. 아이들에게 사랑으로 다가가고 때로는 친구의 역할을 하거나 자상한 부모 역할을 하는 것은 교사의 기본 자세라고 생각한다. 그런데 교사들은 그 경계를 짓는 엄격함을 놓치기 때문에 힘들어한다.

아이들에게 사랑을 듬뿍 주는 것은 중요하지만 수업 시간과 생활지도에는 분명한 원칙이 있어야 한다. 공동체 생활에서 생활지도는 때로 매서워야 한다.

초보교사들이 아이들 때문에 눈물을 흘리고 동료교사들로부터 아이들을 잘못 다룬다는 말을 듣는 것은 대부분 아이들의 무질서 때문이다. 사랑을 주면 아이들은 모두 버릇없어(또는 무질서해)진다는 말은 틀린 말이다. 그것은 아이들을 사랑했기 때문에 나온 결과가 아니라 생활지도를 너무

우유부단하게 한 결과이다.

어렵겠지만 교사와 학생의 '경계선'을 아이들이 넘지 못하도록 사랑해야 한다. 부드러움만 주고 강한 면을 보여 주지 못하면 대부분 실패한다. '강하다'라는 말을 '무섭다'라는 말로 받아들이면 안 된다. '강하다'라는 것은 분명한 원칙이 있어야 한다는 것이다. 아이들이 교사를 친구처럼 대하고, 아빠처럼 대하면서도 분명한 생활지도 원칙으로 흐트러지지 않는 모습을 보이도록 해 보자. 하루아침에 되지는 않겠지만 노력하는 교사에게는 어느 순간, 생활지도가 바르게 된 아이들과 수다를 떨며 교실 문을 나서는 즐거움이 올 것이다.

A2 진심을 담은 말 한마디의 힘

장금희 | 서울 화계초 교사

5학년을 맡았을 때였다. 3월 2일 첫날, 나는 아이들 앞에 서서 조용한 말씨로 '내가 좋아하는 어린이 — 독서하는 어린이, 글씨를 예쁘게 쓰는 어린이, 친구들과 사이좋게 지내는 어린이 — 와 내가 싫어하는 어린이 — 실내에서 뛰거나 떠드는 어린이, 숙제를 해 오지 않는 어린이, 욕을 하는 어린이'를 애써 강조하여 말했다. 그때만큼은 아이들이 초롱한 눈으로 나의 말을 들어 주는 것이었다.

그 다음 날부터 일 년이 다 가도록 나는 잘하는 아이에게는 "나는 너처럼 글씨를 잘 쓰는 어린이가 좋더라. 넌 참 책 읽기를 좋아하는구나. 얘들아, 너희들도 책을 열심히 읽으렴. 책을 많이 읽는 사람은 마음이 예뻐진단다." 하고 칭찬해 주고, 떠들거나 숙제를 해 오지 않는 아이에게는 "난 네가 잘할 수 있는데도 노력하지 않는 것이 밉구나. 내가 너를 좋아할 수 있게 해 줄래?"라고 말해 주었다. 큰소리로 야단을 치지 않았는데도 아이들은 행동을 조심하려고 노력하였고, 선생님에게 칭찬을 받기 위해 참 열심히 책을 읽고, 공책 정리에도 애쓰는 모습을 볼 수 있었다.

무엇이 아이들을 움직였을까? 지금 생각해 보면 결국 '마음을 담은' 한마디가 주효했던 것 같다. 아이들이 좋은 행동을 하고 싶어지게 만드는 일은 그리 쉬운 일은 아니다. 또 그 좋은 행동을 꾸준히 유지하게 하는 일은 더욱 힘들다. 그렇지만 아주 안 되는 일도 아니다. 아이들이 좋은 행동을 했을 때 그냥 스티커 한 장을 주거나, 사탕 한 알을 주는 것보다 마음을 담은 칭찬 한마디가 더 좋다. 또, 나쁜 행동을 했을 때 억지로 그 행동을 끊으려 하면 아이들도 힘들고 선생님도 힘들다. 좀 더 여유 있는 마음으로 아이들의 성격, 오래된 습관들, 가정환경 따위를 살피면서 꾸준히 자극을 주고 바람직한 행동으로 이끌어 가는 것이 좋겠다.

'애정 어린 부드러움'과 '원칙 있는 강함'은 취사 선택의 문제가 아니다. 지금 머릿속에 담고 있는 많은 계획들이 아이들의 변화와 성장에 도움을 주는 것인지를 진심으로 생각한다면 '힘'의 문제는 상대적인 것이 된다.

아이들을 다뤄야 할 대상으로서가 아니라 진심 어린 언어로 만나자. 한편, 우리가 아이들을 맡아 가르치는 일 년은 아이들 성장 과정의 일부라는 점을 이해하면서 올해 모든 것을 이루려 하지 말고, 아이들이 꿈을 향해 꾸준히 달려가는 '과정'으로 이해한다면 훨씬 즐겁고 여유로운 학급운영이 될 것이다.

우리 반 대표는 누굴 뽑지?

II

짜임새 있는 학급조직

01 | 학급임원 바로 뽑기

어떤 상황이 되었든 아이들을 통해서

아이들의 관계를 끌어올리는 노력과 지혜야말로

개인과 전체를 한꺼번에 도약시킬 수 있는 방편이 됩니다.

학급임원 선거는 학년 초 가장 먼저 이루어지는

학급행사 가운데 하나입니다.

바람직한 학급임원의 모습에 대해 서로 생각을 나누고

학급자치를 구현하기 위해 역할을 조정하면서

아이들은 학급생활에 대한 기대감을 체득하게 됩니다.

그런 까닭에 학급임원 선거는 결과보다 과정이 중요합니다.

선거는 자기가 속한 '공동체'의 '진로'를 결정하는 중요한 절차이다. 선거권은 공동체 생활에 대해 '나'의 의사를 표현하는 한 '방법'이자 개인이 공동체에 발휘할 수 있는 '힘'이기도 하다. 학급임원 선거는 학년 초 학급행사 가운데 학교 차원에서 가장 먼저 이루어지는 공식적인 행사이다. 학급임원을 선출하는 행사는 누가 회장, 부회장이 되는가 하는 결과보다 선거 과정이 더 중요하다. 서로 다른 의견을 절충하고 수용하는 선거 과정을 통해 아이들은 민주주의 사회에서 또 공동체 생활에서 '선거'가 갖는 중요성을 깨닫게 된다. 또한 선거를 통해 아이들은 일 년 학급생활에 대한 기대감을 키우기도 한다.

이런 중요한 의미가 선거에 담겨 있지만 교실에서 이를 제대로 구현하는 데에는 어려움이 많다. 아직도 많은 아이들은 선거를 단순히 학급임원을 뽑는 '형식' 이상으로 생각하지 않는다. 학급임원 선출 시기를 철저히 비밀에 붙이고 어느 날 아무 예고 없이 선출해 버리는 경우도 있다. 또 많이 사라지기는 했지만 후보 자격을 제한하는 일도 있다. 어떤 형태로든 후보 자격을 제한하는 일은 민주주의와 선거의 의미를 왜곡하는 결과를 낳게 된다. 아무 예고 없이 선출하는 학교에서는 일부 학부모와 아이들이 지나치게 선거에 관심을 쏟는 일을 막기 위해서라고 한다. 그러나 민주사회 어디에서도 과열 선거를 막기 위한 제도를 만드는 경우는 있어도 선거 날짜를 비공개로 하지는 않는다. 선거 시기의 비공개나 후보 자격 제한 문제는 뜻을 같이하는 교사끼리라도 지혜로운 대안을 모색해서, 아이들의 인권 침해를 막고 갈등을 최소화시키려는 노력을 기울여야 한다.

최근에는 다행스럽게도 학급 회장·부회장 제도에 대한 반성의 목소리가 많고, 일일 회장 제도, 일주일 회장 제도, 회장·부회장이 없는 교실 등의 대안이 나타나고 있다. 학급임원 제도의 필요성과 무용론도 동시에 공존한다. 그러나 문제는 어떤 방식을 택하느냐가 아니다. 학급임원 제도는 학급자치 조직을 운영하는 방식 가운데 하나일 뿐이다. 반드시 방식

3월 초에 서로 알 기회도 없이 선거를 하면, 같은 반이었다, 친하다, 임원 경험이 있다는 등의 이유로 학급임원을 뽑는 경우가 대부분이다. 학급 차원에서 임원 선거와 관련해 자율성을 확보할 수 있다면 한 달 이상 대표자가 없는 상태에서 모둠을 단위로 학급을 운영하면서 서로를 탐색할 수 있는 기회를 마련해 볼 수도 있다. 모둠활동을 하면서 여러 가지 어려운 문제들을 해결하다 보면, 아이들은 대표자의 능력을 통솔력과 포용력, 토론 운영의 측면에서 평가하게 된다. 이런 과정을 거치면서 아이들은 자연스럽게 학급임원의 역할이 '학급을 얼마나 조용히 시킬 수 있는가'가 아니라 '성실성과 책임감으로 얼마나 전체 의사를 잘 조정하는가'에 있다는 점을 깨우치게 된다. 아이들의 이런 활동이 오른쪽 날개라면 모둠이나 소모임에 대한 교사의 지속적인 관심과 참여는 왼쪽 날개이다. 교사의 역할은 아이들의 질문이 "선생님, 이거 이렇게 해도 돼요?"에서 "선생님, 이런 문제를 이렇게 토론해서 의견을 모아 봤는데, 선생님 생각은 어떠세요?"라고 바뀔 때까지 참을성 있게 들어 주고 조언하는 것, 그리고 "이번에 여러분이 토론해서 일을 해결하는 과정을 보니 우리 반 아이들 모두 너무 자랑스러운걸." 하고 칭찬하며 중간중간 흥을 돋우는 것이다.

을 하나로 통일할 필요는 없다. 학교마다 학급마다 제각각 여건이 다르고, 매년 다른 색깔을 띠는 학급 구성원들에 따라, 또는 교사의 학급운영 방식에 따라 여러 가지 제도를 시행할 수 있는 것이다.

학급임원 선출은 사실, 선출 자체보다 그 이후의 지도 과정이 더 중요하다. 중 · 고등학교의 학급임원과 달리 초등학생들은 통솔력이나 논리적인 면이 부족할 수밖에 없다. 임원과 학급원 사이에 적절한 관계가 형성되어 있지 않은 경우, 여러 문제 상황에 부딪치기도 한다. 임원은 학급공동체를 이끌고 조정하는 학급 대표이지만, 그 이전에 한 학생이다. 학급임원이 되어도 훈련받지 않으면 제대로 된 역할을 하기가 힘들다. 학급임원의 역할에 대한 인식이 공유되지 않으면, 선거 과정은 물론, 선출 이후에도 설득력을 갖지 못하기 때문에 학급운영에 큰 차질을 빚게 된다. 사전 선거교육이 필요한 이유도 여기에 있다.

 결과보다 과정이 중요한 학급임원 선거

선거 전 분위기 만들기

학급임원 선거를 제대로 하려면 학년 초 교실 분위기가 매우 중요하다. 선거 전 교실 분위기가 경직되어 있거나 아이들끼리 친밀해질 수 있는 기회가 없었다면 임원 선거 과정이 형식적으로 흐를 수 있다. 처음 임원 선거를 하는 아이들(2학년이나 3학년)은 좀 다르지만 고학년 아이들은 임원 선거에 별 관심이 없다. 후보에 나가는 몇몇 아이들과 후보를 지지하는 주변 아이들을 제외하면 투표 용지에 이름 한두 번 쓰면 끝나는 간단한 일로 여긴다. 그런 상태에서 뽑힌 임원의 대표성은 허약할 수밖에 없다. 선거 과정에 대한 아이들의 소극적인 참여나 엉뚱한 선거 결과는 교사에게도 어느 정도 책임이 있다.

본격적인 선거 과정에 들어가기 전에, 한 번쯤 회장·부회장 제도를 비롯해 학급임원 선거 전반에 대해 아이들의 의견을 묻고 생각을 나누어 볼 필요가 있다. 또 고학년이라면 회장이나 부회장의 역할을 보면서 어떤 점을 느꼈는지 이야기를 나눌 수 있을 것이다. 학급원 전체를 대상으로 '우리 반 회장이 이랬으면 좋겠다.' 또는 '이렇게 하지 않았으면 좋겠다.'라는 주제의 간단한 설문을 받아 보거나, '내가 회장이라면 이렇게 해 보고 싶습니다.'라는 주제로 아이들 글을 받아 보는 것도 좋다.^(1권 121쪽 참고) 임원 후보로 나가든 나가지 않든 대부분의 아이들이 '나라면' 하는 생각을 하고 있다. 또, 교사가 임원에게 어떻게 해 주면 좋겠는지에 대한 의견을 들어 나중에 학급임원을 지도하는 데 참고하도록 한다. 그런 뒤 설문 결과나 글쓰기 내용을 적절히 소개하며, 선거 절차를 안내한다.

선거관리위원회 구성하기

선거관리위원회(이하 선관위)는 학급 전체 행사 차원에서 선거를 치루기 위해 꼭 필요한 단위이다. 시간에 쫓기거나 혹은 형식이 복잡하다는 이유로 교사가 주관하게 되면 아이들은 선거에 대해 수동적이 된다. 선관위는 학급임원 후보가 아닌 '보통' 아이들이 선거 전 과정을 관리하고, 전체 입장을 생각하면서 학급을 보는 안목을 키우기에 좋은 장치이다.

선관위는 교사가 먼저 공고를 내어 선거 일주일 전쯤에 구성한다. 기간이 더 길면 좋지만 선거 날짜가 길어지면 자칫 선거에 대한 집중력이 떨어질 수 있다. 선관위 인원은 3~5명 정도가 좋다. 선관위 위원은 임원 선거에 후보로 나갈 수 없다는 점을 선관위 구성 공고를 낼 때 미리 알려 주어야 도중에 선관위 위원이 바뀌는 혼란을 막을 수 있다. 선관위 지원자가 많으면 이 또한 투표로 선출하도록 한다.

> ### 선거관리위원회에서 하는 일
>
> 1. 선거가 공정하게 이루어지도록 한다.
> 2. 선거 공고문을 작성하여 게시한다.
>   (공고문에는 등록 기간, 후보 자격, 등록 절차, 선출 방법, 유세 기간, 홍보 방법, 선출일 등이 포함되어야 한다.)
> 3. 입후보 신청을 받고, 선거 운동을 감독한다. 선거 벽보를 지정된 장소에 붙여 놓는다.
> 4. 투표 용지를 준비하고, 투표 용지에 선관위 위원장의 도장(또는 서명)을 찍는다.
> 5. 투표 당일 투표를 주관하며, 개표, 집계, 당선자 공고 등을 진행한다.

공 고

5학년 2반 학급어린이회 회장, 부회장 선거를 다음과 같이 실시합니다.

1. **선거일** : ○○○○년 3월 15일 1~2교시
2. **장 소** : 5학년 2반 교실
3. **참가자** : 5학년 2반 어린이 전체

★ 우리 모두 적극적인 권리 행사로 5학년 2반의 대표를 선출합시다.

★ 공정한 선거, 민주주의의 기본입니다.

○○○○년 3월 8일

5학년 2반 선거관리위원회 (도장)

예시 회장·부회장 선거 일정 공고

선거 일정과 유의 사항

1. 3월 9일~10일 후보자 등록
   · 신청서를 작성해 낸다.
2. 3월 11일 후보자 기호 추첨
3. 3월 12일~14일 선거 운동
   · 벽보는 4절지 크기로 두 장을 만들어 선관위에 제출한다.
   · 벽보는 심사를 한 뒤 게시판과 복도에 각각 한 장씩 붙인다.
   · 3월 13일 후보자 토론회를 개최한다.
4. 3월 15일 선거(1~2교시)
   · 합동 유세(한 명이 3분을 넘길 수 없음)
   · 투표와 개표
   · 당선 소감 발표와 당선자 공고

○○○○년 3월 8일

선거관리위원회 (도장)

학급원 전체를 대상으로 한 선거교육도 필요하지만, 선관위 위원이 된 아이들을 대상으로 한 특별교육도 필요하다. 선관위 역할이나 선거 관리 과정을 꼼꼼히 문서로 정리해 알려 주고, 의문이 날 때마다 교사와 상의하게 해서 미숙한 부분을 보충해 주어야 한다.

선거 공고하기

선거 공고는 선관위에서 하지만 학급 임원 선출이 학교에서 정한 규칙과 일정에 따라 진행되기 때문에 공고 내용을 완전히 바꾸기는 힘들다. 다만, 학급에서 정할 수 있는 학급 선거 규칙은(1권 123쪽 참고) 아이들과 토론을 거쳐 정하도록 한다. 아이들의 관심을 이끌기 위해서는 이러한 토론 과정이 매우 중요하다. 토론에서 '우리 반 학급임원에게 바라는 점' 등의 설문 내용을 교사 또는 선관위가 발표하고 결과와 내용에 대해 서로 의견을 나눈다.

이 토론 과정이 끝나면 선관위는 선거 공고문을 만들어 지정된 교실 공간에 게시한다. 선거 공고는 선거 일시와 장소, 선거 방법 등을 밝히고,

학교에서 나온 선거 일정과 주의 사항 등을 담은 안내서를 함께 게시한다. 공고문에 학급원들이 선거에 관심을 보일 수 있도록 '광고' 형태의 문구와 그림을 곁들이면 더 좋다.

후보자 등록하기

학급임원이 되고 싶은 사람 누구에게나 기회를 준다. 일부 학교에서는 후보자가 너무 많이 나오는 경우를 막기 위해 추천인 제도를 두기도 하는데, 초등학교 교실에서는 좀 무리다. 학급임원에 나가고 싶은 아이가 추천인이 없어 후보 등록을 할 수 없다면, 이는 개인의 인권을 침해하는 것이다. 교실 안 선거일지라도 참여와 기회의 문제는 인권의 관점에서 배려하고 접근해야 한다는 점을 놓치면 안 된다. 한편, 저학년의 경우 입후보자가 너무 많고, 투표를 하면 동점자가 많이 나와 투표를 몇 번씩 되풀이해야 하는 어려움이 있을 수도 있다. 그런 문제 역시 투표를 통해 해결해 나가야 선거의 공정성을 유지할 수 있다.

후보자 등록은 선거일 4~5일 전에 마감한다. 입후보를 원하는 학생은 학급 선관위에서 마련한 입후보 신청서를 작성하여 제출한다. 후보자의 기호는 가나다순도 좋으나 제비뽑기로 정하는 것이 좀 더 공정한 방법이다.

후보자 선거 운동

등록을 마친 뒤 후보자는 유세 기간 동안 선관위에서 정한 홍보 방법으로 선거 운동을 한다. 보통 벽보 홍보와 후보 연설을 주로 하는데, 어설프더라도 후보자 토론회를 개최해 보는 것도 좋다. 선관위는 학급원이 후보자들의 공약을 충분히 비교하고 후보들과 이야기를 나눌 수 있도록 시간 안배에 신경을 쓴다.

선거 벽보(4절지 크기)는 후보자가 직접 만들어 교실 벽면이나 게시판 등 선관위가 허락하는 장소에 붙인다. 선거 벽보는 후보자의 사진, 기호, 이름, 자기 소개, 공약 등을 담아 개성 있게 만들도록 한다. 공약에 대해서는 사전교육을 할 필요가 있다. 공약은 유권자인 반 친구들에 대한 공적인 약속인 동시에, 담임의 학급운영을 이루는 내용이 되기도 한다. 아이들 수준에서 실천 가능한 내용이 될 수 있도록 담임의 지도가 필요하다.

아주 드문 일이지만 당선이 된 뒤에 '불법 선거 운동' 사실이 밝혀졌을 때 어떻게 해야 하는지가 고민이다. 교사는 선관위를 통해 미리 불법 선거 운동으로 자격을 상실할 수 있다는 점을 강조해서 알려 주어야 한다. 아이들뿐만 아니라 학부모들도 이런 점을 놓치지 않도록 학부모통신 등을 통해 안내해 두어야 나중에 오해를 막을 수 있다.

선거와 투·개표

선관위는 투표 전에 투표 용지와 기표 용구, 투표함 등 투표에 필요한 물품을 준비한다. 투표 용지는 규격에 맞게 만들어 두고, 투표함은 작은 종이 상자를 이용한다. 기표 용구는 연필(또는 심을 뺀 볼펜대)과 인주를 준비하고, 기표소는 아이들 자리에서 좀 떨어진 곳에 책상을 두는 정도로 마련해 둔다. (교실 한켠에 가리개를 세우고 할 수도 있다.)

선거 당일 투표 전에 입후보자들의 소견을 듣는다. 소견 발표 시간은 1인당 3분 정도가 적당하다. 투표는 미리 준비된 투표 용지를 선관위 위원에게 받아 투표대에 가서 투표를 한 뒤 다시 자리에 가서 앉는 방식으로 진행한다. 이때 투표는 번호 순서대로 하는 게 좋다.

투표가 끝나면 선관위 위원이 개표를 하고, 개표 결과를 발표한다. 개표는 학급원들이 다 볼 수 있도록 칠판에 적으면서

예시 **투표 용지**

5학년 2반 학급임원 선거					
기호 1	기호 2	기호 3	기호 4	기호 5	기호 6
김민철	정현지	박우석	김지혜	이영철	현승구

선거관리위원회 (도장)

한다. 일반적으로 총투표자의 과반수 득표자가 당선이 되는데, 학교에서 정한 임원 선출 기준에 따라 달라지기도 한다. 재투표를 해야 하는 경우에는 재투표 대상 후보자만 칠판 한쪽에 다시 써 놓고 똑같은 방법으로 투표를 한다.

입후보자가 너무 많은 경우는 두 표 미만의 표를 얻은 입후보자는 후보 자격을 상실하는 장치를 만들 수도 있다. 다만 그런 결정이 학교 또는 학년과 보조를 맞춰야 하는지에 대해서는 사전에 미리 알아봐야 한다.

당선자 소감 발표와 당선자 공고

선거가 끝난 직후 당선자는 당선 소감과 함께 앞으로의 활동 계획 등을 발표한다. 이어 선관위는 선거 마지막 활동으로 당선자가 확정되는 즉시 당선자 공고를 한다. 공고문은 일주일 정도 게시한다.

평가와 마무리

선거가 끝나면 교사는 그동안의 과정을 평가하는 자리를 마련한다. 이때 간단한 다과를 준비하여 아이들이 선거를 하면서 느꼈던 것을 자유롭게 발표하게 하고, 혹시 아쉽다고 생각했던 점은 무엇이었는지 의견을 들어 본다. 이런 자리를 통해 학급임원에 당선된 아이와 떨어진 아이 모두를 배려한 축하와 격려를 할 수 있도록 교사의 세심한 관심이 필요하다. 회장이 되면 학부모가 한턱을 내는 일이 종종 있는데, 선거가 끝난 뒤 공식적인 마무리행사를 이렇게 교사가 준비한다면 '회장 턱' 대신 함께 즐기는 선거 마무리잔치가 될 수 있다.

예시 당선 공고

> ## 당선 공고
>
> 5학년 2반 학급어린이회 학급임원 선거 결과 당선자를 다음과 같이 공고합니다.
>
> 1. **회　장** : 기호 4번 김지혜
> 2. **부회장** : 기호 2번 정현지
> 3. **부회장** : 기호 3번 박우석
>
> 위 당선자는 8월 31일까지 5학년 2반 학급어린이회 회장, 부회장으로 활동합니다.
>
> ○ ○ ○ ○ 년 3월 15일
> 5학년 2반 선거관리위원회 (도장)

글쓴이 · 도움 주신 분들 신명기 | 서울 영훈초 교사

1. 선거 전 분위기 만들기

2. 선거관리위원회 구성하기

8. 당선자 소감 발표와 당선자 공고

7. 선거와 투·개표

6. 후보자 선거 운동
유세는 벽보를 통해 하거나 후보 연설을 하는 방법이 있다. 선거 벽보는 후보자가 직접 만들어 지정된 장소에 붙인다. 토론회를 개최해 후보자들의 공약을 토론하는 자리를 마련할 수도 있다.

7. 선거와 투·개표
선거 당일 투표 전에 입후보자들의 소견 발표를 들은 뒤, 투표를 한다. 투표가 끝나면 선관위 위원들이 개표를 하고, 그 결과를 발표한다.

8. 당선자 소감 발표와 당선자 공고
선거가 끝난 직후 당선자는 당선 소감을 발표하고, 이어 선관위는 선거 마지막 활동으로 당선자 공고를 한다.

3. 선교 공고하기

4. 후보자 등록하기

**5. 입후보자 명단 공고와
기호 정하기**

6. 후보자 선거 운동

1. 선거 전 분위기 만들기

선거의 취지와 의의를 설명하여 학생들의 관심을 모은다. 본격적인 선거 과정에 들어가기 전에 학급임원 선거에 대해 아이들의 의견을 묻는 설문조사를 해 본다.

2. 선거관리위원회 구성하기

선관위는 교사가 먼저 공고를 내어 선거 일주일 전쯤에 구성한다. 선관위 위원은 임원 선거에 후보로 나갈 수 없다.

3. 선고 공고하기

학급 선거 규칙을 아이들과 함께 정하면 선관위에서 선거 공고문을 만들어 지정된 공간에 붙인다. 선거 공고문에는 선거 일시와 장소, 선거 방법 등을 담는다.

4. 후보자 등록하기

학급임원이 되고 싶은 사람 누구에게나 기회를 준다. 후보자 등록은 선거일 4~5일 전에 마감한다.

5. 입후보자 명단 공고와 기호 정하기

후보자 등록이 끝나면, 후보자의 기호와 유세 순서를 정한다. 후보자의 기호는 가나다순이나 제비뽑기를 해서 뽑는다. 그런 뒤 선관위에서 입후보자의 명단과 선거 일정을 다시 한 번 공고한다.

1학년, 2학년 아이들은 사실 자기 한 몸 제대로 추스르기도 힘들다. 사회성이 이제 막 형성되어, 공동체 생활에서 해야 할 것과 하지 말아야 할 것을 겨우 조금씩 알아 가는 단계이다. 그런 아이들에게 학급임원 제도를 두는 것이 과연 어떤 도움이 될까 고민해야 한다.

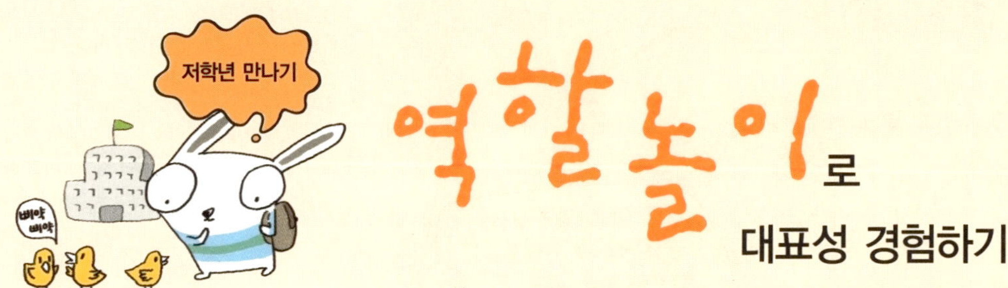

역할놀이로 대표성 경험하기

신명기 | 서울 영훈초 교사 · 이지례 | 대구 대천초 교사

초등학교 저학년과 고학년은 모든 면에서 비교할 수 없을 정도로 다르다. 그래서 학급운영을 할 때 고학년에서 가능하다고 저학년에 그대로 적용하면 실패할 확률이 높다. 임원 선거도 마찬가지이다.

학교에 따라 저학년에도 임원 제도를 두는 경우가 있지만, 아무리 좋은 계획도 그것을 받아들일 능력이 있느냐가 중요하다. 저학년에게 임원 제도는 없는 것이 좋다. 뜻 맞는 교사들이 저학년 임원 제도에 대해 지혜를 모아 좋은 대안을 만들 수 있으면 좋겠다.

역할놀이로 '대표성' 체험하기

공동체 생활을 통해 저학년 아이들이 배워야 할 요소로는 학급원들에게 피해를 주지 않는 일, 자기가 맡은 일을 열심히 하는 일, 학급약속을 지키며 생활하는 일 등이 있을 것이다. 이에 더하여 저학년 아이들에게 공동체 생활에서 대표성을 경험하게 하고 싶다면 역할놀이를 활용하는 것이 좋다. 저학년 아이들에게 역할놀이는 소꿉놀이와 같은 개념이다. 그 가운데 '선생님 놀이'라는 게 있는데, 아이들 수준에서 자신이 경험하는 생활세계를 재현해 보며 역할 바꾸기로 다른 사람의 처지를 이해하고 경험하는 놀이이다. 이런 놀이도 저학년에게는 '대표성' 의 의미를 배워 가는 과정이 된다.

선생님 놀이에서 조금 더 나아가 '놀이 진행자' 역할을 맡기고 놀이를 해 보는 것도 좋다. 예를 들어 즐거운생활 시간에 책에 있는 놀이를 하면서 "오늘 놀이 진행은 ○○○와 ○○○가 할 거예요." 한다. 이런 놀이는 저학년 교과과정에서 충분히 가려낼 수 있다. 1학년 슬기로운생활에 나오는 '가족 역할놀이' 도 그런 경우이다. 저학년에게 대표성을 경험하게 하고 싶다면 수업 속에서 찾아가는 것이 더 좋다는 뜻이다.

아이들의 관심에 맞춘 학급 역할 나누기

아이들이 점차 새 학년 생활에 익숙해지고 친구 관계가 넓어지면서 활기차게 학습과 놀이에 참여하게 될 무렵에는 역할놀이에서 실제적인 학급일을 나누어 맡겨 볼 수 있다. 이를 위해서는 학급 아이들에 따라 조금씩 다르겠지만, 학급생활 속에서 아이들의 작은 깨달음을 놓치지 말아야 한다. 예를 들면, "꽃이 마를 것 같아요. 물을 줘도 되나요?" 이렇게 학급일에 눈을 돌리는 아이들이 나오면 조금씩 1인 1역이나 당번활동을 나누어 주는 것이다. 역할을 나눌 때에는 한 사람 한 사람의 "하고 싶다."는 기분을 소중하게 여겨야 한다. 아이가 어떤 일에 신경을 쓰면 그때마다 관련 역할을 늘려 갈 수도 있다. 아이들의 발상을 중시해 역할 이름이나 담당자를 자유롭게 조정하도록 한다.

작은 역할 맡아서 성취감 맛보기

2학년의 경우, 역할놀이에서 한 걸음 더 나아가 학급생활에서 작은 대표 역할을 하나씩 맡아 하루씩 돌아가면서 해 보는 것도 좋다. 이때 고학년의 일일 회장이나 일주일 회장처럼 '직함' 을 주면 안 된다. 저학년 아이들에게 '회장' 과 같은 이름을 직접 주고 역할을 맡기게 되면, 자기 조절 능력과 관계에 대한 이해가 부족하기 때문에 잘못 전달될 수 있다. 또, 역할을 맡길 때도 친구들을 '감독' 하거나 친구에게 '지시' 를 하는 일은 피해야 한다. 역할은 누가 하더라도 쉽게 해낼 수 있는 일이어야 한다. 예를 들어 "오늘은 교실 바닥에 무엇이 떨어져 있는지 ○○○가 점심 시간에 한번 확인해 보세요." "자, 오늘은 ○○○가 친구들 일기장을 걷어 볼까요?" 하는 정도이다. 이 시기 아이들에게는 작은 일이라도 해냈다는 성취감과 다른 사람을 위해 자신이 좋은 일을 했다는 보람을 느끼는 경험이 중요하다.

학급임원을 키우는 지혜

신명기 | 서울 영훈초 교사

선거가 끝나면 당선된 임원이 제대로 역할을 하느냐 하는 숙제가 남는다. 학급임원으로 선출된 아이들은 학급임원과 학급 구성원 사이에서 어떤 역할을 해야 할지 헷갈려 한다. 특별한 존재라고 생각하는 아이도 있고, 학급임원은 '명칭' 일 뿐 아무것도 아니라고 생각하는 아이도 있다. 특별한 존재라고 목에 힘을 주는 아이나 '자리' 이상의 의미를 두지 않는 아이나 모두 세심한 지도가 필요하다. 그 바탕에는 모두가 똑같은 학급 구성원이라는 전제를 두어야 한다. 학급임원이지만 동시에 학급의 일원이라는 것이다. 학급임원을 돕는다는 것은 특수한 입장에 처한 개인을 돕는 과정이면서, 동시에 학급을 지원하고 돕는 과정이다. 학급임원을 어떻게 지도하고 성장시키느냐에 따라 학급의 골격이 달라진다.

모범을 보여야 된다는 생각에서 벗어나라

학급임원으로 선출되면 아이들은 변하지 않았는데 교사가 변하는 것을 많이 본다. 학급임원이 된 아이들에게 교사가 하는 말이 있다. "이제 너희들은 우리 반의 대표야. 대표는 어떻게 해야 해? 모범을 보여야 해. 똑같이 잘못해도 너희들은 더 혼날 줄 알아."

이는 학급임원의 역할에 대한 교육도 하기 전에 학급임원과 학급 구성원 사이에 '선' 을 긋는 일이 된다. 학급임원은 임원이기 이전에 학급원이다. 또 어린이라는 사실을 잊지 말아야 한다. 학급임원으로서 보여야 할 '모범' 은 아이가 대표성이라는 것이 무엇이고 임원의 역할이 무엇인지 훈련을 통해 스스로 이해할 때 자연스럽게 나타나는 행동이다. 교사의 '명령' 과 '압력' 으로 모범을 보여야 한다는 부담감을 갖게 되면 학급임원에 대해 부정적인 시각을 갖게 된다. 교사의 시각이 이러면 아이들도 임원들에게 꼭 이런 식으로 말한다. "너는 회장이잖아. 너는 부회장이잖아. 학급임원이 왜 그래."

교사 스스로가 아이에게 '학급임원이기 때문에' 라는 꼬리표를 달고 '모범적인 행동' 을 강요하는 생각에서 벗어날 때 임원은 학급의 한 구성원이 될 수 있다.

역할을 분명하게 맡겨라

한 학기 또는 일 년 동안 학급임원을 해 본 아이들에게 설문을 하면 많은 아이들이 이렇게 말한다. "임원이라고 해서 특별히 한 일이 없는데요." 실제로 많은 교실에서 학급임원이 할 일이 명확하게 정해져 있지는 않다. 그러다 보니 학급임원이 하는 일은 그때그때 필요한 선생님의 '심부름'이라고 생각하는 경우도 많다. "몇 학년 몇 반에 이것 좀 전달해 주고 와라. 물 좀 떠 와라. 전화 좀 받아 봐라."

학급임원을 키우는 지혜 가운데 가장 중요한 것은 '임원의 역할을 분명하게 해 주는 일'이다. 학급임원에게 시켰던 일을 어떤 날은 이 아이가 하고, 또 어떤 때는 이렇게 처리하면 학급임원이나 그렇지 않은 아이들 모두 혼란스러울 수밖에 없다. 학급임원의 역할은 학급에 따라 다를 수 있지만, 한 학급 안에서는 적어도 담임의 학급운영 철학에 맞게 그 역할을 분명하게 제시해 주어야 한다. 학급임원의 일이 지나치게 많아도 안 되지만 너무 할 일이 없어도 안 된다.

학급임원에게 일을 맡기면 교사의 일을 대신 떠넘기는 것 아니냐고 부정적으로 보는 시각이 있지만 '학급 대표'를 뽑았다면 대표가 학급을 위해 할 수 있는 일을 맡기는 것은 당연한 일이다. 다만 교사의 일과 임원의 일을 가를 때 교사 본연의 업무인지 아닌지는 고민해야 한다. 또, 임원에게 맡긴 일의 내용이 다른 아이들과 상하 관계를 만드는 관리, 감독의 일은 아닌지 특히 조심해야 한다. 임원의 일을 정할 때, 반 전체 아이들과 토론을 하는 것도 좋다. 모든 것을 아이들이 결정할 수는 없겠지만 아이들이 학급임원에게 맡겨도 괜찮다고 하는 일과 담임이 학급임원에게 맡기고 싶은 일에 대해 서로 이야기를 나누는 과정이 중요하다. 그렇게 서로가 토론을 통해 학급임원에의 역할을 정했다면 교사가 일방적으로 역할을 맡겼을 때와는 달리 학급원들이 좀 더 협조적인 태도를 보인다.

첩보원으로 만들지 말라

학급임원을 통해 아이들의 문제를 들추어내려는 교사들이 있다. "우리 반에 누가 회장 말을 잘 듣지 않니? 선생님 없을 때 선생님 욕하는 아이들이 누구니? 가장 싸움을 잘하는 아이가 누구야? 혹시 선생님 없을 때 왕따시키는 아이들은 없니?" 앞의 질문이 꼭 나쁜 것만은 아니다. 학급원 누구와도 자연스런 대화 속에서 나올 수 있는 이야기이다. 그러나 학급임원에게서 학급원들의 '비밀 이야기'를 캐내려는 식으로 접근할 때는 문제가 된다. 학급임원이 교사와 학급원 양쪽의 공격 대상이 될 수 있기 때문이다. 그 가운데 특히 배려해야할 부분은 학급원들로부터 받는 공격이다. 교사와 학급임원 사이에 학급원 전체를 대상으로 한 비밀이 많아질 때 학급임원과 아이들 사이는 점점 멀어진다. 학급임원들에 대한 정보를 학급원들을 통해 얻으려는 태도 역시 똑같다. 학급임원은 담임과의 관계보다 학급아이들과의 관계가 좋아야 본연의 역할을 잘 해낼 수 있다. 학급임원이 잘하고 못하고는 많은 부분 담임교사에게 책임이 있다. 담임이 스스로의 노력은 줄이고 무엇이든 쉽게 얻으려는 데서 빚어지는 문제이다.

책임은 묻되 격려도 잊지 말라

학급임원이 되겠다고 선거에 나올 때는 다들 마음의 각오를 단단히 하고 나오지만, 아이가 하루아침에 변하는 것은 아니다. 그리고 그게 정상이다. 대표가 되었다고 생각이나 행동이 이전과 크게 바뀌는 일은 어른에게서도 기대하기 힘든 일이다.

하지만 담임은 가끔 학급임원에게 임원으로서의 책임을 확인해야 한다. 잘하고 있는지 아닌지에 대해 점검도 하고, 부족한 부분이 있다면 계속 지도해야 한다. 학급임원이 되고서도 맡은 역할을 제대로 하지 않고 학급원들보다 더 학급 분위기를 흐트려 놓는다면 따끔하게 혼도 내야 한다. 모든 자리가 쉽지 않다는 것을 학급임원도 아이들도 알아야 하며 누가 다시 학급임원이 되어도 학급임원으로서의 책임은 해야 한다는 생각을 깨쳐 주어야 한다.

다만, 책임을 묻되 격려도 잊지 말아야 한다. 많은 경우, 학급임원에게는 더 엄격한 기준을 적용하여 칭찬보다는 혼을 내는 경우가 많다. 그러나 학급임원에게 지나치게 책임을 강조하면 중압감에 눌려 임원의 일을 포기할 수도 있다. 학급임원이라고는 하지만 모두 다 아이들이다. 작은 일이라도 찾아서 격려해 주는 담임의 태도는 학급임원의 마음가짐을 새롭게 한다. 교사가 격려해 주고 칭찬하면서 힘을 실어 주어야 임원은 자신감을 갖고 임원의 일을 할 수 있다.

학급임원에게 시키면 안 될 다섯 가지

1. 어떤 형태로도 학급임원이 교실 앞에서 '물건'을 들고 교탁이나 칠판을 두드리는 일은 없게 하자.
2. 학급임원이 반 아이들 전체를 대상으로 '야!'라는 호칭을 사용하지 않도록 하자.
3. 학급임원이 과제물을 걷을 수는 있어도 '검사'를 하는 일은 없도록 하자.
4. 학급임원에게 반 아이들의 시험지나 성적표를 보게 하는 일은 없도록 하자.
5. 학급임원을 담임이 지나치게 신뢰하는 모습은 학급원들에게 그리 좋지 않다. 학급임원과 학급원 사이에서 평형을 유지하자.

1. 학급회장과 나의 성장기

권미화 | 충남 천안 신촌초 교사

우리 반에서는 매주 금요일마다 아주 특별한 데이트가 있다. 학급임원들과의 대화 시간이 그것이다. 임원은 회장이나 부회장이 될 때도 있고, 때로는 각 두레의 두레장이 될 때도 있다.

다른 아이들이 너무 샘을 내도 안 되겠고, 특권 의식을 갖는 것도 걱정이 되어서 우리는 그냥 그 시간을 '회의 준비 시간'이라고 부른다. 뭐 아주 틀린 말은 아니다. 다음 날이 학급회의가 있는 토요일이 므로 학급회의 시간에 진행될 토론이나 학급재판을 이 시간에 미리 준비하기도 하고, 회의 진행의 미숙한 점을 점검하기도 하니까. 하지만 대부분의 회의 준비 시간은 이런저런 잡담을 하면서 보내는 경우가 많다. 간단한 다과를 곁들여 가면서……. 그런데 하루는 이런 일이 있었다.

"선생님, 회장 다시 뽑으면 안 돼요?"

상훈이다. 화가 얼마나 났는지 얼굴이 붉으락푸르락이다.

"갑자기 그게 무슨 말이야? 회장을 다시 뽑자니? 한 번 뽑은 회장을 어떻게 다시 뽑아? 무슨 일이 있었어?"

"선생님 있을 때는 안 그러면서요, 선생님만 없으면 애들한테 소리 지르구요, 자기가 선생님도 아니면서 막 이름 적구 그래요."

감이 온다. 해마다 되풀이되는 일이 또 터진 것이다. 우리 반 회장 준겸이. 무슨 일이든 열심이고, 나서서 해야 직성이 풀리는 그 녀석은 아마 학급에 봉사하는 방법이 선생님 대신 아이들을 조용히 시키는 거라고 생각했나 보다. 그렇다고 다른 아이들 앞에서 준겸이를 혼내면 준겸이는 아마 한 달은 아이들에게 휘둘릴 게 뻔하다. 마침 금요일이어서 방과 후에 회장과 이야기를 나누마고 상훈이를 다독거린 뒤 돌려보냈다.

회의 준비 시간에 회장과 부회장을 불러서 이야기를 나누어 보았더니 이 녀석들의 처지도 딱하다. 학년 초 임원을 뽑으면서 학급 아이들 앞에서 임원은 봉사하는 직이니 아이들에게 최대한 봉사하고 양보하라고 여러 번 강조했던 것이 화근이었다. 도대체 아이들이 자기들 의견을 존중해 주지 않는다는 것이다.

청소 구역을 정하려고 하면 무조건 너희들은 학급임원이니까 양보해야지 한단다. 준비물을 나누어 준비할 때도 가장 무겁고 힘든 것은 회장이 하는 거라고 당연하게 이야기하고, 사정을 이야기해도 막무가내니까 화가 나서 그랬다는 것이다. 일단 들어 주어야겠다 싶어서 한참 맞장구를 쳐 주고 나자 그제야 어쩌면 좋을지 물어오는 아이들.

"글쎄다. 네 얘기를 들으니 나도 어째야 좋을지 모르겠다. 뭐 좋은 생각 없니?"

"저기요, 선생님. 일단 내일 회의 시간에 선생님이 없을 때 회장은 어떻게 하는 게 좋을지 토론을 해 보면 어때요?"

"그럼 되겠다. 근데, 너희들이 평소에 속상했던 건 어쩌고?"

"그건 회의 끝날 때쯤에 제가 아이들에게 일기를 읽어 주면서 부탁해 볼게요."

역시 우리 반 똘똘이들이다. 나도 아이들도 맘이 편해져서 이런저런 이야기를 나누고 그날 회의 준비 시간을 마치게 되었다.

다음 날 학급회의 토론 시간. 여러 의견이 분분했지만 마침내 아이들은 이렇게 결론을 냈다. '선생님이 없을 때 조용히 시키는 사람이 필요한 것은 사실이다. 이 역할을 회장이 맡는 것에는 모두들 동의한다. 하지만 회장은 조용히 시킬 때 소리를 지르거나 이름을 적지 말고 조용히 떠드는 사람에게 와서 조용히 해 줄 것을 부탁한다. 만약 세 번이나 이야기해도 듣지 않을 경우에는 이름을 적어서 선생님께 드린다.' 회장과 학급 아이들 모두 만족한 현명한 결론이었다. 마지막에 선생님께 드린다는 것이 좀 걸리기는 했지만 말이다.

내가 기대했던 건 준겸이의 일기였다. 어제 약속대로 준겸이는 일기를 읽기 시작했는데, 녀석 얼마나 맺힌 게 많았던지 금방 울기 시작했다. 떠들던 아이들도 숙연해지고 몇몇 아이들은 내 눈치를 보기 시작했다. 자기의 억울함을 항변하는 일기를 계속 듣고 있는 동안 나도 좀 당황스러워지기 시작했다.

'다 듣고 난 뒤에는 어떻게 해야 하나? 서로 입장을 바꾸어서 생각해 보자는 말은 너무 뻔한 말인데…….'

걱정을 하던 찰나에 준겸이가 울음을 멈추더니 한숨을 한 번 쉰다. 그리고는 또박또박 이렇게 말하는 것이 아닌가!

"그렇지만, 얘들아. 나도 잘못한 게 있는 것 같아. 너희들 말대로 회장은 봉사하는 사람인데 조금은 양보해야겠지. 내가 양보할 수 있게 기회를 줬으면 좋겠다. 내가 말하기 전에 너희들이 먼저 양보하라고 그러면 내가 너무 속상하니까 말이야. 청소는 내가 제일 어려운 곳을 하는 건 어렵지 않은데 우리 집이 제일 머니까 무거운 준비물은 너희들이 양보해 줬으면 좋겠다."

잠시 적막감이 돌았다. 몇 초 정도는 아무도 입을 열지 않았다. 준겸이는 '이제 어떻게 하면 되죠?' 하는 눈으로 나를 바라봤고 막 입을 열려는 순간, 상훈이가 손을 들었다.

"선생님, 저요!"

"상훈이 말할 거 있니?"

"네. 아까 토론할 때부터 말할까 말까 망설였는데요, 말을 해야 할 거 같아서요. 선생님, 준겸이한테 말해도 돼요?"

"물론이지."

"사실은 준겸아, 내가 선생님한테 회장 다시 뽑자고 말했었어. 네가 너무 우리들 기분은 생각 안 하고 선생님처럼 굴어서 화가 나서. 근데 너도 힘든데 내 생각만 한 것 같아서 미안하다."

"저기 선생님, 우리 집이 제일 가까우니까 무거운 준비물은 제가 가지고 올까요?"

우리 반 까불이 덕환이 말에 그제서야 아이들이 배시시 웃는다. 담임이 말하지 않아도 서로 마음이 잘 전달된 듯 반짝거리는 눈동자들. 미안하고 고맙고 따뜻한 마음이 공기 중에 떠다닌다. 서로 입장을 바

꿔서 생각하자는 말은 절대 뻔한 말이 아니구나. 이럴 땐 정말 선생 할 맛이 난다. 초등학교 아이들은 중등 아이들에 비해서 자신의 처지를 파악하고 조절하는 힘이 상대적으로 약하다. 까딱하다가는 임원이라는 무소불위의 권력을 휘두를 수도 있고, 다른 아이들에게 휘둘려서 교사를 힘들게 할 수도 있다. 하지만 일주일에 한 번 하는 간단한 만남만으로 웬만한 문제는 대부분 해결이 되니, 회의 준비 시간은 아이들보다 오히려 담임에게 꽤 요긴한 시간이 아닌가 싶다. 그 뒤에도 준겸이와 아이들 사이에 툭탁거리는 신경전은 끊이지 않았지만, 이 특별한 만남 덕분에 그리 애를 먹지는 않았으니 말이다.

이처럼 아이들 사이에서 벌어지는 문제뿐만 아니라 학급회를 운영하는 데도 회의 준비 시간은 의미가 있었다. 3월과 9월 새로운 학급임원을 뽑고 나서, 회장과 부회장, 서기 등 학급회의를 준비하는 아이들을 모아 놓고 회의 진행 순서라든가 토론을 진행할 때의 주의 사항 등을 알려 주는 시간으로 활용하기도 했다. 보통 회의 순서에 들어 있는 이 주의 생활목표나 반성, 다음 주 계획 같은 것들은 따로 가르치지 않아도 아이들이 어느 정도 잘하지만 토론은 아직 익숙하지 않아서인지 회의 도중 회장이 자기 의견을 말해 버린다거나 감정적으로 대립하는 모습을 자주 보였기 때문이다. 필요할 때는 몇몇 아이들의 도움을 받아서 미리 모의토론을 하기도 했다.

한 달 정도 지나고 나서 어느 정도 회의 틀이 잡히면 나는 학급회의 시간에는 자리를 피해 준다. 그렇게 해야 아이들이 자유롭게 토론할 수 있다고 믿기 때문이다. 그렇게 자리를 피해 주면 아이들은 자유롭게 토론을 할 수 있어서 좋지만, 한편으로 담임 입장에서 회의 시간에 어떤 이야기가 오고 가는지 궁금하다. 그럴 때 회의 준비 시간이 참 요긴하다. 평소 듣지 못했던 담임에 대한 불만이나 건의 사항, 학급회의 때 언급된 이런저런 문제들을 이 시간에 임원들을 통해 듣게 된다. 공식적인 회의 시간이라

회장은 부담 없이 회의 내용을 전해 주며 아이들과 교사를 이어 주는 다리 역할을 하게 되고, 아이들은 담임에게 직접 이야기하지 못하는 여러 고충을 친구인 회장에게 이야기하여 도움을 받게 되는 효과가 있었다.

또 각 두레장들과의 만남도 빼놓을 수 없다. 매달 한 번 정도는 정기적으로 회장과 부회장, 두레장들이 모두 함께 모여서 이야기를 나누었다. 이 시간에는 두레 간에 서로 건의하고 싶은 일을 건의하거나 조정하였다. 예를 들면 어느 두레에서 독서 골든벨 대회를 준비하고 있는데 그날 다른 두레가 생일잔치를 기획하고 있다면 날짜를 어떻게 조정해야 하는가 따위이다. 또 매주 화요일 아침에 하는 음악방송에 엽서를 보내는 수가 줄었는데, 음악방송을 계속 이어 가야 하는가 아니면 다른 방법을 강구해야 하는가 하는 문제들도 의논하였다. 가끔은 학급규칙을 고치는 문제에 대해서도 이야기가 오고 갔다.

의견을 주고받기는 했지만 회의 준비 시간에 여러 가지 사안에 대하여 결정을 내리지는 않았다. 자칫하면 다른 아이들이 소외되는 경우가 생길 것을 우려해서였다. 이 시간에는 학급의 여러 문제에 대하여 일단 토론을 하고 문제가 있다면 어떻게 해결하면 좋을지 간단한 대안 몇 가지를 제시하는 정도로 그쳤다. 그리고 그 대안을 학급회의 때 회장이 발표하고 다른 의견이 없다면 찬반토론을 한 뒤 다수결로 정하는 식으로 진행했다. 이미 각 두레장들은 회의 준비 시간을 통해 사안에 대해 알고 있기 때문에, 학급회의를 하기 전에 아이들에게도 내용이 전달되었다. 미리 생각할 시간이 생기니까 회의 때 토론이 훨씬 더 능률적이면서도 깊이 있게 진행되는 이점이 있었다.

학급회의를 하다가 시간이 부족하거나 의견이 너무 팽팽해서 엇갈리는 경우에도 회의 준비 시간을 이용했는데, 이때는 아이들의 동의를 얻은 뒤 그 결정권을 회장과 부회장, 교사가 맡아 의논을 했다. 회장은 학급원들이 자신에게 결정권을 주었다는 부담 때문에 더 책임감을 가지고 문제에 대해 생각해 보는 것 같았다. 회의 준비 시간 전에 아이들에게 의견을 미리 물어보기도 하는 등 열심이었는데, 그 모습을 본 아이들이 회장과 부회장이 결정한 내용에 대해서 어느 정도 신뢰를 하는 편이었다.

어느덧 한 해가 저물어 간다. 이번 주 회의 준비 시간의 주제는 좀 뻔하다. 일 년 동안의 느낌 나누기와 학급회장으로서 부회장으로서 두레장으로서 일 년을 보내면서 느꼈던 생각, 우리 반의 달라진 점,

좋아진 점, 아쉬운 점을 되는 대로 나누어 보려고 한다.

녀석들이 일 년 동안 얼마나 컸는지 눈으로 귀로 확인하는 시간이 될 것 같아 나는 많이 기다려진다.

물론 또 누가 청소를 잘 안 하는데 어떻게 하면 좋겠냐는 둥 누가 자꾸 기분 나쁘게 쳐다본다는 둥 속을 긁어 대는 소리를 할지도 모르겠지만 말이다. 어쩌겠는가. 내가 이 아이들의 선생인 것을.

2. 여러 대표가 꾸려 가는 우리 반

박정화 | 전 경남 김해 구봉초 교사

나는 학급 대표(회장)에게 무엇보다 필요한 것은 '봉사'와 '책임 정신'이라고 생각한다. 지도력을 발휘하기 위해서는 먼저 남을 돕고 남의 의견을 들을 줄 알아야 하기 때문이다. 그렇다면, 이런 대표를 중심으로 원활하게 잘 돌아가는 학급자치 조직은 어떤 모습일까?

얼마 전까지는 우리 학교도 '학급지도위원'이라고 해서 담임이 추천하고, 선거로 학급마다 다섯 명씩 학급 대표를 두는 제도를 운영하였는데, 봉사위원 제도의 긍정적인 측면이 컸음에도 불구하고, 후보자 선정에서부터 학생을 서열화하는 등 운영에 문제가 많았다. 그래서 이듬해부터는 봉사위원 제도를 운영하면서 생긴 문제를 해결하고 전 학생에게 봉사심과 책임감, 지도력을 발휘할 수 있는 기회를 주기 위해 '전 학생 윤번제 봉사위원제'를 운영하였다. 추천이나 선거 양식이 필요 없고, 학급 구성원 모두가 일정 기간(대개 1인 일주일 정도) 동안 돌아가며 봉사위원을 하는 것이었다. 하지만 이 역시 원래 의도와는 달리, 임명장을 받는 것 외에는 당번과 크게 다르지 않은 제도였고, 어떤 면에서는 전 학생 봉사위원제 운영이 교사에게 잡무처럼 여겨졌다.

지금까지 경험을 밑거름으로, 교육계획서를 짤 때부터 봉사위원제의 필요성과 운영 방법에 대해 교직원, 학부모, 학생들에게 설문조사를 하면서 의견 수렴에 신중을 기했다. 설문조사 결과, 대부분의 교사들과 학부모들이 그 전의 '전 학생 윤번제 봉사위원제'에 문제가 있었다는 의견을 보였다. 이러한 과정을 거쳐 문제점을 보완해 올해는 학급마다 여섯 명의 봉사위원제도를 운영하게 되었다.

3월 중순쯤 아이들에게 새로운 ‘봉사위원제’에 대해 설명하고, 희망자와 추천자를 받아 후보를 선정한 뒤, 직접 선거로 여섯 명의 봉사위원을 뽑았다. 작년에 윤번제를 해 본 경험이 있어서인지, 아이들은 매우 적극적이었다. 그리고 우리 반은, 여섯 명의 봉사위원이 일주일씩 돌아가면서 학급을 이끌어 간다는 학교 방침에 덧붙여 모둠활동을 기능 조직으로 추가했다. 도서, 미화, 생활, 오락 체육, 과학실험, 학습 등 여섯 개의 모둠을 편성하고, 1일 모둠장(보통 여섯 명 정도로 한 모둠을 짜서, 요일마다 돌아가며 모둠장을 맡았다. 봉사위원도 모둠의 일원이다.) 제도를 시행한 것이다. 봉사위원은 학급회의를 이끌거나, 각 모둠의 일지를 모으고, 청소가 끝나면 정리정돈과 마무리를 하고 귀가를 하는 등 모둠활동을 도와주는 학급 살림꾼이자 학급 대표자 역할을 했다. 한편, 여섯 개 모둠은 각각 부서 역할을 하면서 봉사위원의 부담을 덜어 주었다. 모둠과 봉사위원의 수평적인 역할 분담으로 권한이 한쪽으로 몰리는 것을 막을 수 있었다.

지금까지 경험에 비추어 보면, 어떤 좋은 제도라도 교사가 어떻게 하느냐에 따라 크게 달라진다. 봉사위원을 아이들이 뽑긴 했지만, 교사가 있을 때는 별 문제가 없다가도, 교사가 없을 때는 대표라는 이름으로 힘을 과시하는 경우가 있다. 또 교사가 아무 생각 없이 ‘내가 없을 때는 반장이 내 대신이다.’라고 하면서 아이들이 보는 앞에서 학급임원에게 담임의 권한을 넘겨 버리면 학급임원과 아이들 사이에는 ‘대표’와 ‘권한’만 남고, ‘봉사’와 ‘책임’은 사라져 버린다. 교사의 부주의로 제도를 망칠 수도 있는 것이다.

봉사위원을 뽑고 나서 3월 한 달 동안, 따로 불러서 ‘봉사위원은 어떤 일을 해야 하는가’ ‘어떤 마음 자세로 봉사위원에 임해야 하는가’ 등에 대해 이야기하고, 방과 후에 모둠별로 남겨서 각 모둠이 해야 할 일 등에 대해 이야기했다. 작년 같은 윤번제의 경우, 한 달에 몇 명씩 불러서 ‘봉사위원이란 어떤 존재이며, 어떤 일을 해야 하는가’ 등에 대해 지도하기 바빴는데, 이에 비하면 좀 더 효과적인 지도가 가능했다.

또한 여섯 명의 봉사위원들끼리도, 서로 경쟁하는 대신 상대방의 장점을 보고 배우면서 부족한 점을 채워 나가는 등 긍정적인 모습을 보여 주었다. 교사의 지도를 넘어서 스스로 보고 배우는 흐뭇한 장면이었다.

몇 번의 변화를 통해 알 수 있듯이, 임원 제도를 운영하는 데 가장 중요한 점은 일방적인 선임이 아니라, 학생과 학부모의 의견을 충분히 반영하여 학급을 이끌 수 있는 '학급 대표'를 뽑고, 적정한 선에서 일을 나누어 맡기는 것이다. 물론, 학급 대표, 혹은 임원 제도가 꼭 필요한가에 대한 명확한 정답은 없다. 그러나 작년 윤번제에 대한 반성과 올해 여섯 명의 봉사위원제를 통해 몇 가지 깨닫게 된 것이 있다. 먼저 학생 중심의 자치 조직이라는 관점에서 본다면, 아이들의 결속을 다지고, 자율과 책임, 의견 개진과 교사와의 의사소통을 위해 '학급 대표'를 두는 게 효율적이다. 하지만 책임을 과도하게 많이 넘기거나 권위를 지나치게 부여하면 '봉사'는 말로만 그칠 위험이 있다. 올해 우리 반 기능 모둠처럼, 학습활동(구체적으로 각 교과 특성에 따라 이질적인 조직), 모둠활동, 놀이활동으로 만들어지는 여러 조직들이 병행되어(거기에도 각각의 대표들이 있다.) 운영되는 학급 대표제가 된다면, 구심점을 갖되 독재를 막을 수 있다. 동시에 봉사와 책임을 배우고 가르치면서 효율적으로 운영되는 학급이 될 수 있을 것이다.

몸과 마음이 빠른 속도로 자라고 있는 아이들에게 완전한 자율을 요구한다는 것이 가능할까? 그렇게 했을 때 학급운영이, 책임과 자율을 몸에 익히는 교육이 제대로 될 수 있을까? 이를 위해 어릴 때부터 조직생활을 경험하면서 책임과 자율을 스스로 익히고, 자기 주도적인 삶을 살아갈 수 있는 잠재적인 능력을 길러 주려는 의식적인 교육, 그러한 교육을 뒷받침하는 학급 대표 제도가 필요한 것은 아닌가 생각해 본다.

여러분의 의견을 받습니다

다음 주에 학급임원 선거가 있습니다. 학급임원에 대한 여러분의 의견을 듣고 싶습니다.
다 같이 만들어 가는 우리 교실을 위해 솔직하게 답해 주시기 바랍니다.

* 해당하는 번호에 ○표 해 주세요.

1. 학급임원 선거에 대해 얼마나 '관심' 이 있습니까?
   ① 아주 많다　　② 많다　　③ 보통이다　　④ 없다　　⑤ 아주 없다

   1-1. 위에서 ④, ⑤에 답한 사람만 쓰세요. 왜 관심이 없습니까?

2. 학급임원 선거에 입후보할 생각이 있습니까?
   ① 있다　　　　② 없다　　　　③ 고민 중이다

   2-1. ①에 답한 사람만 쓰세요. 학급임원이 되어 가장 하고 싶은 일이 무엇입니까?

3. 학급임원 선거에 입후보한 적이 있습니까?
   ① 있다　　　　② 없다

4. 학급임원이 하는 일이 어떻다고 생각합니까?
   ① 일을 많이 하기 때문에 힘들다　　　　② 하는 일이 없는 것 같다

5. 지금까지 학급임원을 대하는 선생님의 태도는 어떠했습니까?
   ① 똑같이 대해 줬다
   ② 임원이라고 더 혼낸 것 같다
   ③ 임원이라고 편애를 한 것 같다

6. 학급임원 선거에 입후보하고 싶은데 부모님께서 못하게 한 적이 있습니까?

　　① 있었다　　　　　② 없었다

7. 학급임원 선거에 입후보하기 싫은데 부모님께서 해 보라고 한 적이 있습니까?

　　① 있었다　　　　　② 없었다

8. 친구들 가운데 임원이 되고 나서 행동이나 학습태도가 '좋아진' 친구를 본 적이 있습니까?

　　① 있었다　　　　　② 없었다

9. 학급임원이 하는 일 가운데 가장 마음에 들지 않는 것이 있다면 무엇인가요? 한 가지만 써 주세요.

10. 학급임원이 된 아이들에게 가장 바라는 점이 있다면 무엇인가요? 한 가지만 써 주세요.

11. 임원 선거를 어떻게 하면 많은 사람들이 관심이 가지고 참여할 수 있을지 좋은 생각이 있으면 써 주세요.

12. 내가 학급임원이 된다면 어떤 일을 하고 싶은지 써 주세요.

　　(학급임원 선거에 나가지 않더라도 자기 생각을 써 주세요.)

[학급 선거법 예시문]

○학년 ○반 선거법

1조 후보자 등록

선거일 5일 전까지 입후보를 원하는 어린이는 입후보 신청서를 선관위에 제출해야 한다.

2조 기호

기호는 후보자 등록이 끝난 뒤 추첨을 통해 정한다.

3조 홍보

교실 벽 또는 게시판에 8절지로 선거 벽보(자기 소개, 공약)를 2장 만들어 선관위에서 지정해 주는 위치에 붙인다.

4조 유세와 토론회

선거 전(1차), 선거하는 날(2차)에 후보자들이 소견을 발표한다.
후보자 토론회를 1회 개최한다.

5조 투표

1항. 용지에 이름을 적지 않고(무기명) 투표한다. 투표한 사람의 반 이상이 뽑은 후보자가 당선되는 것(과 반수 이상의 득표)을 원칙으로 하고 그렇지 않을 경우에는 제일 표를 많이 얻은 후보자(최다득표자) 와 두 번째로 표를 많이 얻은 후보자(차득표자)만을 놓고 다시 투표한다.
2항. 회장 선거를 먼저 한다.
3항. 부회장은 ○명 선출한다.

6조 불법 선거

다음 경우는 불법 선거로 규정한다.
첫째, 선거를 앞두고 후보자가 친구들에게 음식을 사 주거나 선물을 줄 때
둘째, 선거와 관련하여 다른 사람들 앞에서 다른 후보자 흉을 보거나 결점을 늘어놓는 등 흑색선전을 할 때
셋째, 선거와 관련하여 사소하더라도 폭력을 사용할 때
넷째, 그 밖에 선거와 관련하여 학생의 신분에 어긋나는 행동을 할 때

7조 당선 인사

당선 뒤 교실 벽이나 게시판에 당선에 대한 인사말을 써 붙이고 선거에 떨어진 후보자들과 간단한 회식은 할 수 있으나, 특별히 반 친구들에게 당선 선물을 주는 일은 하면 안 된다.

8조 임기

회장·부회장의 임기는 한 학기를 기준으로 한다. 단, 회장이나 부회장이 전학을 가거나 도저히 그 역할을 수행할 수 없게 된 때에는 선거를 다시 해서 새로 선출하도록 한다.

9조 불법 선거를 했음이 밝혀졌을 때에는 당선이 무효가 되고 5일 이내에 다시 투표한다.

○○초등학교 ○학년 ○반 선거관리위원회

02 모둠 꾸리기

모둠은 사회성을 전제한 '작은 존재들의 삶터' 입니다.

모둠은 결코 통솔의 단위가 아닙니다.

서로의 삶을 비벼 공동체 삶의 가능성을 키워 내는

작은 사회입니다.

삶에서 배운 교훈은 시들지 않으며,

쉽게 무너지지 않습니다.

우리가 구태여 모둠을 짜고,

모둠활동에 숨을 불어넣으려 애쓰는 것도

바로 이러한 가능성을 믿기 때문입니다.

남의 삶을 내 삶과 같은 무게로 이해하고 받아들여

더 큰 삶으로 치달아 갈 수 있는 큰 가치가 그 안에 담겨 있습니다.

'모둠'은 끼리끼리 뭉쳐 그 이상의 만남을 가지려고 하지 않는 아이들에게 새로운 환경을 마련해 주는 매력적인 장치이다. 차이를 인정하고 존중하는 것이 민주주의라면 이런 훈련을 직접 경험할 수 있는 단위가 바로 모둠이다.

기존의 학급어린이회 부서나 조별 활동이 '소규모 통솔'이라는 편의주의적인 기능에 치우쳐, 아이들 특성과 요구를 배려하고 삶을 나누며 공동체성을 경험하게 하는 데 소홀했던 점을 감안한다면, 모둠은 '학생자치'의 개념에서 운용하고 지원할 필요가 있다. 편의성을 앞세우다 보면 아이들 성장을 돕는 장치가 아니라 교사를 위한 보조 단위로 전락할 가능성이 있다. 모둠은 학급운영 목표를 아이들의 삶 속에서 생생하게 되살려 내고, 안정된 소속감을 배려한다는 면에서 교사 중심 학급운영에서 학생 중심 학급운영으로의 전환을 가능케 한다.

담임은 모둠을 꾸리기 전에 자신의 학급운영 철학을 아이들에게 설명할 필요가 있다. 학급 안에서 무엇을 나누고 싶은지, 그리고 그 안에서 모둠이라는 작은 단위는 어떤 역할을 하는지 자세하게 안내할 때 비로소 아이들은 모둠활동에 관심을 갖고 다가온다.

모둠을 꾸린 뒤 아이들의 활발한 모둠활동을 기대한다면 학급 분위기 조성이 중요하다. 그것은 교사가 얼마나 편안하게 아이들 말을 끝까지 들어 주고 마음을 터 주느냐에 달려 있다. 평소에 아이들이 눈치 보며 입을 닫고 지낸다면, 모둠활동을 한다고 해서 별반 나아지지 않는다. 거기다 요즘 아이들은 학원이다 학습지다 과외다 하면서 시키는 일에 따라가기 바쁘다. 스스로 정한 일이 아니라 시켜야 움직이는 버릇이 몸에 배어 있다. 그래서 모둠활동을 해 보면 아이들끼리 이야기가 꾸준히 이어지지 않는다. 자기 말에만 신경을 쏟다 보니 정작 남의 이야기를 제대로 듣지 못하기도 한다. 그래서 학년 초에 모둠을 꾸리면 먼저 아이들이 서로 의견을 잘 듣고 옮기는 연습이 필요하다.

모둠을 짜고 모둠 이름도 만들고 하면서 모둠활동의 바탕을 마련해 놓았더라도 교사가 아이들 관계를 살피고 모둠활동을 위한 여러 가지 지원을 하지 않으면 모둠은 꾸준히 이어지지 않는다. 모둠활동을 제시할 때, 교사는 활동 내용이 모둠에 알맞는지도 반드시 따져 보아야 한다. 단순히 과제를 빨리 풀기 위한 것이라면 모둠활동의 의미가 없다. 해당 과제의 해결 과정에 모둠이 꼭 필요한 것인지, 혼자 할 일을 억지로 모둠에게 주지는 않았는지 살펴보아야 할 것이다. 이 활동은 재미가 있으니까, 이 활동은 이때 하면 좋으니까 하는 수준이어서도 안 된다. 아이들 변화를 자세히 살피면서 아이들 특성과 요구에 맞춰 가며 꾸준히 계획을 세우고 자기 점검을 해야 한다.

모둠원끼리 서로 주고받는 과정 없이 자기 일만 한다면 '모둠'이란 게 별 의미가 없어진다. 그런 면에서 모둠을 갖추는 것도 중요하지만 모둠을 위해 어떤 과제와 활동거리를 마련할 것인지에 보다 더 힘을 쏟아야 한다. 말하자면 교육적으로 의미 있는 행사를 체계 있게 준비하는 기획자의 자세가 필요하다는 것이다.

모둠 아이들이 함께 있으면 틀림없이 말싸움이 나고, 감정싸움이 있게 마련이다. 자기 혼자 다 하면 빨리 끝날 일을 모둠끼리 하자니 옆 동무 생각도 들어 봐야 하고, 의견이 다르면 그것을 맞추어 나가자니 귀찮고 따분하게 느껴지기도 한다. 그런 귀찮은 일 때문에 짜증도 내고 말다툼, 질투, 따돌림이 나온다. 교사는 그런 아이들 감정을 들어 주되, 문제 해결은 모둠에서 이야기를 주고받으며 풀어 가도록 곁에서 지켜봐 주어어야 한다. 그것이 학급운영을 이끄는 교사의 일이고 모둠을 지어서 움직이는 큰 뜻이기도 하다.

또, 빠지는 아이, 하지 않으려고 하는 아이들이 있다고 하더라도 끝까지 기다려 주고 참아 주면서 함께할 수 있도록 이끄는 것이 중요하다. 참여하지 않는 아이에게 자꾸 '지도'의 손길을 주기보다는, 그런 아이가 부담 없이 함께할 수 있도록 나머지 아이들을 격려한다는 생각으로 다가서면 일은 쉽게 풀릴 것이다. 큰 믿음을 가지고 멀리 보면서 기다리는 마음을 가져야 한다.

교사들마다 학급 안 아이들의 작은 삶터를 이를 때, '모둠'이라고도 하고 '두레'라고도 한다. 학급 안에서 자치와 공동체의 원리를 구현하고자 한다는 점에서 그 뜻이 다르지는 않지만, 두레는 우리 농경 문화의 특성을 반영한 고유 용어이다. 자치의 원리로 생활과 노동, 문화 공동체를 이루어 온 우리 선조들의 지혜를 교실 안에서 되살려 낼 수 있다는 점에서 모둠 대신 '두레'라고 부르는 것도 뜻 있는 일이다.

 ## 어떻게 모둠을 꾸릴까

모둠 형태와 꾸리는 시기

보통 학습부, 미화부, 생활부와 같이 학급어린이회 부서가 모둠 역할을 할 때도 있고, 학급 법원, 신문사, 국회, 우체국과 같이 생활 속 사회기관을 본떠 만들기도 한다. 또 학급 속 아이들의 작은 생활 공동체로 생활 모둠을 꾸리기도 한다.

학급어린이회 부서 따로, 사회기관이나 생활 모둠 형태의 모둠 따로 각각 꾸려 나가는 학급도 많다. 그러나 새내기 교사라면 학급어린이회에 따른 부서를 제대로 꾸리는 것만 해도 벅차다. 중요한 것은 아이들이 서로의 삶을 이해하는 폭을 넓히고 학급 공동체를 경험하는 데 알맞은 모둠 형태를 고민하는 일이므로, 지나친 욕심은 부리지 않는 것이 좋다. 목적을 분명하게 세우고 그 목적에 맞는 모둠활동 계획을 수립하여 꾸준히 점검해 나가야 한다.

모둠을 짜는 시기는 학년, 학급 특성에 따라 달라질 수 있으나, 함께한다는 느낌이 생길 수 있는 충분한 시간이 필요하다. 보통 3월을 넘기지 않고 모둠을 만드는 편인데, 교사 입장에서는 아이들에 대한 정보를 어느 정도 알고 나서 하는 것이 좋다.

모둠 편성 계획이 전체 학급운영 계획 안에서 움직이듯이, 모둠을 바꾸는 일도 마찬가지이다. 그때그때 아이들 의견을 들어 바꾸기도 하지만, 올바른 기준과 일관성 있는 실천이 무엇보다 중요하다. 흔히 한 모둠 기간을 오래 두면 학급이 시끄러워진다고 생각하여 꺼려하거나 짧은 기

● 학급어린이회 부서와 같은 모둠

학급어린이회 부서를 모둠으로 만드는 경우, 학교행사에 맞추어 가기 쉽고, 모둠활동과 학급어린이회의 활동이 함께 이루어진다는 점에서 효율적이다. 그러나 교사나 아이들 특성을 살린 모둠활동이 힘들고, 아이들끼리 잘 알 수 있는 기회가 부족해 자칫 형식적으로 운영될 우려가 있다.

● 사회기관을 본 뜬 모둠

국회나 법원 등 사회기관을 본뜬 모둠활동은 무척 흥미 있는 형태이다. 잘만 하면 여러 활동으로 사회의 각 기관에서 하는 일을 스스로 체험할 수 있다. 하지만 저학년은 이름도 낯설고 그 역할을 이해하는 데 어려워한다. 학년의 발달수준이나 이해 정도에 맞게 융통성 있는 운영이 필요하다. 한편, 학급법원의 경우, 재판이라는 형식의 경직성 때문에 합리성이나 문제 해결법을 배우기보다는 아이들이 상처를 받기도 한다. 또 여러 제도가 유기적으로 맞물려 돌아가기보다는 각 구성원끼리 엉뚱한 경쟁 심리가 일어나 본래 뜻과는 다르게 바뀌기 쉽다. 커다란 사회 구조 원리를 학급에 끌어들여 아이들다운 공동체 문화를 가꾸기 힘들 수도 있다.

● 생활 모둠

교과나 학급생활에 따라 그때그때 바꾸어 가는 생활 모둠은 학급 분위기나 학급운영 주제에 따라 서로 어울리며 생활하는 모둠이다. 노래, 연극, 책 읽기 등 아이들 취미나 특기를 중심으로 한 동아리 형태의 모둠이 여기에 속한다. 교사의 학급운영 계획이나 아이들의 특성에 맞춰 조직할 수 있으며, 생활을 바탕으로 하기 때문에 서로를 폭넓게 알아 갈 수 있다는 장점이 있다. 그렇지만 모둠을 자주 바꾸면 꾸준히 한 활동을 마무리 짓기 힘들고, 고른 모둠활동을 하지 못한다는 단점이 있다.

간에 다시 짜기도 하는데, 교사가 일방적으로 모둠을 바꾸지 말고 학급회의나 모둠회의를 통해 아이들이 충분히 이해하고 공감하는 가운데 이런 문제를 해결해 나가야 한다.

모둠을 만들고 나면 아이들은 늘 불만을 지니게 마련이다. 그 불만을 다 들어 주다 보면 모둠활동이 갈팡질팡되기 쉽다. 그래서 학년 초에 아이들과 함께 모둠활동 원칙을 포함한 모둠 규칙을 정해 두는 것이 좋다.

어쩔 수 없이 모둠을 중간에 바꿀 때는 예외이지만 몇몇 아이들의 의사를 좇아 모둠을 바꾸지는 말아야 한다. 학급이 시끄러워서 혹은 담임교사가 화가 나서 모둠을 바꾼다거나 아예 만들었던 모둠을 없애는 일은 더더욱 없어야 한다.

결국 모둠을 바꾸는 시기는 어떤 학급활동을 하느냐에 달렸다. 시간이 오래 걸리는 조사활동이나 주제 중심의 학습 따위를 한다면 모둠을 바꾸는 주기는 길어질 것이다. 다만, 준비되어 있지 않으면 모둠을 바꾸는 것은 아무 의미가 없다는 점을 새겨 두어야 한다. 학년 초에 미리 아이들과 모둠을 바꾸는 시기를 정하는 게 아이들이 마음속으로 일 년 학급살이를 준비하고 계획하는 데 도움을 준다. 모둠을 바꿀 시기에 맞게 과제도 내주고, 학습 진도도 매듭을 지어야 한다.

모둠 인원과 편성 방법

지역과 학교 여건에 따라 학급 규모가 달라, 한 모둠의 알맞은 규모를 딱히 잘라 말할 수는 없다. 통상적으로 모둠 운영의 효율성과 자리 배치 따위를 생각하여 먼저 모둠 수를 정하고 그에 따라 인원수를 맞는 방법이 널리 쓰인다. 한 모둠 규모가 너무 크면 구성원의 참여 기회가 적어져 결속력이 떨어지고, 몇몇이 모둠을 이끌어 방관자가 되는 아이가 생길 수도 있다. 반대로 모둠 규모가 너무 작으면 모둠 수가 많아져 지도가 어려우며, 모둠 사이에 갈등이 빚어지기 쉽다. 보통 4~6명 정도가 역할을 나누고 머리 맞대고 활동하기에 좋다.

모둠을 짜는 방법은 모둠 성격을 결정짓는다는 면에서 집중적인 고민이 필요하다. 학급운영 목적에 따라 모둠원 구성도 달라져야 하기 때문이다. 모둠을 짜는 기준과 방법은 교사의 교육관이나 학급운영 원칙, 학년이나 학급 환경, 담임의 정보 파악 여부에 따라 달라진다. 학급 분위기가 어느 정도 만들어지기 전까지는 아이들에 대한 정보를 바탕으로 교사가 먼저 짜 줄 수도 있다. 처음에는 남녀를 섞어 성격이 급한 아이, 느긋한 아이, 성격이 꼼꼼해 기록을 잘하는 아이, 말을 용기 있게 하는 아이를 나누어 짠다. 사회성이 모자라거나, 문제가 있는 아이가 한 모둠에 몰리지 않도록 신경 쓰면서, 그 아이들을 도와줄 수 있는 아이를 미리 맺어 주는 배려도 중요하다.

이 밖에도 활동 주제별(기능별 혹은 취미별)로 모둠을 짜거나, 아이들이 스스로 짜는 방법도 있다. 이들의 장단점을 잘 살펴서 짜야 모둠을 꾸린 뒤에 빚어지기 쉬운 모둠 간의 격차나 갈등을 줄일 수 있다.

어떤 방법으로 모둠을 짜든 교사는 활동력이 뛰어난 아이들이 한쪽으로 치우치지 않도록 신경을 써야 한다. 능력이 있는 아이들로 짜여진 모둠이 생기면, 그렇지 못한 모둠의 활동을 상대적으로 위축시켜 균형이 어긋나게 된다. 아이들의 특성을 잘 파악한 뒤, 지도력과 활동력을 겸비한 아이들을 골고루 배치하여 이들이 모둠활동의 활력소가 될 수 있도록 미리 조정하는 지혜가 필요하다.

● 스스로 짜는 방법

모둠별 인원만 정한 뒤 아이들끼리 스스로 짜게 하는 방법이다. 이때는 평소 친한 아이들끼리 어울리기 쉽다. 친한 만큼 모둠원끼리 결속력이 강하다는 장점은 있으나, 모둠 간 차이를 부추길 우려가 있어 특별한 보호 장치를 마련해 두지 않으면 실패하기 쉽다. 특히 주의할 점은 이른바 '잘나가는 아이들' 끼리만 모둠을 이루고, 정작 도움이 필요한 몇몇 아이들은 따돌림을 당한다는 것이다.

● 담임이 나서서 짜는 방법

담임이 여러 통로로 얻은 아이들 정보를 살펴 짜는 방법이다. 아이들의 뜻이 반영되지 않는 대신, 모둠을 짜는 과정에서 생기기 쉬운 갈등을 줄이고, 바로 활동할 수 있다는 장점이 있다. 이때는, 모둠을 짠 뒤 바로 집단상담으로 모둠원의 결속을 다지는 프로그램을 적용해야 효과가 크다. 담임이 나서서 짤 때도 아이들 성별이나 학습 수준, 지역, 취미 따위를 기준으로, 남학생과 여학생을 따로 묶는 방법, 남학생과 여학생을 반반 섞어서 만드는 방법, 공부를 잘하는 아이와 그렇지 않은 아이들을 골고루 섞어서 묶어 주는 방법, 집 주소를 봐서 가까운 곳에 사는 아이들끼리 묶어 주는 방법, 취미나 취향이 비슷한 아이들끼리 묶어 주는 방법 따위를 생각해 볼 수 있다.

● 활동 주제별로 모둠을 짜는 방법

가장 일반적으로 활용하는 방법으로, 담임이 이루고 싶은 모둠(기능별 혹은 취미별)을 제시한 뒤, 그 모둠에서 활동하고 싶은 학생들의 지원을 받아 짜는 방법이다. 이 경우, 학급 부서를 따로 조직하지 않고도 학급활동과 모둠활동을 자연스럽게 연계할 수 있다는 장점이 있다.

● 아이들이 만들고 싶은 주제 모둠을 만들고 모둠원을 모으는 방법

이 방법은 어느 정도 모둠활동에 익숙한 상황에서 가능하다. 아이들이 스스로 활동하고 싶은 주제 모둠을 만들고, 그에 따라 모둠원을 모으는 방법인데, 이때 교사는 알맞은 모둠 수만 정해 주고 주제는 전체 아이들 의견을 모아 뽑는다.

예를 들면, 아이들이 만들고 싶은 모둠을 정리해 게시판에 붙여 놓고, 각자 희망하는 모둠을 1, 2, 3지망까지 결정해서 신청서를 제출한다. 신청서를 모아 희망자가 몰리는 모둠을 중심으로 그 수를 간추려 내고, 모둠원은 희망 순서로 결정한다. 1학기 모둠활동을 마친 뒤 2학기에 새롭게 구성하고 싶을 때 활용해 볼 수 있다.

모둠 체계 갖추기

모둠 이름 짓기

모둠 성격이나 추구하는 뜻을 상징적으로 나타낼 수 있는 말로 정한다. 창의적으로 알아서 지으라고 하면, 인터넷 용어나 유행어에 물들어 있는 요즘 아이들의 문화 때문에 거친 말이나 유행어를 흉내 내기 일쑤다. 모둠 이름을 짓는 게 별거 아닐지도 모르지만, 우리 말과 글을 살려 쓸 수 있는 기회가 된다. 좀 달리 생각하고 깊이 느껴 보면 그곳에서 바른 틀과 반짝이는 생각을 찾을 수 있다.

모둠을 바꾸면, 지난번 모둠에 대한 정보(모둠 이름, 모둠원, 모둠 구호, 모둠 노래 등)를 꼼꼼히 갈무리해 놓도록 한다. 학급 게시판을 꾸미거나 학급문집을 만들 때 넣으면 우리 반 역사를 보여 주는 소중한 자료가 된다. 지난 모둠이 잊혀질 때쯤 '모둠 동창회'를 열어 다른 모둠원들과 관계를 다지는 시간을 마련해 보는 것도 좋겠다. 이런 식으로 아이들은 여러 가지 방법으로 만나고 헤어지면서 모둠생활에 익숙해진다.

모둠 구호, 모둠 기, 모둠 노래

모둠 구호 : 모둠원들 의견을 모아 모둠이 이루려는 뜻을 담되, 재밌고 외치기 쉽게 짓는다. 너무 길지 않게, 4 · 4조 운율로 간단한 동작을 넣어 만든다. 우리말 추임새도 알아보고 '파이팅' 보다는 '지화자' '얼쑤'와 같은 추임새를 넣어 본다. 이렇게 만든 모둠 구호는 힘차게 자신감 있게 하자는 뜻에서 모둠활동 전에 한 번씩 외치고 시작한다.

모둠 깃발 : 깃발은 구성원 서로를 묶어 주는 역할을 한다. 모둠마다 자신들을 나타내는 모둠 상징을 깃발로 만들어 나타낸다. 모둠 깃발은 발표할 때나 모둠회의 할 때 모둠 앞에 꽂아 두거나, 운동장에서 활동할 때 들고 다닐 수 있다. 새로운 모둠이 만들어지고 나면 학급 박물관이라고 하여 깃발을 비롯해 지난 모둠활동에서 쓴 물건들을 모

아 두는 자리를 마련하거나 사진을 찍어 학급문집에 싣는다. 모둠끼리의 연대와 화합을 상징하는 학급 깃발을 만들 수도 있다.

모둠 노래 : 모둠 노래는 모둠 구호와 모둠 깃발보다 좀 더 모둠이 이루려는 뜻을 풍부하게 살려 표현할 수 있다. 아이들 수준에서 익히기 쉬운 노래나 아름다운 곡을 미리 골라 주거나 아이들이 스스로 곡을 정해서 노랫말만 바꾸어 부른다.

예시 모둠 노래

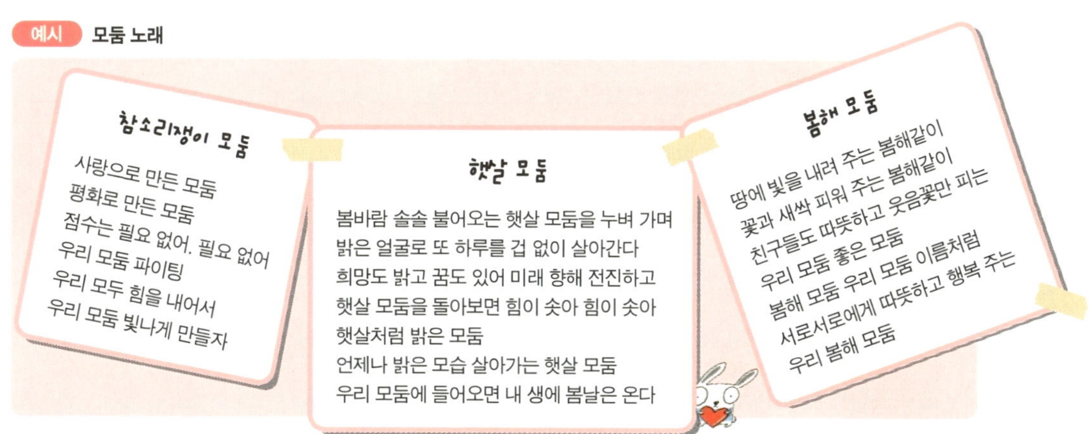

모둠 규칙 정하기

모둠활동을 위해서는 최소한의 약속과 규칙이 필요하다. 모둠 규칙은 학급규칙보다 생활에서 부딪히는 더 구체적인 문제에 대한 약속이 된다. 그렇기 때문에 모둠별로 비슷한 약속도 있지만 모둠 특성에 맞는 약속이 생기기도 한다. 모둠원들의 충분한 토론을 거쳐 정하도록 하되, 사람을 때리거나, 돈을 내게 하거나 지나친 심부름을 하는 벌칙이 정해지지 않도록 교사가 미리 안내한다.

모둠원 역할 나누기

각 모둠원끼리 한 가지씩 역할을 나눈다. 단, 어느 한 사람이라도 소홀하게 일처리를 하면

예시 모둠 규칙

1. 우리 모둠은 날마다 일기를 쓴다. (안 쓰면 사탕을 하나씩 모둠원들에게 돌린다.)
2. 모둠끼리 회의할 때는 말을 높이고, 실수하면 '미안합니다.' 라고 말한다.
3. 숙제를 해 오지 않으면 모둠일기를 한 번 더 쓴다. 왜 안 했는지 그 까닭을 자세히 써서 모둠 아이들에게 검사를 받는다.
4. 시간을 어기거나 상대방의 마음을 상하게 한 일이 있으면 서로 솔직하게 털어놓고 모둠끼리 해결하도록 노력한다.

모둠원 전체가 갈등을 빚을 수 있으므로 교사의 세심한 지도가 필요하다. 자기 역할을 하기 힘든 아이가 있을 때, 모둠에서 의논해 같은 역할을 두 사람이 함께하도록 할 수도 있다. 모둠회의를 이끌거나 모둠을 대표해서 의견을 발표하는 모둠장은 따로 뽑지 않고, 하루씩 또는 주마다 돌아가면서 하기도 한다. 책임감을 심어 주기 위해서는 돌아가면서 하는 게 좋을 수도 있다.

예시 **모둠 체계**

모둠 이 름	이름	똑소리 모둠			모둠 머리	박○○
	까닭	똑똑한 사람 보고 '똑소리' 난다고 한다. 그런 뜻으로 여러 가지 문제들을 똑소리 나게 해결하자고 해서 '똑소리 모둠' 이라고 지었다.				

모 둠 아이들	이름	별명	맡은 일	장점이나 단점, 특징
	박○○	황제펭귄	모둠 머리, 준비 가져오기	색종이를 잘 접는다.
	김○○	림꺽정	우유 나누어 주기	엉뚱해서 사람을 잘 웃긴다.
	정○○	팔푼이네모	준비물 가져오기	단순해서 순진하다.
	김○○	광나리	숙제 거두기	머리를 잘 굴린다.
	배○○	배추	글씨 쓰기, 자료 정리	말을 잘한다.
	최○○	왕눈이	자료위원	책을 많이 읽고 공부를 열심히 한다.

모 둠 규 칙	1. 모둠 아이들에게 피해 주기 않기 2. 과제 잘해 오기 3. 사람 말 무시하지 않기 4. 다른 사람 기분 상하지 않게 말하기
모 둠 외 침	굴리자 굴리자 머리를 굴리자, 내자 내자 똑소리를 내자, 얼씨구!
모 둠 노 래	또고~~~~~~~~~~~~똑소리, 또고~~~~~~~~~~~~똑소리 언제나 똑소리, 또고~~~~~~~~~~~~똑소리, 또고~~~~~~~~~~~~똑소리 언제나 똑소리, 낮에도 똑소리, 밤에도 똑소리, 잠잘 때에도 똑소리 또고~~~~~~~~~~~~똑소리 모둠

(2001학년도 경남 창원 남양초 6학년 7반)

모둠과 함께하는 학급활동

모둠을 만들었다고 학급이 저절로 굴러 가는 것은 아니다. 모둠활동에는 일 년 동안 꾸준히 해야 하는 활동도 있고, 달마다 특별한 행사로 활동을 꾸릴 수도 있다. 모둠활동에 대한 계획은 학년 초 교사의 학급운영 계획을 바탕으로 각 모둠별 행사 계획을 받아 구체화시킬 수 있다. 보통 3월은 모둠 구성과 마음의 벽 허물기, 4월과 5월은 모둠활동을 본격적으로 가동, 7월은 1학기 정리와 마무리활동 등으로 계획해 볼 수 있다.

모둠활동이 제대로 되기 위해서는 '모둠회의→모둠장 회의→학급어린이회의' 로 이어지는 원활한 의사소통이 전제되어야 한다. 이 가운데 특히 모둠장 회의를 상설기구화해서 의사 수렴의 창구로 삼는 것이 중요하다. 교사 의견과 학생 개개인 의견이 물 흐르듯 수렴, 조화될 때 모둠활동은 좀 더 안정적으로 활성화될 수 있다.

일상활동

모둠활동에는 날마다 되풀이하는 것이 있다. 아침에 모둠별로 일기장을 모아 선생님 책상에 놓는 일, 각 모둠에 주어진 교실환경 정리, 수업 시간에 모둠에 주어진 과제를 모둠원끼리 확인해 가면서 정리하는 일 따위다.

모둠활동 가운데 날마다 되풀이하는 것들이 아이들 몸에 배지 않으면 학급운영 자체가 힘들어진다. 일상활동 속에서 모둠활동이 차지하는 몫을 그때그때 해 나갈 수 있도록 교사의 세심한 지도가 필요하다.

모둠회의

모둠회의는 특별활동 시간이나 아침활동 시간, 아니면 관련 단원을 이용하여 수업 시간에도 할 수 있다. 모둠회의는 모둠장이 중심이 되어 진행하는데, 첫 시간에는 모둠장과 서기를 비롯해 모둠원의 역할을 나누고, 어느 기간 동안 지켜 나갈 것인지에 대해서 의논한다. 중요한 것은 모둠장 역할에 대해서 잘 설명하는 것인데, 모둠장은 회의를 진행하고 전체 의견을 수렴하며, 모둠 분위기를 형성하는 사람임을 힘주어 설명한다. 서기는 각 시간마다 회의한 내용과 결정한 사항, 모둠 규칙 반성, 건의 사항 따위를 빠짐없이 기록할 수 있도록 자세히 설명해 준다. 모둠에서 나온 의견이나 건의 사항은 나중에 학급어린이회의에 올려 작은 곳에서 큰 곳으로 의견이 수렴되는 과정을 경험하게 한다.

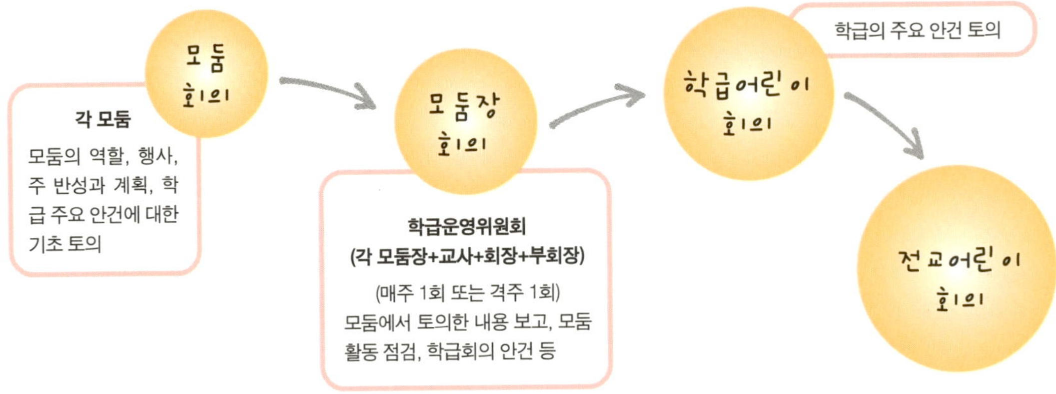

모둠일기 쓰기

모둠일기는 학급일기와 함께 많은 교사들이 하고 있는 학급활동 가운데 하나이다. 모둠일기의 가장 큰 역할은, 모둠원들끼리 서로의 벽을 허물고 이야기할 수 있는 통로이자 담임과 아이들 사이의 상담 창구 노릇을 한다는 점이다. 모둠일기로 아이들 세계를 들여다볼 수 있으며, 그들의 성장을 돕거나 장애를 없애는 정보를 얻을 수도 있다. 또한 모둠일기는 아이들의 생활과 문화를 고스란히 반영하고 있기 때문에 학급문집 글감으로도 으뜸이다.

모둠일기의 이런 미덕을 살려 내기 위해서는 담임의 꾸준한 관심이 필요하다. 특히 개인 일기를 쓸 때, 모둠일기는 이중의 부담이 될 수도 있다. 모둠일기는 각자 돌아가면서 쓰는데, 모둠일기 쓰는 날에는 개인일기를 쓰지 않도록 하는 것도 한 방법이다. 가끔 교사나 학부모도 돌아가면서 모둠일기를 써 주도록 한다.

모둠일기는 좋은 것, 재미있는 것, 바른 것만 쓰는 것이라는 고정관념을 깨고 짜증 나고 귀찮고, 갑갑한 이야기도 쓰도록 한다. 그러기 위해서는 학년 초에 마음 트기 활동과 함께 어울려 나가야 할 것이다. 모둠일기에 학급 모두에 해당하는 고민거리가 나오면 함께 이야기를 나누는 시간을 갖는다. 그리고 가끔씩 교사가 특별한 주제를 주고 여러 아이들의 생각을 들어 보는 통로로 쓸 수도 있다.

모둠일기 쓰는 방법

① 일기장 첫 장에 자기 모둠을 소개하는 글을 싣는다. (모둠 이름, 구호, 노래, 규칙과 모둠원 소개 같은 모둠 관련 정보를 넣는다.)

② 모둠원들이 돌아가면서 쓴다. 모둠일기를 쓰는 날은 개인일기를 쓰지 않아도 된다.

③ 모둠일기는 모둠원뿐만 아니라 학급 전체가 돌려볼 수 있게 한다.

④ 모둠일기에는 모둠원끼리 있었던 일, 자기 생활, 학교생활을 하면서 생긴 고민거리, 우리 반 전체 아이들에게 하고 싶은 말, 선생님께 하고 싶은 말 같은 내용을 솔직하게 쓴다. 다만, 보이기 위해서 억지로 쓴 글, 친구 욕을 하거나 고발하는 글은 좋지 않다.

⑤ 혹시 비밀스러운 일이나 모두에게 밝히기 어려운 일은 개인 일기장에 쓰거나 따로 선생님께 건넨다.

모둠일기장은 여러 모둠원 사이를 돌기 때문에 비닐이 씌워진 튼튼한 공책이 알맞다. 모둠 구성을 축하하는 의미에서 담임이 한 권씩 선물해도 좋겠다.

모둠신문 만들기

모둠신문은 모둠활동이 어느 정도 안정되었을 때 모둠원들의 창의력과 협동심을 한 단계 끌어올릴 수 있는 일종의 매체 활동이다. 만드는 과정에서 모둠원 모두가 역할을 나누어 참여하기 때문에 집중적인 협동을 경험하게 된다.

모둠신문은 A4 용지 크기의 쪽지신문 형태로 만들거나 벽신문 형태로 만들어 게시판에 게시할 수도 있고, 학급 홈페이지를 활용할 수도 있다.

쪽지신문을 만드는 경우, 신문 제목,

크기와 면수 등은 각 모둠의 특성에 따라 자유롭게 만들 수 있다. 그러나 처음부터 욕심을 부려 지면 수를 늘이기보다, 차츰 자신감이 붙으면 조금씩 면수를 늘여 나간다. 만든 뒤에는 모둠원끼리 돌려 읽거나 게시판에 붙여 학급 전체가 읽을 수 있게 한다. 내용은 모둠 소식, 모둠원 가족 소식, 설문조사, 탐방 기사, 대담 기사, 노래 소개, 만화, 생일축하 따위를 담는다.

벽신문은 교실 꾸미기를 겸해 교실 뒷게시판을 이용해 만드는 신문이다. 모둠별로 게시판 공간을 나누어 동시에 제작할 수도 있고, 한 공간을 정해 놓고 모둠별로 돌아가며 만들 수도 있다. 모둠회의를 거쳐 기획안을 짜고 기사를 쓰는 과정은 쪽지신문과 같다.

어떤 형태의 신문을 만들건 간에 하나하나가 모두 아이들의 발자취이므로 잘 갈무리해 두었다가 학급문집에 싣거나 학급 역사로 남기는 작업을 빠뜨리지 않도록 한다.

꼭지 이름	기삿거리	누가 하지?
알릴 것	모둠 소식, 인물 집중 조사, 이달의 역사	
사설	주장하는 글, 이렇게 생각합니다. 신문 사설을 읽어 보고 어떻게 쓰는지 살펴보자. 언제, 어디서, 누가, 어떻게, 무엇을, 왜 했는지 드러나게 써야겠지요.	
글모음	생활문(일기), 주장하는 글. 독서감상문, 만화, 시	
책에 관한 것	우리 모둠 독서왕, 많이 읽는 책, 우리 모둠이 읽은 책, 좋은 책 소개, 독후감 따위	
신문 활용	우리 모둠이 읽어 보고 토의한 신문 내용, 알릴 만한 신문 기사, 신문에 나오는 그림, 그래프 따위를 보고 우리가 배우는 부분과 관련된 부분을 찾아 실으면 좋겠습니다.	
과학 생활 상식	책이나 신문, 잡지를 참고해서 조사합니다. 내용을 그대로 싣지 말고 우리가 알아들을 수 있도록 써 놓으세요. 어려운 말에는 뜻풀이를 해 주거나 그 부분은 쓰지 마세요. 쉬운 우리말을 찾기 위해 꼭 사전을 준비하세요.	
대담	'역사 인물을(사회, 도덕, 국어 따위의 교과서에 나오는 인물을 중심으로, 또는 신문에 나오는 역사 인물을 중심으로) 그 당시에 인터뷰했다면 어떤 말이 오갔을까?' 하는 내용을 담습니다. 그러려면 그 인물에 대해 조사를 하고, 사진이나 그림 자료도 함께 찾아보아야 합니다. 기사를 쓰고 자료를 어디에서 찾았는지 [참고 자료]라고 써 놓으세요.	
그 밖에	노래 한 곡, 우리 모둠 5대 사건, 기쁨의 순간/악몽의 순간, 뜻 깊은 만화, 협동 작품 만들기, 생일잔치한 일, 우스웠던 일 투표하기, 그림 이어 그리기, 이야기 이어서 쓰기, 모둠 활동 달력 만들기, 인물 탐구, 모둠 체육대회 등 재미있는 조사나 글을 싣습니다. ※주의 사항 : 절대 장난스럽게 쓰지 않도록 합니다.	

여러 가지 모둠 겨루기 활동

모둠 겨루기 활동은 경쟁을 위해서가 아니라 모둠원 단합을 위해 하는 것이며, 나아가서는 반 전체가 모두 친해지는 계기로 삼아야 한다. 모둠 겨루기 활동은 어느 정도 모둠원끼리 한 식구라는 생각이 자리 잡았을 때 하는 게 좋다. 이 활동을 하기 전에 충분히 아이들과 협의하여 몇몇 모둠에게 유리한 내용은 피해야 한다.

모둠 겨루기 활동을 교과활동과 따로 하려고 하면 교사와 아이들 모두에게 부담이 될 수 있다. 교사는 모둠행사를 교과 시간과 통합해서 운영하는 지혜를 발휘할 필요가 있다. 모둠 체육활동을 계획할 때는 체육과 신체 표현활동 단원을 잘 살펴보고, 모둠 나들이를 계획할 때는 사회과와 연결하여 현장 체험학습을 활용할 수 있다. 협동화나 학습 문제 풀이도 마찬가지인데, 학습 문제 풀이 대회는 달마다 한 번씩 날짜를 정해서 단원 학습 마무리 형식으로 해 볼 수도 있다.

- **모둠 체육대회** : 한 사람이 겨루는 경기가 아니라 모둠원이 다 참여해야 하는 프로그램을 짠다. 놀이 지도 자료를 찾아 여러 사람이 한 팀이 되어 하는 놀이를 뽑는다. 체육 시간에 학습한 내용을 바탕으로 프로그램을 만들 수도 있다. 미니 올림픽, 공기대회, 긴줄넘기, 간이배구, 발야구 따위.

- **모둠 나들이** : 모둠 아이들과 산이나 가까운 산책길을 걷는다. 탐구 과제를 내고 도서관에서 자료를 찾아 탐구 보고서를 쓰는 활동을 곁들일 수도 있다.

- **협동화 만들기** : 미술 시간이나 환경미화 때 모둠끼리 자리를 정해 협동 작품을 만든다.

- **모둠 학습 문제 풀이 대회** : 문제를 만드는 모둠과 교사가 함께 준비해서 문제, 낱말 맞히기나 스피드 게임, 골든벨과 같이 재미있는 방법으로 모둠 겨루기를 한다.

- **모둠별 친구 집 방문하기** : 모둠원들끼리 날짜를 정해 돌아가며 친구 집에 가서 노는 것이다. 혹 친구의 방문을 꺼리는 아이가 있을 경우 절대 강요해서는 안 되며, 활동을 시작하기 전 미리 학부모통신을 통해 학부모의 협조를 구해야 한다.

- **그 밖에** : 한솥밥 비벼 먹기, 모둠 요리 대회, 알뜰시장, 동요 부르기 대회, 연극제 따위

이 밖에도 교사와 모둠원들이 머리를 맞대고 계획을 세우다 보면 여러 가지 모둠활동을 기획해 낼 수 있을 것이다. 하지만 모둠을 처음 꾸리는 교사라면 한 가지만 제대로 하려고 해도 힘들 것이다. 모둠일기를 쓰는 것만 해도 처음 며칠은 잘되지만 학교행사나 업무에 쫓기다 보면 챙겨 보기가 쉽지 않다.

예시 **월별 모둠활동**

월	발표회	협동화	놀이	모둠상담
4월	모둠 꾸리기와 모둠 소개	우리들 첫 모습		우리 집 이야기
5월	콩깍지 놀이	우리 가족 직업	긴줄넘기	우리들 고민거리
6월	인형극	세상을 아름답게 만드는 사람들		
7월		계절을 느끼는 그림	모둠 퀴즈 대회	우리들 놀이 문화
8월	그림자 연극제	방학 때 있었던 일	노래 테이프 만들기	모둠 아이들 고민
10월		우리 나라 명절	모둠 발야구	
11월		전설 속 이야기	모둠 체조 만들기	여자와 남자 이야기
12월		학급문집 만들기	모둠잔치	
2월		우리가 바라는 세상		

모둠활동 역기능도 신경을 써야

나는 일정한 모둠을 짜 놓고 그대로 굴리는 것보다는 그때그때 '헤쳐 모여'를 시키는 편이다. 모둠활동의 역기능도 꽤 있기 때문이다. 가장 큰 역기능은 아이들 역할이 고정되는 것이다. 더구나 교사가 모둠을 나누어 놓기만 하고 스티커를 주는 등의 모둠 간 경쟁을 자꾸 시키기 때문에, 잘하는 아이들이 '대행 교사'가 되어 못 따라오는 아이들을 닦달하고, 제가 먼저 한 것을 베끼라고 하여 자기 모둠의 실적(?)을 올리는 비교육적인 결과까지 낳게 된다. 모둠을 만드는 것은 아이들 사이에 관계의 밀도를 높이고 서로 협조하는 관계를 맺어 주려는 것일 텐데, 아이들을 묶어 놓기만 하고 그 안에서 이루어지는 관계에 대해 교사가 손을 놓아 버리면 오히려 이러한 역기능이 나타난다.

나는 수업에서 모둠활동(집단을 구성해야 하거나 서로 협력하는 것이 좋을 때)을 해야 할 때, 예를 들어 사회과에서 조사활동을 해야 한다거나 국어과에서 연극을 해야 할 때, 미술과에서 협동 작품을 만들어야 할 때 그때그때 모둠을 구성한다. 모둠원 수도 정해 놓지 않는다. 다만 모둠을 짤 때부터 활동 계획서 등을 미리 받아 꼼꼼하게 검토해 준다. 역할 분담이 제대로 되어 있는지, 모두가 참여하고 있는지를 교사가 살펴 두지 않고 아이들끼리 알아서 하라고 하면 앞서 말한 역기능이 발생할 수 있기 때문이다. 수업에서 집단활동이 필요한 것은 서로의 장점을 모으고 서로서로 의지하며 좀 더 폭넓은 경험을 하라는 것이다. 잘하는 아이 한두 명에게 힘이 쏠리게 방치하면, 능력이 떨어지는 아이들에게 미치는 교사의 손길이 모둠활동을 하지 않을 때보다 오히려 줄어든다.

모둠을 짜는 것보다는 모둠을 이루고 나서 아이들이 무엇을 하느냐에 신경을 써야 한다.

(이부영 | 서울 고덕초 교사)

욕심을 내어 여러 활동을 하는 것보다 한 해 한 가지씩 꾸준히 꾸린다. 첫해에 한 가지, 두 번째 해는 첫해 한 것에 한 가지를 덧붙여 나가는 식으로 교사 자신의 실천도 체계 있게 계획을 세워 나가도록 한다. 똑같은 활동도 한 해 해 본 것과 두세 해 해 본 것이 다르다. 아이들에 따라서도 다르겠지만 한 번 해 본 활동에 더 힘이 생기고, 더 쉽게 아이들과 교감할 수 있게 된다.

글쓴이 · 도움 주신 분들 박정애 | 인천 동부초 교사 · 신명기 | 서울 영훈초 교사 · 최진수 | 경남 창원 사파초 교사

이런 모둠이 좋아요

모둠을 어떻게 만드느냐에 따라 학급 분위기나 수업 효율성이 많이 달라진다.
이런 점에서 학년 초 모둠 짜기는 교사들에게 중요한 문제이지만, 아직 눈에 선 같은 반 친구를
탐색하고 있는 아이들에게도 민감한 문제이다. 설문으로 이런 아이들의 마음을 들어 보았다.
(전국 8개 초등학교, 3~6학년 학생 275명을 대상으로 실시한 설문 결과를 바탕으로 정리했다.)

1. 모둠 구성   "좋아하는 친구들과 한 모둠이 되도록"

'어떤 방법으로 모둠을 구성하는 것이 좋은가?' 라는 질문에, 약 50% 아이들은 "원하는 친구와 모여서 만든다."고 대답했다. "친한 애들이랑 수업 시간에도 함께 있고 싶으니까"가 그 까닭이다. 이 응답 비율은 고학년이 될수록 낮아지긴 하지만 그래도 가장 높은 응답률을 보이며, 까닭도 좀 더 구체적이다. "친한 애들이랑 같이 사회 시간 같은 때 토의하면 더 잘된다. 친하지 않은 애들이랑 그런 이야기하려면 좀 쑥스러워진다."(5학년, 여) 이런 학년별 차이는 저학년 때는 모둠이 그저 '함께 노는 친구들'이지만, 고학년으로 갈수록 '수업 시간에 도움을 주고받는 관계'가 됨을 뜻한다.

"선생님이 정해 준다."에 응답한 아이들의 36.6%는 성격보다는 성적을, 그것도 성적이 서로 다른 친구들을 한 모둠으로 짜는 게 좋다고 응답했다.

★ 어떻게 모둠을 짜는 것이 좋은가요?

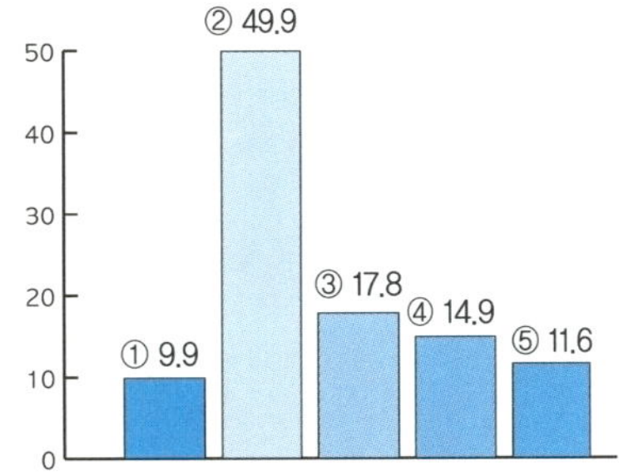

① 키 순서대로 정한 자리를 중심으로 만든다.
② 원하는 친구와 모여서 만든다.
③ 제비뽑기를 한다.
④ 선생님이 정해 준다.
⑤ 모둠장이 광고를 한 뒤, 아이들이 자기가 들어갈 모둠에 지원하여 만든다.

2. 모둠활동이 좋은 과목   "과학이 제일 좋아요!"

모둠활동을 하기에 가장 효과적인 과목을 꼽으라는 항목에는 응답률의 큰 차이 없이 과학, 체육, 미술 교과의 순으로 나타났다. 모둠활동의 효율성보다는 아무래도 아이들 자신이 좋아하는 교과, 또는 모둠활동을 가장 활발하게 해 본 교과를 꼽은 것 같다. 그러나 3, 4학년(5.1%)에 비해 6학년

(19.1%)이 되면 사회과에 대한 선호가 높아지는 것으로 나타났는데, 이는 학년이 높아지고 생각의 폭도 넓어지면서 친구들과 의견을 나누며 토론하는 것에 재미를 붙이게 되었다는 것을 보여 준다.

“1, 2학년 때는 체육이나 음악이 재미있었는데요, 5, 6학년이 되니까 사회 시간에 토의하거나 국어 시간에 모둠별로 이야기 이어 나가기 하는 게 더 재미있는 것 같아요.”(6학년, 남)

그러나 전체적으로 국어에 대한 응답률이 음악에 대한 응답률보다 낮아, 국어 수업에서 모둠활동이 활발하게 이루어지지 못하고 있는 것 같다.

3. 모둠활동의 장점

아이들 스스로 생각할 때 모둠의 가장 큰 장점은 “협동심을 익힐 수 있는 것”(54.5%). 여기에 “공부를 잘하는 아이들이 못하는 아이들을 가르쳐 줄 수 있다.”에 대한 응답까지 합하면 응답률은 65.4%로 올라가, 역시 협동과 상호부조가 모둠활동의 가장 큰 장점임을 알 수 있다.

“혼자 하면 어려운데 같이 풀면 쉽다.”(4학년), “수학 시간에 먼저 푼 아이가 아직 풀지 못한 아이에게 문제 푸는 방법을 가르쳐 줄 수 있다.”(5학년)는 대답은, 교사들이 모둠을 구성할 때 리더십, 성적 따위에 대한 고려를 왜 해야 하는지 아이들의 입을 통해 보여 준다. 특히 모둠이 힘을 합쳐 어떤 과제를 해냈을 때는 “선생님의 도움 없이 우리끼리 힘을 합쳐 문제를 해결했다.”는 성취감을 크게 느끼는 것으로 나타났다. 이런 성취감은 특히 수학에서 두드러지는데, 체험 중심 조작활동을 강조하는 수학과에도 여러 가지 모둠활동을 적극 도입할 필요가 있음을 알 수 있다.

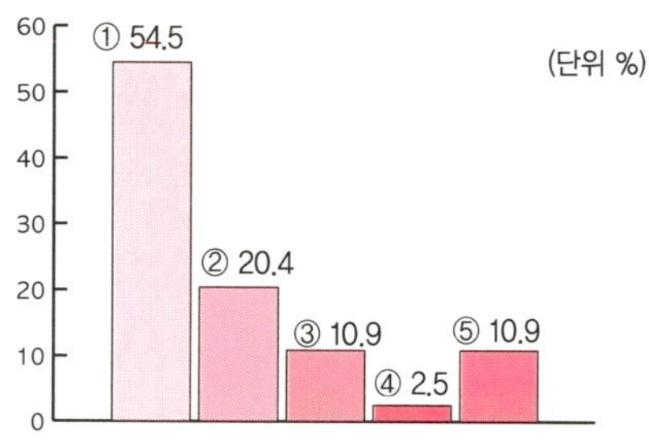

① 서로 힘을 합쳐 일하는 마음(협동심)을 익힐 수 있다.
② 모둠을 바꾸면서 반 친구들과 고루 친해질 수 있다.
③ 수업이 더 효과적이고 즐겁다.
④ 모둠에 소속감을 가질 수 있다.
⑤ 공부를 잘하는 아이들이 못하는 아이들을 가르쳐 줄 수 있다.

4. 모둠활동의 단점

아이들은 모둠활동의 가장 큰 폐해로 '소란'을 꼽았다. 이런 불만은 여학생일수록, 학년이 높을수록 높게 나왔는데(여학생 51.4%, 6학년 64.8%), "실험을 하거나 토의를 하면 남자 애들은 장난만 치려고 해요. 여자 애들이 뭐라고 해도 끄떡도 안 해요."(5학년, 여)라는 불만에서 남학생들의 장난기와 소란 때문에 여학생들이 공부 시간에 많은 방해를 받고 있음을 알 수 있다.

모둠활동의 단점 2위로 꼽힌 항목은 남학생과 여학생의 기질 차이를 잘 드러낸다. 여학생에게서 2위로 꼽힌 응답은 "모둠 친구들과만 친해져 다른 친구들과는 멀어질 수 있다."(22.5%)는 것임에 반해, 남학생의 2위 응답은 "무엇이든 모둠과 토의를 해야 하기 때문에 한 사람의 의견을 제대로 나타낼 수 없다."(23.4%)는 것이었다.

★ 모둠활동의 가장 좋지 않은 점은 무엇이라고 생각하나요?

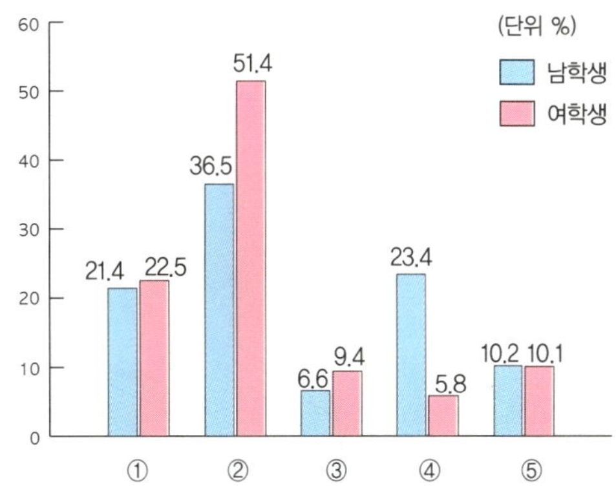

① 모둠 친구들과만 친해져 다른 친구들과는 멀어질 수 있다.
② 모둠이 뭉쳐 있으면 떠들어서 수업이 잘되지 않는다.
③ 모둠이 뭉쳐 있으면 선생님이 쉽게 행동을 간섭한다.
④ 무엇이든 모둠과 토의를 해야 하기 때문에 한 사람의 의견을 제대로 나타낼 수 없다.
⑤ 못하는 친구 때문에 잘하는 친구가 피해를 입는다.

5. 그 밖의 질문과 대답

자리 배치에서는, 모둠활동을 할 때만 함께 모여 앉는 것보다는 "늘 모둠별로 앉아 있는 것이 좋다."(65.5%)고 대답했다. "모둠활동을 해야 하는 과목이 2교시와 5교시, 이렇게 떨어져 있으면 모둠을 만들었다가 다시 제자리로 가고 다시 만들고 하는 시간이 오히려 많이 들기 때문에" 시간을 낭비하게 된다는 것이다.

모둠 규모에서는, 아이들 역시 과밀학급이라는 사정에서 자유롭지 못함을 보여 준다. "5~6명이 한 모둠을 이루는 게 좋다."는 응답(65.1%)이 "3~4명이 한 모둠을 이루는 게 좋다."는 응답(26.2%)보다 두 배 이상 많았다.

"4명씩 짜 본 적도 있는데 모둠별로 발표하는 시간이 너무 많이 걸려 그만뒀다."(6학년, 남)
"5~6명이 모둠을 만들면 의견을 내지 못하는 아이들도 있었는데 선생님이 한 사람씩 역할을 정하게 한 뒤로는 괜찮은 것 같다."(5학년, 여)

결국 이상에 따르지 못하는 현실을 타개하기 위해서는 교사의 개입이 필요한 듯하다.

모둠을 지속하는 기간에서는 "한 달마다" 바꾸는 게 좋다는 응답이 32.0%, 심지어 "일주일마다" 바꿔야 한다는 응답도 26.5%나 나왔다. "한 달에 한 번은 바꾸어야 한다."는 응답이 고학년 쪽에서 비교적 높게 나온 대신, 저학년 쪽에서 "일주일에 한 번씩 바꾸어야 한다."는 응답이 특히 높게 나왔다.

저학년은 학년 초부터 따로 모둠을 만들어 학급을 운영하지 않는 게 더 좋다. 모둠을 바탕으로 이런저런 학급생활을 해내기에 몸과 마음 모두 벅찬 나이다. 교사도 아직 책임감과 경험이 부족한 아이들을 모둠이라는 틀로 묶어 이끌어 나가기에 힘든 부분이 많다.

쉬는 시간이나 등·하굣길에 아이들이 조금씩 무리를 짓고, 친구 관계를 키워 가듯이, 모둠살이도 형식을 앞세우지 말고 수업 시간에 자연스럽게 경험할 수 있도록 이끌어 주어야 한다.

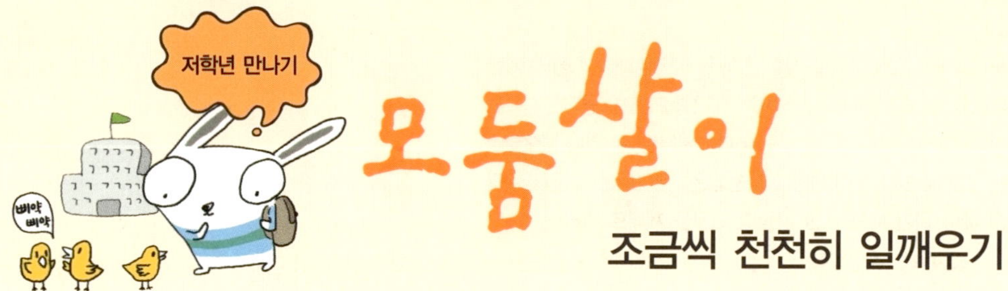

모둠살이

조금씩 천천히 일깨우기

신명기 | 서울 영훈초 교사

수업 시간에 모둠 지어 보기 학년 초부터 모둠을 따로 짜지 않고도 얼마든지 모둠살이를 경험할 수 있다. 수업 시간에 교과 내용에 따라 모둠을 짓거나 풀어 가면서 이렇게 저렇게 관계를 맺어 보고, 과제도 함께 해결하면서 모둠살이를 조금씩 경험하는 것이다.

예를 들어 국어과에 '서로가 쓴 글을 친구들끼리 돌려 읽고 평가해 주기'가 있다. 그러면 수업 중에 바로 다섯 개 정도의 모둠을 지어, 모둠 안에서 글을 돌려 읽고, 읽은 글에 대해 서로 평을 해 주거나, 모둠원끼리 이야기해서 가장 잘된 글을 한 편 골라내 본다. 교사가 나서서 계획한 모둠활동이지만 이 과정에서 아이들은 자연스럽게 책임감과 협동의 의미를 깨치게 된다.

비단 국어과에서만이 아니라 모든 교과에서 다 가능하다. 특히 즐거운생활과 슬기로운생활에서는 모둠을 지어 할 수 있는 학습 내용이 아주 많다.

모둠활동의 목표는 '경험' 일상적으로 모둠을 유지하든 그때그때 필요할 경우 모둠을 만들든, 교사가 잊지 말아야 할 점은 모둠활동의 '목표'를 너무 높이 두지 말라는 것이다. 저학년 아이들에게 고학년 아이들 하듯이 '학급자치'나 '자발성' '책임감' 같은 목표를 두면, 교사도 아이들도 힘들다. 아이들의 성장 발달 단계에 맞게, 학급 구성원 수준에 맞게 목표치를 조정해야 한다.

저학년은 '친구들과 같이 해 보니 재미있다.' '혼자서는 못하는 일을 여럿이 하니까 할 수 있게 되었다.'는 수준의 경험도 아주 소중하다. 교실에서 담임만 바라보던 아이들이 모둠으로 움직이면서 관계의 폭을 조금씩 넓혀 가는 것이다. 저학년 담임은 모둠을 비롯해 여러 가지 교육적 방편을 다루는 데 좀 더 신중해야 한다.

모둠활동, 하나하나 자세히 안내하기 저학년에게 고학년처럼 '자, 다음 주제를 모둠에서 토론한 뒤 내용을 정리하세요.'라는 식으로 하면 안 된다. '토론할 주제는 ○○입니다. 각자 주제에 대해 모르는 점을 먼저 모둠 친구들과 정리하고 난 뒤, 선생님에게 질문하세요. 그런 뒤 자기 생각을 친구들에게 알려 주세요. …….' 이런 식으로 저학년 아이들과 모둠활동을 할 때는 모둠에게 주는 과제나 활동에 대해 아주 자세하게 설명해 주어야 한다. 저학년에게 모둠활동은 작은 공동체 생활에서 의견을 조정하고 협동하는 과정을 배우는 걸음마 단계다. 모둠이 구성되면 모둠원들의 역할 정하기부터 의견이 맞지 않을 때 의견을 조정하는 법 등 하나하나 자세한 안내와 반복 훈련이 필요하다.

교실에서 끝낼 수 있는 모둠 과제 내기 저학년 모둠 과제는 교실에서 끝낼 수 있는 활동으로만 꾸린다. 조사학습이라는 이름으로, 또는 협동심을 기른다는 목적으로 모둠 단위로 과제를 내주는 경우가 있다. 이런 모둠 과제를 내주면서 '부모님 가운데 한두 분은 꼭 아이들이 활동하는 곳에 있어야 합니다.'라고 안내하기도 한다. 물론 아이들의 안전을 위해서 저학년 아이들이 모이는 곳에는 보호자가 필요하긴 하지만, 이렇게 하다 보면 결국 모둠 과제는 아이들 몫이 아니라 학부모 과제가 되어 버린다.

저학년 아이들에게 내주는 모둠 과제는 교실 안에서 해결할 수 있는 것으로 하자. 어쩔 수 없이 조사학습이 필요한 경우가 있다. 그런 경우에는 역할을 나누어 각자 가정에서 개인 조사를 해 온 뒤 교실에서 모둠끼리 조사해 온 것을 정리하면 된다. 사실 저학년은 조사해 온 내용을 정리하는 일도 힘들다. 교사가 각자 조사해 온 것을 정리하는 지도를 잘했다면 그것만으로도 아이들은 대단한 모둠활동을 경험하는 것이다.

모둠활동을 살리는 지혜

신명기 | 서울 영훈초 교사

서로의 생활을 공유하거나 스스로 원칙을 세워 어떤 일을 해 보거나 문제를 집단적으로 해결해 본 경험이 적은 아이들에게 자치를 보장한다는 명분으로 모든 걸 맡기고 교사는 뒷전에 있으면 안 된다. 교사는 학급에서 크고 작은 문제가 일어날 때마다 아이들이 문제를 풀어 갈 고리를 마련해 주는 역할을 해야 한다.

미리 계획하고 일관성을 유지하라

어떤 일도 계획 없이 성공할 수는 없다. 또한, 교사의 기분에 따라 이것을 시도했다가 안 되면 다른 것을 하고, 또 안 되면 바꾸는 등 일관성이 없으면 모둠활동이 무게 중심을 잃기 쉽다. 아이들도 교사의 눈치를 보게 된다.

모둠을 만들기 전에 충분한 계획을 세우고 아이들이 모둠활동을 어떻게 생각하고 또 어떤 모둠활동을 좋아하는지 미리 조사할 필요가 있다. 지금까지 아이들이 겪은 활동의 좋은 점, 비슷한 점, 좋지 않은 점 따위를 조사하면 좋은 자료가 된다. 아이들에게 설문조사를 해 보면 교사의 머릿속 계획과는 뭔가 다른 의견이 나온다.

칭찬과 상벌, 아이들 눈높이에서 살펴라

모둠활동에서의 칭찬과 상 또는 벌이 정말로 교육적인지 생각해 보고, 꼭 필요한 경우에만 사용해야 한다. 칭찬을 받는 사람은 좋겠지만 그렇지 않은 아이들에게는 반감을 일으킬 수 있다. 적절한 칭찬과 상벌을 위해서는 모둠 규칙을 세우고, 그에 따라 아이들이 수긍할 수 있는 수준에서 이루어지도록 한다.

보상 방법은 스티커와 같이 목표 달성 표시를 해 주거나, 사탕이나 과자 같은 물질적 보상을 해 주는 경우가 많은데, 되도록 물질적 보상은 피하도록 한다. 정성스러운 말로 격려하거나 물질적 보상일 경우, 손수 만든 것들을 건네는 게 좋겠다.

경쟁이 아닌 함께하는 법을 가르쳐라

종종 모둠을 만들어 놓고 아이들을 경쟁으로 치닫게 해서 손쉽게 교육 효과를 얻으려고 하는 경우가 있다. 특히 성적 향상이나 통제의 수단으로 모둠을 운영하는 경우가 있는데, 모둠은 공동체 생활을 위해서 만드는 것이지, 서로 경쟁해서 1등을 하기 위해 만드는 것이 아니다.

모둠원들이 머리를 맞댈 기회를 자주 만들어 함께 계획하고 실천할 수 있는 바탕을 마련해 주어야 한다. 다양한 활동은 서로의 공감대를 넓히고, 경험과 지혜를 키워 준다. 혹 아이들 사이가 틀어져 있더라도, 모둠별 집단상담과 같이 모여서 이야기할 수 있는 분위기와 자리를 자주 만들어 주면 스스로 많은 문제를 해결한다. 교사는 꾸준히 하는 활동이나 새롭게 바뀌는 활동, 그때그때 한 번씩 하는 활동을 적절하게 운영하여 모둠활동의 기운을 조절하는 데 힘쓰도록 한다.

알맞은 평가를 하라

모둠활동을 평가할 때 교사를 가장 어렵게 하는 것은 교과와 관련된 모둠활동 평가이다. 예를 들어 사회과 조사학습을 모둠에게 내주고 그 과정과 결과물을 수행평가로 한다고 했을 때 그 수행 과정을 교실에서 볼 수 없는 경우, 평가는 참 어려운 문제이다. 한두 명의 아이들이 과제를 도맡아서 하고 나머지는 방관자였는데도 모둠 단위로 평가를 한다면, 이 수행평가는 아주 불공평해진다. 이러한 문제를 보완하기 위해, 아이들의 자기 평가를 받아 볼 수 있다.

교과 관련 부분이 아니고 학급운영 차원에서 하는 모둠활동 평가라면 조금 부드럽게 여유를 갖고 하는 것이 좋겠다. 모둠활동 평가는 경쟁보다는 모둠의 개성 있는 활동을 부각시키고 활동 결과보다는 과정을 평가하는 것이 바람직하다. 게시판에 모둠별 활동 상황을 게시하고, 모둠활동의 결과물을 함께 볼 수 있도록 전시회를 개최하는 것도 재미있다. 여기에 모둠활동 평가서를 붙여서, 자기 모둠만이 아니라 다른 모둠에 대한 평가를 겸할 수도 있다.

모둠별 활동 게시판

우리는 한 달을 이렇게 보냈어요

모둠활동 — 월별 행사

만나고 싶었습니다!

________ 모둠의 ________

· 우리 모둠 자랑

· 다른 모둠이 부러워 보였을 때

· 우리 모둠활동에서 가장 기억에 남는 것

· 우리 모둠에서 해 보고 싶은 것

· 우리 선생님이 좋을 때, 미울 때

· 우리 학급의 좋은 점, 나쁜 점

· 소감(인터뷰에 대해, 일주일 동안 다른 모둠 아이들과 함께한 것에 대해)

모둠활동 평가서 1

신나는 모둠활동 이렇게 했어요

________ 모둠 작성일 ____월 ____일

· 우리 모둠은 이렇게 활동했어요. (활동 소개)

· 활동하면서 좋았던 점

· 활동하면서 고쳐야 할 점

· 우리 모둠원에게 한마디

· 느낀 점

모둠활동 평가서 2

우리 모둠 칭찬해 주세요

· 칭찬해 주고 싶은 점

________ 모둠의 ________ :

________ 모둠의 ________ :

________ 모둠의 ________ :

________ 모둠의 ________ :

________ 모둠의 ________ :

· 더 잘했으면 하는 점

1. 모둠과 부서, 양 날개로 비상하는 우리 반
2. 생활 모둠으로 가꾸는 학급 공동체

1. 모둠과 부서, 양 날개로 비상하는 우리 반

박정애 | 인천 동부초 교사

날개 하나! '사람' 중심의 모둠 구성

나는 아이들에게 모둠을 소개할 때 이렇게 말한다. "모둠은 생활 운명 공동체다. 학급에서의 모든 생활을 함께한다. 죽어도 같이 죽고 살아도 같이 산다." 말 그대로 모둠은 학급에서 공동체를 체득하고 구현하는 직접적인 생활 단위이다. 나는 아이들이 모둠활동을 통해서 작은 일이지만 친구들과 함께 무언가를 이루어 냈을 때의 기쁨을 알게 하고 싶다. 또한 진정으로 친구를 이해하고 배려하는 마음과 자세를 배울 수 있기를 바란다. 이런 마음 때문에 모둠이 한번 구성되면 한 학기 동안은 바꾸지 않는다. 아이들이 다른 사람을 진정으로 이해하고 함께하는 것을 배우려면 적어도 두세 달은 함께 생활해야 하지 않을까 하는 생각 때문이다.

모둠은 매우 신중하게 구성해야 한다. 보통 학급 부서와 모둠을 함께 운영하기도 하고 부서와 모둠을 따로 두기도 하는데, 나는 후자를 고집한다. 모둠을 통해 공동체적인 삶을 배우게 하기 위해서 구성부터 '사람' 중심으로 한다. 부서와 모둠을 함께 운영하면 부서활동이 활발히 이루어진다는 장점이 있지만 함께하고 싶은 사람을 찾아서 모둠을 구성하기보다는 학급 내에서 하고 싶은 역할이나 일 중심으로 모둠이 짜여지기 때문에 사람 중심이기보다는 일 중심이 되고 아이들 간의 갈등도 더 자주 일어난다.

처음 모둠을 구성할 때 아이들에게 한 달 정도의 시간을 준다. "사람은 누구나 다 다르기 때문에 나랑 잘 맞는 사람도 있고 잘 안 맞는 사람도 있단다. 이제 너희들이 모둠을 만들면 한 학기 동안 함께 생활할 텐데 나랑 잘 맞는 사람과 같이 하면 더 좋겠지? 선생님은 너희들이 모둠활동을 통해서 평생 함께

할 수 있는 진짜 친구를 만들면 좋겠어. 눈을 크게 뜨고 마음을 활짝 열고 '이 친구하고 같이 생활하면 노는 것도 공부도 잘할 수 있겠구나.' 싶은 친구를 찾아봐." 이렇게 얘기하고 아이들에게 매일 조금씩 모둠에 대해서 이야기를 해 준다. 모둠이 만들어지면 우리 반 생활이 어떻게 바뀔지, 모둠활동으로 어떤 일들을 할 것인지, 재미있게 이야기를 해 주면서 아이들에게 모둠에 대한 관심과 기대감이 생기도록 한다. 그래서 아이들이 '빨리 모둠이 만들어졌으면 좋겠다.' 라고 생각할 때쯤 모둠을 구성한다.

아이들에게 종이를 한 장씩 나누어 주고, 자기랑 모둠이 되면 좋을 친구 다섯 명의 이름을 적게 한다. 그리고 아이들에게 자기가 적어 낸 다섯 명이 모두 같은 모둠이 되면 좋겠지만 우리 반 아이들 전체가 원하는 대로 모둠을 짜는 것은 불가능하다는 이야기를 하고, 적어도 다섯 명 가운데 한 명은 같은 모둠이 되게 해 주겠다고 약속을 한다. 그런 뒤 나는 아이들이 적어 낸 쪽지를 가지고 며칠을 고민해서 약속한 대로 적어도 한 명은 같은 모둠이 되도록 모둠을 짠다.

내가 모둠을 짜는 방법은 이렇다. 우선 큰 도화지에 원하는 사람을 화살표로 표시하면서 적어 나간다. 둘 다 원하면 쌍방향 화살표, 혼자 원하면 한쪽 방향 화살표로 표시해 놓고, 아이들의 성격, 남녀 비율, 사는 곳, 학습 수준을 고려해서 모둠별로 묶는다.

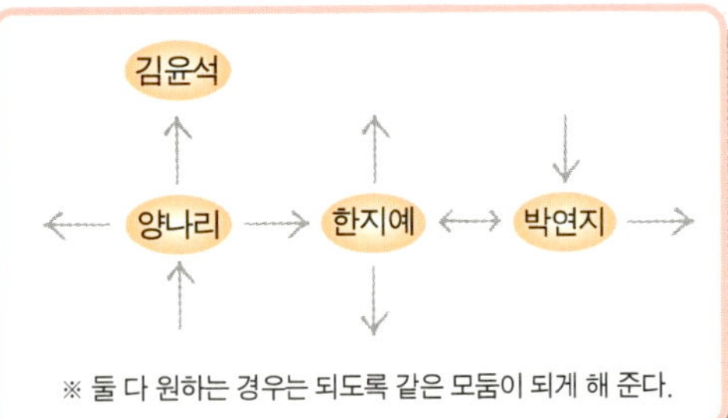

모둠이 발표되는 날 아침, 교실은 그야말로 기쁨과 실망이 교차하는 흥분의 도가니이다. 아이들은 누구와 같은 모둠이 되었다고 펄쩍펄쩍 뛰기도 하고 누가 마음에 안 든다고 나에게 와서 항의를 하기도 한다. 그러다가 이내 아이들은 순순히 모둠 구성을 인정한다. 왜냐하면 약속대로 적어도 한 명은 같은 모둠이 되었기 때문이다. 아이들은 모둠이 처음 구성된 이날을 오래오래 기억한다. 학기 말에 우리 반 10대 사건을 조사하면 빠지지 않고 나오는 것이 '처음으로 모둠이 만들어진 날' 이다.

모둠이 구성된 첫날은 공부보다는 여러 가지 모둠활동으로 시작한다. 1교시는 모둠을 구성하고, 앞으로 모둠활동을 어떻게 하면 좋을지에 대해서 몇 가지 당부를 한다. 사람은 살아가면서 마음에 드는 사람만 만나면서 살 수는 없는 법, 마음에 들지 않는 친구가 같은 모둠이 되었다고 너무 실망하지 말 것, 그런 사람과도 함께 잘 살아가는 법을 배우라는 것, 서로 아끼고 위하는 진짜 가족 같은 모둠이 되라는 것 등.

그리고 2교시는 모둠장과 모둠에서의 각자의 역할, 모둠 이름·규칙·노래·구호 등을 정하고, 3, 4교시에 모두 나와서 발표한다. 모둠 이름은 되도록 순 우리말로, 좋은 의미를 담아서 정하게 한다. 예를 들면 '한·배·탄'('한 배를 탄 아이들'을 줄여서), '김밥'(단무지, 햄, 시금치, 달걀 등이 한데 어우러져 맛을 내는 김밥처럼 모둠원들이 똘똘 뭉친다는 의미) 등이다.

점심을 먹고 5교시에는 모두 운동장으로 나간다. 모둠별로 줄을 서게 한 뒤, 신문지를 한 장씩 나누어 준다. 그러면서 같은 모둠이 된 기념으로 바다 여행을 떠난다고 한다. 신문지는 여행하는 배이다. 모두 배 위에 올라타게 한다. 바다에 무엇이 보이는지, 어디로 가고 싶은지를 물어 진짜 여행하는 분위기를 돋우고, 살다 보면 기쁜 일도 있지만 힘들고 어려운 일도 많음을 상기시키면서 배가 풍랑을 만나 반으로 쪼개졌다고 한다. 그리고 신문지를 반으로 접게 한다. 모둠은 살아도 같이 살고 죽어도 같이 죽는 공동체임을 이야기하고 한 사람도 떨어지지 않게 다 올라타도록 한다. 다시 배가 반으로 쪼개졌다며 신문지를 반으로 접고 모두 올라타고……. 이런 식으로 계속해서, 신문지가 한 아이만 발을 올려놓을 수 있을 정도로 작아질 때까지 접게 한다. 자연스럽게 아이들은 신문지 배에서 떨어지지 않기 위해 서로 안고 업고 붙잡고 한다. 이렇게 몸을 부대끼면서 자연스럽게 친해지는 것이다. '신문지 배 여행'이 끝나면 몸에 있는 물건을 이용해서 가장 긴 끈을 만들게 한다. 아이들은 신발 끈을 풀고 남자 아이들은 웃옷을 벗어 연결하고 심지어는 끈을 잇기 위해 아예 눕기까지 한다. 어려운 한 가지 과제를 함께 해결하면서 '한 모둠'이라는 동질감을 갖게 된다. 이 외에도 손잡고 원 만들어 반환점 돌아오기, 피라미드 쌓기 등을 통해 모둠은 어려운 일일수록 함께 하는 공동체임을 깨닫게 해 준다.

날개 둘! 학급문화를 가꾸는 부서활동

모둠과 부서가 분리되어 있을 경우 부서활동이 소홀해지기 쉽다. 부서활동을 더 활발히 의욕적으로 할 수 있도록 나는 부서를 정하는 것도 아이들에게 맡긴다. 여기서 가장 중요한 것은 아이들의 자발적 참여를 최대한 끌어내는 것이다. 먼저 학급회의에서 우리 반에 필요한 부서를 결정한다. 학교에서 정해 준 부서를 그대로 두는 것이 아니라 우리 반 형편에 맞게 부서를 조정하고, 그에 맞는 이름을 정한다. 부서가 결정되면 어떤 일을 맡아서 할지에 대해 전체 아이들과 토론을 한다.

예시 부서와 역할

회장·부회장	학급회의를 주관하며, 각 부장을 돕고, 각 부서의 활동을 점검한다.
학습부	학습 준비, 학급에 관계된 모든 일
도서부	학급문고 관리
꾸미기부(미화부)	학급환경 - 게시판, 청소 등
오락부(문화부)	학급 문화행사, 노래 가르쳐 주기 등
체육부	학급 체육기구 정비, 체육 시간 활동 등
봉사부	학급 비품 관리, 화분 관리, 쓰레기 분리수거, 신문 배달 등
편집부	학급신문, 학급문집 제작 등

이렇게 부서와 할 일까지 정해지면 부장을 뽑는다. 뽑힌 각 부의 부장들은 부원 모집 안내문을 만들어 와서 게시판에 붙인다. 다음 날 아이들은 각 부장들의 안내문을 보고 미리 마련해 둔 '부서 신청서'를 원하는 부서의 부장에게 제출한다. 부서에 대한 아이들의 관심을 높이고 선택의 폭을 넓힐 수 있는 방법이다.

부서 신청서를 다 모아 놓고 그 결과를 보면 참 재미있다. 가장 많은 아이들이 몰리는 부서는 언제나 체육부다. 거의 모든 남자 아이들이 신청한다. 아이들이 거의 신청하지 않는 부도 생긴다. 아이들이 많이 신청한 부나 거의 신청하지 않은 부의 부장들은 대부분 울상이다. 왜냐하면 각 부의 부원수는 5~6명 정도로 제한되어 있기 때문이다. 부장들은 이 문제를 어떻게 해결할 것인지 교사인 나에게 묻는다. 그러면 나의 대답은 아주 간단하다. "너희들이 알아서 뽑아! 단 공정하고 객관적으로 뽑아야겠지? 그리고 부원이 부족한 부는 부장이 아이들을 꼬셔서라도 인원을 다 채워서 뽑으려무나."

다음 날 게시판에는 재미있는 안내장이 붙는다.

"체육부에 열렬한 성원을 보내 주셔서 감사합니다. 체육부를 신청한 어린이들은 ○월 ○일 공부가 끝난 뒤, 운동장에 모여 주십시오. 체육부원을 뽑겠습니다."

어떻게 체육부원을 뽑는가 가만히 지켜보면 달리기 시합을 하고 있다. 가장 빠른 아이들부터 뽑는다. 다른 한쪽에서는 부원이 다 모이지 않은 부의 부장들이 떨어진 아이들 곁에서 열심히 꼬시고 있다. 서로 자기 부로 들어오라고. 미화부는 글씨 쓰기로, 문화부는 풍금 치는 실력으로 부원을 뽑았다. 이런 과정을 몇 번 거치면 부원들이 다 결정이 된다. 아이들의 열기는 대단하다. 보통 하는 방식대로 가위바위보를 해서 부를 결정하는 것과는 자발성에서 큰 차이가 난다. 이렇게 어려운 과정을 거쳐서 각 부의 부원이 결정되었기 때문에 아이들은 부서활동에 굉장히 의욕적이다. 매달 부 계획을 세우고 여러 가지 활동을 스스로 꾸려 나간다. 문화부 주최 어린이 동요대회, 체육부 주최 다른 반과의 축구시합, 꾸미기부 주최 종이접기 대회 등. 조립품 만들기 대회나 서바이벌 미팅 같은 색다른 행사들도 인상적인 부서활동이었다.

2학기 부서활동은 특색 있는 학급문화를 만들어 나가는 데 주안점을 둔다. 보통 2학기는 운동회나 학예회 행사로 바쁘게 지나간다. 부서가 적극적으로 결합해서 이런 학교행사를 새롭게 만들어 가는 것도 좋다. 그리고 모둠활동과 부서활동이 적절히 조화될 필요가 있다. 한 학기 동안 계속 모둠을 유지하면 자기 모둠 친구들과는 친해지지만 다른 모둠 친구들에게는 관심이 적어질 수밖에 없는 단점이 있다. 그런 단점을 보완할 수 있는 것이 부서활동이다. 보통 나는 2학기 추석이 지나고는 항상 공기 대회나 팔씨름 대회를 한다. 어떤 부서든 상관없이 몇 부서가 맡아서 이 행사를 진행하게 한다. 이때는 모둠과는 상관없이 여러 아이들이 같이 대회에 참여할 수 있게

예시 **부서 안내문**

총무부를 소개합니다

우선 저를 총무부장으로 뽑아 주신 여러분께 감사드립니다. 저는 이번에 총무부장으로 뽑힌 전학생 '안승욱' 입니다. 이제부터 총무부에서 하는 일을 말씀드리겠습니다. (중략)
사람들은 총무부를 해도 보람이 없다고 하지만 총무부를 하면 큰 보람이 있습니다. 바로 우리 학급을 바르게 이끌어 우리 반을 최고의 학급으로 만들 수 있기 때문입니다. '총무부' 에 들어오고 싶으면 아래 다섯 가지 중에서 세 가지 이상을 갖추어야 합니다.

1. 고운말을 쓴다.
2. 친구들이 예절이 바르다고 한다.
3. 친구들 가운데 한 명이라도 모든 것이 완벽하다고 한다.
4. 지도자 역할을 해 본 적이 있다. (회장, 부회장, 각 부의 부장, 모둠장 등)
5. 자기 자신을 평범한 어린이라고 생각한다.

* 자세한 사항은 '안승욱' 한테 물어봐 주십시오.

부서 신청서

5학년 5반   번
이름:

· 희망 부서:

· 희망하는 이유:

※ 희망하는 부의 부장에게 제출하세요.

하고 팀도 짠다. 또 겨울이 시작되면 학급 연극제도 한다. 부서활동은 모둠과는 또 다른 의미에서 더불어 살아가는 모습을 깨닫게 해 준다.

아이들은 정말 창의적이다. 자신들이 직접 계획하고 결정하고 준비한 일에는 다른 어떤 일보다 의욕적이고 적극적이다. 아이들에게 어떤 활동이나 행사를 던져 주고 하라고만 할 것이 아니라, 그리고 교사의 기대에 못 미쳤을 때 실망하고 아이들 탓만 할 게 아니라, 아이들 스스로 무언가를 이루어 낼 수 있는 분위기와 기회를 제공해 주는 것이 진정한 교사의 역할이 아닐까? 학급운영에서 중요한 것은 '무엇을 했다.' 는 것보다 '무엇을 어떻게 했는가? 그것을 통해 서로가 어떻게 변하고 서로를 이해하게 되었는가?' 이다. 아이들과 새롭게 만나기 시작하면서 사실 더 많이 변하고 더 많이 깨우쳐야 할 사람은 바로 교사 자신이다.

2. 생활 모둠으로 가꾸는 학급 공동체

이명순 | 전 충북 청주 서원초 교사

새 학년이 되면 많은 교사들이 올해는 학급운영을 어떻게 해야 할까 고민하게 된다. 아이들 또한 새로운 선생님과 동무들에 대한 기대감을 가지고 지난해와는 다른 마음가짐으로 시작한다. 하지만 요구도 서로 다르고, 다른 반에서 생활하다 모이기 때문에 처음에는 공통된 관심사를 찾기가 쉽지 않다.

그렇다면 먼저 해야 할 일은 뭘까, 무엇보다 중요한 것은 서로를 이해하고 '우리 반' 이라는 공동체 의식을 심어 주면서 더불어 사는 삶의 의미를 생각해 보게 하는 것이 아닐까. 이를 위해 생활 중심의 모둠을 꾸려 보는 것을 제안하고 싶다. 생활 중심 모둠은 아이들이 매일 얼굴을 맞대고 생활을 하며 부딪히는 구체적인 문제들을 스스로 해결하는 학급 공동체의 바탕이다.

되돌아보기, 다시 시작하기

지난 1학기 모둠운영을 돌아보고 2학기에 새로 모둠을 짰다. 아이들이 생활을 공유하고 인간관계를 발전시키는 데 중점을 두고, 아이들 파악부터 다시 했다(《예시》 참고). 성격, 아이들의 친밀도, 성적, 부족한 친구를 끌어 줄 수 있는 아이, 문제가 많이 드러나는 아이 등을 중심으로 정리를 했는데, 혼자서 아이들을 파악하고, 이 아이 저 아이 어떻게 구성하는 것이 좋을까 고민하다 보니 무척 힘이 들었다. 그러나 그 과정에서 좋아하는 아이, 싫어하는 아이, 소외되는 아이 등 구체적인 문제가 보이기 시작했고, 겉에서 관찰한 것과 달라서 꽤 놀랐다.

특히, 지영이가 반 아이들 모두로부터 소외받는 것이 가장 큰 문제였다. 지영이를 배려하면서 지영이의 이기적이고 자기 중심적인 성격도 고쳐 가야 했다. 그래서 '천사들의 합창' 모둠은 지영이를 중심으로 다른 아이들을 배치했다. 우선 지영이에 대해 크게 반감이 없고 잘못된 점을 이야기해 줄 수 있는 혜영이와 혜선이, 그리고 다른 아이의 잘못에 너그러운 유진이, 지영이가 마음 붙일 수 있는 현진이를 같이 배치했다. 성격이 원만하지 못한 희연이도 그런 분위기 속에서 성격을 고칠 수 있도록 한 모둠에 넣었다.

물론 혜영이나 혜선이가 지영이나 희연이 문제를 풀 수는 없다. 그러나 서로 노력하는 가운데 지영이와 희연이가 스스로 자신의 막힌 부분을 풀어 가고, 혜영이나 혜선이도 마음 맞는 친한 친구와 즐겁게 지내면서 서로를 좀 더 배려하길 바랐다.

이런 분위기가 다른 여자 아이들에게도 전해져 전처럼 지영이를 소외시키지는 않았다. 다행스럽게도 지영이도 이해심 깊은 아이들과 지내면서 자기 문제를 고치려고 노력했다.

아무튼 가장 걱정이 많았던 모둠이었는데 혜선이, 혜정이, 유진이가 많이 참아 주어서인지 그 후 지영이는 예전보다 아이들과 사이가 훨씬 좋아졌다. 물론 가끔은 예전 버릇이 나와서 싸우기도 했지만. 혜선이는 지금도 의견이 딱딱 맞고 협동심이 강했던 '천사들의 합창' 모둠이 가장 기억에 남는다고 한다. 아이들 사이를 조정하느라 힘들었을 텐데. 말이 없고 묵묵히 행동하는 혜선이도 친구 관계가 더 넓어지고 성격도 더 적극적으로 바뀌었다.

<천사들의 합창> 모둠

이름	관찰 내용
정혜영	2학기 부반장. 활달하고 아이들 사이를 잘 조정할 줄 아는데, 어떨 땐 지나치다 싶게 신경을 쓴다. 여자 아이들 대부분이 좋아한다. 외모와 성적 때문에 고민이 많다.
송지영	아이들과 잘 어울리지 않는다. 여자 아이들 대부분이 싫어한다. 아이들 말로는 지영이는 자기만 생각하고 삐치기를 잘하고 청소라든가 함께 하는 일은 거의 안 하려고 한단다. 잘해 주면 제멋대로 하려 해서 지금은 거의 모른 척한단다. 위로 언니가 있는데 공부 잘하는 언니와 비교당하는 것 같고 식구들이 자주 싸운다고 한다.
손혜선	1학기 부반장. 요즘 아이답지 않게 사려가 깊다. 집안의 둘째로 슈퍼를 하는 부모님 일손을 많이 돕고, 학원을 다니지 않아도 공부를 잘한다. 자기 생각을 거의 말하지 않으나 일기를 보면 매우 어른스럽다. 아이들과 잘 어울리나 친한 친구는 현주다.
박유진	언니가 한 명 있다. 거의 자기 표현이 없다. 마음이 여리고 착하다. 친구들이 유진이는 너무 착해서 걱정이라고 할 정도다. 성적이 떨어져 고민이 많다. 집에서 거의 언니에게만 신경을 쓰는지 가끔 서운함을 표현한다. 친구들과 잘 어울리고 좋아하는 아이들이 많다.
차현진	아버지가 목사인데 집안이 어려운 편이다. 동생이 한 명 있고, 다른 사람을 이해하려 하고 착하다. 성적이 나빠서인지 소극적이고 우리 반에서는 유일하게 지영이와 친하다.
이희연	오빠가 한 명 있다. 성격이 원만하지 못하고 지연이와 은정이를 빼고는 다른 아이들과 거의 어울리지 않는다. 누군가 자꾸 자기를 놀린다고 하소연을 많이 한다. 눈물도 많고 자주 속상해한다.

예시   아이들 관찰

사람 보는 눈이 달라진 아이들

다른 아이들도 달라지는 모습이 눈에 들어왔다. 무엇보다 사람을 보는 눈이 달라졌다. 아이들은 겉모습, 드러나는 것 중심으로 사람을 보는 경우가 많다. 그러나 서로의 처지나 사정을 알게 되면 그 사람의 참모습을 보게 된다. 모둠을 중심으로 생활하면서 아이들과 사람을 어떻게 봐야 하는지 토론을 하고, 나는 어떤 사람이었는가를 생각하면서 서로의 참모습을 보려고 노력하였다.

"처음엔 나도 다른 사람처럼 겉모습으로 사람을 판단했다. 영진이는 트림을 하고 발을 올려서 싫었고, 동규는 너무 느려서, 준호는 공부 시간에 딴 짓을 해서 싫었다. 나는 내 자신을 생각해 보지 않았던 것이다. 남이 못하는 것이 있으면 내가 조금 잘하고, 내가 못하는 점이 있으면 그 친구가 잘하고. 하지만 나는 그 친구의 특징을 생각해 보지 않고 나쁜 점만 생각했으니……. 내가 만약 그 친구였다면 기분이 얼마나 나빴을까? 이제는 그러지 않기로 했는데 잘될지 모르겠다." (혜영)

짝으로 모여 있던 아이들이 모둠을 지어 생활하다 보니, 인간 관계가 넓어진 만큼 부딪히는 문제도 많아졌다. 해결도 상황에 따라 달라야 하고, 서로 배려도 해야 하고……. 이런 과정에서 아이들은 상황에 따라 서로를 조정하며 인간 관계의 폭을 넓혀 나갔다.

우리 반 동규는 늘 혼자였다. 같이 해야 할 일은 물론 자신이 해야 할 일도 거의 안 하고, 다른 사람을 돕거나 다른 사람의 도움을 받으려 하지도 않았다. 다른 아이들도 원래 그런 아이로 생각하고 관심도 갖지 않았는데, 모둠생활은 그게 아니었다. 동규도 자신의 문제를 그저 내버려 둘 수 없었고, 아이들도 더 이상 무관심할 수 없게 되었다. 거기다 아이들로부터 소외받던 지영이도 더 이상 외톨이로 남아 있지 않았다. 친한 친구라고는 준식이밖에 없던 영진이가 모둠생활을 이렇게 평가했다.

"6학년에 들어와서 모둠생활을 했다. 여러 모둠을 했지만 제일 기억에 남는 모둠은 '시나브로' 모둠이다. 맨날 과자를 사 와서 모둠 친구들과 나누어 먹었다. 또 음악 숙제할 때도 오가인 집에 가서 했는데 서로 많이 친해졌다. 친하지 않았던 정식이도 친해져서 지금은 나에게 없어서는 안 될 친구가 됐다." (영진)

"자치는 이런 게 아닐까요"

어느 날 아침 교실에 들어섰더니 한 모둠에서, "자, 오늘 각자 맡은 역할을 알려 주겠어. 대표자는 나고, 서기는 ○○, 사회자는 ○○, 발표는 ○○, 우유 당번은 ○○. 참 ○○는 뒷정리야." 하면서 전날

있었던 일에 대해 이야기한 뒤 그날 역할에 대해 점검을 하는 것이 아닌가.

아침 시간에 모둠끼리 생활 이야기도 하고 하루 계획도 세워 보면 좋겠다 싶었지만 지난해에 시도하다 잘 안 되어서 말을 안 했는데, 아이들은 스스로 생활을 챙기고 있었다. 내가 이래라 저래라 할 때와는 달리 자기들끼리 약속도 꼬박꼬박 지키고 다른 모둠에게도 알려 같이 하자고 했다. 한 모둠이 모범을 보이니까 다른 모둠에게도 쉽게 전해졌다. 학급 마무리잔치 때도 어느 모둠이 음식을 스스로 준비하겠다고 하자 다른 모둠도 그렇게 하자고 해서 음식을 각자 나누어 준비하게 되었다.

역할 점검 말고도 모둠에서 문제가 생기면 모둠회의를 통해 곧잘 풀어 갔다. 학기 말 마무리잔치 때 모둠 생활극을 하던 '희망' 모둠 아이들이 같은 모둠원이었던 정희를 괴롭혔던 모양이었다. 모둠회의 시간, 남자 아이들은 자신들이 정희를 때리고 괴롭혔던 것이 잘못된 것 같다고 반성했고, 여자 아이들은 때리지는 않았지만 정희를 미워했다고 반성하면서 앞으로 잘해 주자며 마음을 고쳐 먹었다. 또 준영이가 모둠 여자 아이들에게 말을 함부로 해서 자주 싸우고 사이가 좋지 않았는데 그 문제도 저희끼리 슬기롭게 해결해 냈다.

아이들의 가능성은 교사의 가능성

2학기 들어 10월 중순쯤 화진이가 전학을 오고 자리 배치 문제가 생겨 새로 모둠을 바꾸게 됐다. 사실 처음 계획한 것이 있어서 바꾸는 것이 영 마음에 걸렸는데, 아이들과 토의 끝에 결정했다. 이때는 아이들 상태를 충분히 검토하지 못하고 친한 아이들 중심으로 앉았다. 처음에 계획한 대로 한 학기를 같이 지내며 아이들이 달라지는 모습을 끝까지 볼 수 없어서 아쉬움이 남았다.

하지만 한 학기 모둠을 운영하면서 무엇보다 아이들에 대한 믿음이 생겼다. 아이들이 서로 배려하고 다른 사람과 자신의 문제를 적극적으로 풀어 가는 모습을 보면서 공동체 생활의 맛이 이런 게 아닌가 싶었다. 또 이제는 "이런 것에 대해 서로 이야기해 볼래?" "이런 문제는 어떻게 하면 좋겠니?" 하면 저희들끼리 머리 맞대고 이야기하면서 스스로 해결해 간다.

나 또한 아이들과의 관계에 좀 더 적극적이 되었다. 전에는 아이들에게 문제가 생기면 어떻게 풀어야 할지 혼자 끙끙거리거나 교사의 권위를 앞세워 일방적으로 끼어들어 문제를 더 복잡하게 만들기 일쑤였다. 나와 그 아이만의 문제로 보았기 때문이다. 하지만 이제는 그 아이가 친구들 관계에서 스스로 풀어 가야 한다는 원칙을 세우고, 모둠 친구들과 같이 이야기하도록 하는 것이다.

그렇다고 아이들의 문제를 방관만 하는 것이 아니라 다른 방식으로 좀 더 적극적으로 풀려고 하는 것이다. 당사자가 문제 제기를 못하면 내가 나서서 "얘들아, ○○가 너희 여자 셋 가운데서 저만 혼자 외톨이가 되는 것 같다는데 너희는 어떻게 생각하니?" 하고 말해 주기도 하고, 그 아이가 같이 있어서 어색해질 것 같으면 아이가 없는 자리에서, 함께 생각해야 할 문제가 있다고 하면서 모둠 친구들을 몽땅 남겨서 이야기를 한다. 그러면 그날 그 모둠은 비상이 걸리지만 서로 이야기를 나누면서 다 함께 해결의 실마리를 찾는다.

고백하자면 나도 인간 관계에 고민이 많았다. 어떤 사람과 문제가 있으면 적극적으로 풀어 가기보다는 무관심하거나 마음고생을 하는 편이다. 사람과 일에 소극적인 태도가 가장 큰 문제였는데, 아이들이 스스로 문제를 해결해 가도록 배려하면서 나도 인간 관계에 더 세심해지고 적극적이 되려고 노력한다. 나의 변화 곧 교사의 변화는 결국 아이들의 변화로 이어지니까.

1 자기 소개(별명 짓기)

자기 별명과 그 유래를 몇 명만 소개한다. (대개 별명에 대해서 좋지 않게 여기고 있지만 별명을 좋아하는 아이도 있다.) 각자 자기 별명을 지어 본 뒤에 별명을 소개하고 이유를 설명한다. 만약 짓지 못한 아이가 있으면 서로 생각을 모아 그 아이의 마음에 드는 별명을 지어 준다. 이름표가 준비되었으면 별명을 넣어 만들어 단다.

2 마음을 열기 위한 신체 접촉 프로그램

"눈으로, 또 입으로 인사를 나눴으니 지금부터는 온몸으로 인사를 나누도록 합시다. 앞으로 한 학기(일 년) 동안 함께할 친구들이니 인사를 한번 힘차게 해 봅시다."정도의 도입으로 시작한다. 다음 중 하나만 하면 되겠다.

● 안마해 주기

서로 등을 보며 빙 둘러앉아서 앞사람의 어깨를 두드리며 안마를 해 준다. 몇 분 동안 그냥 안마를 해 주어도 좋고, 노래를 부르며 리듬에 맞추어 어깨를 두드려도 좋다.
사회자(교사)가 "오른쪽" "왼쪽" "허리" "빨리" "천천히" 하는 말을 해도 좋고, '운전'에 비유해 "좌회전" "우회전" "후진" "시속 20km" "시속 100km"라고 얘기하며 안마해 줄 부위나 속도를 안내해도 재미있다. 너무 오래 하지 않는다.

● 몸으로 인사하기

자유롭게 옮겨다니며 마주치는 사람과 인사를 한다. 이때 입으로 "안녕!" 따위의 말을 하면서 인사를 하는 것이 아니라, 신체의 한 부위를 부딪쳐 가며 인사를 나누는데, 먼저 손(악수)부터 시작하는 게 무난하다. 모든 아이들이 돌아다니며 인사를 나누었을 무렵, 신체 부위를 바꾸어 다시 한 번 인사를 하도록 한다.
발, 뺨, 엉덩이, 무릎 등을 부딪치며 인사를 할 수 있다. 아이들에게 어디를 통해 인사할까 하고 물어보면, 배, 코끝, 뒤통수 등 재미있고 기발한 제안을 많이 한다.

학년이나 학급 특성에 따라 프로그램을 적당히 줄이거나 더해 사용하는 것이 효과적이다. 첫 모둠과 함께 해 본 뒤 아이들 반응에 따라 새로운 프로그램을 더하거나 순서를 바꾸어 진행한다. 집단상담을 하기 전에 책걸상을 모두 뒤로 밀어 놓고, 의자만 둥글게 놓는 것이 좋다. 미리 집단상담 하는 날을 알려 주고, 회의를 시작하듯 딱딱하게 열지 말고, 간단한 간식을 함께 먹으면서 시작한다.
집단상담을 하면서 유의할 점은 교사도 집단상담의 구성원으로 참여를 하고, 먼저 시범을 보이는 것이다. 교사가 자기 이야기를 진솔하고 용기 있게 할 때 아이들도 자기 이야기를 꺼내게 되며, 서로 입장 차이를 극복하고 신뢰할 수 있는 사이가 된다. 예를 들어 줄 때는 너무 무겁거나 어려운 예는 피하도록 한다.
여유가 있으면 이때 모둠장 뽑기, 모둠 노래와 구호 정하기를 할 수도 있다.

서로에 대한 탐색 ③ 

다음은 자신을 좀 더 깊이 소개하고, 서로에 대한 정보와 인상을 나누는 시간이다. 여러 가지 프로그램을 순서대로 진행하기보다는 한두 가지 프로그램을 여러 번 진행해 '공감'의 깊이를 더하는 것이 좋다. 다음 프로그램 가운데 몇 가지를 선택하여 적절히 활용하면 된다. 필기구 등의 준비물이 필요한 경우, 모둠원 수에 맞추어 교사가 준비해 두는 것이 좋다.

● 자화상 그리기
준비물 : 8절 색도화지, 색연필이나 크레파스

여러 가지 색의 도화지와 크레파스 등을 준비하여 먼저 자기가 가장 좋아하는 색깔의 도화지나 크레파스를 선택하게 한다. 도화지 맨 위에 자기 이름이나 별명을 예쁘고 씩씩하게 쓴다. 이름(별명) 밑에 자화상을 그리게 한다. 이때 자화상은 자신의 실제 모습을 그릴 수도 있고, 자신을 나타낼 수 있는 비유적이거나 추상적인 모습일 수도 있다.

자화상이 완성되면 서로 돌아가며 자기가 그린 그림에 대해서 친구들에게 설명해 주고 질문을 받기도 하면서 해설한다.

● 나의 신체도 그리기
준비물 : 8절 색도화지, 색연필이나 크레파스

도화지와 필기도구(색연필이나 크레파스)를 준비하여 아이들에게 하나씩 나누어 준다. (도화지는 1인당 한 장씩, 크레파스나 색연필은 두세 명에 하나씩 나누어 준다.) 도화지에 각자 자신의 모습(전신)을 간단하게 그린 뒤, 머리 부분에는 자기가 제일 좋아하는 과목이나 분야, 오른쪽 눈에는 가장 좋아하는 색깔, 왼쪽 눈에는 가장 좋아하는 풍경이나 모양을 그린다.

코에는 좋아하는 냄새를, 입에는 좋아하는 음식이나 단어를 쓰고, 가슴엔 장래 희망을, 오른쪽 손에는 손버릇이나 취미, 왼쪽 손에는 자신이 가장 아끼는 소지품을 그린다. 마지막으로 오른쪽 발에는 자신의 발버릇이나 발로 하기 좋아하는 것을, 왼쪽 발에는 가장 가고 싶은 곳이나 나라를 그린다.

다 그린 뒤에는 차례로 그것을 친구들에게 설명한다.

● 기뻤던 일, 슬펐던 일 나누기
준비물 : 16절지, 필기구

최근에 있었던 일 가운데 기뻤던 일과 슬펐던 일을 눈을 감고 생각해 본다. 약 다섯 가지 정도씩 생각하도록 한다. 활동을 돕기 위해 작은 종이쪽지를 나누어 주고 적게 해도 좋다.

먼저 기뻤던 일을 차례대로 돌아가며 이야기한다. 생각이 떠오르지 않는 사람을 억지로 말하게 하지 말고 다음 순서로 넘긴다. 다른 사람이 말하는 도중에 생각이 날 수도 있으므로 그 사람의 말이 끝난 다음에 말하도록 한다. 내용이 다른 사람과 같더라도 이야기하도록 한다.

기쁜 일을 다 나누었으면 슬펐던 일도 같은 요령으로 한다.

● 나의 장점 말하기

종이를 나누어 주고 10~20분 동안 자기 자랑을 100개 쓰도록 한다. 신체 특징, 성격, 생활 태도, 좋은 버릇 등 모든 면에 걸쳐서 적는다. 예를 들면 나는 밥을 잘 먹는다, 나는 축구를 잘한다, 나는 기분 나쁜 일은 빨리 잊는다, 나는 목소리가 크다 등. 다 적었으면 돌아가면서 적은 것을 발표한다.

목표를 100개로 하지만 꼭 100개를 모두 적으라는 것은 아니다. 20가지 정도면 족하다.

● 나는 누구인가

메모지를 10장씩 나누어 주고 한 장에 한 가지씩 '나는 …… 하다.'라고 자신의 특징을 쓴다.

다 쓴 다음 10가지를 발표한다.

발표한 뒤 10가지 가운데 버릴 수 있는 것 다섯 가지를 내려놓게 한다.

남은 다섯 가지 가운데 다시 세 가지를 골라서 내려놓게 한다. 다시 남은 두 장 가운데 가장 소중한 것 한 가지만을 남기고 하나를 내려놓게 한다.

한 사람씩 돌아가며 버릴 때의 느낌을 이야기하고, 특히 마지막까지 가지고 있었던 한 가지는 무엇인지 이유를 들어 설명한다.

● 10대 사건을 중심으로 한 내 인생 소개

종이를 한 장씩 주고 지금까지 지내오면서 기억에 남거나 혹은 커다란 영향을 끼친 사건 10가지를 적도록 한다. 5~6분 정도 시간을 준 뒤 다 적은 것을 확인하고 돌아가며 발표한다.

● 가족 소개하기

종이를 한 장씩 나누어 준 뒤, 현재 자신의 집에 살고 있는 사람에 대해 아주 자세히 쓰도록 한다. 나이부터 성격, 버릇, 나와 친밀한 정도 등 소개할 수 있는 한 자세히 쓰도록 한다. 다 적었으면 발표를 하고 느낌을 나눈다.

식구에 대한 소개와 더불어 그 사람이 나에게 구체적으로 어떤 영향을 주는지까지 적도록 하며, 식구가 아니더라도 한집에 살고 있는 사람이면 누구든 쓸 수 있다고 말해 준다.

● 고민 나누기

둘씩 짝을 지어 각자 3분 정도 자신의 고민을 상대방에게 이야기한다. 이때 듣는 사람들은 잘 메모해 둔다. 두 사람이 번갈아 가며 이야기를 나눈 뒤에는 전체가 둘러앉아 자신이 들은 상대방의 이야기를 다른 모둠원에게 소개한다. 그 가운데서 함께 해결할 문제를 하나 정하여 다시 본인의 입을 통해 고민을 듣는다. 그런 뒤 집단의 지혜를 모아 해결 방법을 찾아본다.

신뢰를 쌓는 신체 접촉 프로그램 

앞의 프로그램을 통해 서로에 대한 이해의 폭을 넓혔다면, 서로의 몸을 부딪치는 프로그램을 통해 공감과 신뢰를 극대화할 수 있다. 다음 프로그램은 모두 친구들을 마음껏 믿어야 진행할 수 있는 것들이다. 역시 여러 가지를 하는 것보다는 하나의 프로그램을 여러 번 돌아가며 하는 게 좋다. 처음에는 겁이 나서 몸에 힘을 주다가도 한두 차례 반복하고, 친구들이 하는 모습을 보면서, 나중에는 완전히 몸을 맡길 수 있게 된다. 모둠원 수와 성별에 따라 선택한다.

● 원뿔 돌리기

모둠원 모두가 둥그렇게 서서 원을 만든다. 먼저 한 사람이 원 안으로 들어가 눈을 가리거나 감는다. 둘러선 사람들은 눈을 가린 사람을 받을 준비를 한다. 시작 신호가 나면 장님은 꼿꼿이 선 채 뒤로 넘어지고, 둘러선 사람들은 장님의 겨드랑이를 부축하여 옆사람에게 넘겨져서 한 바퀴 돈 다음 눈을 풀고 제자리에 선다.

돌아가며 한 사람씩 모두 장님이 된 뒤 자리에 앉아 느낌을 이야기한다.

● 뒤로 쓰러지기

원뿔 돌리기와 같은 요령인데, 장님이 원 가운데 서서 뒤로 쓰러지면 뒤에 있던 두세 명이 그 사람이 땅에 떨어지기 전에 받는다. 같은 요령으로 같은 사람이 다른 방향으로 쓰러지기를 세 번쯤 더 해 본다. 장님은 뒤로 쓰러질 때 온몸에 힘을 빼고 무릎을 굽히지 말고 쓰러져야 한다. 친구들을 믿는 마음이 있어야 잘 쓰러지며, 이때 주위에서 잘 잡아 주어야 안심하고 쓰러질 수 있다. 네 번 정도 쓰러지다 보면 친구들에 대한 신뢰감이 생긴다.

이 프로그램을 하기 전에 주위에 위험한 물건들을 치운다. 또한, 저학년 아이들은 사고의 위험이 있으므로 고학년 아이들에게만 적용하도록 한다. 매트리스를 깔고 하는 것도 좋은 방법이다.

● **숨쉬는 피라미드**

먼저 모둠원 가운데 반수 정도가 천장을 보고 한 줄로 바로 눕는다. 누운 사람의 허벅지 위에 엉덩이를 대고 다른 사람이 눕는다. 처음 누운 줄보다 두 번째 눕는 줄은 한 사람이 적게 눕는다. 그래야 피라미드처럼 삼각형을 이룰 수 있다.

누울 때 두 사람의 허벅지 사이에 엉덩이를 대고 누워야 밑에 깔린 사람들이 아프지 않다. 마지막 줄의 한 사람까지 다 누웠을 때 지도자의 신호에 따라 숨을 깊이 들이쉬었다가 깊이 내쉬는 것을 반복한다.

누운 사람들이 한 덩어리가 되어 몸이 붕하고 뜨고 푹하고 가라앉는 느낌을 동시에 갖게 된다.

다 누웠을 때 웃거나 장난하는 분위기가 되지 않도록 지도하고 숨을 깊이 들이쉬고 내쉬도록 해야 한다. 눕는 층을 바꾸어 두세 차례 반복한다.

집단상담 마무리하기 

이제 집단상담을 마무리하는 시간이다. 한 학기 동안 운명(?)을 같이할 모둠을 만난 느낌, 서로에 대한 느낌, 상담에 대한 느낌을 나누고, 앞으로의 각오를 다지는 것으로 마무리한다. 모든 프로그램이 끝나면 반가(만약 모둠 노래가 정해졌으면 모둠 노래) 등 노래를 함께 부르는 것으로 마무리한다.

● **인상 이야기하기**

한 사람씩 돌아가며 서로에 대한 느낌, 집단상담에 대한 느낌을 이야기한다.

● **느낌 나누기(이야기 릴레이)**

서로에 대한 느낌, 집단상담에 대한 느낌을 이야기하되, 릴레이 방식으로 앞사람이 얘기한 것에 이어서 한다.

"나는 오늘 ○○ 모둠에 가입했습니다."
"○○ 모둠에는 누구, 누구가 있습니다."
"처음에 ○○ 모둠이 되었을 때 아는 친구가 별로 없어 서먹서먹했습니다."
"그런데 오후에 모둠별로 집단상담을 했습니다."
"집단상담을 하면서 친구들과 많이 친해졌습니다."
"특히 ××는 아주 재미있는 애라는 걸 알게 되었습니다."
……

● **우리 모둠을 위해 내가 할 수 있는 것 쓰기**

집단상담을 하며 느낀 점과 같은 모둠원에 대한 이해를 바탕으로, 한 학년을 같이 보내는 동안 누군가(특정한 사람이어도 좋고, 우리 모둠이어도 좋다.)에게 해 줄 수 있는 봉사를 종이에 적는 것이다. 백지 한 장에 돌아가며 쓰거나 말로 한다.

03 학급어린이회의

회의는 현실적인 문제나 예견되는 문제상황을 해결하기 위해

한 집단의 구성원끼리 다양하게 의견을 교환하며

의사결정을 내리는 것입니다.

말하자면 최선의 방책을 찾아가는 절차인 것입니다.

학급어린이회의는 아이들이 한 달, 한 주간의 학교생활을 점검하면서

다음 학급활동의 방향과 모습을

집단적으로 설계하고 공유할 수 있는 좋은 틀입니다.

회의라는 의사소통 구조를 경험해 가는 과정에서

아이들은 집단생활의 원리를 자연스럽게 터득하며,

의사결정의 원리와 힘을 발견하게 됩니다.

학급어린이회의는 학급자치의 표본이면서 동시에 아이들이 의사결정 과정을 직접 체험해 볼 수 있는 공식적인 장이다. 아이들은 회의를 통해, 스스로 투표권을 행사하여 안건이 결정되는 것을 보며 쾌감을 느낀다. 그 쾌감은 '나의 권리' 를 확인하는 데서 오는 것이다. 대부분의 교과 내용이 간접경험이라면 학급회의는 아이들이 민주주의를 직접 경험할 수 있는 아주 좋은 활동이다.

학급어린이회의가 민주주의 체험의 장이라는 데는 교사마다 별반 이견이 없을 것이다. 하지만, 민주주의와 민주주의 교육은 다르다. 아이들은 민주주의의 주체이지만, 피교육자이고, 교육의 주체이지만 또한 피교육자이다. 이런 점에서 학급어린이회의는 교사가 관심을 가지고 아이들과 함께 일구어 가야 할 교육의 장인 것이다. 학교나 교사가 어떤 역할을 하느냐에 따라 학급어린이회의의 현실적인 가치와 그 가능성이 달라진다.

그러나 지금까지 학급어린이회의는 형식과 절차에 치중한 나머지 의례적으로 흐른 감이 있다. 형식보다는 실질적인 내용이 채워져야 진정한 민주주의 교육이 가능하다. 교사가 아이들에게 공동체 생활에서 가장 중요한 제도 가운데 하나인 의사결정 과정을 제대로 가르치지 않는다면 학급약속이나 학급임원도 그 의미를 잃어버리게 된다. 아이들을 훈련시켜 사소한 문제부터 서로 의견을 조정해 해결하는 과정을 경험하게 하는 일은 대단히 중요하다.

가끔 자치활동으로서 학급회의가 활발하지 않을 때 교실에서 일어나는 문제를 교사 단독으로 처리하는 경우가 있다. 아이들 마음속에 있는 이야기를 듣지 않은 상태에서 아이들과 관련된 일을 교사나 학급임원이 일방적으로 정하는 것은 학급 구성원인 아이들에게 교사와 임원의 '권력' 을 보여 주는 아주 그릇된 방법이다. 교사는 논의에 참여하되, 곁에서 아이들의 말이나 생각이 막힐 때, 그 물꼬를 터 주는 역할을 해야 한다.

학급어린이회의를 돕는 교사의 역할

대부분의 학급활동이 그렇지만, 학급어린이회의에서도 교사가 어느 정도 개입해야 할지 매번 깊이 생각해야 한다. 교사가 회의에 참여하는 것만으로도 아이들의 자유와 솔직해질 수 있는 기회를 가로막게 된다는 의견도 있지만, 그렇다고 교사가 뒷짐 지고 있으면 산인지 바다인지 모르고 헤매는 아이들이 생길 수도 있다. 자율성이라는 이름으로 방관하는 꼴이 된다. 그야말로 '중용의 묘'가 필요하다.

회의에 앞서 회의 진행과 참여를 안내하자

학급어린이회의가 잘되기 위해서는 먼저 회의를 어떻게 해야 하느냐에 대한 사전 지식과 연습이 필요하다. 학급임원이 선출된 뒤, 임원단과 각 구성원의 역할을 정확히 알려 주고, 가능하다면 교과 시간에 꾸준히 토의·토론 방식을(1권 173쪽 참고) 연습할 필요가 있다. 학급어린이회의에 관한 예시자료를(1권 189쪽 참고) 준비해 학급원 모두에게 나누어 주고 모의 학급회의를 해 보거나, 시청각 자료를 활용해 시각 연습을 하는 것도 효과적이다. 특히 회의에서 사회를 맡는 의장은 교사가 직접 시범을 보이면서 회의 절차나 전체 진행 요령을 한 번 더 강조해 주어야 한다. 회의 진행의 성패는 반쯤은 의장에게 달려 있다.

회의 절차와 용어를 아이들 수준에 맞추자

실제 학급어린이회의를 보면, 회의 용어나 그 절차가 굉장히 복잡하고 어렵다. 교사들조차 그 의미를 정확히 파악하지 못하는 경우도 많다. 그러니 아이들은 오죽하겠는가. 아이들에게 어른 사회를 그대로 본뜬 회의 진행 과정을 익히게 하려는 욕심으로 이해도 되지 않는 용어를 사용하게 하면, 그 회의는 이미 아이들 삶을 떠난 것이 된다. 회의 절차나 용어의 개념을 학년 수준에 맞추어 쉽게 정리해 주고, 실제 회의도 아이들 수준에서 막힘 없이 풀어 갈 수 있도록 안내해 주어야 한다.

회의 용어표를 만들어 교실에 게시하는 방법도 있고, 좀 더 쉬운 말로 바꾸어 쓸 수 있는 용어가 있으면 약속으로 정하여 써도 좋다. 물론, 본래 용어에 대해서도 정확히 알도록 지도해야 다른 회의에 적응할 수 있다.

학급조직을 이용해 의견 수렴 창구를 만들자

학급에서 일어나는 문제를 가지고 회의를 진행할 때에는 먼저 아이들이 언제든 의제를 발의할 수 있는 구조가 갖추어져야 한다. 미리 임원단으로 구성된 임원회의를 열어 의견 수렴과 의제 선정, 회의 진행 계획 등을 세우는 사전활동을 해 볼 수 있다. 임원회의에는 회장과 부회장, 그리고 부서장 또는 모둠장이 참석한다. 임원회의 이름은 교사나 학급에 따라 '계획위원회', '학급운영위원회' 따위로 조금씩 달리 부르기도 한다.

학급원들의 의견을 수렴하기 위해서는 의제 제안 카드를 활용할 수도 있고, 임원회의가 활발하게 진행된다면 각 모둠별로 안건을 모아 모둠장이 임원회의에서 제출하는 방법도 있다. 의제 제안 카드는 의제와 제안자, 그리고 제안의 이유 등을 밝힐 수 있는 항목을 넣어 여러 장 만들어 교탁 위나 교실 뒤 게시판 아래에 놓아둔다. 그리고 작은 함을 만들어 작성한 카드를 넣게 한다. 그런 다음 일주일이나 이주일에 한 번씩 함에 모인 의제 제안 카드를 수거하여 임원회의에서 이를 바탕으로 의제를 가려 뽑는다. 의제를 뽑은 뒤에는 미리 회의 진행 순서를 잡고 회의 초안을 마련한다. 토요일에 학급어린이회의가 있다면 수요일 정도에 임원회의를 열어 준비를 하면 된다.

교사도 학급 구성원으로 참여하자

어떨 때 아이들은 회의 도중 아주 씩씩하게 옆길로 간다. 아무도 다시 제자리로 돌아오려고 하지 않고, 하나 둘 더 많은 아이들이 그 옆길에 동참한다. 그런가 하면 전혀 논리적이지 않고 필요하지도 않은 내용을 고집하는 아이도 있다. 그리고 그런 의견이 최종 결론으로 정해지기도 한다. 이런 때 교사가 필요하다. 교사도 학급 구성원의 한 사람으로 회의에 참석하고 의견을 내어 의사결정을 조정할 필요가 있다.

학급어린이회의에 대한 교사의 열의가 어느 정도냐에 따라 아이들의 참여 태도나 관심도가 달라진다. 가끔 학급어린이회의가 진행되는 동안 교사는 업무를 보는 일이 있다. 교사가 없어도 회의가 매끄럽게 진행되면 모르지만, 회의인지 말싸움인지 모를 정도로 시끄러운데 교사가 교실을 비우거나 다른 업무를 본다면 내실 있는 회의가 될 수 없다. 교사가 학급

가끔 다수결로 결정된 내용이 교사 입장에서 도저히 용납되지 않는 경우가 있다. 물론 교사 입장이 아이들 의견보다 앞서서는 안 된다. 그러나 다수결로 정해졌다고 다 옳은 것은 아니라는 점을 아이들에게 이해시킬 필요는 있다. 될 수 있는 한 결정이 되기 전에 의견을 말해서 바꿀 수 있도록 해야 한다. 이미 결정이 되었는데 교사가 자꾸 이런저런 이유를 들어 결정 내용을 바꾸면 아이들은 의사결정 과정에 대해 불신하게 된다.

어린이회의의 중요성을 인식하고 관심을 많이 보여 주면 아이들도 이를 중요한 교육활동으로 인식하게 된다.

매끄러운 회의 진행에 얽매이지 말자

초등학교 아이들에게 학급어린이회의는 매우 흥미로우면서도 어려운 일이다. 회의 절차나 의견을 내는 방법, 토론하는 방법, 여러 의견 가운데서 하나를 결정하는 방법 등에 대해 아무리 설명하고 회의를 진행시켜도 아이들은 뜻대로 움직여 주지 않는다. 그런 아이들에게 회의를 못한다고 소리를 지르거나 답답해하며 교사가 일사천리로 끌어 나가면, 회의를 끝낼 수는 있겠지만 차츰 아이들이 학급어린이회의에서 멀어지게 된다.

특히, 학급의 갈등 상황에 대해 토의할 때 교사는 저마다의 의견을 끝까지 존중해 주는 자세를 가져야 한다. 처음에는 갈등을 해결한다는 목표보다는 각자가 가진 생각을 풀어내고 쌓였던 감정을 푸는 일이 중요하다. 한두 달 정도 이러한 과정을 거치면 아이들은 나름의 수준에서 대안을 찾게 된다. 좀 더 발전하면 학급 문제뿐만 아니라 학교 문제, 사회 문제 등도 주제로 잡아 토론하고 실천 방법을 제시할 정도로 성장하게 된다. 아이들을 믿고 느긋하게 기다려 줄 때, 학급어린이회의가 아이들 삶 속에 자리 잡을 수 있다.

 내실 있는 학급어린이회의 만들기

의제는 학급생활과 관련된 실질적인 내용으로

학급어린이회의를 하다 보면 많은 아이들이 회의에 참여하지 않고 멍하니 앉아 있는 경우가 있다. 여러 가지 이유가 있겠지만 대부분 '의제 선정'에 문제가 있기 때문이다.

일주일 단위로 목표가 정해지고, 목표가 정해져도 도덕책처럼 매일 비슷한 주제로 주변만 맴도는 회의가 되면 아이들이 당연히 회의 시간을 지루하게 생각하

학년 초는 학급생활의 기본 골격을 갖추는 데 필요한 의제를 중심으로 학급어린이회의를 진행할 수 있다. 그 가운데 학급약속은 회의에서 꾸준히 점검되고 보완되어야 한다. 너무 엄격하게 정해진 약속이 생활에서 어그러지고 있다면 함께 머리를 맞대고 그 원인을 따져 보고 어떤 식으로 고칠지 의논해야 한다. 또한 학년 초에는 미처 생각하지 못했는데, 학급생활을 해 나가다 보니 꼭 필요한 약속이 있다면 이 역시 의제로 올려 토론해 볼 수 있다.

고 또 적극적으로 참여하지도 않는다.

사실, 아이들은 늘 친구들과 의논해야 할 문제들을 껴안고 있다. 1인 1역이 너무 느슨해서 하는 사람만 열심히 한다든지, 쉬는 시간에 남자 아이들이 교실에서 심하게 뛰어다녀서 불편하다든지 하는 문제들이 모두 학급어린이회의의 중요한 의제들이다. 전교어린이회나 학교측에서 하달하는 주생활 목표와 실천 사항들은 아이들의 교실 안 삶과는 무관한 것들이 많다. 교사라면 누구나 경험했겠지만 이런 의제들로는 도저히 회의를 진행해 나갈 수 없다. 아이들은 자신의 문제이고 자신의 이야기일 때 활발하게 의견을 내고 계획하며 또 실천하고 평가한다는 점을 잊지 말자.

예시 월별 학급회의 주제

월	회의 주제	월	회의 주제
3	우리 반 일꾼 뽑기(임원 선거) 학급회의 진행 방법 배우기 학급규칙 정하기 모둠(부서) 짜기, 모둠 일꾼 뽑기 교실환경 가꾸기	9	내가 보낸 여름방학 2학기 계획 모둠 새로 짜기 우리 반 일꾼 뽑기(임원 선거)
4	모둠 겨루기 행사 학급문집 발간 계획 협의 소풍(체험활동) 준비 어떻게 할까? 터놓고 이야기하기(나의 장점과 단점 등)	10	우리말 사랑 실천하기 소풍 계획 체육대회 준비 내가 읽은 좋은 책(학급 독서 토론회)
5	부모님과 나 내가 만약 선생님이라면 (부모님/선생님께 편지 쓰기) 체육대회 준비 우리들의 고민	11	학급문집 편집 계획 세우기 작품 전시회 준비 협의 모둠 단합대회 고민 상담(집단상담)
6	통일이 된다면 학급신문 제작 모둠일기 발표회 모둠별 장기자랑	12	학급문집 준비 불우이웃돕기 협의 겨울방학 계획 짜기
7	1학기 평가 우리 반이 만든 방학 과제 여름방학 계획 짜기	1	겨울방학
8	여름방학	2	마무리 평가 마무리잔치 문집 발간 기념식

교과 수업과 회의를 잇대어 생각하기

회의를 통해서 얻은 경험이나 기능, 의문과 관심이 학습에 자극을 줄 수 있도록 의도적으로 유도하고, 필요에 따라서는 그러한 경험이 교과활동으로 이어지도록 계획하고 지도해야 한다.

예를 들어, 학급어린이회의에 '친구와 친하게 지내자.' 는 의제를 내놓으면 아이들은 대부분 형식적으로 토의에 참여하고, 세부 실천 사항은 구호로만 남게 된다. 그러나 도덕 교과의 〈우리는 정다운 친구〉(4학년 1학기)라는 단원에서 역할놀이를 통해 구체적으로 친구들과 어떻게 지내는 것이 바람직한지 체험했다면, 학급어린이회 시간에 따로 이를 다루지 않아도 된다. 도덕 시간과 학급어린이회 시간을 적절히 안배하여, 수업 시간에는 역할놀이를 진행하고, 회의에서는 구체적으로 어떻게 실천하겠다는 생각을 정리하면 된다.

6학년 사회에서 우리나라 근대사를 배울 때 김옥균 모의재판을 진행한다면, 학급어린이회의와 연동하여 회의 형식으로 진행할 수 있다. 교육과정과 교과서의 내용을 분석해 보면 계절과 학교행사를 고려하여 편성되어 있다는 것을 알 수 있는데, 이러한 내용을 학생 자치활동과 연계하여 운영하면 교육적 효과를 높일 수 있다.

이처럼 학급어린이회의와 교과를 잇대어 운영하게 되면 토요일 4교시에 학급어린이회를 붙박아 두는 것은 매우 불편하다. 내용에 맞춰 유연하게 시간표를 바꾸는 지혜도 필요하다.

학교·학급행사를 의제로 활용하기

대체로 학교·학급행사와 관련 있는 의제는 아이들의 관심과 참여가 높다. 회의에서 결정된 사항이 바로 실천되고, 그 과정에서 아이들이 서로 역할을 나누어 참여하기 때문에, 회의에서 각자 자기 의견을 활발하게 내놓게 된다.

예를 들어, '운동회'라는 주제가 있다면 운동회에 어떤 방법으로 참여할 것인가에 대해 토의하면서, 질서를 잘 지켜야 한다거나, 응원 연습을 해야 한다거나, 운동회 준비위원회를 꾸려야 한다는 등 실제적인 이야기를 하게 된다. 굳이 '질서를 잘 지키자.'는 문제로 학급어린이회 시간을 낭비할 필요가 없는 것이다.

회의에서 위와 같은 내용이 정해졌다면, 응원 도구나 방법 정하기는 학예부, 장애물 경기 준비는 체육부, 개선문 꾸미기는 도서부 등과 같이 모둠별 또는 부서별로 세부적인 활동 계획을 세우게 한다. 여기에 잇대어 미술이나 즐거운생활 등 관련 교과 시간에 응원 도구를 만들고 응원 연습을 할 수도 있다.

행사가 끝난 다음에는 학급어린이회의에서 잘된 점과 잘못된 점을 토의하면서 차분히 마무리를 한다. 이런 경험이 차곡차곡 쌓이면 학급어린이회의는 물론 다른 학급활동에서도 아이들의 활약이 대단해질 것이다.

융통성 있는 회의 시간 운영하기

학급어린이회의는 회의할 일이 있을 때 한다. 대부분 4, 5, 6학년은 학급어린이회의가 일주일에 한 시간으로 정해져 있다. 일주일에 한 번씩은 꼭 회의를 하라는 뜻인데, 교실에서 아이들을 가르치다 보면 일주일에 한 번 회의를 하기가 쉽지 않다. 회의의 필요·충분조건이라 할 수 있는 의제가 있어야 하는데 그럴 '거리'가 없는 경우도 많다. 이럴 때는 과감히 회의를 건너뛸 수도 있다. 회의 대신 집단상담이나 다른 학급활동을 할 수도 있고, 어떤 주에는 두 시간도 할 수 있는 융통성이 있어야 한다.

결정 사항을 실천으로 이어 가기

학급어린이회의를 할 때 무엇보다 중요한 것은 결정된 것을 반드시 실천하겠다는 의지이다. 회의를 통해 정해진 결정 사항에 대해 교사와 아이들이 모두 함께 지켜 나가는 실천이 뒤따라야 다음 학급어린이회의가 더 알차게 움직인다. 실천 여부에 대한 검증 과정이 없으면 아이들은 자연스럽게 학급어린이회의를 형식으로 생각하게 되고 결정 사항에 대해서도 형식으로 대하게 된다.

글쓴이·도움 주신 분들 김영주 | 경기 남양주 금곡초 교사 · 신명기 | 서울 영훈초 교사 · 이옥정 | 대구 태현초 교사

학교생활에 익숙하지 않은 1~2학년들에게 회의를 진행하게 하는 것은 무리다. 저학년에서는 학급 문제나 친구 사이의 문제를 학급 공동체의 문제로 인식하고 해결하는 방법을 배우는 것이 자치 영역의 주된 활동이 되어야 할 것이다. 아직 사회성이 발달하지 않은 저학년 아이들이 학급 공동체 문화를 배우고 적응하기 위해서는 교사의 역할이 매우 중요하다. 교사는 학급 이끔이로서 아이들 눈높이에 맞추어 토론을 이끌어 내고 재미있는 활동을 제안하면서 아이들이 행복한 공동체를 이루어 가는 경험을 하도록 하자.

회의 대신 경험으로
공동체 의식 키우기

조성실 | 서울 누원초 교사

학급일 나누기 학급에 필요한 일을 한 가지씩 맡아 해 보면 공동체 생활을 쉽게 인식할 수 있다. 놀잇감을 정리하고, 동화책을 번호대로 꽂고, 창틀의 먼지를 닦고, 지우개를 털고, 우유를 나누어 주고, 청소 도구를 정리하는 등 학급의 일을 나누어 아이들에게 맡긴다. 이를 보통 1인 1역이라고 하는데, 이때 중요한 것은 학급을 공동체로 보고, 함께 살아가기 위해서 서로 자기의 역할을 기꺼이 하려는 마음가짐이다. 그래서 함께 교실에서 필요한 활동을 정해 보고 누가 무엇을 맡을 것인지 의논해서 자기 역할을 결정하는 과정이 반드시 필요하다.

운영하는 과정에 교사는 칭찬과 격려의 말을 자주 해서 각자의 역할이 공동체에 도움을 준다는 사실을 자주 일깨워 주는 것이 필요하다. ○○가 일을 잘해서 동화책을 고를 때 우리 반 아이들이 쉽게 찾을 수 있게 되었다든지, 청소를 해서 아이들 얼굴이 환해 보이기까지 한다든지, 이런 칭찬이 아이들의 마음을 움직인다.

1인 1역 활동을 할 때 너무 효율성에만 방점을 찍어서도 안 된다. 자칫하면 어린 아이들이 '난 내 일만 다 하면 그만이야.' '넌 네 일이나 잘해.' 라는 식의 개인주의적 생각을 하게 되기 때문이다. 저마다 자기 일에만 집중하게 하는 것은 마치 1970년대의 분업화된 산업 현장처럼 기계화된 인간을 만들 수도 있다.

저학년에서는 담임교사가 집안의 큰 언니처럼 활동을 주도하면서 그때그때 아이들의 참여를 유도하는 것이 좋다. 우유를 나누어 줄 때도 교사가 먼저 나누어 주기 시작하면서 함께 나누어 주고 싶은 사람을 불러 함께 나누어 주고, 교사가 먼저 비를 들고 청소하면서 청소할 사람을 불러 함께 청소하는 것이다.

그리고 "청소를 하니까 교실이 깨끗해지네?" 하는 추임새를 적당히 넣어 주면서 함께 일을 해 나가는 즐거움을 체험하게 하는 것이 좋다. 교사 업무 측면에서 보면 이 방식이 썩 효율적이지는 않다. 그러나 더디고 귀찮고 할 일이 많기는 하지만 1학기를 지나면 아이들이 스스로 움직이는 것을 느낄 수 있다.

작은 주제부터 토론해 보기 아이들에게 공동체 문제를 인식하게 하는 것은 글을 가르치는 것처럼 해서는 안 된다. 체험하도록 해야 한다. 1, 2학년은 어린 아이들이기에 사소하게 자주 친구를 괴롭히기도 하고, 장난치다가 때리기도 한다. 이런 작은 다툼에도 소집단으로 나누거나 혹은 반 아이들 전체를 모이게 해서 토론하는 것이 좋다. 우선 싸움의 당사자들에게 왜 싸우게 되었는지 자세히 묻고 교사와 친구들은 그 대답을 듣는다. 그리고 어떻게 하면 싸우지 않을 수 있었을지를 이야기해 본다.

싸우지 않는 방법을 원칙으로 정하는 것도 아주 좋은 방법이다. 예를 들어 친구가 나를 건드렸을 때, 먼저 왜 건드렸는지 묻기, 나도 장난으로 함께 하기, 장난을 하기 싫으면 하기 싫다고 말하기, 먼저 건드린 사람은 아프게 맞아도 반드시 참기, 그러나 참지 못할 정도로 아프게 했으면 치사한 사람이라고 선생님께 호소하기, 이렇게 몇 가지 규칙을 구체적으로 만들어 놓으면 아이들은 생활하다가 어디에서 규칙이 어긋났는지를 서로 말할 수 있다.

규칙을 만들어 놓아도 감정이 앞서 나갈 때는 꼭 반 전체의 문제로 끌어내어 토론을 하고, 그에 대한 적절한 책임(친구 모두에게 도움을 주는 청소하기, 사과 편지 쓰기, 친구 모두의 마음을 즐겁게 해 주는 노래하기 따위)을 지도록 하는 것이 아이들이 공동체를 인식하는 데 도움이 된다. 여기에서도 공동체가 개인의 자유를 막는다는 생각보다는 여러 친구가 모여서 더 행복한 공동체가 된다는 경험을 할 수 있도록 토론을 이끄는 것이 필요하다.

 어떤 일을 해야 학급 공동체에 도움을 줄 것인가? 이론적으로 말하기는 쉽지만 고학년 아이들도 체험으로 공동체와 개인의 관계를 인식할 기회는 많지 않다. 경험에서 우러나는 인식은 강하고 값지므로 개인의 역할이 공동체의 운영을 돕는 경험을 하게 하는 것이 좋겠다. 그 예로, 학급에서 '사랑의 바구니'를 운영하는 것이 있다.

투명한 유리병이나 모양이 예쁜 바구니를 구해 '사랑의 바구니'라고 이름 짓는다. 아이들이 친구들을 위해 힘을 썼거나 친구를 도와주었을 때, 수업 시간 놀이에서 이겼을 때, 칭찬받을 행동을 했을 때 바구니 속에 사탕을 하나씩 넣는다. 사탕이 아이들 수만큼 모이면 교실에 사랑의 요정(예쁜 고깔모자를 쓴 교사)이 나타나서 아이들에게 사탕을 나누어 준다. 아이들은 착한 일을 하거나 놀이에 이겨서 사탕을 넣는 것을 명예롭게 생각한다. 사랑의 바구니를 반의 상징으로 생각하기도 한다. 누군가 잘못을 저질렀을 때 사랑의 바구니에서 사탕을 몇 개 빼면 아이들은 매우 절망스러워한다. 사랑의 바구니와 같은 눈에 보이는 공동체의 상징을 만드는 것도 공동체를 인식할 수 있는 활동 가운데 하나이다.

자연스러운 공동체 문화는 토론과 경험에서 우러나온다. 잘게 쪼개진 교과에 기능적으로 접근하기보다 주제로 통합하여 꾸려 보자. 교과를 재구성하여 꾸미면 다양한 활동을 할 수밖에 없는데, 친구와 어울려 함께하는 활동 속에서 아이들은 자연스럽게 공동체 생활의 기쁨을 맛볼 수 있게 된다. 저학년에서의 공동체 의식은 가르치는 것이 아니라 행복한 경험으로 형성되는 것이다.

토의 · 토론 연습

이렇게 해 보세요

하승희 | 부산 동주초 교사 · 정애순 | 서울 도봉초 교사

처음부터 아이들이 토의 토론에 적극적으로 참여하기를 기대하면 안 된다. 아이들이 한 집단 안에서 두려움 없이 자유롭게 자기 의견을 말하고 서로 협력하면서 활동할 수 있는 능력을 익히기까지는 시간이 걸린다. 거기에는 기본적인 말하기 듣기 능력과 토의 방법에 대한 훈련이 필요하다. 토의 활동을 위한 기초 기능 훈련에서 '발표 훈련'은 교사의 세심한 안내와 지도가 필요한 부분이다. 발표 훈련이 충실하게 되었을 때에는 토의가 보다 원활하게 진행될 수 있다.

발표 두려움 줄이기

먼저, 학년 초에는 토의 방법을 잘 모르기 때문에 교사가 나서서 가르치고, 토의에 좀 익숙해질 무렵부터는 조정자 역할로 물러난다. 둘째, 메모하여 발표하게 한다. 즉, 발표할 때 '주어부'는 메모를 보고, '술어부'는 아이들 쪽을 보고 말하게 하는 훈련을 하면서 발표에 대한 두려움을 없애 준다. 어른들도 가끔씩 발표를 하면서 무슨 말을 하려고 했는지 알 수 없게 횡설수설할 때가 있다. 자기 생각을 이야기할 때 메모를 보고서 요점을 말하되 술어부는 아이들 쪽을 보고 말한다면 이런 실수를 줄일 수 있다. 셋째, 질문에 답할 때, 첫 응답자는 교사의 질문을 주어부로 자기의 대답을 술어부로 삼고, 그 다음 응답자는 앞사람 말을 주어부로 삼아 말하게 하면 말하기와 함께 듣기 훈련도 겸할 수 있다. 대개의 경우 질문에 답할 때 무엇을 말해야 할지를 모르고 동문서답을 하는 경우가 있다. 마지막으로, 의견을 말할 때, 질문을 할 때, 보충 설명을 할 때, 의견을 고쳐 말하고 싶을 때, 간단한 수신호로 미리 어떤 의사

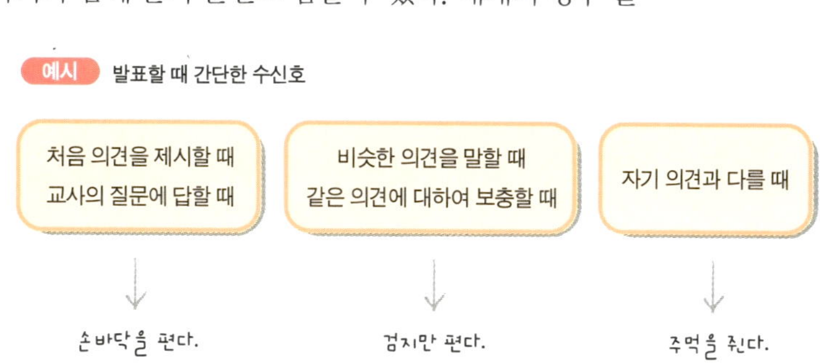

를 전하려고 하는지 알려 주는 방법도 있다. 손을 편다든가 검지만 올린다든가 하는 식이
다. 이런 수신호를 잘 활용하면 회의 때 사회자와 학급원들 사이의 의사소통이 한결 매끄
럽게 이어진다.

'짝 바라보며 이야기하기'에서 '모둠토의'까지

모둠의 응집력을 높이고 기본적인 토의 토론 방법을 익히기 위하여 단계별 모둠토의 활동
을 해 볼 수도 있다.

1단계는 '짝 활동 중심의 말하기 듣기 훈련'이다. 처음에는 짝과 같이 연습을 하고, 익숙
해지면 모둠토의를 한다.

첫째, 짝을 바라보며 짝의 생각을 자기 생각과 비교하며 듣는다.

둘째, 1분 말하기를 한다. 처음부터 거창하게 말하게 하면 아이들이 부담스러워하므로, 단
1분이라도 자기 생각을 정확하게 전달할 수 있는 연습이 필요하다. 그렇게 하다 보면 자신
감이 생겨 오랫동안 자신 있게 말할 수 있게 된다. 나중에는 짝이 아닌 전체 아이들 앞에서
도 자연스럽게 말할 수 있다.

셋째, 스무고개 놀이를 한다. 공부를 한다는 부담감 없이 짝과 함께 놀이를 하면서 자연스
럽게 말하는 연습이다.

넷째, 생각을 넓히는 연습이다. 예를 들면 "내가 만약 ○○라면 하겠다."라는 문장을 주고
저마다 알맞은 문장 만들기 연습을 하는 것이다. 생각을 넓혀서 다른 사람과 다르게 말하
기 연습을 하다 보면 토의 주제에 대해서도 정확하게 의사를 표현할 수 있다.

다섯째, 어휘력을 키우는 말하기 연습을 한다. 끝말, 중간말, 꾸미는 말을 바꾸어 가며 말
하면서 낱말의 뜻도 새기고, 여러 가지 표현도 연습하는 것이다.

여섯째, 마음을 여는 연습을 한다. 자신감을 갖기 위해 아이들과 함께 운동장에 나가 큰 소
리로 자기 생각을 말하게 한다.

2단계는 '모둠토의 방법 익히기'이다. 모둠 인원은 4~6인 정도가 적당하다. (여기에서는
4인 모둠을 기준으로 설명한다.)

첫째, 모둠 편성 방법과 절차를 알게 한다. 아이들의 학습 수준에 따라 상·중·하로 나누고, 각 모둠을 상 1명, 중 2명, 하 1명으로 구성한다. 좌석 배치는 앞줄에 중 아이 2명, 뒷줄에는 상 아이가 왼쪽, 하 아이가 오른쪽에 짝지어 앉게 한다. 그리고 일주일마다 한 줄씩 오른쪽으로 자리를 옮기며 새로 모둠을 꾸린다. 모둠토의가 시작되면 앞줄의 두 아이가 뒤로 돌아 앉고, 사회자가 토의 시작을 알리면 바로 토의를 한다. 토의를 한 뒤에는 내용을 정리해서 발표 준비를 한다.

둘째, 사회자, 기록자, 발표자, 다른 모둠과의 연락을 담당하는 연락원으로 모둠원의 역할을 정하고, 그에 맞는 말하기 방법을 익힌다. 각각의 역할을 한 번씩 다 해 볼 수 있도록 매주 돌아가면서 역할을 바꾼다. 따로 혼자서 생각한 내용을 기록해 모둠 안에서 돌려보며 '내 생각과 같은 점, 닮은 점, 다른 점, 새로운 점, 내 생각의 잘못된 점, 남의 생각을 모아도 해결할 수 없는 점' 따위를 묻고 대답하면서 저마다 생각을 보충하고 다듬는다.

3단계는 '모둠토의 훈련' 이다. 첫째, 토의 주제를 정하는 방법을 익힌 뒤, 모둠 구성원들이 돌아가면서 발표를 한다. 이때 '발언막대'를 이용하여 각자의 생각을 분명하게 말하게 한다. 발언막대는 원하는 색의 도화지를 말아서 만든다. 모둠토의에서 자신이 발언을 할 때 발언막대를 들고 발표하며, 발표를 한 뒤에는 발언막대를 통에 꽂아 놓는다. 토의에 익숙하지 않은 학년 초에는 발언막대가 발표의 증거가 되므로 아이들이 발표하도록 유도할 수 있다. 그러다가 토의에 능숙해지면 아이들이 발언막대를 서로 가져다 놓으려고 한다. 교사는 모둠을 지켜보다가 "여기 모둠에는 누구의 막대가 안 꽂혔니?"라고 물으면서, 발표를 안 하고 있는 아이를 살펴야 한다. 발표를 못하고 있는 아이가 있다면 "저도 생각이 같습니다."라는 발언도 발표의 뜻이라는 걸 일러 주어, 소외되는 아이가 없도록 한다.

둘째, 자기 생각과 다른 사람의 생각을 비교하게 한다. 자기 생각과 비교하여 다른 사람 생각을 요약하거나 나와 다른 점, 공통점을 찾으며, 말하는 의도와 목적, 내용을 확인하게 한다.

셋째, 토의 주제에 대하여 충분한 기초조사를 하고, 토의 자료를 모둠원끼리 공유하게 한다. 토의 내용은 사실에 근거를 두어야 하고, 모든 아이들이 참여해야 하므로 교사는 주제에 맞는 기본적인 자료를 제공하거나, 미리 아이들에게 과제를 주어서 아이들이 토의 재료를 가져와서 모둠에서 나누어 본 뒤에 토의를 하게 해야 한다. 예를 들어, "효도를 어떻게 해야 할까?"라는 주제로 토의를 한다면, 그 전 수업 때 미리 안내를 하여 효도란 무엇이 며, 효도는 왜 필요한지, 어떻게 효도를 해야 할지 부모님이나 친구들에게 설문조사를 하 게 한 뒤에 토의를 할 수 있다. 그렇게 하면 여러 사람의 의견을 모아 그 근거를 대면서 의 견을 말하게 되고, 타당한 결론에 이르게 된다. 또한 교사가 인터넷이나 책에서 필요한 자 료를 뽑아 모둠별로 나누어 준다면 교사의 의도대로 토의가 이루어질 수 있다. 즉, 왜 이런 주제로 토의를 해야 하는지, 그 주제의 기본적인 개념은 무엇인지 알 수 있도록 아이가 사 전에 조사를 하거나 교사가 자료를 제공하는 사전 작업이 꼭 필요한 것이다.

4단계는 '모둠토의로 과제를 해결하는 것' 이다. 먼저, 과제에 대한 구성원들의 생각을 듣 고, 발표 내용 가운데서 문제점이나 의문점을 찾아 토의한다. 토의로 해결한 내용을 정리 하고 전체 학습을 할 때 제기할 문제를 결정한다. 모둠토의에서는 반드시 '각자 생각하는 시간' 을 거치도록 하여 모든 아이들이 자신 있고 능동적으로 토의에 참여하게 한다.

교사는 이런 고민을 하자

모둠토의 활동이 실패하는 대부분의 경우는 교사가 "토의하세요."라는 말만 하고 토의 과 정에 별로 신경을 쓰지 않았을 때이다. 교사는 반드시 안내와 조정을 충실히 해야 한다. 먼 저, 교사는 모둠별로 다니면서 활동 내용과 방법을 지도하고 토의에서 혼자 떨어져 있는 아이가 있으면 참여할 수 있도록 도움을 준다. 토의 과정은 '각자 생각하기 → 모둠에서 토의나 토론 활동 → 모둠 의견 모으기 → 모둠 발표 → 전체 자유 토의' 를 거친다. 그리고 '토의 광장 코너' 를 교실에 마련하여 아이들이 자주 활용하게 한다. 즉, 교실 한쪽 벽이나 게시판에 쪽지토의를 할 수 있는 자리를 만들어, 교사가 토의 주제를 주면 아이들이 자유 롭게 쪽지로 토의하는 것이다.

토의를 할 때 유의할 점은 다음과 같다. 첫째, 요점을 간결하게 진술하도록 한다. 둘째, 상 대의 발언을 잘 듣도록 한다. 셋째, 토의 주제는 아이들이 절실하게 느끼는 것이어야 한다. 넷째, 토의 속에 감정을 가지고 들어오는 일이 없도록 한다. 다섯째, 참여자들은 발표자를 바라보면서 고개를 끄덕이거나 조용히 들어 주도록 한다. 마지막으로 모둠토의 때 되도록 이면 집단 구성원이 골고루 발표할 수 있도록 발표 기회에 신경을 쓴다.

우리 반의 문제, 게시판 토론으로 풀어요

게시판 토론은 브레인스토밍을 변형한 방법으로, 주어진 주제에 대한 생각을 카드에 적고 이를 다시 게시판에 붙여 여러 사람의 의견을 확인하면서 토론 내용을 집중시키는 토론 방식이다. 아이들의 여러 가지 생각과 의견을 짧은 시간 동안 한눈에 알 수 있고 소수의 의견도 모두 제시할 수 있다. 특히 발표를 꺼려하는 아이들의 의견도 수렴할 수 있는 장점이 있다.

방법

① 색도화지를 접어 색 카드를 만든다.

② 토론 주제에 대한 자기 생각을 색 카드 한 장에 한 가지씩 쓴다.

③ 기록된 카드를 모아 하나씩 게시판(스프레이 풀을 뿌린 전지)에 붙인다. (아이들은 스프레이 풀을 뿌린 전지에 종이가 척척 달라붙는 것을 매우 재미있어한다. 스프레이 풀이 보통 문구용 풀보다 비싼데, 없을 때에는 그냥 한 장씩 풀로 붙여도 된다.)

④ 비슷한 내용의 카드는 모아서 게시판에 상위 개념을 적어 붙인다.

⑤ 참가자들이 가장 중요하다고 생각하는 상위 개념에 스티커를 붙여 전체의 의견을 확인할 수 있다. 이때 스티커는 상위 개념 수의 반(상위 개념을 여섯 개로 정리했으면 스티커는 1인당 세 개씩)만큼 준비한다.

학급어린이회의를 기다리는 일주일

하승희 | 부산 동주초 교사

"지금부터 학급어린이회의를 시작하겠습니다."

"먼저 지난주 반성이 있겠습니다."

그리고 각부 반성, 이번 주 계획, 실천 사항, 건의 사항, 교가 제창, 폐회사로 이어진다. 회의라기보다는 마치 원고를 읽는 낭독회 같다.

학급어린이회의는 학생들이 학급 구성원의 하나라는 인식을 바탕으로 학급생활에서 일어나는 공동의 일을 서로 협력하면서 풀어 나가는 '의견 나눔의 장' 이다. 하지만 일 년 내내 순서만 답습하는 지루하고 형식적인 회의로 끝나는 경우가 많다. 학년 초 회의 진행에 대한 기본 훈련이 부족한 탓이다.

한 시간이 걸리든, 두 시간이 걸리든, 아니면 한 주 아니라 두 주가 걸리더라도 진지한 결론을 하나라도 이끌어 낼 수 있는 그런 회의를 만들 수 없을까. 다시 담임을 맡으면서 가장 고민한 문제가 바로 '학급어린이회의' 였다.

올해만은 학급어린이회의를 제대로 이끌어야겠다는 생각에 교사인 나부터 준비를 했다. 여러 가지 특별활동에 관한 참고서적과 바른 회의를 위한 참고자료를 바탕으로 '사전활동' 을 충실히 하기로 하였다. 즉 회의의 바탕을 먼저 다지기로 한 것이다. 그리고 아이들과 함께 진행 순서와 의제를 해결해 가는 과정을 여러 번 되풀이하여 훈련하고 또 훈련하였다. 누군가 어린이는 하얀 도화지와 같다고 했듯이, 충실한 계획과 훈련은 아이들의 눈부신 발전을 가져다주었다. 지루하게 여겼던 학급어린이회의를 이제는 달력의 요일을 짚어 가며 기다릴 정도가 되었다. 이런 아이들을 보며 교사의 준비와 지도가 얼마나 소중한 것인가를 새삼 느끼게 되었다. 특히 고집쟁이이면서 다른 아이들과 이야기가 별로 없던 인수가 언제부턴가 회의를 기다리기 시작하면서 우리 반에는 새 바람이 불기 시작하였다.

화요일

인수는 자신이 관심 있는 노래 외에는 별로 신경을 쓰지 않는 어찌 보면 대범하고, 어찌 보면 세상의 달인처럼 속세의 일에 무관심한 아이였다. 우리 반 아이들도 모두 인수를 신기해하고 있었다. 이런

학급어린이회 사전활동 주간 일정표

요일	운영 내용	시기
월	의제 제안 예고	종일
화	의제 수집	종일
수	의제함을 개봉하여 제안된 의제를 정리한다. 의제 제안자에게 의제선정위원회 참석을 안내한다.	방과 후
목	의제선정위원회 개최 : 의제 선정과 협의 계획을 세운다.	방과 후
금	채택된 의제를 게시판에 공고한다.	아침활동 시간
토	학급어린이회 활동	자치활동 시간

인수가 3교시 쉬는 시간이 되자, 잽싸게 의제를 선정하는 의제선정위원회 회장 상인이에게 달려갔다. 그는 손에 쥐고 있던 '학급어린이회 사전활동 주간 일정표'를 펼치면서 물었다.

"회장, 이번에 의제는 몇 개쯤 들어왔노?"

"아직 의제함을 열어 보지 않아서 잘 모르겠지만, 이번 달이 가정의 달인 5월이니까 아마도 많이 들어왔을 거야. 선생님이 5월과 관련 있는 예시 의제를 많이 주셨잖아."

"그래."

시험 칠 때도 긴장하는 법이 없는 인수 얼굴에 갑자기 긴장하는 빛이 역력했다. 이때 성격 좋기로 소문난 아빈이가 끼어들었다.

"인수야, 너도 의제 냈나? 나도 냈는데……. 그럼, 우리는 경쟁자 아이가?"

"경쟁자는 뭘……. 쑥스럽게. 나는 괜찮대이, 내 의제가 채택 안 돼도……."

자기 속을 단박에 들키고 만 탓에 인수는 의제가 채택되지 않아도 된다고 말은 했지만, 표정은 영 그렇지가 않다. 평소의 대범한 인수가 아니라 순진한 아기 같다는 생각이 절로 들었다.

"나도 선생님이 학년 초에 내준 의제 중에서 하나를 냈는데……."

남 앞에 나서기를 좋아하는 수미도 끼어들어, 자신도 의제를 냈다고 하였다.

"의제함은 예전에 하던 것과 같이 수요일 날 열어서 의제를 정리하고 목요일 날 뽑을 거야. 물론 우리 반 친구들 모두 알고 있겠지만, 목요일 방과 후에 의제를 낸 친구들이 의제선정위원회 친구들과 함께 남아서 의제 선정을 할 거야."

어느새 우리 반 똑똑이로 소문난 다은이가 끼어들었다.

"그리고 인수야, 너는 의제 제안이 처음이니, 목요일 의제선정위원회 회의에서 의제 제안 이유를 잘 말할 수 있도록 미리 준비해 두는 게 좋겠어."

수요일

수업이 끝날 때까지 기다리지 못하겠는지 아이들은 빨리 의제함을 열어 보자고 아침부터 상인이를 졸라 대고 있었다. 원래부터 원리원칙주의자인 상인이는 이런 소리를 못 들은 척하며 손에 들고 있던 《그리스·로마 신화》를 계속 읽었다. 상인이가 그렇게 하자고 맞장구를 쳐 주기를 바랐던 아이들 얼굴엔 실망의 빛이 역력하였다. 하는 수 없이 수업 끝날 때까지 기다려야겠다며, 하나 둘 자기 자리로 돌아갔다.

반장의 차렷 경례 소리가 무섭게 일찌감치 의제함 근처로 자리를 잡는 아이들이 보인다. "상인아, 얼른 온나. 빨리 의제함 개봉해야지."

드디어 의제함이 개봉되는 순간, 정말 많은 의제 제안서가 나왔다. 다은이가 제안서를 읽기 시작하였다.

'선생님의 은혜에 보답하자.' '어버이 위로 잔치를 열자.' '우리 반 체육대회를 열어 보자.' '생일 축하 잔치를 열자.' '어린이날 축하 잔치를 열자.' '자연 보호를 하자.' '학급신문을 만

예시 **의제 제안 카드**

제안자	
의제	
제안 이유	
실천 방법	
위와 같이 제안합니다.	
년 월 일 의제선정위원회 앞	

의제 제안 카드는 의제함 옆에다 두고 언제든 활용할 수 있도록 한다. 의제 제안은 A4 용지에 컴퓨터로 작성해도 된다. 의제를 제안하는 이유는 반드시 밝혀야 하며, 대신 구체적인 실천 방법을 제시하지 못할 경우에는 쓰지 않아도 된다고 미리 알려 준다.

들자.' '학교 생일을 축하하자.' '달리기 왕을 뽑자.' '생일 축하 문집을 만들자.' '전학생 송별회를 열자.' 하나씩 제안된 의제를 읽을 때마다 '와!' 하는 함성이 교실에 메아리처럼 울려 퍼졌다. 이미 예견한 주제라는 듯이 모두들 고개도 함께 끄덕인다. 모두 열 명의 아이들이 의제를 제안하였다.

예시　의제선정위원회 참석 요청서

백두산반 으뜸 의제 제안자인 (　　　　) 앞
우리 학급을 위해 좋은 의제를 내주셔서 감사합니다. 의제선정위원회에서 의제 선정과 관련하여 협의하려고 하니, 목요일 방과 후에 참석하여 주시기 바랍니다.
년　월　일 백두산반 의제선정위원회 일동

"거의 다 선생님이 학년 초에 예시로 내주신 거잖아."
똑똑하긴 하지만 비판을 잘하고 다른 친구의 의견을 냉정하게 자주 묵살하여 친구 관계가 원만하지 않은 만호의 일침이 반짝였다.
"그거야 그렇지. 그래도 하나를 정해야 하니 고민을 해야겠는데……."
의제선정위원인 영민이가 벌써부터 고민이라는 듯이 나섰다. 그러면서 의제를 낸 친구의 이름을 부르면서 내일 의제선정위원회에 참석해서 의제를 제안한 이유를 꼭 말해 달라는 이야기를 한다.
말보다 행동이 빠른 민선이는 벌써 '의제선정위원회 참석 요청서'를 의제를 제안한 아이들에게 나누어 주고 있다. 내일 아침에 나누어 주어도 되지만, 아이들이 많이 모인 자리에서 공식적으로 나누어 주겠다며 책임감을 발휘한다.

목요일

방과 후에 상인이를 필두로 의제선정위원회가 열렸다. 의제를 제안한 이유를 이야기해 달라는 의장의 말에 열 명의 아이들이 차례로 이유를 말하는데, 모두 진지한 모습이다. 평소 의제선정위원회에서는 의제가 두세 개 정도라 선정 이유를 이야기하고 의제를 선택하는 시간이 그리 오래 걸리지 않았다. 그

예시 **의제선정위원회 협의 계획서 공고**

의제	학기 말 잔치를 열자
제안 이유	그동안 갈고 닦은 실력을 친구들과 나누고, 그동안의 고마움을 표현하는 자리를 갖고 싶어서
회의 순서	- 어떤 종목을 할 것인가? - 언제 어디서 할까? - 총진행은 누가 맡을 것인가? - 사회와 첫인사는 누가 할 것인가? - 교실은 누가 꾸밀 것인가? - 프로그램은 누가 작성할 것인가? - 연습은 언제 할 것인가?
준비물	회순, 의사봉, 회의록
의장 :	기록 :

목요일 방과 후에 의제선정위원회(각 모둠장, 제안자)를 개최하여 회의에 상정될 의제를 심의, 채택하고 해결 방법을 탐색하여 협의 순서를 정한다. 이 과정에서 의제 제안자의 의견을 충분히 들어 보고, 학교행사나 학급행사와의 연관성을 살펴 실천 가능한 의제를 선정한다. 이때, 어떤 순서로 의제를 다룰지를 미리 생각하면서 회의를 좀 더 체계적으로 준비한다. 의제선정위원회에서 선정한 의제는 제안자에게 통보한 뒤, 학급 게시판에 선정 이유를 알린다. 그리고 다른 학급원들도 공고된 의제를 보고 자신의 의견을 미리 정리할 수 있도록 한다.

런데, 오늘은 우리 반 절반 이상이 참석한 의제선정위원회이니 만큼 의제 선정이 쉽지 않은 모양이었다. 그도 그럴 것이 어린이날, 어버이날, 스승의 날, 개교기념일, 다른 학교로 전학 가는 친구 등 공식 행사도 많고, 하고 싶은 행사도 많기 때문이다. 드디어 '우리 반 체육대회를 열어 보자.' 로 의제가 정해졌다. 의제에 따른 어린이회 회의 순서도 정했다. 회의(협의) 순서는 '① 언제, 어디서 할까? ② 어떤 종목을 할까? ③ 누가 진행할 것인가? ④ 준비물은 누가 챙길 것인가?' 로 정해졌고, 이에 따른 회의 결과를 의제선정위원인 영민이가 다음 날 공고하기로 하였다.

금요일

아침부터 아이들은 게시판에 공고된 의제와 의제 제안 이유를 보고, '잘 뽑았다.' 는 둥, '나는 씨름 대회에 나가야 한다.' 는 둥 이야기꽃을 피웠다. 그러면서 토요일 4교시에 있을 학급어린이회의에 대비하여 게시판에 공고된 회의 순서를 꼼꼼히 확인한다.

토요일

드디어 회의 시간이 되었다. 의장의 개회 선언에 이어 국민의례, 지난주 의제 실천 반성이 끝나자 이번 주 의제 제안 이유와 선정된 의제를 발표하였다. 사전 협의 순서에 따라 언제, 어디서 해야 할지부터 난상 토론이 시작되었다.

"체육대회이니 만큼 당연히 운동장에서 해야 합니다."라는 현찬이의 말에 준욱이가 씩씩대며 나선다.

"당연히 활동하기 편하면서 응원도 하기 쉽고, 경기도 쉽게 관람할 수 있는 학교 체육관에서 해야 합니다."

하고 싶은 것을 꼭 말해야 직성이 풀리는 수미가 급한 김에 의장한테 발언권도 얻지 않고 바로 끼어든다.

"운동장도 좋고, 체육관도 좋습니다. 또 교실에서도 일부 경기를 해야 합니다. 특히 공기 놀이, 간이 볼링, 원반 돌리기 같은 건 교실이 하기가 더 좋습니다."

체육관은 시설은 좋지만 한 시간에 두 반이 함께 쓰도록 되어 있으니 다른 반의 양보를 받기가 힘들다는 점, 그리고 운동장은 이동거리가 짧지만 체육관은 이동거리가 먼 것이 단점으로 지적되었다. 갑론을박 끝에 장소는 수미의 의견을 받아들여 운동장과 교실에서 나누어서 하기로 했다.

다음은 '어떤 종목을 선정하면 좋겠는가?' 였다. 역시나 의견이 분분하였다. 여학생은 되도록 축구보다는 피구를, 그리고 교실에서 쉽게 점수를 딸 수 있는 공기 놀이, 윷놀이 등의 종목을 추천하였고, 남학생은 축구를 이구동성으로 제일 먼저 추천하였다.

어느 종목을 넣고 빼고 할 것인가 고민하던 가운데 다은이가 모든 경기를 하자면 넉넉잡아 세 시간은 걸리는데, 체육 시간 이외에 재량활동 시간을 써도 되냐고 조심스럽게 묻는다. 물론 그렇게 해도 되겠지만, 한번 그렇게 버릇을 들이면 행사가 있을 때마다 많지 않은 재량활동 시간을 달라고 할 게 뻔해서 나는 안 된다고 단박에 거절했다. 대신 이번 주 체육 시간을 몽땅 수요일에 끌어와서 학급체육대회에 쓰고, 대신 화요일과 목요일에 있는 체육 시간은 수요일 1, 2교시 국어와 수학 교과를 공부하자고 제안했다. 어차피 수요일 3교시는 우리 반 체육 시간이니 수요일 1, 2교시만 다른 주와 달리 체육을 먼저하고, 평소 하던 국어와 수학은 조금 늦게 하는 것이다. 이 정도면 괜찮다는 듯이 아이들도 다른 소리 없이 그렇게 하자고 한다.

다음은 '누가 진행할 것인가' 를 의논할 차례인데, 서로 진행을 미루던 분위기와는 달리 이번에는 선뜻 튼튼이 모둠에서 하겠다고 나섰다. 물론 다른 모둠도 이를 환영하는 분위기였다. 우리 반의 건강과 체육 수업에 관계되는 역할을 맡고 있는 모둠이니 만큼 역할을 잘할 수 있으리라 믿는 눈치다. 그리고 튼튼이 모둠이 체육행사를 치러 본 경험이 많다는 점도 장점으로 꼽혔다.

이제 '진행에 필요한 준비물은 누가 준비할 것인가' 가 남았다. 개인 경기는 개인이 가져와야 하고, 모둠 경기는 모둠에서 준비하고, 전체 경기는 튼튼이 모둠이 준비하는 것으로 결정되었다. 그런데, 경기이니 만큼 우승 상품을 주어야 하는데, 상품을 누가 어떻게 준비할 것인가 하는 대목에서는 사뭇 분위기가 무거워졌다. 드디어 알뜰이 모둠에서 의견을 내놓았다. 지난번 우리 반 알뜰시장에서 모은 돈이 조금 있는데 그것으로 상품을 구입하겠다는 것이다. 그리고 혹시 자원해서 상품을 기부할 의사가 있는 사람은 기부를 해 달라는 제안까지 덧붙여 문제가 쉽게 해결되었다.

학급어린이회의를 처음 시작한 학년 초에는 하나하나 교사가 나서서 간섭을 해야 했지만, 회의와 관련된 예시자료를 준비해 모두에게 나누어 주고, 몇 번 읽고, 역할을 나누어 가상 학급어린이회의를 열고 난 뒤부터 아이들은 한층 자신감을 얻었다. 그리고 모둠별로도 한 번 더 가상 모둠회의를 열었더니, '전군의 간부화' 라는 말이 무색할 정도로 의견에 대한 보충 발언과 반대 발언을 자유자재로 구사하게 되었다. '모방은 제2의 창조' 라는 말대로 모범 학급어린이회의 장면이 녹화된 것을 보여 줄 수 있으면 더 좋고, 그렇지 않다면 최소한 예시안을 보여 주고 그대로 따라 해 볼 수 있는 기회를 주는 것이 효과적이다. 그리고 회의 진행 순서를 A4 용지에 정리해 아이들에게 나누어 주고 평소에도 회의 순서를 익힐 수 있도록 했다. 물론 학급 게시판에도 필요할 때를 대비하여 늘 하나를 꽂아 두었다.

학급어린이회의를 처음 연 지 2주가 지나자, 선정된 의제에 대한 토의는 그런 대로 만족할 만했으나, 의제가 많이 나오지 않는다며 의제

 월별 의제 예시표

월	가능한 의제	월	가능한 의제
3	새 학년 계획 발표 대회를 열자. 학급어린이회를 구성하자. 학급문고를 만들자. 역할 분담을 하자. 자기 소개 시간을 갖자. 우리 반 월별 행사를 정하자. 우리 반 통신함을 정하자. 교실 대청소를 하자.	4	우리 반 우체통을 만들자. 가족신문 대회를 열자. 우리 교실을 꾸미자. 현장학습 가서 할 일을 알아보자. 1인 1식물을 가꾸자. 자연보호를 하자. 봉사활동을 하자. 우리 반 친구의 생일잔치를 열자. 콩깍지를 정해서 하자.

선정위원들이 불만을 토로했다. 그러고 보니 어떤 의
제가 어떤 달에 나오는 것이 좋을지에 대한 사전교육
이 부족했다는 생각이 들었다. 그래서 부랴부랴 일 년
에 나올 수 있는 '월별 의제 예시표'를 만들어 나누어
주고, 어떤 의제가 월별로 나올 수 있는지를 설명해 주
었다. 그랬더니, 전학 가는 친구의 송별회는 있는데, 전
학 오는 친구의 전입 축하회는 없는 것이 이상하다고, 교
사의 빈틈을 지적하는 아이까지 생겼다.

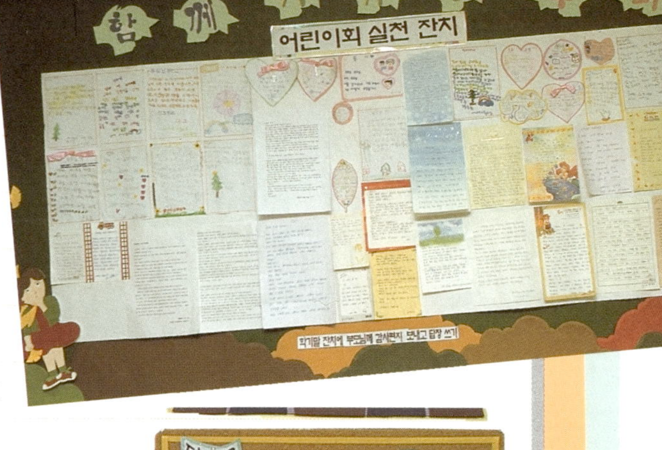

월별 의제가 나간 뒤로는 의제함에 여러 가지 의제가 모였다. 그 가운
데 5월에 의제가 단연 많았다.

아직도 아이들은 월드컵 4강의 기쁨을 잊지 못하고, 가끔 월드컵 노래
를 틀어 달라고 한다. 나는 월드컵이 아직도 감동으로 기억되는 데에는, 월드컵 개최 이전의 국민적 분
위기를 띄운 사전활동과 최선을 다한 본 게임, 사후의 월드컵 결과 홍보까지 일련의 사전-본-사후 관
리가 한몫을 하고 있다고 생각한다. 어떤 활동이든 사전준비와 본활동, 사후관리가 연결되어 있다. 학
급어린이회의도 마찬가지이다.

본회의가 시작되기 전에 의제를 모으고, 의제선정위원회에서 의제를 채택하고, 채택된 의제에 대한
설명과 협의 순서가 공고되어, 아이들이 미리 준비할 수 있게 한다. 이런 사전활동은 본회의에서 각자
자기 의사를 당당하게 발표할 수 있게 할 뿐만 아니라 서로 활발한 토의를 거쳐 집단의 의사를 결정할
수 있는 단계까지 가능하게 해 준다. 회의가 끝난 뒤에 그 결과를 누구나 보고 실천할 수 있도록 격려
하는 사후활동도 중요하다.

기본 순서와 회의 방법을 지키면서 다수의 의견을 따르되 소수의 의견도 소중하게 여길 줄 아는 참다
운 '회의 문화'를 길러 주는 것은 결국 교사의 몫이 아닌가 생각한다.

회의 전에 알아 둘 일

학급어린이회 임원의 역할

- **회장** : 어린이회 대표로서 회의를 주관하고 의제를 선정한다. 또, 회의 의결 사항에 대한 실천을 주관한다.
- **부회장** : 회장이 없을 때 회장의 역할을 대신하며 회의 진행과 표결 결과를 확인한다.
- **총무** : 회의 참가 인원을 확인하고, 칠판 기록을 하며, 의결 사항에 대한 실천 결과를 보고한다.
- **서기** : 회의 기록과 회의 사항을 요약 보고하며, 장부 보관과 관리, 학급어린이회 안내판과 안건 공고판을 기록한다. 의결된 사항을 통보하는 역할도 한다.

의장이 알아 둘 일

- **명칭** : '의장' 이라는 명칭은 회의를 주재하는 대표자로서의 권위를 표시한다. 학급원들은 회의 중에 '의장' 이라고 부르며 그 권위를 존중해야 하나, 의장이 자신을 말할 때는 '사회자' 라고 부른다.
- **개회 선언** : 회의를 시작하기 전에 총무에게 참석 인원수를 확인·보고하게 하여, 정족수가 되면 개회 선언을 하고 회의를 진행한다.
- **발언권자 지명** : 2명 이상의 학급원이 동시에 발언권을 요구할 때는, 한 번도 발언하지 않은 학급원이나 바로 전에 발언한 내용과 반대되는 의견을 가진 회원을 먼저 지명한다.
- **발언 내용 조정** : 발언이 너무 길 때에는 적당한 때에, "예, 잘 알았습니다. 발언의 요지는 이러이러한 것이지요?" 하는 식으로 부드럽게 내용을 요약해 준다. 발언 내용이 복잡하여 잘 알 수 없는 경우에도 "지금 말씀하신 내용은 무슨 무슨 내용이지요?" 하고 간단히 요약해 준다. 감정에 치우친 발언을 하는 학급원에게는 "토론에 열중하는 것은 좋지만, 다른 학급원의 감정을 상하게 하는 말은 삼가해 주기 바랍니다."라고 주의를 준다.
- **발언 권유** : 발언하지 않고 있는 학급원에게는 "○○○ 의원, 무슨 좋은 의견이 있으면 말씀해 주세요." 하고 부드럽게 권하는 것이 좋다.
- **발언 중지** : 의제에서 벗어난 발언, 회의 질서를 어지럽히는 발언, 발언권을 얻지 않고 하는 발언은 중지시킬 수 있다.
- **의제의 요점 파악** : 토론이 오랫동안 계속되어 그 요점을 알기 어려울 때, "지금 여러 가지 의견이 나왔는데, 이를 정리하면 이렇게 요약할 수 있습니다." 하고 요점을 정리해 준다.
- **선언** : 개회, 폐회, 의안 상정, 표결 선언, 표결 결과 발표 등을 할 때에는 모든 학급원이 다 들을 수 있도록 큰 소리로 말한다.
- **의사봉 사용** : 개회 선언과 폐회 선언을 할 때, 회의 도중 조금 쉬었다가 하기 위해 회의를 잠시 중단할 때(정회 선언), 회의를 중지했다가 다시 시작할 때, 의제가 가결 또는 부결되었음을 알릴 때 사용한다. 의장은 의사봉을 두드리기 전에 "지금부터 제○차 학급어린이회의를 시작하겠습니다."라든가, "…… 수정안이 가결되었습니다."라 말하고 의사봉을 두드린다.

회의에서 지켜야 할 것

- 서로 존칭을 사용하며 존댓말을 쓴다.
- 결정된 내용에 대해서는 의사봉을 사용하여 마무리가 되었음을 알리도록 한다.
- 회의 의제는 미리 공고하여 아이들이 생각할 시간을 주고 관심을 갖도록 한다.
- 토의가 길어지더라도 시간에 구애받지 말아야 한다.
- 회의 내용을 꼭 기록하고 기록한 내용을 공고하도록 한다.
- 개인 의견에 대한 '비방'은 절대 하지 않도록 한다.

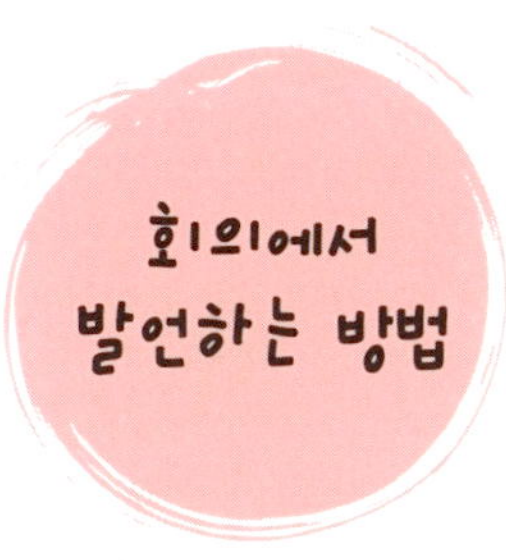

발언할 때 주의점

– 의장의 허가를 받은 뒤 발언한다.
– 특별한 경우를 제외하고는 다른 사람이 발언할 때 끼어들지 않는다.
– 같은 의제에 대하여 한 사람이 여러 번 발언하지 않는다.
– 발언할 때 너무 길게 하지 않는다.

의제를 설명할 때

– 제출한 의제가 무엇을 어떻게 하고자 하는 것인지 목적을 분명히 밝힌다.
– 현재의 불합리한 점을 제시하면서, 새 의제를 제출하게 된 동기를 설명한다.
– 자신의 의제가 채택되어 실행되면 어떤 점이 어떻게 개선될 것인지 예상되는 결과를 설명한다.
– 제출한 의제의 단점과 이를 보완할 수 있는 방안까지 설명한다.

의견을 발표할 때

– 의견을 발표할 때는 먼저 결론을 말하고, 다음에 그 이유를 조목조목 설명한다. 즉, "나는 지금 제안에 반대합니다. 이유는 첫째로 ~이고, 둘째로는 ~이고, 셋째로는 ~입니다." 하는 것이 좋다.
– 발언자는 참석한 학급원 전체에 대해서 발언하는 것이지만, 항상 회장을 향해서 발언해야 한다.
– 다른 사람의 발언 내용에 유의하면서 요점을 잘 파악하며 들어야 한다. 메모를 하면서 이야기를 들으면 내용 파악이 쉽고, 자신이 발언할 때도 실수 없이 말할 수 있다.
– 심의될 의제에 대해서 미리 연구하는 것이 좋다.
– 반대 발언을 하는 사람이나 이를 듣는 사람은 서로 감정적인 말을 쓰지 않도록 한다.
– 서로 높임말을 쓴다.
– 남에게 실례가 되는 말이나 행동을 하지 않는다. 특히 남의 사생활을 들추어내는 말은 하지 않는다.

알아 두어야 할 회의 용어

- **회기** : 회의가 시작되어 끝날 때까지 기간을 말한다.
  예 이번 회기는 9월 10일부터 11일까지 2일간으로 정했습니다.

- **개회** : 회의를 시작하는 것
  예 지금부터 제○회 학급어린이회를 시작하겠습니다.

- **의제** : 회의에서 토론할 대상으로, 안건, 안, 의안과 같은 의미로 쓰인다.
  예 오늘 회의에서 채택된 의제는 '학급신문을 만들자.'입니다.

- **동의** : 어떤 의견을 일정한 형식을 갖추어 의제로 제안하는 것을 동의(動議)라고 한다. 반드시 재청을 얻어야 의제로 채택될 수 있다. 찬성을 표현하는 동의(同意)와 말이 같아서 헷갈릴 수 있다. 동의(同意)는 '찬성'으로 표현하는 것이 좋다.
  예 봄을 맞이하여 '모둠 단합대회'를 열 것을 동의합니다.

- **재청** : 동의안에 대하여 제안자 이외의 다른 사람이 찬성하는 것. 재청이 있어야 의제로 채택될 수 있다.
  예 ○○○ 의원의 동의에 재청합니다.

- **상정** : 적법하게 성립된 동의를 회의에 부치는 것을 상정 또는 부의라고 한다. 동의와 재청이 있으면 의장은 이를 기각하지 않는 한 회의에 상정해야 한다.
  예 재청이 있으므로 ○○○ 의원이 제출한 이러이러한 동의를 의제로 상정합니다.

· **개의(수정 동의)** : 동의안에 원칙적으로 찬성하면서도 부분적인 수정을 제안하고 싶을 때 글자나 약간의 줄거리를 더하거나 빼자고 할 수 있다. 이렇게 내용 일부를 고치자고 하는 제안을 말한다.
　圆 학급 자율 활동이 잘 이루어지기 위해 생활부장이 중심이 되어 지도하자는 의견에 찬성하지만 모두가 보다 확실한 책임 의식을 가지도록 하기 위해 다음 주 학급어린이회의 때 규칙을 어긴 학생이 누구인지 공개할 것을 수정 동의합니다.

· **재개의(재수정 동의)** : 수정 동의를 다시 부분적으로 또 고치고자 하는 제안
　圆 생활부장뿐만 아니라 학급 회장을 비롯한 운영위원 전원이 지도하여 그 결과를 공개할 것을 재개의합니다.

· **심의** : 상정된 의제를 상세히 검토하고 그 가부를 논의하는 과정을 말한다.
　圆 다음은 의제 심의에 들어가겠습니다.

· **의결** : 의제에 대하여 협의 · 토의 또는 표결(거수, 기립, 구두, 투표 등)로써 전체 의사를 결정하는 것

· **표결** : 의결을 위한 한 방법으로서, 구성원 개개인의 가부 의사를 모아 그에 따라 전체 의사를 결정하는 것
　圆 그러면 표결에 들어가겠습니다. 의안에 찬성하는 분은 손을 들어 주십시오.

· **정회** : 회의 도중 피로하거나 의견 대립이 심할 때 회의를 잠시 멈추는 상태
　圆 지금부터 1시간 동안 정회하겠습니다.

학급어린이회의 진행 순서

회의 진행 순서를 학급 게시판에 붙여 두거나 걸개로 만들어 회의 진행에 익숙하지 않은 아이들이 회의 때 참고할 수 있도록 한다.

· 개회 선언
· 국민 의례
· 의장 인사
· 지난번 회의 회의록 낭독
· 지난주 의제 실천 결과와 반성
· 부서별 반성과 계획 발표
· 의제 제안
· 제안 설명과 질의응답
· 의제 채택
· 의제 심의(토의/토론)
· 기타 토의와 건의 사항
· 본 회의록 낭독
· 선생님 말씀
· 교가(혹은 반가) 제창
· 폐회 선언

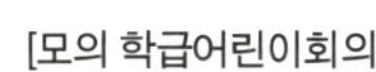

[모의 학급어린이회의]

학년 초 학급 전체를 대상으로 모의 학급어린이회의 자료를 나누어 주고, 회의 진행 절차를 익히도록 한다.

학급어린이회의 사전 준비

학급어린이회의 전에 정·부회장과 각 부서장(혹은 모둠장)으로 구성되는 임원회의(학급운영위원회나 의제선정위원회)를 소집하고, 의제를 예고한다. 의제는 회의 전에 공고해야 하므로 며칠 여유를 두고 임원회의를 소집하는 것이 좋다. 임원회의에서 결정된 의제는 회의 하루 전이나 당일 아침에 게시판 등을 이용해 "이번 주 의제는 ○○, 토론 사항은 ○○입니다."라는 식으로 예고한다.

학급어린이회의 진행 순서

① 개회 선언

서기와 총무가 회의 준비 상황을 점검하고, 회의장 정리 정돈을 한다. 총무가 회의 참가 인원을 보고하면 의장은 개회 선언을 하고 의사봉을 세 번 두드린다.

> 의장 : 지금부터 ○학년 ○반 제○회 학급어린이회의를 시작하겠습니다. 땅! 땅! 땅!

② 국민 의례

의장이 국민 의례를 진행한다. 애국가는 1절만 하거나, 각 절을 번갈아 가면서 할 수도 있다. 지휘와 반주를 학생이 직접해도 좋고, 녹음된 테이프가 있으면 활용해도 된다.

> 의장 : 국민 의례가 있겠습니다. 모두 국기를 향해 일어서 주십시오.

국기에 대한 경례. (국기에 대한 맹세문을 낭독) 바로.
다음은 애국가를 제창하겠습니다.
모두 자리에 앉아 주십시오.

③ 의장 인사

의장이 의제를 심의하기 전에 간단하게 인사를 한다. 학교나 학급행사와 관련된 이야기나 회의 분위기에 대한 이야기를 한다. 담임과 협의하여 인사말을 조정할 수도 있다.

> 의장 : 안녕하십니까? 지난주에 편집 모둠에서 학급문집 편집을 끝내고, 인쇄소로 원고를 보냈습니다. 늦게까지 남아서 수고한 편집 모둠원 여러분들 고맙습니다. 이번 주 회의에서는 '학기 말 마무리잔치'에 대해 협의하겠습니다. 여러분들의 좋은 의견을 부탁드립니다.

④ 전회 회의록 낭독

의장은 서기에게 전회 회의에 대한 결과를 보고하게 한다. 서기는 회의록을 낭독하는데, 필요한 경우 전 회의록을 유인물로 만들어 나누어 줄 수도 있다.

> 서기 : 지난 ○월 ○일 학급어린이회 회의록을 보고하겠습니다. 지난주 의제로 가결된 불우이웃돕기 성금 모금은 많은 학생들의 참여로 5만3천 원이 모금되었습니다. 성금은 담임선생님께서 우리 반이 봉사활동을 나갔던 △△△보육원으로 보내셨습니다. 그리고 교실에 깨진 유리창을 바꿔 달라는 건의 사항은 이미 해결되었습니다. 이상으로 지난주 회의 보고를 마치겠습니다.

⑤ 지난주 실천 결과 반성과 각 부 활동 보고

의제 실천 사항을 반성하고 부서별(혹은 모둠별) 활동 사항을 보고한다. 의장은 평가와 보고 사항을 간단하게 총괄 평가한다.

의장 : 지난주 의제인 '불우이웃을 돕자'의 실천 결과를
　　　　반성해 보겠습니다.
　　　　(김진수, 손을 든다.)
의장 : 김진수 의원 발언하십시오.
김진수 : 우리 반 모두 성금을 모아 △△△ 보육원에 도움
　　　　을 줄 수 있게 되어서 잘되었다고 생각합니다.
　　　　(박미래, 손을 든다.)
의장 : 박미래 의원 발언하십시오.
박미래 : 성금을 모을 때 용돈을 아껴서 내거나 재활용품을
　　　　모아서 마련하자고 했는데, 그냥 부모님께 성금을
　　　　받아 온 학생도 있었습니다. 각자 성금을 마련하다
　　　　보니 이렇게 되었습니다. 다음부터는 모둠별로 성
　　　　금 모금 계획을 짜고 우리 힘으로 성금을 마련하
　　　　면 좋겠습니다.
　　　　(여러 사람이 돌아가면서 발표한다. 이어서 부서별
　　　　활동 평가와 보고를 한다.)
책숲 모둠 : 그동안 우리 반 학생들의 적극적인 참여로 학
　　　　급문고에 책이 많이 생겼습니다. 그런데 일부 학
　　　　생들이 책을 빌려 가서 너무 늦게 반납하거나 책
　　　　을 훼손하는 일이 있습니다. 다 함께 보는 책을 조
　　　　금 더 소중히 다루고, 대출 약속도 잘 지켜 주길
　　　　바랍니다. 이번 주는 학급문고에 새로 들어온 책
　　　　을 학급 게시판에 소개할 예정입니다. 관심 있는
　　　　분들은 많이 이용해 주시길 바랍니다.
　　　　(부서별로 돌아가며 발표한다.)
의장 : 모두 열심히 해 주셔서 고맙습니다. 여러분의 의
　　　　견대로 성금 모금과 같이 학급 전체가 힘을 모아
　　　　서 일을 할 때에는 미리 모둠별로 계획을 짜서 진
　　　　행하도록 하겠습니다. 이것으로 실천 사항 평가와
　　　　각 부 보고를 마치겠습니다.

⑥ 의제 보고와 제안

임원회의에서 선정한 의제를 보고한다. 이 밖에 학급원들로부
터 다루고 싶은 또 다른 의제를 받는다.

의장 : 임원회의에서 학기 말 마무리잔치를 오늘 회의의
　　　　의제로 선정했습니다. 마무리잔치에 관한 의제 이
　　　　외에 오늘 학급어린이회의에서 또 다루고 싶은 의
　　　　제가 있으면 제출해 주시기 바랍니다.
　　　　(오희진, 손을 든다.)
오희진 : 저는 겨울방학이 되기 전에 학급 봉사활동을 한
　　　　번 더 갈 것을 제안합니다.
의장 : 오희진 의원이 제출한 의제에 재청 있습니까?
권병수 : 재청합니다.
의장 : 오희진 의원이 제출한 학급 봉사활동을 가지는 의
　　　　제는 권병수 의원의 재청으로 채택되었습니다. 또
　　　　다른 의제를 제출할 의원 있습니까? (의석에서 "없
　　　　습니다."라는 말이 나오거나 침묵이 계속되면) 그
　　　　럼 이상으로 의제 제안을 마치겠습니다. (의사봉을
　　　　세 번 두드린다.) 땅! 땅! 땅!

⑦ 제안 설명과 질의 응답

의장은 먼저 의제에 대한 제안자의 설명을 듣고 질의 응답을
한다. 토론을 통해 의제를 수정할 수도 있다.

의장 : 임원회의에서 결정한 이번 주 의제는 '학기 말 마
　　　　무리잔치를 열자.'입니다. 의제를 제안한 강민경
　　　　의원이 제안 이유를 설명해 주십시오.
강민경 : 예. 일 년 동안 함께 공부한 친구들과 뭔가 기억에
　　　　남을 만한 행사를 하고 싶고, 친구들의 장기자랑도
　　　　보고 싶어서 제안하였습니다.
의장 : 게시판에 의제가 예고되어 있어서 미리 생각을 하
　　　　고 왔으리라고 생각합니다. 질문 있으면 해 주시기
　　　　바랍니다.
이슬비 : 질문 있습니다. 마무리잔치를 언제 하고 어떻게 준
　　　　비하려고 하는지 궁금합니다.
강민경 : 방학식을 하기 전 토요일 날 수업이 끝난 뒤에 했
　　　　으면 합니다. 그리고 잔치 준비는 모둠별로 역할을
　　　　나누어서 하면 좋겠습니다.
의장 : 잘 말씀해 주셨습니다. 그러면 다음은 오희진 의원
　　　　이 제출한 제안 설명을 듣겠습니다.

오희진 : 지난주에 성금을 모아서 우리 반이 봉사활동을 했던 △△△보육원에 전달했는데, 그냥 성금만 보내는 게 아쉬웠습니다. 제가 도와주었던 동생들이 보고 싶기도 하구요. 그래서 방학 전에 봉사활동을 한 번 더 했으면 좋겠습니다.

⑧ 의제 채택
질의 응답과 토론을 충분히 한 뒤, 거수로 표결을 한다.

의장 : 두 사람의 제안 설명을 잘 들었습니다. 지금부터 거수로 의제를 채택하도록 하겠습니다. 먼저 강민경 의원의 의제에 찬성하는 분, 손을 들어 주십시오. (서기가 거수를 확인한다.) 다음은 오희진 의원의 의제에 찬성하는 분, 손을 들어 주십시오. (서기가 거수를 확인하고, 의장에게 결과를 알려 준다.)

의장 : 마무리잔치를 하자가 25표, 봉사활동을 가자가 7표로, 학기 말 마무리잔치를 제안한 강민경 의원의 의제가 가결되었습니다. (의사봉을 세 번 두두린다.) 땡! 땡! 땡!

⑨ 의제 토의(실천 방법 협의)
사전에 제시된 협의 내용을 심의하고, 확정된 협의 내용에 따라 토의를 진행한다. 협의 내용 가운데 실천 방법에 관해서 여러 의견이 나오면 표결로 정하여 채택한다. 의제 성격에 따라 모둠별 토의나 토론 등 알맞은 회의 형태를 선택하여 운영한다.

의장 : 마무리잔치에 대해서 구체적으로 토의해 주시기 바랍니다.

정승진 : 마무리잔치 때 장기자랑을 하자고 했는데, 어떤 종목으로 할지 토의했으면 합니다.

우여민 : 장기자랑 종목뿐만 아니라 마무리잔치를 어떻게 할지 전체 프로그램이 있어야 합니다. 장기자랑 말고 다른 프로그램도 같이 토의했으면 합니다.

조영이 : 진행은 누가 맡을 것인지, 상품을 비롯해 잔치 경비는 어떻게 마련할 것인지도 토의해야 합니다.

의장 : 그럼 잔치 전체 프로그램과 누가 진행을 맡을지, 그리고 경비 문제 등을 토의하겠습니다. 강민경 의원이 미리 생각하고 있던 내용을 발표해 주십시오.

강민경 : 제 생각을 말씀 드리겠습니다. 장기자랑은 노래와 무용, 동시 낭송을 넣으면 좋겠습니다. 그리고 선생님과 부모님에 대한 고마움을 표현하는 편지를 써서 우리 반 게시판에 붙이고, 그동안의 우리들의 작품도 파일에 예쁘게 정리하여 함께 우리의 일 년을 되새기는 시간을 갖고 싶습니다. 진행은 학급 임원들이 나누어서 맡고, 경비는 예산을 세워서 모두가 조금씩 나누어 내면 어떨까 생각합니다.

의장 : 잘 들으셨습니까? 그러면 한 가지씩 결정해 가기로 합시다.

박철인 : 각자의 특기를 살린 장기자랑이니 만큼 종목을 한정시키지 말고 희망하는 특기나 장기자랑을 하면 좋겠습니다.

오영수 : 저도 박철인 의원과 같은 생각입니다. 재청합니다.

의장 : 다른 의견 없습니까?

모두 : 없습니다.

의장 : 그러면 장기자랑을 몇 가지로 정해서 하자는 안과 종목을 한정시키지 말고 희망하는 대로 하자는 안 두 가지가 있습니다. 이 가운데 하나를 거수로 결정하겠습니다. 먼저 종목을 정해서 하자에 찬성하는 사람은 손을 들어 주십시오.
(거수로 안을 확정한다.)

의장 : 종목을 한정하지 말고 희망하는 대로 하자는 안이 결정되었습니다. 다음은 누가 어떤 종목을 하는지는 알아야 프로그램 작성을 할 수 있으니, 각자 종목을 결정하면 이를 취합하여 프로그램을 작성하고 진행을 할 사람을 결정하도록 합시다. 프로그램 작성과 총진행은 어느 모둠이 맡아서 하면 좋겠습니까?

진소희 : 알뜰이 모둠이 맡아서 하면 좋겠습니다.

의장 : 총진행을 알뜰이 모둠이 맡아서 하자는 의견이 나왔습니다. 다른 의견 있습니까?

모두 : 재청합니다.

의장 : 좋습니다. 그럼 언제 마무리잔치를 열면 좋을지
말씀해 주십시오. 의제를 제안했던 강민경 의원
은 방학식 전 토요일에 하자고 했는데, 다른 의
견 없습니까?
(손을 드는 사람이 없다.)

의장 : 다른 의견이 없기 때문에 강민경 의원 의견대
로 방학식 전 토요일에 하도록 하겠습니다.

채치수 : 그런데 마무리잔치 사회는 누가 보나요?

김한별 : 아무래도 프로그램의 첫인사, 끝인사, 진행을
맡아 볼 사회자 등을 정해야 하지 않을까요?
제 의견은 첫인사는 부회장이, 사회는 회장이,
끝인사는 서기가 맡으면 좋겠습니다.

모두 : 찬성합니다.

의장 : 그렇게 하겠습니다. 교실은 누가 꾸밀까요?

금난희 : 교실 꾸미기는 아무래도 청결 모둠이 맡아서
해 주고 방송 시설이나 조명 등은 방송 모둠이
맡아서 하면 좋겠습니다.

송지흔 : 도서 모둠에서도 교실 꾸미기에 협조해 주면
좋겠습니다.

도서 모둠원 : 좋습니다. 청결 모둠을 도와서 교실을 꾸
미도록 하겠습니다.

의장 : 마무리잔치에 대한 대강의 내용이 의논되었습
니다. 그렇다면 연습은 언제 할까요?

김영훈 : 각자 집에서나 방과 후에 하도록 하고 준비물
도 각자 준비하도록 합시다.

의장 : 이 밖에 다른 의견 없습니까? 협의 내용이 거
의 결정된 것 같습니다.
(손을 드는 사람이 없다.)

의장 : 그러면 오늘 결정된 사항을 서기가 발표해 주십
시오.

서기 : (결정된 내용을 낭독한다.)

의장 : 결정된 내용은 평소와 마찬가지로 우리 반 게
시판 알림판에 붙여 두겠습니다. 참고하십시오.

⑩ 기타 토의와 건의

기타 토의 사항은 회의에 상정되지 않았지만 시급한 안건
이 있는 경우에 실시한다. 없으면 바로 건의로 넘어간다.

의장 : 오늘 의제 이외에 의논해야 할 사항이나 건의
사항이 있으면 발표해 주십시오.

권수미 : 우리 학교 정문 앞에는 차가 많이 다니니까 위
험합니다. 등교할 때 예전처럼 어머니들께서 나
오셔서 교통 안전지도를 해 주시면 좋겠습니다.
안심하고 길을 건널 수 있도록 했으면 합니다.

모두 : 재청합니다.

의장 : 이 밖에 건의 사항이 있습니까?

모두 : 없습니다.

의장 : 없으면 건의사항을 마치겠습니다.

⑪ 본 회의록 낭독

서기는 회의 과정과 협의 내용을 기록하고 그 결과를 낭독
하여 학급원들의 승인을 받는다.

⑫ 선생님 말씀

교사가 회의를 참관하면서 보고 느낀 점을 이야기한다. 의
제에 대한 조언이나 칭찬, 적절한 비평을 덧붙여 격려한다.

의장 : 다음은 선생님 말씀이 있겠습니다.

선생님 : 내 주장만 고집하지 말고 서로의 생각을 존중
하면서 충분히 토의한 점이 좋았습니다. 오늘
의논한 대로 각자 맡은 역할을 잘할 수 있도록
미리미리 준비합시다.

⑬ 교가(혹은 반가) 제창

대부분 교가를 부르나, 반가가 있으면 반가를 부른다.

⑭ 폐회 선언

의장이 폐회 선언을 하고 의사봉을 세 번 두드리면 모두
박수를 치며 학급어린이회의를 끝낸다.

의장 : 이것으로 ○학년 ○반 제○회 학급어린이회의를
마치겠습니다. 여러분 수고하셨습니다. 땅! 땅! 땅!

대부분의 학급어린이회의는 학급원 모두 참여하는 집단토의 방식을 활용한다. 그러나 이런 회의 방식은 학급 단합대회 결정이나 체육대회 선수 선출처럼 다수의 의견을 물어 표결에 부칠 의제에 적당한 회의 방식이지, 어떤 것이나 해결할 수 있는 만능 열쇠는 아니다. 모둠회의든 브레인스토밍이든, 의제에 따라 여러 가지 회의 방법을 적용하는 지혜가 필요하다.

집단회의(집단토의)

대부분의 학급에서 하는 회의 형태이다. 시간을 단축할 수 있고, 논쟁의 요소가 많지 않을 것 같은 의제에 알맞다. 누가 의견을 내든 모든 구성원들이 다 들을 수 있기 때문에 각 의견에 대한 개인의 생각을 비교할 수 있다는 장점이 있다. 그러나 구성원들의 의견을 다 듣기에는 시간이 부족하고, 회의 분위기가 산만해지기 쉽다. 또 몇 명에게만 발언 기회가 집중되고, 내용에 대해 깊이 있는 논의를 하기 어려운 단점도 있다. 임원 선출, 체육대회 참가 선수 선출, 놀이 시간에 할 놀이 종류 선택 등에 적합하다.

모둠별 토의(모둠회의, 분임토의)

모둠별 토의는 집단회의를 보완한다. 모둠에서 의제에 대해 충분히 토의한 뒤 모둠의 의견을 결정하고 집단회의에 모둠장이 모둠에서 합의한 의견을 발표한다. 구성원 각자의 의견을 자세하게 듣고 결정해야 할 때 필요하다. 논쟁 요소가 많은 의제에 대해서는 모둠별 토의를 거치는 게 좋다. 모둠별 토의에서는 모둠장과 기록자의 역할이 중요하다.

토론

토론은 서로 상반된 의견을 통일시켜 나가거나 승패를 결정해야 할 때 효과적이다. 다만, 승패를 결정해야 하는 경우에는 조심스럽게 접근해야 한다. 아이들은 지고 이기는 결과에 더 민감하기 때문에 교사가 꼭 필요하다고 생각할 때만 써야 한다. 찬반을 갈라 놓고 하면 상대편을 '적'이라고 생각하는 아이들이 많다. 그래서 설득력 있는 의견이 나와도 자신의 생각을 바꾸지 않는다. 따라서 양 진영으로 나누지 말고 전체 집단 속에서 서로 다른 의견을 설득력 있게 발표하도록 이끄는 게 좋다. 토론이 다

끝난 뒤 찬반을 나누어 본다. 그리고 토론 과정에서 생각이 바뀐 아이가 있는지 확인해 본다.

브레인스토밍

일정한 주제에 관하여 구성원의 자유 발언으로 좋은 의견을 찾아가는 회의인데, 한 사람의 생각보다 여러 사람이 머리를 맞대면 더 좋은 의견이 나올 수 있다는 원리를 바탕으로 하고 있다. 브레인스토밍에서는 어떠한 내용의 발언이 나오더라도 그에 대한 비판을 해서는 안 되며, 오히려 자유분방하고 엉뚱하기까지 한 의견을 출발점으로 해서 생각을 이어 나가도록 한다. 일종의 자유 연상법이라고도 할 수 있다. 브레인스토밍은 아이들이 자기 생각을 거리낌 없이 발표할 수 있는 교실에서 활용하면 좋다. 브레인스토밍에서는 반대 의견은 제시할 수 없음을 알려 준다.

이 밖에 패널토의나 심포지엄, 청문회, 기자회견 따위의 방법이 있지만, 초등학생들에게는 좀 어렵다. 교사가 학년·학급의 수준을 판단해서 가능하다고 생각하면 활용할 수 있다.

여기는 뭘 붙이나?

III

교실환경 가꾸기

01

살아 있는
교실환경 설계

교실은 교육과정이 펼쳐지는 공간으로,

아이들에게 자극과 성취감을 부여하고,

휴식과 놀이의 공간으로서 안정과 자유로움을

균형 있게 제공하는 바탕입니다.

그래서 교사의 섬세한 마음씀씀이와 손길이 더욱 필요합니다.

그럴 때 교실은 교사와 아이들의 학습 공간이자

삶의 공간으로 가꾸어질 수 있습니다.

사실 그동안 해 온 '환경 정리'를 살펴보면, 교사와 아이들의 필요에 따라 교실환경을 점검하고 배치하는 것이 아니라 학교에서 내려온 계획과 지침에 따라, 정해진 기간 동안 게시판이나 벽면을 빼곡하게 채우는 식이었다. 이렇게 된 데에는 학교의 경직된 태도가 고스란히 반영된 '환경미화 심사'의 영향이 크다. 심사표까지 만들어서 일일이 '검사'를 하는 분위기에서 학급의 개성이나 담임의 재량이 폭넓게 펼쳐지기 힘든 게 사실이다. 게다가 어느 학교, 어느 교실이나 똑같은 크기와 똑같은 모양이니 그 안에서 교사가 재량권을 발휘할 만한 대상은 게시판밖에는 없었다. 그렇게 되다 보니 '오리고 붙이기'는 있는데, '옮기고 바꾸고'가 빠진 환경미화에 그치고 말았다.

물론 공간이 정해진 여건에서 게시판을 활용하여 환경을 꾸미는 전략은 매우 중요하다. 그러나 그에 못지않게 아이들과 교사의 시선과 동선, 눈높이를 배려한 환경공학적인 배려도 중요하다. 예를 들어, 책상 배열과 사물함, 교사의 책상 배치 등 교실 공간을 어떻게 활용하느냐에 따라 학습 분위기와 생활의 흐름이 달라진다.

교실환경을 '꾸미기' 전에 먼저 생각해 보아야 할 것은 하루 종일 여러 가지 학습 활동을 하는 아이들의 학습 효과를 높이면서, 아이들과 교사가 그야말로 편하고 즐겁고 행복하게 학교생활을 할 수 있는 환경 '가꾸기'와 '갖추기'다.

교실환경을 가꾸고 갖추는 데 가장 중요한 점은 교사의 학급운영 철학이 교실환경에 반영되어야 한다는 점이다. 특히 한 명의 담임교사가 매 시간 교과활동을 비롯해 학급생활 전반을 담당해야 하는 초등학교에서, 교실 역시 교사의 교육철학이나 주된 교수·학습 형태를 반영하는 것은 당연하다. 아이들의 자유로운 활동과 표현을 장려하는 교사의 교실은 책상 배치나 게시물의 내용에 교사의 개성이 고스란히 묻어나 있을 것이다. 깔끔하고 정돈된 수업 분위기를 이끄는 교사의 교실은 아무래도 남다른 안정감을 드러내게 마련이다.

교실환경 가꾸기의 몇 가지 원칙

편리성 교실환경을 구성하는 첫째 목적은 아이들의 교육활동을 돕는 데 있다. 환경 구성을 하는 데 시간과 노력을 지나치게 많이 들이는 것은 옳지 않다. 마찬가지로 환경을 유지하는 데 지나치게 많은 시간과 노력이 들어가서도 안 된다. 이를 위해서는 교실을 어떻게 가꿀지, 무엇을 게시할지, 그리고 게시해 나가는 과정까지 모두 수업이나 일상적인 학급활동과 유기적으로 연결되어야 한다.

효율성 교육활동에 필요한 여러 가지 물품들은 그 중요도에 따라 적절한 비중으로 적합한 장소에 배치한다. 그래서 아이들과 교육활동을 하는 데 불편함이 없도록 해야 한다.

민주성 교실 공간 활용은 어떻게 할 것인지, 어떤 것을 어떤 방식으로 게시할 것인지, 자투리 공간은 어떻게 활용할 것인지 따위의 교실환경과 관련된 여러 가지 계획은 반드시 아이들과 의논한 뒤 결정하도록 한다. 학급어린이회의와 같은 의사소통 구조를 적극 활용할 수 있을 것이다.

조화성 전체 물건의 높낮이가 어울려야 한다. 색깔은 되도록 원색과 형광색이 아닌 자연색을 쓰는 것이 좋다. 아이들의 발달 단계에 맞춰서 저학년은 따뜻한 색을, 고학년에 갈수록 찬색이나 무채색을 쓰는 것이 좋다.

경제성 되도록 돈을 적게 들인다. 비싼 재료보다는 아이들이 평소에 쓰는 재료로 구성하는 것이 좋다. 교실에 놓는 화분 역시 비싼 열대식물을 사다 놓기보다 씨를 뿌려 키우거나 모종을 심어 가꿀 수 있도록 한다.

환경친화성 오랫동안 붙여 둘 것이 아니면 게시물을 코팅하는 것은 되도록 삼가야 한다. 학년 초 처음 환경 구성을 할 때나 일상적으로 게시물을 관리할 때에도 아이들에게 생태적 관점에서 물건을 함부로 써서는 안 됨을 알려 주고, 핀이나 압정 같은 물품을 함부로 낭비하지 않도록 한다. 쓰레기도 분리수거를 할 수 있도록 처음부터 공간을 마련해 둔다.

협동성 환경을 구성하는 과정에 반 아이들이 모두 함께 참여할 수 있게 한다. 또 구성물을 바꾸거나 고칠 때도 마찬가지다. 학년 초에 교실환경을 새롭게 정비할 때에는 모둠이나 학급어린이회와 같은 학급조직을 활용하여 아이들의 참여를 이끌어 낼 수 있을 것이다.

현실성 객관적인 환경의 제약을 충분히 고려해야 한다. 예를 들어, 생명의 소중함을 느껴 보고 싶다고 햇빛도 안 드는 교실에 여러 종류의 큰 화분을 들여놓으면, 처음 며칠만 싱싱 할 뿐 금방 시드는 경우가 많고, 결국 죽게 된다. 어항에서 키우는 물고기 역시 하루가 멀 게 죽어 나간다. 식물이나 그 밖에 생명이 있는 관찰물을 키우려면 먼저 그 생명이 잘 자랄 수 있는 환경이 갖추어져 있는지 따져 보고, 뒤처리는 어떻게 할 것인지까지 생각해 보아 야 한다. 만약 생명을 키우기 힘든 교실환경이라면 꼭 교실에서 생명을 키우는 활동을 할 필요가 없다.

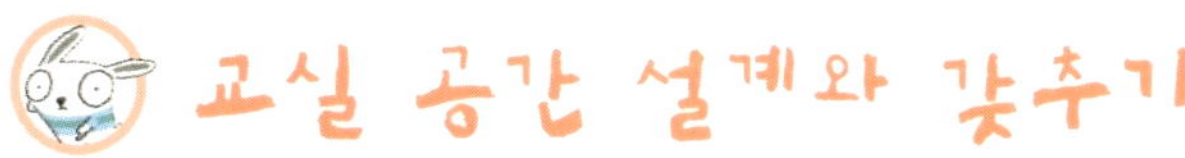

교실 공간 설계와 갖추기

교실환경을 어떻게 할 것인가를 결정할 때에는 일 년 혹은 한 학기 동안 교실에서 주로 이 루어지는 활동이 어떤 것인지를 먼저 따져 보아야 한다. 가르치는 학년이 저·중·고학년 가운데 어느 학년인지, 그 학년의 발달과정상 특징은 무엇인지, 수업 목표를 달성하는 데 자료 활용이 중요한지 아니면 활발한 발표나 토론이나 놀이가 중요한지에 따라 좀 더 세 부적인 계획을 세우도록 한다.

책상과 걸상

아이들은 교실에서 대부분의 시간을 자기 자리에 앉아서 보낸다. 책상과 걸상을 어떻게 할 것인가 하는 점은 게시판이나 벽을 멋있게 꾸미는 일보다 먼저 관심을 가져야 할 부분 이다. 오래 앉아 있기 편한 걸상과 책상을 갖추는 일, 이것이 쾌적한 학습환경 갖추기의 첫

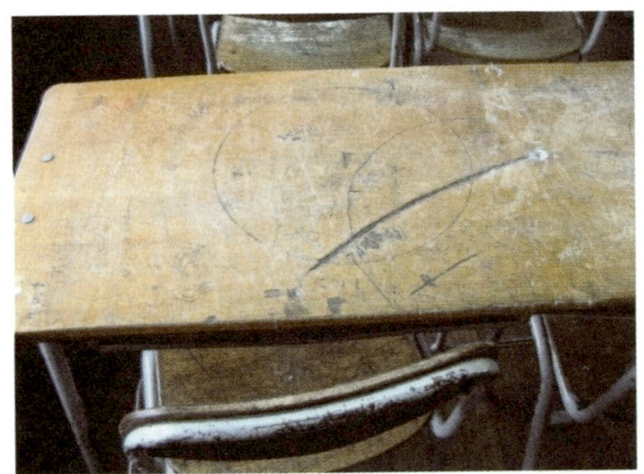

6학년 교실의 책상 모습이다. 삐걱거리고 낙서와 상처투성이다. 여기에 고무판이라도 덮어 보자. 고무판은 칼질을 하기에도 편하다.

번째다. 그러나 지금 교실에 있는 걸상과 책상은 그렇지 못하다. 신설 학교를 빼고는 대부분 낙서와 상처투성이에다 흔들거리기까지 한다. 책상 넓이는 학습자료를 충분히 올려놓을 수 없을 만큼 비좁다. 책상 서랍은 책 몇 권 넣기조차 불편하게 되어 있고, 책상과 걸상의 높이도 맞지 않는 것이 대부분이다. 또 책걸상의 모서리는 아이들 옷에 흠을 내거나 찢어 놓는다. 아이들 손과 허벅지에 가시가 박히는 일도 허다하다. 공부하기에 가장 편안해야 할 책걸상이 교사와 아이들에게 흉기가 되기 일쑤이니, 이런 상황에서는 학습 의욕을 일으키기 힘들다. 생각해 보면, 아이들이 하루 종일 가장 많이 들여다보는 곳은 아름답게 꾸며 놓은 벽이 아니라 책상이다. 비록 현실은 따라오지 못하더라도 교실환경을 갖출 때에는 아이들이 앉아서 공부하기에 편한 책상을 갖추는 일에서부터 시작해야 한다.

현실적인 문제로 각 아이들에게 맞는 훌륭한 책걸상을 구비해 주기는 힘들더라도, 학교에 예산을 청구하여 고무판이라도 깔아 주면 좋다.

책상 배열

그 다음으로 따져 보아야 할 것이 학습활동에 적합한 책상 배열이다. 책상을 배열할 때에는 아이들의 움직임을 가장 중요하게 고려해야 한다. '보기 좋게' 배열하는 것이 아니라, 움직이기 좋아하는 아이들이 편하게, 그리고 드나들기 쉽게 책상을 배열해야 한다. 그러나 학급 인원이 많다 보니 이렇게 저렇게 해 봐도 걸리적거리기는 마찬가지다. 책상 사이를 헤치고 나오다가 친구의 물건을 건드려 필요 없는 말다툼이 벌어지고, 점심 시간에 복작거리다 식판이 엎어지는 등 어이없는 일들이 하루에도 몇 번씩 생기곤 한다.

책상을 붙여 놓고 6인 1모둠이나 4인 1모둠으로 모둠학습을 할 때도 책상 배열이 쉽지만은 않다. 책상 폭이 좁다 보니(보통 40cm), 앞 사람과 너무 가까워져서 오히려 학습 효과가 떨어질 수 있기 때문이다.

이렇게, 다인수 학급과 천편일률적인 책걸상 구조는 효율적인 책상 배열을 막는 만만치 않은 장애물이 된다. 그러나 주어진 상황을 당장 획기적으로 바꿀 수 없다면, 가능한 배려부터 시작해야 한다. 가장 기본이 되는 것은 수업을 할 때 아이들이 모두 제자리에서 편안하게 칠판을 볼 수 있도록 하는 것이다. 이를 위해서는 모든 아이들이 교탁을 중심으로 70° 범위 내에 들어와야 한다. 또한 앞 아이에게 가려 칠판이나 교사가 잘 보이지 않거나 교실에 있는 기구와 겹쳐 시야를 가리는 일이 없도록 주의해야 할 것이다.

가구와 물품의 배치

우리나라 초등학교 교실 면적은 특별한 경우를 제외하고 66㎡로 정해져 있다. 같은 크기의 교실 안에 학습 활동에 필요한 가구와 물품을 어떻게 배치하느냐에 따라 교실 공간 이용의 효율성이 좌우된다.

먼저 반에서 꼭 필요한 가구와 물품을 골라내야 한다. 그 다음에 중요한 물품과 도구들을 마련하고, 진열하고, 보관해야 한다. 이런 물품과 도구들은 교사의 특성과 학급의 중심 교육활동 내용에 따라, 학년의 학습 내용에 따라, 교실마다 달라야 한다. 교사가 미술교육에 관심이 많다면 미술도구들과 미술자료 파일들이 가장 많은 자리를 차지할 것이다. 독서활동을 중심으로 학급 운영을 하는 교사의 교실이라면 학급문고가 가장 큰 비중을 차지할 것이다.

동선(動線)을 자연스럽게

책상을 배열하고, 가구와 물품을 배치할 때에는 교사와 아이들의 동선을 고려해야 한다. 요즘은 아이들의 활동을 중심으로 하는 수업이 많다. 사물함에서 학습 자료를 가지고 오거나 발표를 하기 위해 교실 앞쪽으로 나오거나 학급문고에 있는 책을 뽑으러 가는 등, 수업 시간의 동선은 자연스럽게 흘러야 한다. 아이가 앉은 자리에서 교실의 어느 쪽을 향해 걸어가더라도 가장 짧고 자유롭게 이동할 수 있도록 배려해야 할 것이다.

먼저 교사에게 필요한 동선을 따져 보자. 수업 시간에는 교사가 아이들 사이로 다니며, 활동 과정이나 결과를 시시때때로 돌보아 주어야 한다. 모둠별, 분단별로 아이들을 방해하지 않고 움직일 수 있는 통로를 확보해야 한다. 교사의 책상과 자료 보관함, 멀티미디어 기자재 사이의 동선도 고려해 보아야 한다.

한편 아이들에게 필요한 동선은, 출입문에서 자기 자리까지의 거리, 자기 자리에서 학급문고와 사물함까지의 거리가 주요하다. 이때 앞뒤 출입문 사용을 제한할 것인지 개방할 것인지, 사물함과 학급문고 등이 방해를 하지 않는지 고려해야 한다.

동선을 따질 때는 반드시 각 기구들 — 책상, 책꽂이, 사물함, 멀티미디어 기자재 등—의 위치와 크기를 고려해야 한다. 즉 무엇을 위해 얼마나 자주 이용하는 공간인가에 따라 각종 기자재나 책꽂이, 사물함, 교사 책상의 위치, 무엇보다도 아이들의 자리 배치를 어떻게 할 것인지를 결정해야 한다. 수업 시간마다 모둠별 토론이나 과제 수행을 해야 한다면 아예 모둠별로 책상을 모아 앉도록 하는 게 효율적일 것이고, 창의 위치와 아이들 책상과의 거리 등에 따라 멀티미디어 기자재의 위치도 고정시켜야 한다. 창이나 복도쪽 벽을 게시 공간으로 활용하겠다는 계획을 세운다면 아이들 책상도 그만큼 벽에서 거리를 두어야 할 것이다. 사물함을 교실 안에 둘 때와 복도에 내놓을 때 아이들 책상 배치는 어떻게 달라질지, 놀이 공간은 얼마나 확보할 수 있는지 고려해서 위치를 정해야 한다.

우리 고장을 공부하는 3, 4학년 교실에는 우리 고장과 관련된 자료들이, 역사를 공부하는 6학년 교실에는 역사자료들이 더 많이 걸리고 진열되어야 할 것이다. 그래서 학급에 들어가 보면, 요즘 공부하고 있는 내용이 무엇인지, 그리고 이 학급이 가장 관심 있어 하는 분야가 무엇인지 한눈에 들어와야 한다. 또한 사물함과 학급도서, 청소 도구함, 재배물, 그 밖의 사소한 물건 하나하나까지, 아이들이 가장 편하게 이용할 수 있는 동선을 고려하여 배치해야 할 것이다.

벽면과 게시판

교실환경을 갖출 때 가장 많은 공을 들이는 곳이 다름 아닌 벽면과 게시판이다. 옛날부터 초등학교 교실이라고 하면 가장 먼저 떠오르는 것이 교실 앞, 뒤, 옆 벽면에서부터 복도 벽과 계단, 심지어 화장실까지 알록달록하게 빈틈없이 게시물을 붙여 놓은 모습이다. 그러나 이런 것은 아이들을 중심에 둔 '환경 가꾸기' 가 아니라, 남에게 보여 주기 위한 '환경 꾸미기' 일 뿐이다.

칠하고 자르고 오리고 붙이고 코팅하며 온갖 공을 들여서 빼곡하게 게시물을 붙여 놓은 교사가 '성실한 교사' 라고 생각하는 것은 예나 지금이나 비슷하다. 이렇다 보니 수업 시간에 자습을 시키면서까지 '환경 정리' 를 해야 하고, 솜씨 좋은 학부모에게 부탁을 해서라도 붙이고 꾸미려 드는 것이다. 게시판의 타이틀을 만들 때 공을 많이 들이는 것도 결국 남에게 잘 보이기 위해서다.

벽면이나 게시판은 학습활동 과정에서 나온 결과를 잘 알릴 수 있으면 그것으로 충분하다. 이것 역시 잘한 한두 아이 것만 걸어 놓는 것이 아니라, 모든 학급 아이들의 학습 결과를 나타내는 것이면 좋다. 미술작품만 걸어 놓아야 한다는 편견도 버리자. 전 교과의 학습활동 결과를 그때그때 붙이고 떼어 내야 한다. 그리고 이런 과정 자체가 학습 과정에 포함되어야 한다. 그러면 한 달에 한 번, 또는 한 학기에 한 번 몸살 앓듯 벌이는 환경미화 행사는 저절로 사라질 것이다.

그러나 아직도 '동학년 보조' 와 '통일성' 을 강조하며, 똑같은 모양을 학급 수대로 똑같이 만들어서 똑같은 자리에 똑같은 게시판을 꾸미는 곳이 있다. 이것은, 수업 시간에는 창의성을 수없이 강조하면서도 스스로 창의성을 말살하는 이중적인 태도이다.

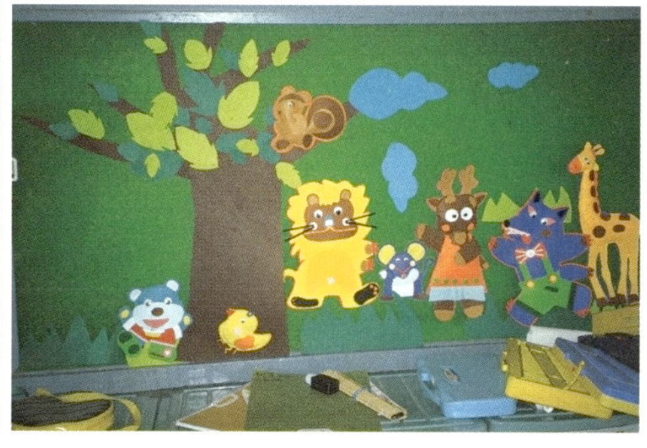

또, 교실마다 비싼 부직포나 골판지로 교실을 꾸미는 경우가 많다. 대부분 도안책 또는 환경 구성과 관련된 책에 나오는 그림을 오려서 꾸민 것이다. 그러다 보니 어느 지역의 어느 초등학교 교실을 가 보아도 개성 있는 교실을 찾기란 힘들다. 요즘에는 고학년 교실도 도안책에 나오는 그림으로 벽면을 꾸며 놓고 있다. 이런 도안 그림으로 꾸며진 환경은 아이들의 상상력과 창의력을 키우는 데 방해만 될 뿐, 아이들의 성장을 드러내거나 돕는 데 어떤 역할도 하지 못한다.

교실환경을 가꿀 때는 교사 혼자 하거나 몇 아이만 참여할 것이 아니

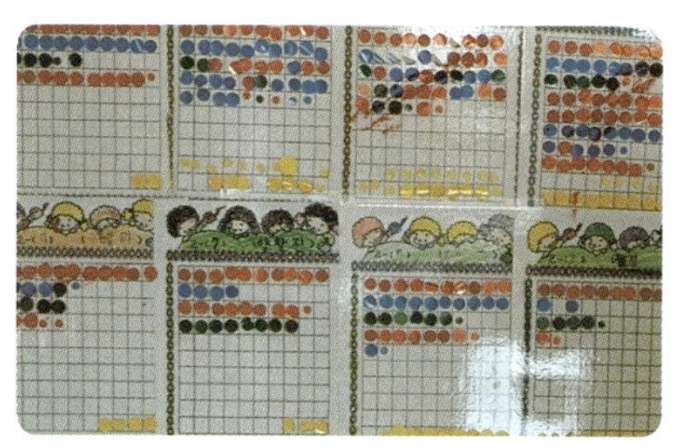

언제부터인가 경쟁을 부추기는 스티커판이나 '왕 뽑기' 가 게시판의 단골 메뉴가 되어 버렸다. 이로 인한 부작용은 없는지 살펴보고 만들 일이다.

라, 아이들이 꼬불탕꼬불탕 삐뚤빼뚤 그리고 오려 낸 것으로 꾸며야 한다. 고학년은 두말할 것도 없고, 1학년이든 유치원이든 자기 교실은 자기 손으로 그리고 오린 것으로 꾸며야 한다. 좀 서투르면 어떤가? 비싼 재료로, 이미 만들어 놓은 눈알까지 붙여 가며 하는 환경 '꾸미기', 다시 생각해 보아야 할 일이다. 더군다나 학급의 교육내용을 온전히 이해하기 힘든 학부모에게 맡겨 버리는 것은 더욱 있어서는 안 될 일이다.

글쓴이 · 도움 주신 분들 신명기 | 서울 영훈초 교사 · 이부영 | 서울 고덕초 교사

더 맘껏
상상해
보기

교실 바닥을 온돌 마루로.
바닥이 따뜻한 교실

나무와 꽃과 곤충이
우러지는 학교, 숲이
있는 학교

방음이 잘 되는 교실
(천장과 벽의 흡음 장치)
조용~

아이들의 마음을 편안하게
해 주는 교실 벽지

언제나 깨끗한 물을 마실 수
있는 정수기

필요할 때 멀리 가지 않고, 오
래 기다리지 않고도 일을 볼
수 있는 남녀가 구분된 화장
실이 딸린 교실

자유롭게 물 뜨고 버릴
수 있는 시설

따뜻한 물로 손 씻고,
걸레 빨 수 있는 곳

전등을 켜지 않아도 햇빛이 늘 환하게 들어오는 교실

영상을 활용한 수업이 언제든지 가능한 암막 설치

제 기능을 하는 미술실, 실과실, 음악실

먼지가 날리지 않는 깨끗한 교실 공기

분필 가루 날리지 않는 칠판

루버를 씌워 눈부심을 막는 형광등

서로 부딪히지 않고 공부할 수 있는 적정한 학급당 학생 수

매트와 뜀틀, 평균대 질질 끌며 나르지 않아도 되는 체육관 시설

여름에는 시원하고, 겨울에는 따뜻한 교실, 습도 조절까지

빼먹지 말자! 학년 초

기본적으로 갖추어야 할
교실환경요소

학년에 따라, 또는 교사의 학급운영 방침에 따라 달라질 수 있겠으나, 기본적으로 교실에 필요한 것을 꼽아 보면 다음과 같다.

☐ **시간표**
하루의 일정표를 아이들 눈에 잘 띄게 둔다.

☐ **게시판의 게시물**
학습활동 과정에 나온 여러 종류의 결과물을 그때그때 게시할 수 있는 장치가 마련되어야 한다.

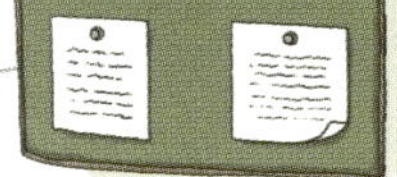

☐ **창문**
환기와 햇빛 가리기의 기능을 살릴 수 있도록 한다.

☐ **지도**
학년 수준과 교육활동에 맞는 세계 지도, 대한민국 지도, 우리나라 지방 지도.

☐ **사물함**
주로 교실 뒤쪽에 일렬로 쌓아 두지만 교실 크기나 학급 특성에 따라 여러 가지 방식으로 배열할 수 있다.

☐ **분실물 통**
잃어버린 물건, 주운 물건을 보관해 두는 통으로, 작은 통을 마련하여 잃어버린 물건을 넣고 찾아가게 한다.

☐ **학급문고(책꽂이, 책, 대출표)**
학급문고에 어떤 책을 갖출 것인가 하는 문제는 매우 중요하다. 학급문고나 그 주변에는 서지번호나 대출표와 같은 교사 나름의 장치와 준비물들을 갖추어야 한다.

교실에 갖추어야 할 것들

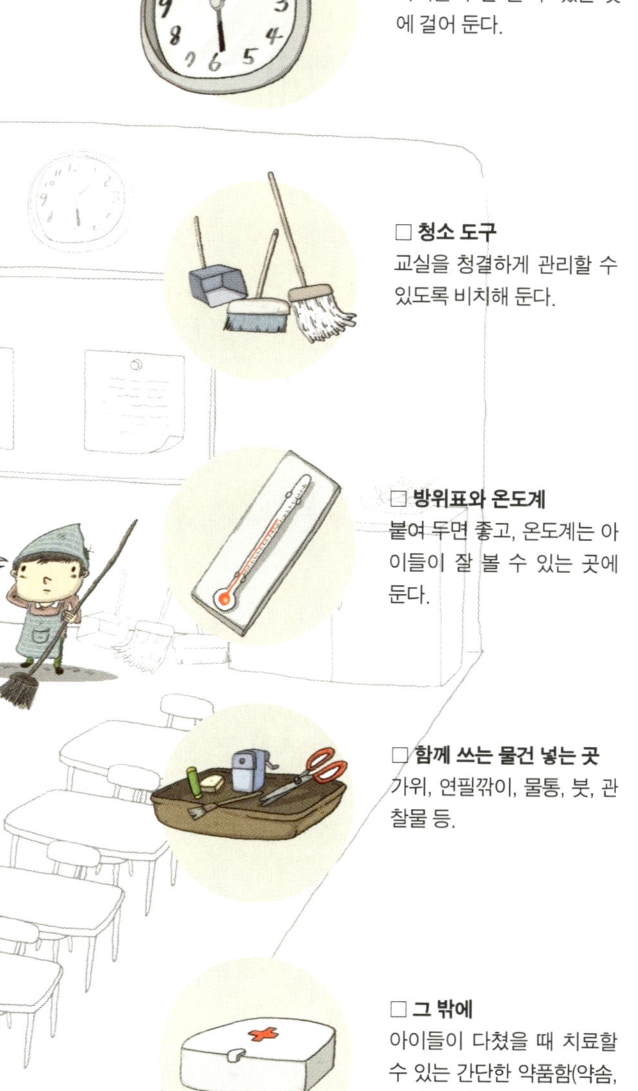

☐ 시계
아이들이 잘 볼 수 있는 곳
에 걸어 둔다.

☐ 청소 도구
교실을 청결하게 관리할 수
있도록 비치해 둔다.

☐ 방위표와 온도계
붙여 두면 좋고, 온도계는 아
이들이 잘 볼 수 있는 곳에
둔다.

☐ 함께 쓰는 물건 넣는 곳
가위, 연필깎이, 물통, 붓, 관
찰물 등.

☐ 그 밖에
아이들이 다쳤을 때 치료할
수 있는 간단한 약품함(약솜,
포비돈, 핀셋, 일회용 반창고
등), 공구함(펜치, 못, 장도
리), 바느질함(바늘, 실, 옷핀,
고무줄 등).

☐ 색깔
어린이들의 발달 단계에 맞는 색(자연색)을 썼는가?

☐ 재질
환경친화적인 재료, 시각적으로 편안한 재료를 썼
는가?

☐ 책상 배열
학습활동에 적절하게 책상을 배열했는가?

☐ 교사 책상 위치
교사가 효율적으로 업무를 처리하고 학습자료를 준
비할 수 있도록 교사 책상을 배치했는가?

☐ 출입문
모든 아이들이 편하게 드나들 수 있게 되어 있는가?

☐ 사물함
사물함의 크기가 아이들의 학습도구를 보관하는 데
알맞은가?

☐ 참여도
환경을 가꾸거나 게시하는 과정에 모든 아이들이
다 참여할 수 있도록 배려했는가?

☐ 도안
아이들의 손길이 느껴지는 요소보다 도안으로 된
요소가 더 많지는 않은가?

☐ 개성
우리 반의 개성이 잘 드러났는가?

02 교실환경 가꾸기의 실제

교실환경 가꾸기의 참뜻은 학급 아이들과 담임의

자율적이고 창의적인 교육활동을 보장하는 데 있습니다.

학년 초 일시에 환경미화를 끝내는 것이 아니라,

학급의 생활과 문화를 담아내는 자유로운 표현의 장으로

거듭거듭 변할 수 있다는 점을 염두에 두어야 합니다.

또한 교실은 학급원 전체의 공간이므로

공동의 생각과 노력을 모아 가꾸어 나가야 합니다.

이런 뜻에서 보면 교실환경은 아름답게 '장식' 하는 것이 아니라,

생활과 학습하는 데 필요한 '공간 활용' 이라는 측면에 초점을 맞추어야 합니다.

우선 학년 초에는 교실을 점검하고 한바탕 대청소하는 것으로 교실환경 가꾸기의 첫발을 내딛는다. 교실환경을 가꾸는 것은 교실이 어떤 상태인지 진단하고 기본적으로 갖추어야 할 기능을 살피는 데서 시작되기 때문이다. 본격적인 교실환경 가꾸기에 들어가서는, 교사와 학급임원 몇 명이 교실 가꾸기를 담당하는 것이 아니라 학급 전체 행사로 만들어 가야 한다. 그러기 위해서는 모둠 구성이 끝난 뒤로 일정을 잡아야 효과적이다.

저학년이라면 어쩔 수 없이 교사가 주도해야겠지만, 중학년 이상이라면 교실 공간을 어떻게 활용할지, 게시판은 어떻게 꾸밀지 하는 문제를 아이들과 함께 의논하여 정하는 것이 좋다. 먼저 교사가 구상해 본 여러 형태의 교실 공간 설계도를 보여 주면서 교실 가꾸기에 대한 담임의 생각을 이야기하고, 아이들이 참여해 함께 가꾸어 가야 할 부분을 안내하도록 한다. 휴지통의 위치를 어디로 할 것인가, 학급문고는 어디에 만들 것인가, 청소 도구는 어떻게 관리할 것인가에 따라 교실 공간 활용은 물론 아이들의 생활태도도 달라진다. 구석을 활용하는 작은 지혜도 아이들을 통해서 모아 보라. 신선하고 기발하고 유용한 아이디어들이 쏟아져 나올 것이다.

 교실환경 가꾸기의 첫발, 교실 점검하기

맑은 공기 유지하기

교실환경 갖추기에서 가장 중요하지만 놓치기 쉬운 부분이 바로 아이들의 건강을 배려한 환경을 갖추는 것이다. 좁은 공간에서 여러 아이들이 모여 다양한 활동을 하기 때문에 교실의 공기는 쉽게 오염된다. 또한 활동력이 뛰어난 아이들이 바깥에서 묻혀 오는 먼지, 이런저런 교과활동 과정에서 생겨날 수밖에 없는 먼지 등, 아이들은 먼지 속에서 생활하고 먼지를 마시며 살고 있다고 해도 과언이 아니다. 여러 활동 과정에서 나오는 좋지 않은 냄새도 만만치 않다. 이런 환경에서 아이들의 건강은 위협받게 된다.

하루 중 많은 시간을 보내는 교실의 공기를 맑게 유지하여 아이들의 몸과 정신의 건강을 챙기는 일이 공부보다 먼저다. 교실 구석구석에 쌓여 있는 먼지까지 없애는 대청소는 자주 할수록 좋겠지만, 최소한 한 달에 한 번은 해야 할 것이고, 이것이 힘들다면 적어도 일 년에 두 번 학기가 시작되기 전에는 교실 구석구석을 청소하는 것이 좋다.

그리고 교실 안의 공기를 자주 바꿀 수 있도록 창문이 제대로 여닫히는지 확인해 보고, 고장 난 곳은 고쳐 달라고 행정실에 요청한다. 또 구석진 곳의 먼지를 빨아들일 수 있는 진공청소기가 꼭 필요한데, 요즘은 많은 학교에서 마련해 두고 있는 편이다. 진공청소기가 없으면 행정실에 연락해서 학교 예산으로 확보하도록 한다.

청소할 곳 : 교실과 복도 바닥, 교실 앞뒷문(손잡이 포함), 창문 유리와 창틀, 신발장과 사물함의 안과 밖, 거울, 쓰레기통, 분리수거함, 그 밖에 교실 안에 있는 물건들

청소 도구 : 손걸레, 대걸레(교실 바닥에 따라 물걸레와 왁스나 기름걸레), 진공청소기, 유리창 닦개, 양동이, 고무장갑, 락스(걸레를 빨 때나 청소를 할 때 물에 락스를 약간 타서 쓰면 세균을 죽이면서 냄새도 없앨 수 있다.)

유의할 점

· 커튼이나 책상보는 먼지와 세균이 가장 많은 곳이다. 깨끗하게 관리하는 데 자신이 없다면, 차라리 쓰지 않는 편이 나을지도 모른다.
· 더러운 손걸레는 세균의 원천이다. 자주 깨끗이 빨고 소독해서 햇볕에 잘 말려 둔다.
· 교실 안에 수건을 두려면 자주 소독하고 깨끗이 말려서 둔다. 관리가 되지 않으면 차라리 놓지 않는 것이 좋다.
· 교실 바닥 재질에 따라 청소하는 방법이 다르다. 하지만 청소할 때 쓰는 세제나 재료를 선택할 때는 오히려 아이들 건강을 더 해치게 되지는 않는지 생각해서 선택한다.

여유 있는 공간 두기

교실에서 아이들과 생활하다 보면 교실 앞뒤, 또는 출입문 벽쪽이나 창틀에 여러 가지 물건들을 늘어놓거나 쌓아 놓고 지내게 된다. 이런 물건들에 먼지가 쌓이면 교실 공기를 탁하게 만드는 원인이 되고, 오히려 청소를 어렵게 하기도 한다. 또 아이들의 시야를 어지럽혀서 학습에 몰두하는 것을 방해할 수도 있다. 아이들이 움직이는 데도 방해가 된다. 교실에 꼭 필요한 물건만을 남기고, 필요 없는 물건은 과감하게 버리거나 자료실이나 창고에 두도록 한다. 오래되어 먼지가 쌓여 있거나 색이 바랜 것, 때에 찌든 물건, 고장 난 것들은 과감하게 없애 버린다.

책상과 걸상

우선 학년 초에 책걸상을 점검하여 고칠 수 없는 것은 행정실에 부탁해서 바꾸도록 한다. 책상판과 걸상판의 나사가 빠진 것, 책상 옆 가방 고리가 없는 것, 책상 서랍이 떨어진 것, 모서리가 깨어지거나 나무판이 떨어져 나간 것 따위가 있는지 살펴보아야 한다.

책걸상 높이도 맞추어야 한다. 책걸상이 들쑥날쑥하면 뒤에 있는 아이들이 앞을 제대로 볼 수가 없고, 모둠 활동에도 방해가 된다. 또 책걸상이 아이들 체격에 맞지 않으면, 성장기에 있는 아이들의 신체에 좋지 않은 영향을 주게 된다. 학년 초에 전체 아이들의 책걸상을 살펴보고, 아이들 체격에 맞지 않는 것은 행정실에 연락해서 새로 바꾸도록 한다.

학년 초, 교실 공간 활용 문제는 늘 고민이다. 똑같은 크기, 똑같은 형태, 비슷한 책걸상 수, 기본적인 도구들로 꽉 차 있는 초등학교 교실에 특별하게 공간을 활용할 방법이 있겠나 싶다. 그러나 아무리 작은 집이라도 주어진 공간에서 다른 연출을 하듯, 교실 공간 활용도 마찬가지다.

첫째, 교사가 먼저 교실 공간을 어떻게 할지에 대한 큰 그림을 그리자. 아이들과 함께 지내는 교실이지만 교실 공간을 꾸미는 일에는 교사의 몫이 크다. 교사가 먼저 교실 공간 활용에 대한 기본적인 안을 만들자. 될 수 있으면 그림으로 나타내는 게 좋다. 아이들에게 직접 설명할 수 있는 자료를 만드는 것이다. 도면 자료를 만들 때도 하나만 만들지 말고 서로 다른 공간 배치의 모델을 두서너 개 만드는 것이 좋다. 기본 모형을 보여 줄 때 한 가지만 보여 주면 아이들은 더 창의적인 다른 생각을 하지 못하고 교사가 생각한 것으로 결정하게 되기 때문이다.

둘째, 반드시 협의 과정을 거치자. 아직도 많은 교사들이 교실 공간 활용을 교사만의 일로 생각하고 있다. 그러나 교실에는 많은 아이들이 함께 생활하고 있다. 공동 주인인 셈이다. 또 교육을 하는 공간이다. 교육적인 절차를 생각한다면 꼭 아이들과 교실 공간 활용에 대해 협의하는 과정이 필요하다. 아이들과 협의할 때는 처음에 완전히 '백지' 상태에서 출발해야 한다. 교사의 '안'을 미리 보여 주면 그만큼 아이들의 사고 폭이 줄어들게 된다.

그리고 협의를 할 때는 구체적으로 해야 한다. 그냥 막연하게 "자, 우리 교실 공간을 어떻게 꾸몄으면 좋겠는지 그림으로 표현해 보자."라고 하면 아이들은 아무런 의견을 내지 못한다. "책꽂이를 어디에 놓으면 좋을까?" "책상 배치를 어떻게 하면 좋을까?" "여러분 작품 게시를 어떤 식으로 하면 좋을까?" "창틀과 사물함 위를 어떻게 활용하면 좋을까?" 등과 같이 하나하나 주제별로 떼어서 생각하도록 해야 좋은 의견이 많이 나온다.

그렇게 해서 아이들의 생각이 어느 정도 나왔을 때 교사의 '밑그림'을 참고 작품으로 제시해 줘야 한다. 그리고 아이들에게도 그런 밑그림을 한번 그려 보도록 한다. 이 활동은 모둠별로 하는 게 더 좋다.

셋째, 함께 만드는 시간을 활용하자. 서로 협의 과정을 거쳐 좋은 '안'을 결정했으면 교실 공간을 함께 만드는 시간을 가져야 한다. 협의 과정까지는 잘해 놓고 교실 만들기를 회장단이나 몇몇 아이들만 데리고 하면 나머지 학급원은 소속감을 갖지 못한다. 따라서 학년 초 미술 시간이나 재량활동 시간을 이용해서 서로 협의한 내용대로 교실 만들기를 해야 한다.

학년 초에 이루어지는 교실 만들기 활동은 단순하게 교실 꾸미기에서 끝나지 않는다. 이런 활동을 통해 모둠원의 단합이 이루어지고, 서로를 알아 가는 시간이 되며, 공동체라는 느낌을 강하게 갖게 된다. 교사가 5월 정도에 다시 교실 공간 활용에 대해 회의를 하고 교실을 바꾼다고 미리 예고해 놓으면 아이들은 새롭게 바뀔 교실에 대해 기대도 갖는다. 그래서 함께 생활하는 공간을 만들어 가는 과정은 일 년 학급살이의 시작으로 아주 중요한 의미를 갖는다.

세 걸음, 교실 공간 배치

학생용 책상

교실 공간을 배치할 때에는 일단 큰 것부터 시작해서 작은 것까지 순서대로 자리를 잡아 나가야 한다. 가장 먼저 배치해야 하는 것이 아이들 책상이다. 교실 바닥은 아이들 책상이 거의 70% 이상을 차지하기 때문에 책상을 어떻게 배치하느냐에 따라 교실 분위기가 매우 달라진다. 몇 가지 공간 배치 원칙을 고려하면 공간 활용도를 높일 수 있을 것이다.

유의할 점

· 어떤 책상 배치를 하더라도 아이들이 교실 앞쪽 학습 공간을 등지고 앉지 않아야 한다.
· 교사가 기기를 이용해 학습 내용을 제시할 때 모든 아이들이 앉은 의자에서 그대로 화면을 볼 수

톡톡 아이디어

아이들이 활동하는 동안 뒤에 서서 아이들이 바라보는 쪽을 바라보자. 앞쪽은 교사가 보지 않기 때문에 뒤쪽보다 소홀하기 쉽다. 눈에 거슬리는 것은 없는지, 유난히 신경을 쓰게 하는 것은 없는지 살펴보자.

있어야 한다.

· 통행량이 많은 곳에는 여유 공간을 두고 책상을 배치하는 것이 매우 중요하다. 출입구,
급수대, 연필깎이가 있는 곳 또는 주요 통행로 등은 공간을 여유 있게 할애해야 한다.

사물함

책상 다음으로 교실 공간을 많이 차지하는 것이 사물함이다. 사물함은 현재 교실 형태에
서는 교실 뒷면에 설치할 수밖에 없다. 그러나 사물함에 대한 고정관념을 조금 버리면 좀
더 실용적이고 색다른 분위기를 만들어 낼 수 있다. 무엇보다 가장 중요한 점은 아이들이
필요한 물건을 그때그때 꺼내 쓰기 쉽게 하는 방법이 어떤 것인지 생각해 보는 것이다.

사물함을 이용하여 공간을 분할, 아이들이 아늑한 분위기에서 책을 읽을 수 있
도록 만들었다.

나누어 놓기 : 대부분 좁은 공간을 최대
한 활용하기 위해 사물함을 한곳에 몰아 놓
지만 이렇게 두면 불편한 점이 더 많다. 교실
뒷면에 한꺼번에 배치하면 아이들의 활동이
가장 많은 공간을 빼앗게 된다. 또 아이들이
한꺼번에 사물함을 이용하러 갈 때에는 주변
이 너무 복잡해진다. 사물함을 나누어 놓는
방법을 생각해 보자. 모둠별로, 혹은 교실 서
너 곳에 나누어 놓는 것이다. 모둠별로 할 때
는 모둠에서 가장 가까운 쪽으로 배치하면
더 좋다. 사물함이 한곳에 모여 있어야 한다
는 고정관념을 버리면 오히려 사물함을 이용해 교실 배치를 다양하게 만들 수도 있다.

통행 공간 확보하기 : 사물함을 놓아두는 곳은 그 자리가 어디냐에 관계없이 비좁지
않아야 한다. 통행 공간도 확보해야 하며 물건을 넣고 빼기에 편리한 장소여야 한다. 다른
교실 기구와 중복되지 않도록 하며 아이들이 노는 공간을 지나치게 방해하는 곳도 좋지
않다.

사물함이 누구의 것인지 표시해 둘 필요가 있다. 보통 견출지에 번호나 이름을 써서 붙이지만 좀 특색 있게 자기 사물함임을 알리는 방법을 생각해 보자.
도화지를 동그랗게 오려 자기 얼굴을 그린 다음 사물함 문에 붙여 보면 어떨까. 자기 특징과 희망 사항, 성격 등을 글로 써서 붙여 두면 친구를 이해하는 데 도움이 될 수 있다. 자기 캐릭터나 상징동물을 그려 붙여도 재미있다. 올해 이루고 싶은 소망이나 결심을 4컷 만화로 그려 두는 방법도 재미있다.
이렇게 하면 번호만 붙여 주는 것보다 사물함에 대한 관심이 높아지고, 자기 물건을 정리정돈하는 태도도 달라질 것이다. 붙였다 떼었다 하기 쉽게 투명 테이프를 말아 붙이거나 딱풀을 써서 붙인다.

예쁘게 관리하기 : 사물함의 자체 외양이 따로 꾸미지 않아도 예쁘다면 관계없지만 좀 우중충하거나 교실 분위기에 맞지 않는다면 아이들 스스로 예쁘게 장식하고 관리하게 하는 게 좋다.

교사용 책상과 자료

교실은 교사가 일하는 터전이며, 대부분의 시간을 보내는 소중한 생활 공간이다. 아이들을 배려하는 만큼 교사의 공간을 확보하고 적절히 활용하는 것도 중요하다. 지나치게 교사 중심으로 공간을 배치해서 아이들의 활동이나 수업에 방해가 되면 곤란하겠지만, 교사의 업무 효율성을 높이고, 때로는 편안한 휴식을 취할 수 있도록 책상의 구조와 배열, 자주 쓰는 물품의 보관 방법에 세심한 신경을 써야 한다.

교사용 책상은 교사의 연구와 휴식, 상담 등 교실 활동 전체와 연관되어 있는 아주 중요한 기물이다. 교사용 책상에서 무엇을 주로 하느냐에 따라 그 위치가 달라지며 교사용 책상의 위치에 따라 교실 전체의 공간 활용이 달라지기도 한다. 교사용 책상을 배치할 때는 다음 몇 가지를 고려해서 한다.

유의할 점

· 교사용 책상에 교수자료를 보관하려면 책상은 일제 학습 공간뿐만 아니라 교수 공간과 도 가까워야 한다.

교사용 자료 관리와 보관

초등학교 교사는 전 학년 전 과목을 가르쳐야 하기 때문에 가지고 다녀야 할 자료가 참으로 많다. 그러나 개인 물품을 보관할 곳이 마땅찮아서 교사들은 짐을 교실에 쌓아 둘 수밖에 없는 게 현실이다. 교직에 몸담고 있는 기간이 늘어나면서 자료는 점점 많이 쌓이게 되고, 그렇게 쌓인 자료는 당장 써먹지 않는다 하더라도 결국 교실에 둘 수밖에 없게 된다.

이럴 경우에도 가능한 한 아이들의 활동 영역을 방해해서는 안 된다. 그렇다고 보이지 않는 상자에 넣어 꽁꽁 묶어 두면 제대로 활용하지 못해 죽은 자료가 될 수밖에 없다. 알맞은 크기의 장을 따로 마련해서 눈에 잘 띄게 정리해 놓으면, 보관하기도 좋고 학년이 다르더라도 적재적소에 활용할 수 있다. 또 동료교사와 자료를 공유하기도 쉽다.

자질구레한 교사용 물품을 정리할 수 있는 소품들

- 메모꽂이와 부착펜
- 자석 붙인 백묵과 지우개
- 서류를 정리해 놓는 서류함
- 투명하게 들여다보이는 정리함
- 파일(클리어 파일, 비닐 파일, 구멍 파일)
- 서랍식 5단 정리함

· 아이들이 스스로 학습 활동을 하는 동안 책상에서 일을 할 수 있으려면, 아이들을 쉽게 관찰할 수 있도록 마주 보고 앉아야 한다. 그러나 아이들이 꼭 교사를 정면에서 보아야 할 필요는 없기 때문에 교사용 책상은 교실 뒤에 배치할 수도 있다.

· 교사용 책상에서 학생들과 만나기를 원한다면 책상 주변에 충분한 공간이 마련되어 있어야 한다.

멀티미디어 기자재

교단 선진화라는 명목으로 멀티미디어 기자재가 교실에 들어온 지 한참 되었다. 컴퓨터와 대형 텔레비전, 비디오, 녹음기, 실물화상기 등이 학습 보조 역할, 혹은 중심 역할을 하고 있으므로 그 위치도 신중하게 선택해야 한다. 교실 공간이 넓지 않다 보니 대부분의 교실에서 교사용 책상 뒤쪽에 대형 텔레비전을 놓고 컴퓨터를 교사용 책상 바로 옆에 놓는다. 때로는 컴퓨터가 칠판 앞 한가운데 교사용 책상을 겸해서 자리를 차지하는 경우도 있다. 위치가 중요한 것이 아니라 그 위치가 교사의 학급운영과 아이들의 학습 활동에 적절한가가 문제이다. 따라서 다음과 같은 몇 가지 사항을 고려해서 정해야 한다.

유의할 점

· 아이들이 앉은 자리에서 움직이지 않고 볼 수 있는가?

· 시선이 너무 높거나 낮지 않은가?

· 주위에 다른 게시물이나 물건이 많아 시선을 분산시키지 않는가?

그 밖의 수업용 기자재들

교실에는 실물화상기, OHP, 프린터, CD 플레이어 따위의 여러 가지 기자재가 들어와 있다. 교사에 따라 자주 쓰는 것이 있는가 하면 한쪽에 처박아 두고 먼지만 뽀얗게 쌓인 채, 일 년에 몇 번 쓰고 마는 것도 있다. 기자재를 적당한 장소에 적절히 배치해 두어야 기자재의 활용도를 높이고, 또 효율적으로 활용할 수 있다. 자주 쓰는 것은 활용하기 편한 곳에 두되, 아이들의 시야를 가리지 않도록 하고, 아예 쓰지 않거나 자주 쓰지 않는 것은 교실 말고 자료실에 두도록 한다.

학급문고(책꽂이)

교실에 따라 사정이 다르지만 책꽂이는 몇 개씩 있을 것이다. 교사용 책꽂이도 있고 아이들이 사용하는 학급문고 책꽂이도 있다. 학급문고 자리도 용도에 따라 조금 달리 설치할 수 있다. 예를 들어 학급문고와 책 읽는 공간을 함께 만들고자 한다면 교실의 한쪽 모퉁이에 칸막이 역할을 하도록 책장을 배치하고 서너 명 정도가 책을 읽을 수 있는 공간을 마련해야 한다. 학급문고를 대여를 중심으로 활용하고자 한다면 공간을 만들 필요 없이 잘 정돈하여 꽂아 놓기만 하면 된다. 어떤 경우이든, 다음 몇 가지는 신경 쓰자.

<u>유의할 점</u>

· 잘 보이는 곳에 놓는다.
· 책의 종류를 나누어서 배열한다.
· 책이 누렇게 바래는 것을 방지하기 위해 햇빛이 잘 드는 곳을 피한다.
· 쓰레기통이나 급수대와 나란히 배치하지 않는다.

학습 활동에 필요한 비품 관리

· 매일 그리고 자주 사용하는 물건들은 종류별로 상자에 따로 담아 사물함이나 선반 등 가져오기 편한 곳에 보관해야 한다. 때때로 수량을 확인해 모자라는 것은 보충한다.
· 삼각자나 각도기 따위는 전체 학생 수보다 약간 많게 갖추어 두면 좋다. 긴 자, 칼이나 가위, 풀 따위는 모둠별로 두 개 정도만 준비하면 된다.
· 자원 재활용을 위해 한 면만 쓴 종이는 따로 모아 상자에 담아 두었다가 연습장이나 메모장으로 활용할 수 있다.
· 교실 뒤편 여유 공간에 장판을 깔아 두고 그 위에서 놀 수 있도록 장기, 바둑, 윷놀이 등의 놀이 기구도 충분히 준비해 놓으면 아이들 반응이 무척 좋다.
· 자주 사용하는 몇 가지 비품은 쉽게 찾을 수 있는 곳에, 계절별로 쓰이거나 자주 사용하지 않을 물건은 깊숙이 보관해도 된다.
· 아이들이 어떤 책을 책상 속에 보관하고, 어떤 책을 사물함에 보관하며, 또 어떤 책을 가방에 넣어 가지고 다녀야 하는지 따위를 학년 초에 결정해야 한다.

· 아이들이 개인별로 가지고 다니지는 않지만 매일 사용하는 책과 각종 학습자료를 보관
  하기 위해서는 쉽게 이용 가능한 선반 또는 상자를 마련해 두는 것이 좋다.
· 비옷이나 겉옷을 걸어 놓을 수 있는 옷걸이를 만들어 두면 교실이 옷가지로 뒤죽박죽되
  거나 소지품이 여기저기 돌아다니는 것을 미리 예방할 수 있다.

창가

창은 햇빛이 잘 들어올 수 있게 하는 것이 가장 중요하다. 그러나 강한 햇빛이 들어오면 눈
이 부셔서 수업에 집중할 수가 없기 때문에 이를 가릴 수 있는 커튼이 필요하다. 영상 자료
를 활용한 수업을 하려면 암막 장치도 꼭 필요하다. 최근에는 빛깔이 고운 커튼 겸용 암막
이 많이 나오고 있다. 학교 행정실에 신청해서 교실마다 암막 장치를 할 수 있으면 좋다.
창턱에는 재배물과 관찰물, 화분을 올려놓는 경우가 많은데, 창턱이 좁아 지나가다가 건
드려서 엎거나 떨어뜨리는 일이 많다. 잘못하면 다치기까지 한다. 크기가 크지 않은 것을
올려놓아야 떨어뜨리지도 않고, 시각적으로도 안정감이 있다.

 ## 네 걸음, 벽면과 게시판 가꾸기

그동안 교실환경 활용이 '게시'나 '전시'에만 초점을 맞추어 온 데 대해 지적했지만, 사실
게시는 아이들의 활동 결과를 전시하고 성취를 확인한다는 점에서 중요한 교육활동이다.
따라서 검열을 받기 위한 게시판이 아니고 교육적 의도가 개입된 게시판으로 활용하기 위
해서는 그 활용 방안에 대해 다시 한 번 생각해 보아야 한다.
게시와 전시를 효과적으로 하기 위해서는 먼저 칠판 옆 게시판과 뒷게시판, 출입문, 창이
나 복도쪽 벽, 복도, 천장, 창문 가운데 어떤 곳을 게시 공간으로 활용할지 결정해야 한다.
또한 각각의 게시 공간에는 어떤 성격의 게시물을 게시할 것인지, 모둠이나 분단별로 패
널을 정해 주고 그 안에서만 활용하게 할 것인지, 게시판 전체 공간을 전체 아이들이 함께
활용할 수 있도록 할 것인지 결정한다. 물론 교사 혼자 결정하여 일방적으로 통보하는 것
보다 아이들과 함께 토론을 하여 결정하는 것이 좋겠다. 학급회의 주제로도 손색이 없다.

■ 교실 앞면 : 앞면은 아이들이 가장 많이 바라보는 곳이다. 따라서 지나치게 화려한 색이나 장식으로 시선을 흩뜨리는 것은 좋지 않다. 되도록 앞면은 비우거나 최소한으로 단정하게 활용하는 것이 좋은데, 색을 쓸 때는 원색을 쓰지 말고 차분한 자연색을 쓰도록 한다. 앞면에는 일과표와 아이들이 꼭 알아야 할 정보 정도를 붙이는 게 좋다.

■ 뒷게시판 : '환경 정리'에서 가장 신경을 많이 쓰는 곳이 넓은 뒷게시판이다. 교사들도 뒷게시판을 '채우는 것'을 매우 힘들어한다.

뒷게시판에는 대부분 일 년 내내 미술 작품이 붙어 있다. 그러나 미술 작품뿐만 아니라, 다른 교과의 학습 결과물을 붙여 놓을 수도 있다. 또는 필요에 따라 넓은 뒷게시판을 활용해서 수업을 진행할 수도 있다.

뒷게시판은 때에 따라 변하므로, 타이틀을 멋있게 만들어서 붙일 필요가 없다. 타이틀을 꼭 붙이고 싶으면, 그때그때 아이들이 써서 붙이게 하는 것이 좋다. 이때, 아이들은 대부분 글씨의 획이 가늘고 작게 쓰는 경향이 있으므로 사각형 칸에 꽉 차고 획이 굵은 글씨로 쓸 것을 강조해야 한다. 포스터컬러로 쓰는 글씨는 숙련된 솜씨가 필요하고 시간이 많이 걸리므로 고학년에게 알맞고, 저학년들은 연필로 윤곽선을 그리게 한 다음 사인펜으로 색칠하게 하면 아이들만이 표현할 수 있는 발랄한 타이틀이 만들어진다.

■ 교실 옆면 : 우리나라 초등학교 교실을 가 보면 어느 곳 하나 빈 구석이 없다. 앞, 뒤, 옆 어디를 쳐다봐도 알록달록한 것이 빽빽이 들어차 있고, 천정에도 창문에도 뭔가가 주렁주렁 매달려 있다. 꼭 필요한 것이 아니라면 다 떼어 버리고 비우자. 그래야 아이들이 심리적으로 안정감을 갖게 된다.

■ 창문 : 창문에도 무엇을 붙여야만 '환경 꾸미기'라고 생각한다. 하지만 창문은 먼지를 깨끗이 닦는 것이 가장 좋은 환경 정리다. 스테인드글라스나, 유리창에 그림 그리기, 낙엽 그리기 같은 학습 활동이 있을 때만 그 결과물을 붙이고, 일정한 시간이 지나면 떼어 버리는 것이 좋다.

복도 : 우리 반의 모습을 다른 반에 알린다는 점에서 복도는 훌륭한 게시 공간이다. 그때그때 활동한 것을 붙여 나가면 다른 반과도 정보를 공유할 수 있다.

글쓴이 · 도움 주신 분들

신명기 | 서울 영훈초 교사 · 배재영 | 서울 후암초 교사 · 이부영 | 서울 고덕초 교사 · 정애순 | 서울 도봉초 교사

요모조모 교실 공간 활용하기

20∼25평 남짓한 작은 공간에서 적게는 서른 명, 많게는 쉰 명 가까이 되는 아이들이 하루 대부분의 시간을 보내는 것은, 사실 매우 척박한 교육환경이다. 그러다 보니 많은 것들이 빡빡하게 들어서 아이들을 배려하지 못하는 경우가 많다. 적은 공간을 효율적으로 활용하는 것도 교실환경 가꾸기의 지혜 가운데 하나이지만, 어떤 공간은 비워 두어 아이들에게 조금이나마 여유를 갖게 하는 것도 필요하다. 이런 관점에서 교실의 개성을 살리는 '비움의 철학'을 구현하였다면, 어느 한 공간은 도드라지게 꾸미는 것도 때로는 교실에 활기를 불어넣어 주는 '포인트'가 될 수 있다. 여러 가지 방법이 있지만, 교실 특성과 아이들의 개성에 맞게 한 가지 정도 활용해 보자. 물론 이때 게시되는 작품들도 교육활동의 결과물이어야 함은 당연하다.

천장 활용

천장은 교실을 꾸미는 공간으로는 부적절하지만, 활용하기에 따라 독특한 공간으로 이용할 수 있다. 게시물에 따라서는 천장이 아니고는 게시할 곳이 없는 것이 있기 때문이다. 게시 공간으로 예상하지 않았던 곳이므로 활용하려면 못을 박는다거나 줄을 치는 정도의 수고가 따른다. 형광등이나 선풍기 등 기존 시설물을 활용하는 방법도 있다.

① 우산살 이용 : 천장에 우산살을 하나 매달아 두면 여러 가지로 활용할 수 있다. 살이 여러 개이므로 매달 수 있는 자리가 많다.

② 종이 테이프 이용 : 천장에 압핀이 들어갈 수 있으면 가장 좋고, 만약 시멘트로 되어 있다면 접착력이 강한

종이 테이프를 활용해야 한다. 투명 테이프는 오래 되면 자국이 나며 더운 날씨에는 접착력이 약해진다.

③ 노끈 이용 : 굵은 실이나 가는 철사를 이용해도 된다. 이 줄에는 모빌 작품을 걸 수 있으며, 집게를 이용하면 도화지 작품도 걸 수 있다. 이 사진에는 사람을 두 겹으로 오려서 걸었다.

벽면 활용

① 빈 병 이용 입체 구성 : 요구르트병을 불에 녹여 찌그러뜨리거나, 표면에 흰색 스프레이를 뿌려 채색한다. 지점토를 붙인 다음 채색을 해도 좋다. 고리는 열쇠고리 대신에 굵은 실로 묶어도 된다.

② 미래의 내 얼굴 : 지점토로 만들고 그림물감으로 채색한 다음 니스칠을 했다. 돌출 부분을 붙일 때는 손으로 으깨어 꼼꼼히 붙여야 마른 뒤에도 떨어지지 않는다. 각자 한 개씩 만들어 모으고 재미있는 제목을 붙인다.

🍉 유리창 활용

① 스테인드글라스 : 검정 도화지에 색 셀로판지를 붙여
서 만든다. 스테인드글라스는 오리고 붙이는 작업이 많
으므로 시간이 많이 걸린다. 16절지 또는 32절지 정도
의 작은 도화지에 만들도록 하는 것이 좋다.

② 동글이 모빌 : 색종이로 학을 많이 접어서 조화 제작
용 스티로폼 공에 다닥다닥 붙였다. 학은 평소 자투리
시간에 접어 두었다가 활용한다. 학을 붙일 때는 본드나
실핀을 이용한다.

③ 종이컵 얼굴 : 종이컵을 반 자른 다음 내 얼굴을 그린
다. 채색 재료는 포스터컬러나 아크릴 물감이 좋고 저학
년은 사인펜을 이용한다. 컵에 꽉 차도록 얼굴을 크게
그려야 재미있는 효과를 살릴 수 있다.

🍉 바닥에 놓기

① 내 신발은 어느 것 : 비교적 간단한 작업이므로 1, 2학
년도 쉽게 할 수 있다. 찰흙으로 신발의 형태를 만들고
포스터칼라로 채색을 했다. 이때 흰색을 많이 섞어 칠하
면 사진과 같이 부드러운 파스텔톤의 색이 나온다.

② 우리 반 공동체 : 찰흙으로 만든 것을 바구니에 모아 두었다. 충분히 매만져 단단히 붙여야 마른 뒤 부서지지 않는다. 작품 속에 나뭇가지나 철사로 심을 넣어 만들면 더욱 좋다.

🐞 구석 자리 활용하기

① 폐품을 이용한 작은 분실물 통 : 우유곽을 잘라서 분실물 통을 만들면 지우개, 연필, 자 따위의 작은 분실물을 보관하는 데 안성맞춤이다. 500ml나 1000ml짜리는 자나 가위, 볼펜처럼 길이가 긴 것을 보관하는 데 좋고, 200ml짜리는 지우개나 핀처럼 크기가 작은 것을 담기에 좋다. 이

둘을 적당하게 조화시켜 옆과 아래로 붙인 뒤 사물함 위나 거울 옆에 붙여 두면 활용도가 높다. 앞면을 색지로 붙이고 분실물의 종류를 써 놓으면 더 좋다.

② 시험지 통돌이 : 학습지, 시험지, 학부모통신 등 아이들에게 나가는 프린트물은 한두 가지가 아니다. 교실은 프린트물로 넘쳐난다. 지저분해서 치우면 나중에 "○○ 학습지 없어요?" 하고 찾는 녀석이 꼭 나온다.

깡통이나 과자통 등을 이용해서 보관함을 만들면 간단하게 해결된다. 예쁜 색지로 붙여 포장한 뒤 사물함 위나 책꽂이 위에 놓고 담당 모둠에서 관리한다.

③ 건전지 수거함 : 건전지뿐만 아니라 수은 전지 수거는 교실에서 꼭 필요한 활동이다. 플라스틱 음료수 병 몇 개만 있으면 건전지의 크기와 종류대로 분리할 수 있다.

무심코 지나쳤던 공간, 쓰임새 넓히기

① 1층 교실이라는 점을 이용, 교실 밖에 넝쿨 식물을 올렸다. 교실이 숲 속 같은 느낌이다.

② 복도쪽 창틀을 이용하여 파일 보관함을 만들고 그 위에 그림장을 걸게 했다.

● 창턱 밑 안전 우산걸이 : 비나 눈이 와서 아이들이 우산을 가져오면 둘 곳이 마땅치가 않다. 양동이 한두 개로는 다 소화할 수도 없거니와 그렇다고 각자 자리 옆에 아무렇게나 방치하면 지나가는 아이들이 걸려 넘어지기 쉽다. 손길이 닿지 않는 교실 구석을 활용해 보자. 복도와 운동장 쪽 창문에 창턱이 있다면 그 아래 학급원 수만큼 가지런히 시멘트 못을 박은 뒤 우산걸이로 활용하면 안성맞춤이다. 창턱 폭이 한 뼘 가량 되기 때문에 오가는 데 전혀 지장을 주지 않는다.

③ 교실 한쪽 구석에 놓여 있는 온풍기를 여름에는 사진을 전시하는 용도로 활용하고 있다. 왼쪽은 미술 도구를 정리해 놓은 장.

④ 아이들이 드나드는 앞문 캐비닛 옆면에 전시회 포스터 또는 아이들에게 특별히 알려야 할 행사 포스터를 붙여 놓았다. 아이들이 오가며 관심을 가지고 볼 수 있다.

우리 반의 이야기가 다 모였어요
- 게시판 가꾸기

교실환경을 새롭게 가꿀 때 손이 가장 많이 가는 곳이 바로 교실 뒷게시판이다. 그런데, 아무리 게시판을 잘 꾸미고, 교실 청소를 깨끗이 해 놓아도 그냥 방치하면 도로아미타불이다. 게시판을 잘 관리하는 것은 곧 학급활동의 성과물을 그대로 보여 주며 아이들에게 소속감과 성취감을 느끼게 하는 방법이다. 지속적인 관리를 위해서 가장 중요한 것은 게시물을 소중히 생각하고 잘 보존하는 것이다. 하지만 게시물은 학급 비품이 아니라 소모품이다. 빨리 만들어 붙였다가 미련 없이 뗄 수 있는 게시물이 좋은 게시물이다. 게시물을 금방금방 바꾸기 위해서는 당연히 활발한 학급활동이 있어야 한다. 학급 전체 또는 모둠별로 진행한 모든 학급활동이나 교과 시간의 성과물과 부산물을 무조건 붙이는 습관을 들여 보자.

🍡 성장의 발자취

아이들이 학습하고 활동한 결과물로 꾸며진 게시판은 성장의 발자취를 함께 확인할 수 있는 매개가 되어 준다. 또한 전시를 통해 친구들의 작품을 서로 견주어 보면서 보다 나은 점을 '모방' 하게 하는 교육적 효과도 거둘 수 있다. 제대로 운영되는 게시판을 보면 그 반의 담임교사가 어디에 중점을 두고 학급운영을 하는지, 아이들을 어떤 방식으로 어떻게 성장시키고자 하는지 한눈에 알 수 있다. 이렇게 활용하면 게시판을 채우기 위해 교사가 따로 시간을 내거나 공을 들이는 수고도 필요가 없어진다. 수업이 진행되면서, 학급활동이 풍부해지면서, 게시판은 오히려 공간이 부족할 정도로 넘쳐 나게 된다.

글쓰기를 중심으로 학급운영을 하는 교사의 교실에는 이런 게시판 공간이 마련될 수 있다.

게시판을 위해 따로 작품을 만들 필요 없이 수업 시간에 했던 활동 결과물을 붙이면 된다. 잘한 것만 거는 것보다는 모든 아이의 작품을 고루 거는 것이 중요한데, 그렇게 하면 아이들이 좀 더 책임감을 가지고 활동에 참여할 수 있다. 사진은 수업 시간에 여러 나라의 국기를 그려 보는 활동을 한 것.

동기 유발과 의사소통 공간

작품이 게시되고, 가치를 인정받고, 안전하게 보관
되다면 아이들의 자존감도 훨씬 높아질 것이다. 그
렇다고 모든 아이들의 모든 작품을 기계적으로 게
시한다면 아이들의 자신감을 키우는 데 별로 도움
이 되지 않는다. 모범을 보고 배울 수 있는 가능성
도 줄어든다. 다양한 활동을 통해 모든 아이들이 자
신들의 '잘된' 작품을 게시하는 경험을 갖도록 배
려할 필요가 있다. 게시와 전시는 아이들의 학습 동
기를 촉진할 수 있는 좋은 방법이며, 무엇보다 교사

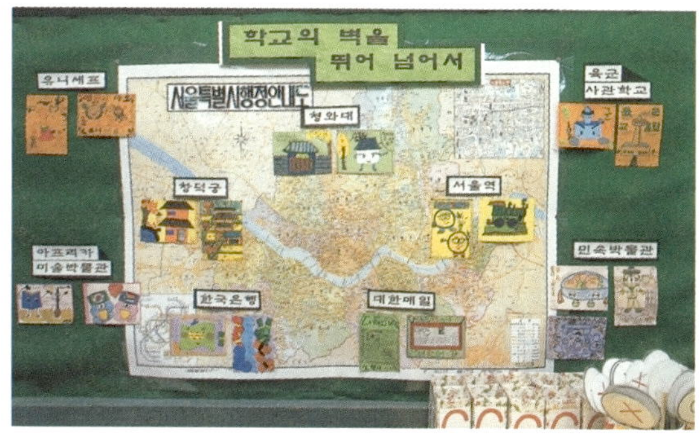

모둠별로 서울의 여러 곳을 알아보는 조사활동을 하면서 만든 게시판. 게
시판을 통해 아이들은 다른 모둠의 활동 내용을 자연스럽게 알게 된다.

와 아이, 그리고 아이들 사이의 시각적인 의사소통 통로로 활용될 수 있다.

게시물을 자주 바꾸는 것은 아이들에게 보다 많은 메시지와 정보를 제공한다는 측면도 있
지만, 계속 새로운 자극을 줌으로써 게시물을 통한 학습 동기 유발을 촉진한다는 의미도
크다. 예를 들어 현장 체험학습을 가기 전에 그 현장 체험학습 장소의 커다란 화보를 붙여
놓는다거나 친구의 보고서를 붙여 놓는다면, 그리고 그것이 아이들의 호기심을 끌 만큼
충분히 멋있게 게시되어 있다면, 아이들이 그 수업에 좀 더 관심을 가지는 것은 당연하다.
이때 아이들의 관심과 질문을 유도하는 '장치' 가 세심하게 고려된다면
그 효과는 배가될 것이다.

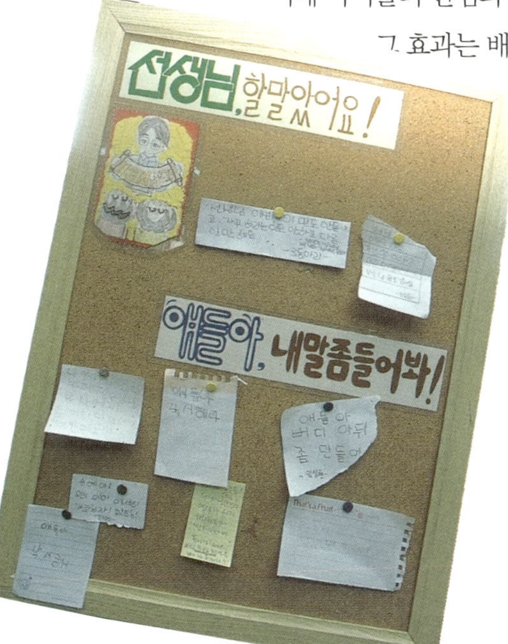

게시가 시각적인 의사소통 도구가 된다고 할
때, 우리 반에 대한 불만, 칭찬, 분실물을 찾아
달라는 호소, 물물교환 제안 등 각자 하고 싶은
말을 게시판을 통해 하게 하면 아이들은 더욱
게시판에 관심을 가지게 될 것이다.

게시판은 교사와 아이들, 또는 아이
들과 아이들 사이의 소통 공간이 되
기도 한다.

게시판에 담는 학급행사

게시는 어떤 과정을 완성했음을, 어떤 주제에 대해 공부했음을 기념하고 서로 축하하는 '행사'의 성격도 갖는다. 학습과 게시가 일련의 과정으로 긴밀하게 상호 관련될 때, 게시가 완성됨으로써 학습 또한 일단락됨을 아이들 스스로 인식하고, 게시판의 재정리를 작은 '책거리' 행사로 활용하여 그동안 공부한 것에 대한 소감과 평가를 나누는 자리로 만들 수 있을 것이다.

일상을 나누는 쪽지 벽신문

쪽지 벽신문은 말 그대로 작성된 기사 쪽지를 순서대로 가지런히 게시판에 붙여 만드는 신문이다. 면 분할에 대한 부담이 없기 때문에 만들기 쉽고, 색지를 적절하게 섞으면 시각적인 아름다움도 얻을 수 있다. 먼저 색도화지를 세로 길이에 상관없이 가로폭 10~15cm 크기로 잘라 기사 용지를 만든다. 기사 용지는 글씨가 잘 보이도록 연한 색상지를 사용하는 것이 좋다. 아이들이 자주 쓸 수 있도록 처음에 많이 잘라서 바구니에 보관해 둔다.

기사를 작성하는 기자들은 마음에 드는 색상지를 골라 기사를 작성한다. 기사가 길면 같은 색상의 종이를 덧보태 이어 쓰고, 기사가 짧으면 남는 분량을 잘라 쓰면 된다. 작성한 기사 용지는 3등분된 신문판에 가지런히 장구핀으로 꽂는다.

그때그때 학급 소식이나 친구 이야기, 자신이 올리고 싶은 이야기 등 학급에서 일어나는 작은 이야깃거리들이 풍부하게 실릴 수 있다.

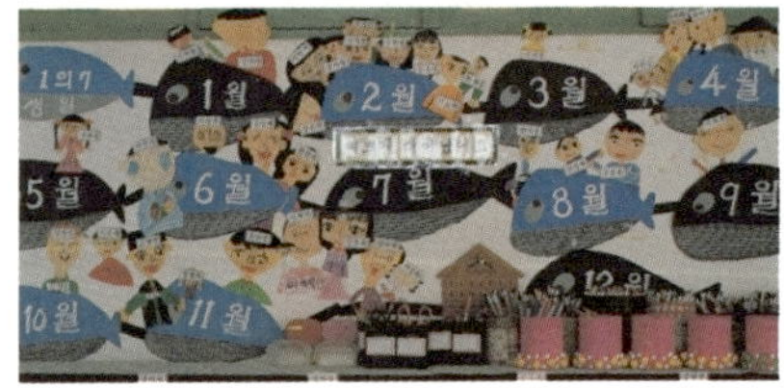

현장 체험학습이나 소풍을 다녀와서 출품한 사진을 게시해 두고 반 아이들 모두가 심사해 주면 재미있는 학급행사가 된다.(위)
생일잔치를 해 주는 학급행사를 계획했다면 아이들이 직접 그린 자기 얼굴을 활용하여 생일 날짜를 알려 주는 게시판을 활용할 수 있다.(아래)

게시물을 붙이는 몇 가지 방법

·**펼쳐 두고 마음대로 게시하기** : 뒷게시판을 아이들의 작품으로 꾸밀 때에는 때로 아무런 틀 없이 공간을 비워 두고 아이들 스스로 자신의 작품을 붙이도록 해 보자. 무질서하게 걸린 아이들 작품이 오히려 교실에 활기를 불어 넣는다. 자신의 작품을 스스로 전시한다는 의미도 살릴 수 있음은 물론이다.

·**게시용 철망 이용하기** : 게시용 철망을 게시판에 설치하여 집개를 달아 두면, 작품의 크기와 방향에 상관없이 아이들이 자유자재로 작품을 게시할 수 있다. 학교에 신청하여 두 개 정도 갖추어 두면 여러 모로 쓸모가 있다.

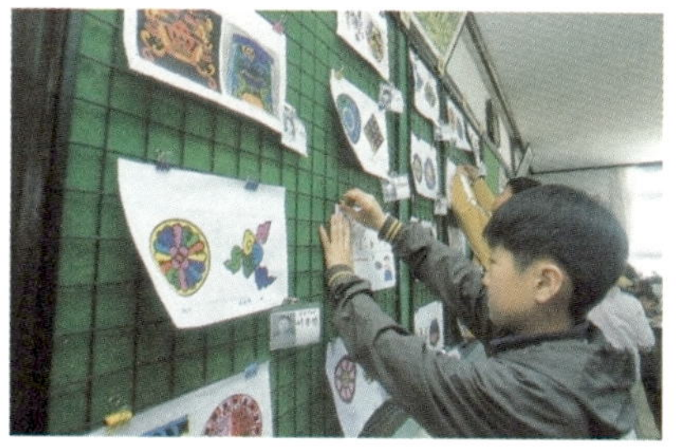

·**창문 레일 이용** : 창턱에 깔아 쓰는 레일용 철심을 이용해 스케치북 걸이로 쓴다. 철심을 고정시킬 때 게시판과 레일 사이에 2cm 정도의 작은 나무토막을 끼우고 못을 박아 스케치북을 걸 수 있는 틈을 만든다. 사용할 때는 빨래를 널 듯 스케치북을 걸치기만 하면 된다.

·**커튼 걸이 이용** : 커튼 걸이용 알루미늄 레일을 적당한 간격으로 게시판에 부착한다. 스케치북을 걸 때는 스프링에 커튼 걸이용 핀을 끼워 고리에 건다. 이 방법은 게시물 사이의 간격을 조정하기가 쉽지만 스프링이 빠지거나 커튼 고리가 떨어지는 불편함이 있다.

·**철사 이용** : 게시판에 스케치북 가로의 길이보다 약간 넓은 간격으로 작은 못을 나란히 쳐 둔다. 굵은 철사를 스케치북 길이보다 좌우로 2cm 정도 길게 잘라 두었다가 스프링에 끼워 못에 걸면 된다. 스케치북이 일그러지지 않고 곧게 걸리므로 편리하나, 철심 보관에 신경을 써야 한다.

·**만들기 작품 전시대** : 보통 사물함 위나 뒷게시판 아래 선반을 걸고 미술 시간이나 학급활동으로 만든 여러 가지 만들기 작품을 전시한다. 이때 그저 늘어놓기만 하면 전시 효과를 제대로 살릴 수 없다. 5cm 두께의 스티로폼을 종이로 싸서 계단식 전시대를 만들어 보자. 뒤에 놓이는 작품도 잘 보이기 때문에 훨씬 효과적이다.

생명이 자라는 우리 교실
- 식물 가꾸기

학년 초 학부모들이 가져다주는 철쭉, 베고니아, 선인장, 아네모네, 팬지 따위의 이름 모를 서양 꽃은 환경미화의 역할 외에는 별다른 효과가 없다. 물론 이런 화분들이 아이들의 정서적 안정에 도움을 준다고는 하지만 돈을 주고 화분을 사는 일은 되도록 피해야 한다.

사실, 자연에 있어야 제 삶을 온전히 꾸릴 수 있는 생명체들을 인공 시설인 교실에 가져와 키우는 것부터, 그것이 과연 생태적인 행위인지 따져 보아야 한다. 의견이 분분하겠지만, 자연을 접할 기회가 많지 않은 도시 아이들에게 조금이나마 자연과 함께 숨쉬는 기회를 제공한다는 점, 생명을 가꾸고 기르는 일을 통해 생명을 귀하게 여기는 마음을 심어 줄 수 있다는 점, 그리고 이미 교육과정에 생명을 기르는 것에 대한 내용이 많이 나온다는 점을 생각해 보면 교실에서 생명과 함께 호흡하는 공간을 마련하는 일은 필요하다. 다만, 동식물을 기르기 전, 아이들과 함께 생명의 귀중함을 느껴 보는 시간을 마련하고, 교실을 최대한 생명이 살기 적합한 환경으로 바꿔 내는 노력이 필요할 것이다.

🐞 수조에 인공연못 만들기

방법은 아주 간단하다. 수조나 큰 대야에 흙을 깔고 깨끗한 물을 넣은 뒤 부레옥잠이나 개구리밥, 해캄과 같은 민물식물을 넣어 주면 끝이다. 가까이에 연못이나 습지가 있다면 물방개나 소금쟁이 같은 곤충을 구해서 넣어도 좋겠다. 식물과 흙의 자정 작용으로 물이 썩지 않는다.

🐞 화분에 식물 키우기

교실마다 화분에 꽃을 심고 가꾼다. 화분 위에서 피어난 꽃들은 딱딱한 콘크리트 교실환경을 아름답게 하지만, 꽃을 보며 즐거워하는 시기는 일 년 중 한두 달에 그친다. 그 화분에 목화와 벼, 보리, 배추, 고추 같은 식물을 심어 보는 것은 어떨까? 이런 식물은 아이들이 매일 식탁에서 먹을거리로 자주 보면서도 실제로 생장 과정을 잘 모르는 것들이다.

식물을 기를 때에는 물 관리가 매우 중요하다. 아이들을 시키면 수시로 물을 주는데, 그러면 뿌리가 금세 썩는다. 식물에 따라 물을 주는 주기와 횟수를 어떻게 해야 하는지 미리 확인해서 아이들에게 알려 주어야 한다.

교실에서 화분에 식물을 가꿀 때에는 물이 잘 빠지도록 흙 배합을 잘하는 것이 중요하다. 화분의 바닥부터 자갈(1/7), 모래(2/7), 거친 흙(3/7), 고운 흙(1/7)의 순서로 채운다. 이때 황토나 진흙은 딱딱하게 굳기 쉬우므로 산이나 들에서 가져온 거름기가 풍부한 흙을 사용한다. 요즘은 화분을 파는 곳에서 잘 배합된 배양토를 따로 팔기도 한다.

씨앗을 심는 경우에는 씨앗 크기에 따라 묻는 깊이가 다르다. 보통은 씨앗 크기의 세 배 깊이로 묻으면 된다. 작은 것은 얕게, 큰 것은 깊게 파서 흙을 덮는다. 물을 지나치게 자주 주지 않도록 해야 하며, 흙이 굳는 정도를 보아서 2~3일 간격으로 아침에 주면 된다. 씨앗을 심어 가꿀 자신이 없으면 상가에서 파는 모종을 사다 심는 것도 방법이다. 모종은 작더라도 잎이 두껍고 색이 진한 것으로 고른다.

화분은 가로로 긴 것과 원통형 두 종류가 있는데, 긴 화분은 높이가 낮으므로 밑에 자갈을 깔지 않고 대신 플라스틱 망을 사용한다.

 톡톡 아이디어

교실에서 물이나 흙으로 기를 수 있는 식물을 한 가지씩 가지고 와 길러 보자. 무, 고구마, 감자, 양파, 당근, 히아신스, 강낭콩, 봉선화, 나팔꽃과 같이 접시에 물만 넣어 주어도 잘 자라는 간단한 식물 기르기는 아이들 마음을 더욱 풍요롭게 해 준다. 물만 먹고도 매일 조금씩 자라 푸른 잎이 나는 자기 식물을 보고 아이들은 기쁨을 감추지 못한다. "선생님, 제 고구마에 뿌리 났어요." "선생님, 점심 시간에 식물 가지고 운동장에 나가서 햇빛 쪼여 주고 와도 돼요?" 자기 식물이라는 애착을 가지고 자식을 키우는 부모처럼 정성을 들인다.

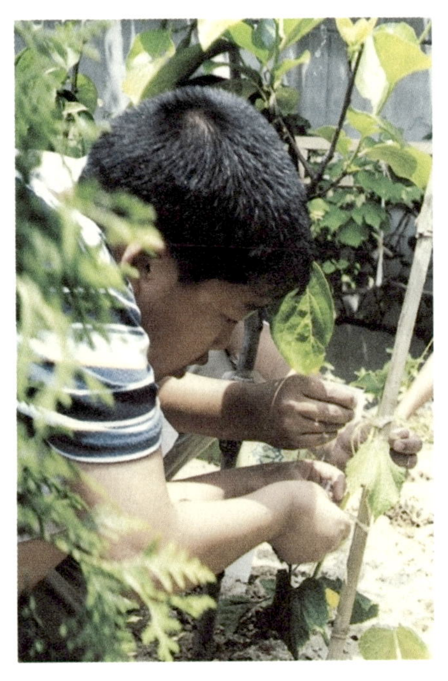

텃밭 가꾸기

교실환경이 식물을 기르기에 알맞지 않다면, 굳이 교실에서 식물을 기를 것이 아니라, 학교 관리자의 협조를 얻어 학교 밖 공간의 일부를 이용하도록 한다. 도시 외곽에 있는 학교라면, 주변에 작은 텃밭을 마련할 수도 있다. 1층 교실의 경우에는 바깥 화단을 활용한다.

우선 3월에 학교 안팎을 둘러본다. 화단, 운동장 모서리, 쓰레기장, 학교 담벼락 등 한 뼘이라도 텃밭으로 삼을 땅이 있는지 살핀다. 정말 한 뼘도 없다면 사과 상자나 큰 화분, 쓰지 않는 상자 등에 흙을 담아 땅을 만들자. 퇴비를 사서 밑거름을 주고 작은 농사지만 씨 뿌릴 계획을 함께 세우자.

여러 가지 채소 씨를 뿌리고 감자, 고구마, 고추, 토마토 등의 모종을 심는다. 당번을 정해 아침저녁으로 물을 주고 솎아 주며 수확한다. 매일 자라는 모습을 사진으로 찍기도 하고 그리기도 하고 시도 쓰고 글도 쓴다. 텃밭은 국어, 과학, 음악 등 교과의 살아 있는 교재가 된다. 씨감자를 심거나 토마토가 열리는 모습을 지켜본 경험 등은 훌륭한 일기 주제이기도 하다.

상추와 각종 채소로 점심 반찬을 마련하고 감자와 고구마를 삶아 함께 나누어 먹으면 그 기쁨은 이루 말할 수 없다. 작은 텃밭에서 고구마 한두 개만 수확해도 아이들은 몹시 놀라워한다. 스스로 키워 삶아 먹는 고구마는 비록 한 조각일지라도 아이들의 기억에 잊혀지지 않는 자연의 가르침으로 남을 것이다.

재활용품을 이용한 식물 키우기

· **유리병이나 유리컵** : 고구마, 감자, 마늘, 양파, 생강, 수선화 따위를 키우기에 알맞다. 물을 적당량 채운 뒤 올려놓으면 금세 싹이 자라 오르고, 뿌리까지 관찰할 수 있다.

· **우유곽 이용** : 우유곽 안에는 비닐 코팅이 되어 있어 썩지 않기 때문에 식물을 키우기에 알맞다. 물이 잘 빠지도록 하기 위해서는 가는 쫄대 두 개를 깔고 그 위에 얹어 키우는 것이 좋다. 특히 몸피가 작은 우리나라의 야생초를 키우기에 좋다. 겉면에 채집 장소, 날짜, 특성, 관찰 내용 등을 간단하게 기록해 두면, 아이들이 야생초의 이름이나 특징을 익힐 수 있다.

· **음료수병(페트병) 이용** : 음료수병은 자르는 방법에 따라 여러 가지 모양의 화분을 만들 수 있다. 특히 옆으로 눕혀 양쪽에 끈을 달고 적당량의 물을 담아 고구마를 키우면 좋다. 고구마는 반 정도만 잠기게 해야 썩지 않는다. 그 밖에 무 같은 알뿌리 채소나 미나리 같은 습지식물도 재배할 수 있다. 모두 매달아서 재배한다. 칼을 사용해야 하므로 고학년 아이들에게 적당하다.

· **바구니와 수조 이용** : 들깨 같은 식물의 수경 재배에 알맞다. 바구니에 휴지 한 겹을 깔고 씨를 뿌려 물에 젖을 만큼 눌러 두면 자란다. 물이 썩지 않게 갈아 주는 것이 중요하다.

멀티미디어 기기,
이렇게 관리하자

허승환 | 부산 창신초 교사

1990년대 후반 교육정보화 종합계획이 급물살을 타면서 갖가지 멀티미디어 기기들이 교실에 들어오기 시작하여 지금은 대부분의 교실에 대형 프로젝션 텔레비전과 컴퓨터, 실물화상기 따위가 갖추어져 있다.

처음 학교의 몇몇 교실에 프로젝션 텔레비전이 설치되었을 때, 큰 화면으로 영상을 보여 주는 것만으로도 아이들은 흥분했고, 교사들도 간혹 수업이 끝난 뒤에 옹기종기 모여 함께 빌려 온 비디오를 보기도 했다. 우리나라 공교육의 고질적 난제 가운데 하나인 '콩나물교실'이 여전히 개선되지 않은 상황에서 기자재만 첨단으로 갖추는 것이 과연 얼마나 효과적일지에 대한 회의론도 나돌았지만, 그럼에도 불구하고 현재 각 학교에 구비된 PC와 인터넷망 등 정보화 인프라가 '좋은 수업'을 할 수 있도록 교사들의 운신의 폭을 크게 넓혀 놓은 것은 부정할 수 없는 사실이다.

하지만 교사의 의견이 반영되지 않은 채 무작정 설치된 멀티미디어 기기들은 교실에서 다른 기기들과 종종 엇박자를 내기도 한다. 가뜩이나 좁은 교실 앞쪽에 교사의 캐비닛부터

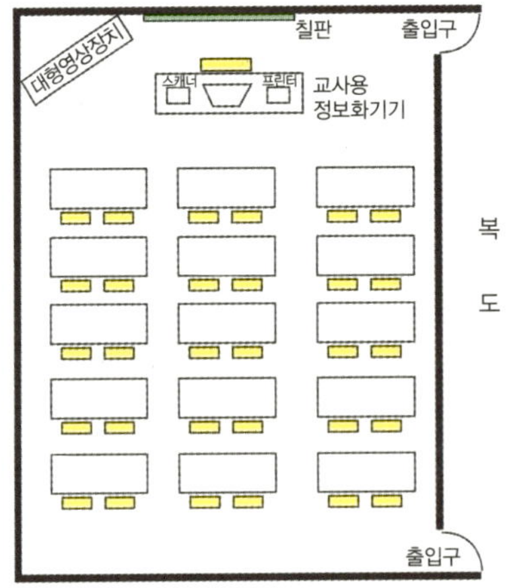

〈그림 1〉 전면 일제형

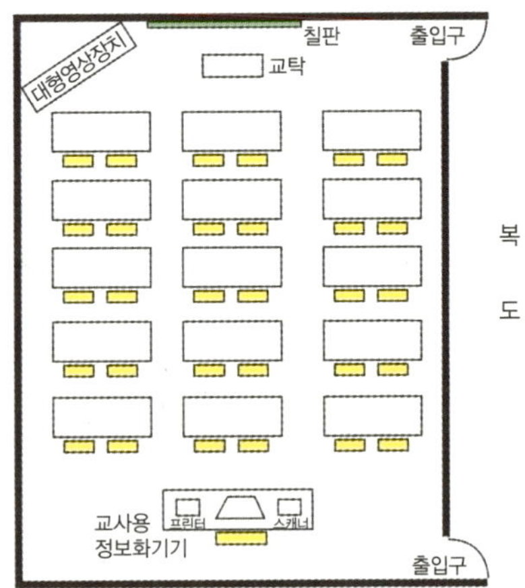

〈그림 2〉 후면 일제형

프로젝션 텔레비전, 비디오, 컴퓨터, 실물화상기, 프린터기까지 부려 두니, 칠판을 가리기
도 하고 때로는 아이들이 교실 앞에 나오지 못하게 막는 방벽이 되곤 하는 것이다.

멀티미디어 기기를 활용한 수업, 어떻게 할까

3~4대의 모둠형 컴퓨터가 있는 경우를 제외하면, 멀티미디어 기기를 설치하는 위치는 아
래 네 가지로 구분할 수 있다.

〈그림 1〉과 〈그림 2〉는 가장 일반적인 교실의 배치이다. 강의식 수업에 효율적이지만 아
이들 간의 상호작용은 거의 없다. 이런 수업을 진행할 때에는 PC 활용 자료만이 아니라 실
물자료도 다양하게 준비하여 다양한 활동이 이루어질 수 있도록 노력해야 한다. 아이들은
교사가 제시하는 자료를 보기만 하는 관객이 될 수도 있다. 미리 과제를 제시하고 교사용
정보화기기를 활용하여 아이들이 직접 발표할 수 있는 기회를 많이 제공해야 한다. 이 경
우에는 멀티미디어 기기를 사용하는 빈도에 맞추어 각각 가장 활용하기 편리한 위치에 두
되, 아이들도 자유롭게 이용할 수 있도록 위치를 이동시킬 수 있도록 해야 한다.

〈그림 2〉처럼 교사용 정보화 기기를 교실 뒤쪽에 배치하면, 아이들의 학습 활동을 관찰하
기 쉽다는 장점이 있다. 그러나 개인적으로 가장 마음에 드는 구조는 '중간 모둠형' 배치
이다. 특히 학생용 정보화기기가 없는 모둠형 교실 구조에서 〈그림 4〉와 같이 교사의 정보
화 기기를 모둠의 중심에 배치하면, 현재의 열악한 상황에서라도 아이들과의 상호작용이

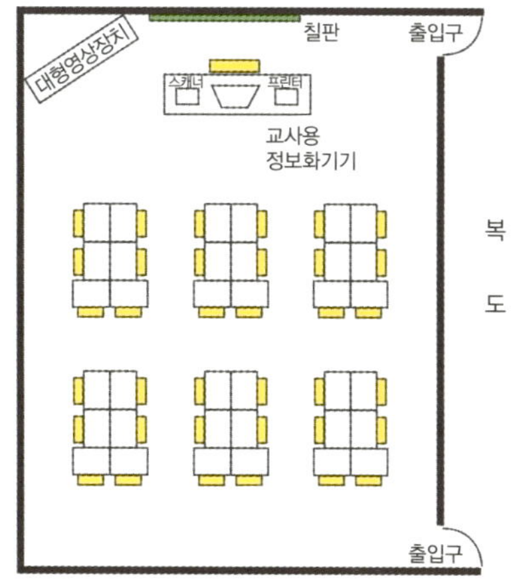

〈그림 3〉 전면 모둠형

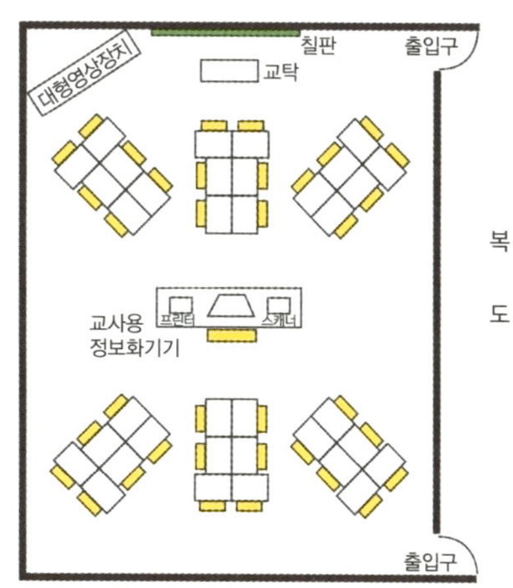

〈그림 4〉 중간 모둠형

활발하게 일어날 수 있다. 또한 풍부한 소집단 학습 활동을 진행하기에 편리하므로 정보화 기기의 이동이 가능하다면 추천하고 싶다.

멀티미디어 기기를 배치할 때는 첫째, 사용하기 편리한 위치에 두고, 둘째, 자리를 적게 차지하게 두며, 셋째, 보기에 혼잡하지 않도록 정돈해야 한다. 지금까지의 교실 안 멀티미디어 기기 배치에 대한 고정관념에서 벗어나 여러 가지 학습 형태로의 변환이 쉽고, 아이들이 쉽게 이용할 수 있는 구도를 찾아야 한다. 아울러 전체 아이들이 모일 수 있는 공간을 확보할 수 있는 멀티미디어 기기 배치가 필요하다.

멀티미디어 기기, 어떻게 관리할까

초임교사나 기계에 익숙하지 않은 교사들은 멀티미디어 기기의 고장으로 가끔 큰 애를 먹는 경우가 있다. A/S를 신청하기 전에 간단한 자가 점검부터 해 보자.

컴퓨터가 완전히 먹통일 경우는 전원 쪽의 이상일 가능성이 높다. 먼저 전원 쪽의 케이블이 잘 연결되어 있는지 확인하고, 컴퓨터 또는 프린터를 껐다가 다시 켜면 바르게 작동하는 경우가 많다. 인터넷(네트워크)이 안 되는 경우에는 랜 케이블이 잘 연결되었는지, 랜카드의 램프가 켜지는지 정도는 확인해 줘야 한다.

교실과 특별실에 설치된 실물화상기는 구조적인 문제도 있지만 사용자의 주의 부족으로 다른 기자재에 비해 문제가 자주 생기는 편이다. 실물화상기는 교육정보부에서 자체적으로 수리하기 어려울뿐더러, 대개의 경우 방문 A/S가 되지 않아, 고장 제품을 택배로 보낸 뒤에 수리된 제품을 다시 택배로 배송 받는 방식으로 처리된다. 보통 일주일에서 2주 정도 수리 시간이 걸리므로, 일단 기자재 담당 교사에게 전화로 연락한 뒤, 필요할 때 동학년 교사의 실물화상기를 빌려 활용하도록 해야 한다. 간단하게 교실에서 실물화상기와 관련된 문제를 점검해 볼 수 있는 방법은, 일단 텔레비전과 실물화상기의 전원이 ON/OFF가 되는지 확인한 뒤, ON이 되는 경우 실물화상기의 RCA 단자에서 노란색 케이블이 텔레비전의 ‘영상 입력’ 에 연결되어 있는지 확인하는 것이다. 영상 케이블과 음성 케이블을 바꾸어 연결하는 바람에 작동되지 않는 경우도 의외로 많다.

프로젝션 텔레비전은 컴퓨터와 실물화상기, 비디오 등의 기기와 함께 맞물려 작동하기 때문에 유난히 고장이 잦다. 프로젝션 텔레비전이 고장 나서 컴퓨터 화면이 나오지 않는다는 연락을 받고 가 보면, 'PC 모드'로 설정이 되어 있지 않은 경우가 많다. 그리고 엔코더 내장형 텔레비전이 아닐 경우에는 엔코더 전원이 꺼져 있어 텔레비전 화면이 나오지 않는 경우도 흔히 볼 수 있다. 만약 다른 반은 방송 조회 모습이 나오는데, 우리 반만 나오지 않는다면 ① 안테나에서 케이블이 단선되어 있지는 않은지 ② 동축케이블의 중앙 부분의 핀이 구부러져 있지는 않은지 ③ 입력 선택이 외부 입력으로 되어 있지는 않은지 ④ 확장 채널이 선택되어 있는지를 확인해야 한다.

비디오는 다양한 자료를 가장 생생하게 제시할 수 있는 전달 매체이다. 비디오 화면이 떨리거나, 소리는 나는데 화면이 나오지 않을 경우, 방송실에서 비디오 헤드 클리너를 빌려와 헤드를 닦아 주면 된다. 비디오 헤드 클리너는 알코올을 묻힌 뒤, 일반 비디오 테이프처럼 재생시키면 된다. 간혹 비디오 테이프가 비디오 내부에 걸렸을 경우에는 드라이버로 비디오 뚜껑을 열어 꺼내면 된다. 이때 중요한 비디오 테이프가 끊겼을 경우, 투명 테이프로 끊긴 부분을 붙여 재생시킬 수 있다. 그러나 임시 방편이므로 새로운 테이프에 내용을 복사해 두는 것이 좋다.

교실의 멀티미디어 기기에 문제가 생겼을 경우, 시급하지 않은 고장일 때에는 학교 홈페이지의 '온라인 장애 신고'를 이용하고, 수업과 관련해 시급한 고장은 전화 연락보다는 직접 기자재 담당 교사나 전산 보조원을 찾아가 자세히 설명해 주는 것이 더 빠르다.

아이들이 개인이나 모둠별로 조사한 내용을 발표하기 위해 멀티미디어 기기를 조작할 때가 있는데, 학년 초에 미리 아이들과 함께 규칙을 만들어 두지 않으면 기계 조작에 익숙하지 않아 문제가 생길 수 있다. 멀티미디어를 활용한 수업을 진행할 때는, 미리 시험해 보고 수업 중간에 기기 문제가 생기지 않도록 해야 한다. 실물화상기의 경우 교사가 미리 켜 두어서 아이들이 기기 조작에 신경 쓰지 않도록 하고, 프로젝션 텔레비전은 가장 많이 사용하는 기기이므로 전원을 켠 뒤 '화면 입력' 버튼을 눌러 일반 방송 조회 상태, PC 모드, 실물화상기와의 외부 입력으로 직접 변경할 수 있도록 미리 안내해야 한다. 컴퓨터를 켜서 파워포인트 등을 발표할 때도 교사가 미리 파워포인트를 실행시켜 둔 상태에서 아이들이 작성한 파일을 쉽게 불러올 수 있도록 도와준다. 이렇게 학년 초에 미리 약간의 신경만 쓰면 아이들은 능숙하게 교사를 돕는 조력자가 되어 활기찬 수업을 직접 만들어 갈 수 있을 것이다.

1. 예쁜 교실이 다 좋은 것은 아니지요
2. 우리 교실은 우리가 꾸며요
3. 텃밭 가꾸어 나누어 먹고, 글도 쓰고

1. 예쁜 교실이 다 좋은 것은 아니지요

김은옥 | 전 서울 영풍초 교사

다른 교사들이 우리 교실에 오면 독특한 분위기가 느껴진다고들 한다. 나는 교실환경 구성이라고 해서 무조건 예쁘게 꾸며야 한다고는 생각하지 않는다. 보여 주기 위해서 하는 환경 구성이나 게시는 무의미하다. 중요한 것은 아이들 아니겠는가.

교실환경 구성과 관련해서 나는 두 가지 원칙을 가지고 있다. 하나는 교실은 교사가 가르치는 공간이기 이전에 아이들이 최대한 자유롭게 활동하고 학습할 수 있는 공간이 되어야 한다는 것이다. 다른 하나는 모든 것을 아이들과 함께 해 나간다는 것이다. 그런 원칙이 분명하게 서 있기 때문에 교실이 꼭 예뻐야 한다거나 또는 어느 시기까지는 교실환경이 완성되어 있어야 한다든가 하는 데 크게 구애받지 않는다. 오히려 여백을 중요하게 생각한다. 무작정 채우기만 하는 것은 어떤 의미에서는 공해라고 할 수 있다. 게시판이나 벽이 비어 있으면 교사들은 좀 불안해하는 것 같다. 이전에 있던 학교에서는 교장 선생님이 우리 교실 게시판이 다 차지 않은 상태로 있는 것을 보고는 상당히 걱정하기도 했다.

채우기보다는 비우기

올바른 의미의 수행평가가 이루어지려면 아이들 학습과 관련해서 결과보다 그 과정이 더 중요하다. 일반적으로 게시판에는 아이들의 수업 결과물을 붙이는 것이 대부분이지만, 나는 아이들이 수업을 통해서 하나하나 배워 나가는 그 과정을 그대로 드러내려고 애쓴다.

예를 들면 봄에 관한 학습을 할 때, 먼저 아이들과 상의해서 다람쥐를 주제로 정했다. 다람쥐를 직접 교실로 가지고 와서 어떻게 할까 생각해 보자고 제의했더니, 우리 반 아이들은 한 명씩 다람쥐를 집에 가지고 가서 관찰하고 싶다고 결론을 내렸다. 그렇게 집에서 관찰한 뒤 관찰일기를 쓰면 그것을 게시판에 붙이게 했다. 그러면 먼저 관찰한 아이의 관찰일기가 먼저 붙게 된다. 당연히 나머지 공간은 비어 있는 채로 둔다. 그리고 수업 시간에는 그 다람쥐를 가지고 시를 쓰고, 그 시가 또 다른 게시판에 붙게 된다. 또 즐거운생활 시간에는 다람쥐와 관련된 동시를 읽고 동요를 부른다. 이렇게 다람쥐를 학습하면서 그때그때 생기는 결과물들을 아이들이 알아서 붙인다. 한꺼번에 게시판이 차는 것이 아니라 다람쥐 수업이 끝날 때 게시판도 완성되는 것이다. 이런 방식은 예뻐야 한다는 관점에서만 보면 좀 못할 수도 있지만, 아이들에게 교실을 그만큼 더 의미 있는 공간으로 받아들이게 해 준다.

버려지는 구석 공간에 주목을

나는 소홀히 지나칠 수 있는 공간도 게시 공간으로 사용하려고 한다. 근본적인 이유는 아이들 수에 비해서 교실이 좁기 때문인데, 어차피 한정된 공간이라면 최대한 효과적으로 사용하는 방법밖에 없을 것이다. 다른 선생님들보다 좀 더 효과적으로 사용하고 있는 부분이라면, 보통 쓰레기통이나 청소 도구함 등을 놓아 두는 교실 구석을 최대한 활용한다는 것과 내가 쓰고 있는 교사 책상의 전면도 아이들이 사용할 수 있도록 꾸미는 정도이다.

교실 구석에는 간단하게 전지 한 장만 붙여 놓아도 수업 시간에 아이들이 만든 것을 그때그때 스스로 붙일 수 있는 공간으로 사용할 수 있다. 그리고 칠판에서 바닥 사이의 그 작은 공간도 아이들과 합의해서 정한 약속들을 붙이는 공간으로 활용하고 있다. 교사가 창의적

인 아이디어를 발휘하면 쓸모없는 공간도 아이들 활동에 아주 요긴하게 쓸 수 있게 된다.

파격을 두려워 마세요

우리 반에서 가장 눈에 띄는 곳은 칠판 앞이다. 바닥에 고무매트를 깔고, 앉아서 사용하는 넓은 상을 놓아 두었다. 다인수 학급에서는 수업 시간에 아이들을 개별적으로 만나거나 소그룹별로 지도하기가 쉽지가 않아서, 대면학습과 소집단 활동을 하는 데 사용하는 곳이다. 내가 상 앞에 앉아 있으면 아이들이 한 명씩 자신이 한 것을 가지고 와서 내 앞에서 이야기를 한다. 나는 들어 주고 다시 질문하고, 이런 식으로 아이들은 듣기와 말하기를 연습할 수 있다. 또 모둠활동을 할 때 순서를 정해서 모둠별로 나에게 오면 내가 그 모둠을 좀 더 집중적으로 가르칠 수도 있다.

교실환경을 아름답게 꾸미는 것에 지나치게 구애를 받으면 외형상으로 아름답지 못한 이런 형태의 학급운영을 하기는 힘들다. 그러나 중요한 건 역시 아이들이다.

2. 우리 교실은 우리가 꾸며요

방대식 | 강원 춘천교육대학교부속초등학교 교사

새 학년 새 학기가 되면 교사와 아이들은 교실환경을 어떻게 꾸밀까 하는 기대감과 설렘, 그리고 약간의 걱정을 갖게 된다. 학교에서 일괄적으로 게시판 형식까지 세세히 정해 주는 관습은 이제 거의 사라졌다. 그래서 6학년을 2년 동안 맡으면서 학급의 특징을 살려 '우리 반답게' 교실환경을 가꾸어 보았다.

3월이 되면 학년 교육과정을 구성하고, 학급운영 계획을 세우느라 무척 바쁘다. 바쁘게 시간을 보내다 보면 교실환경 구성은 계획을 세워 조직적으로 해 나가기보다 즉흥적으로 진행하기 쉽다. 그래서 나는 3월이 되면 우선 거칠게나마 교실환경 구성 계획부터 나름대로 세워 둔다. 그리고 나머지는 아이들과 함께 협의해 나간다. 아이들과 함께 교실환경을 최대한 빠른 시일 내에(2주 정도) 마무리하고 이후로는 아이들 스스로 활동 결과물을 게시하게 한다.

교실환경 계획 세우기

교실환경 계획을 세워 아이들에게 안내해 주고 각각의 구체적인 내용에 대해서는 모둠별 토의를 통해 수정, 보완한다. 우리 반의 환경 구성도를 그려 교실환경에 대한 이해를 돕는다.

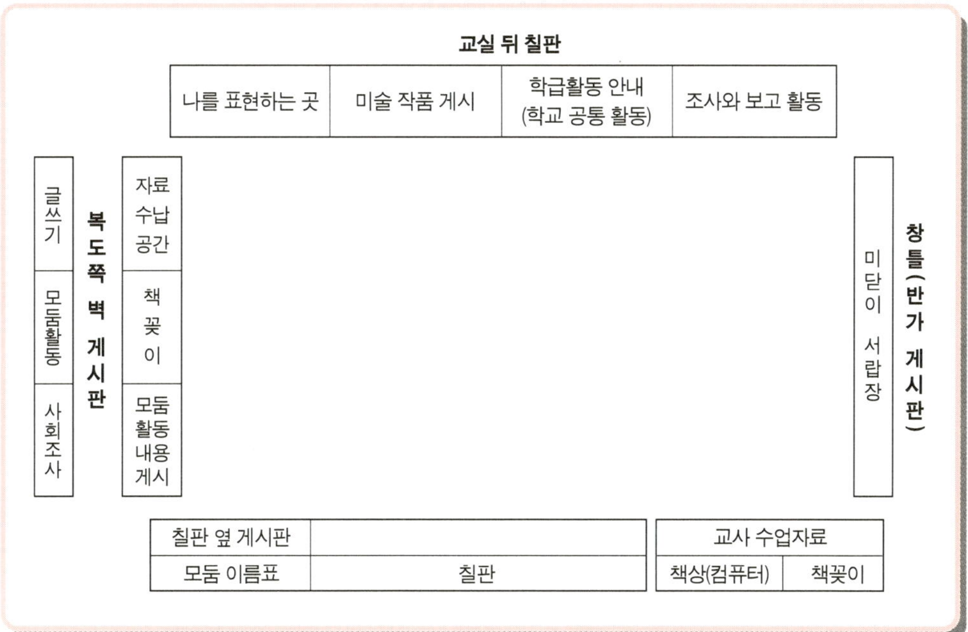

2월 말 학년 교육과정을 구성할 때 교실환경도 염두에 두고 함께 계획해 나간다. 3월 첫째 주에서 둘째 주의 특별활동 시간을 교실환경을 계획하고 진행하는 시간으로 배치해 놓으면 특별히 시간을 내지 않아도 정규 교과 시간을 이용하여 환경 구성 활동을 할 수 있다.

학급환경 구성을 위한 교사-학생 토의활동

교실환경의 틀을 어떻게 짤지 대충의 계획을 잡았으면 그에 살을 붙이는 과정은 아이들과 함께 해내면 좋다. 교실의 주인은 다름 아닌 아이들이라는 점, 스스로 계획하여 교실을 가꾸어 나가자는 취지의 이야기를 간단히 들려주고 본격적으로 구체적인 내용에 대해 아이들과 협의해 나간다.

아이들과 협의하는 과정은 학년 초 모둠 구성이 끝난 뒤에 한다. 게시판을 꾸미거나 역할을 나누기 위해서는 아무래도 모둠별로 움직이는 것이 효율적이기 때문이다. 모둠을 나누고, 모둠의 이름이나 구호, 노래, 규칙 따위를 정한 다음 교실환경에 대한 이야기를 나눌 시간을 마련한다. 모둠별로 자리를 갖추어 앉고 나서 내가 준비한 환경 구성 계획도를 한 장씩 나누어 주었다.

교사 : 먼저 교실 뒷게시판을 어떻게 꾸미면 좋을지, 그리고 제목은 뭐라고 붙일지 이야기해 봅시다.

수현 : '나를 표현하는 곳' 에는 내 미래의 희망을 만들어 붙이고 제목을 '미래의 나' 로 했으면 좋겠습니다.

현영 : 우리의 미래를 상상해서 나타내고 제목은 '미래의 주인공' 으로 했으면 좋겠습니다.

혜인 : 학년 초이니만큼 나를 소개하고 미래의 희망을 나타내는 작품을 만들어 붙이고 제목은 '우리가 만들어 가는 세상' 으로 했으면 좋겠습니다.

교사 : 모두 좋은 의견을 내주었습니다. 모둠별로 어떤 것이 좋을지 서로 의논해서 결정해 보세요. 의견이 많이 나오는 것으로 정하겠습니다.

아이들 : (모둠별로 의논하여 정한다.)

교사 : 선생님이 여러분 자신을 소개하고, 미래의 희망을 나타낼 수 있는 자료를 만들어 드리겠습니다. 사진도 붙이고 색칠도 해서 예쁘게 꾸며 보시길 바랍니다. 제목은 여러분 의견대로 '우리가 만들어 가는 세상' 으로 하겠습니다. 다음은 미술 시간 작품을 게시하는 곳에 대해 의논해 보시길 바랍니다.

아이들 : (모둠별로 의논한다.)

생기발랄 모둠 : '솜씨자랑' 으로 해서 그림 작품을 자석으로 붙여 놓았으면 좋겠습니다.

함박웃음 모둠 : '우리들 차지' 라고 하고 그림 작품을 자석이 아닌 찍찍이로 붙였으면 좋겠습니다. 5학년 때 자석으로 붙이니까 너무 지저분해 보였습니다.

탱글탱글 모둠 : '즐거운 미술 시간' 으로 해서 함박웃음 의견대로 찍찍이를 잘라 미술 작품 뒷면에 붙
여 게시했으면 좋겠습니다.

요절복통 모둠 : 제목이 너무 길면 작품 붙이는 곳이 좁아지니까 조금 짧게 해서 '솜씨 자랑' 으로 했
으면 좋겠고, 우리도 찍찍이를 이용하면 좋겠다고 생각합니다.

교사 : 좋아요, 제목은 '솜씨 자랑' 으로 하고 찍찍이를 이용해서 붙이는 것으로 하겠습니다.

규한 : 선생님! 저희 집에 찍찍이가 많이 있으니까 제가 일 년 동안 사용할 만큼 갖고 오겠습니다.

교사 : 고맙습니다. 다음은 학급활동이나 학교에서 실시하는 활동을 게시하는 곳에 대해 이야기해 보
시길 바랍니다.

학철 : 우리 학교에서 매일 실시하는 오름길 활동을 나타내었으면 좋겠습니다.

희승 : 매주 월요일에 발표되는 주생활 목표와 요일별 방송활동 내용도 붙여 주면 좋겠습니다.

교사 : 좋아요, 주생활 안내와 오름길 활동표를 선생님이 만들어 붙여 드리겠습니다. 오름길 활동 내
용은 줄넘기, 시조 외우기, 독서활동 세 가지입니다. 마지막으로 조사와 보고 활동을 게시하는
곳에 대해 이야기해 봅시다. 이곳은 여러분이 궁금해하는 내용을 조금 자세하게 조사해서 많은
친구들에게 알려 주기 위해 마련한 것입니다. 이젠 6학년이 되었고, 컴퓨터 사용 능력도 늘었
으니까 충분히 할 수 있으리라 믿어요. 제목을 정해 봅시다.

지연 : '특파원 보고' 라고 했으면 좋겠습니다. 한 가지 주제에 대해 기자가 되어 자세하게 조사해서
보고서를 만들어 붙이면 좋을 듯합니다.

대준 : '인터넷 여행' 이라고 했으면 좋겠습니다. 우리가 많이 사용하는 것이니까요.

문영 : '특파원 보고' 가 더 좋다고 생각합니다. 왜냐하면, 꼭 인터넷 조사뿐만 아니라 우리가 여행하
거나, 책을 읽거나, 주변의 어른들께 듣고서도 보고서를 만들 수 있기 때문입니다.

교사 : 좋습니다. '특파원 보고' 라고 정해서 선생님이 만들어 붙이겠습니다. 각 모둠의 1번이 제일 먼
저 특파원이 되는 것입니다. 처음이니까 각자가 평소 궁금했던 내용에 대해 자세하게 조사해서
다음 주 수요일까지(1주일) 작성해서 붙여 주시길 바랍니다. 2주가 지나면 다음 내용으로 바꾸

어 주세요. 다음 순서는 2번입니다. 조사 내용은 모둠별로 정해서 안내해 주시길 바랍니다.

여러분 오른쪽의 책꽂이에는 수행평가 파일, 국제이해교육 방송 청취학습지, 금요동요방송 악보, 인성교육 방송 청취 학습지를 모아서 꽂아 두도록 하십시오. 책꽂이에는 교생 선생님과 공부할 헌 교과서를 아랫쪽에 놓고 국어사전과 백과사전을 정리해 놓겠습니다. 그리고 선생님 생각에 우리 학교도서관에 책이 많이 있지만 자신이 재미있게 읽었거나, 우리가 꼭 읽었으면 하는 책을 한 사람당 두 권씩 갖다 놓고 친구들과 바꿔 읽기를 했으면 하는데 여러분 생각은 어떤지요? 서른 명이 두 권씩 읽으면 60권을 읽을 수 있으니까 좋을 거라 생각합니다. 지금 학급문고에는 작년 여러분의 선배들이 읽고 기증한 책들이 꽂혀 있습니다.

문석 : 좋다고 생각합니다. 그런데 선생님, 꼭 새 책을 사와야 하나요?

교사 : 그렇지 않아요. 집에서 내가 읽었던 책을 가져와도 됩니다. 그럼 책을 갖다 놓고 읽는 것으로 하겠습니다. 각자 책 두 권을 다음 주 월요일까지 이름을 써서 학급문고에 꽂아 두고 화요일부터 읽기를 바랍니다. 여러분이 만든 반가를 큰 종이에 써서 창가에 붙여 두려고 하는데 어떻습니까?

주혜 : 좋아요, 선생님. 그리고요, 우리 반 생활목표도 만들어 붙였으면 좋겠습니다.

상원 : 우리 반 규칙도 함께 붙여 두면 좋겠습니다.

교사 : 모두들 주혜와 상원이의 의견에 찬성합니까?

아이들 : 예!

교사 : 선생님이 만들어 보겠습니다.

교사 : 그리고, 지금 여러분이 모둠별 앉아서 이름도 정했는데 앞으로 모둠별로 시상을 하겠습니다. 물론 상품도 있답니다. 칠판에 모둠 이름을 만들어 붙여 두겠습니다. 스티커를 어떻게 하면 좋을까요?

동민 : 제가 집에서 만들어 오겠습니다. 서른 개쯤 만들면 될까요?

교사 : 좋아요. 동민이가 한번 멋지게 만들어 보세요.

재호 : 선생님, 창가에 화분을 하나씩 갖다 놓으면 어떨까요? 교실이 환해질 것입니다.

교사 : 선생님은 화분을 잘 키우지 못하는데…….

현빈 : 우리가 키우면 돼요.

교사 : 좋아요, 많이는 말고 한 일곱 개쯤 가지고 오세요. 관리는 여러분이 알아서 해요. 복도에는 모둠활동과 사회과 조사학습, 글쓰기 활동 내용을 게시해 놓으려고 합니다. 어떤 제목으로 하면 좋을지 모둠별로 의논해 보세요.

(중간 줄임)

교사 : 주장하는 글쓰기 활동을 하고 제목은 '우리들 주장' 으로 하겠습니다. 또 '모둠이 함께해요' 라는 제목으로 모둠활동 결과물을 붙이도록 하겠습니다. 1학기에는 역사를 배우니까 '역사 탐험' 으로 제목을 정하고 사회과 조사, 정리 활동 내용을 게시하도록 하겠습니다. 여러분이 함께 해 줘서 더 멋지고, 깨끗한 우리 별반이 될 것입니다. 고생 많이 했습니다.

아이들과 함께 교실환경을 어떻게 꾸밀 것인지를 의논하다 보면 멋지고 새로운 아이디어들이 마구 쏟아져 나온다. 아이들과 함께하는 교실 가꾸는 방법을 찾다 보면 아이들은 우리 반에 대한 강한 소속감을 느낀다. 또 내가 바로 우리 반의 주인이라는 것을 교사가 강조하지 않아도 아이들 스스로 인식하게 된다.

3. 텃밭 가꾸어 나누어 먹고, 글도 쓰고

김권호 | 서울 일신초 교사

참된 교사가 되기 위해선 고통스럽게 제 아이를 낳고 길러 봐야 한다고, 그렇지 않으면 아이를 잘 모르고 부모 마음도 모른다고, 그러니 나하고 결혼하자고……. 총각 시절, 결혼을 부정적으로 생각하는 아내를 열심히 꼬드길 때(?) 주워섬기던 감언이설이었다. 기른다는 것, 보살핀다는 것의 진정한 의미를 모르면 아이를 제대로 가르칠 수 없다는 생각은 지금도 변함없다. 아이들도 마찬가지다. 생명에 대한 경외, 신비, 삶에 대한 바른 가치관을 일깨우기 위해선 다른 생명을 키우고 가꾸어 보아야 한다. 제 손으로 땅을 일구고 가꾸며 보살피면서 노동의 가치를 알아야 한다. 그래서 텃밭 가꾸기를 시작했다. 마침 학교와 연결된 사택 앞마당에 텃밭을 가꾸기에 알맞은 땅이 있었다. 3×5m 정도 되는 땅이다. 밭 이름을 꿈틀밭이라 했다. 뜻이 있으면 틈은 항상 있게 마련이다. 그런 틈조차 없다면 학교 울타리 밖으로 나갈 일이다. 농사지을 땅은 마련했지만 천상 도시내기인 나는 이전에 한 번도 농사를 지어 본 적이 없었다. 화초 한 번 길러 본 적이 없으니 텃밭 가꾸기는 말처럼 쉬운 일이 아니었다. 그렇다고 포기할 수는 없어서 일단 저지르기로 했다. 실수가 가장 큰 공부라는 막연한 생각으로 그냥 밀고 나간 것이다. 무식하면 용감하다 했던가. 일단 재배하기 쉽다는 상추를 길러 보기로 했다. 그리고 그 옆에 쑥갓과 감자를 조금씩 심기로 했다. 씨를 뿌려 키우기에는 힘들 거라고 사람들이 말리는데도 모종을 심지 않고 씨를 뿌리기로 했다. 아이들에게 싹이 트고 자라는 과정의 신비를 알려 주기 위해서였다. 싹 트기를 기다리는 그 간절한 시간을 빼먹을 수는 없는 일이었다. 마침 농협에 다니는 학부모가 아이 편에 상추씨를 많이 보내 주셨다. 밭을 고르고 씨를 뿌리기 전에 아이들과 함께 《어진이의 농장일기》

(신혜원, 창비)를 읽었다. 서로 농사에 대해서 아무것도 모르니 기본은 알아야겠다는 뜻에서 그런 것이다. 우리가 직접 체험할 것과 관련된 책읽기이니 아이들이 얼마나 호기심을 갖고 읽었겠는가. 책을 그렇게 제 필요에 의해서 부릴 수 있게 하는 것, 그런 게 독서교육이 아닐까.

자, 준비는 되었다. 아이들을 데리고 밭으로 만들 우리 반 터로 갔다. 교실 밖으로 나가는 것만으로 아이들은 신난다. 며칠 동안 밭으로 꾸밀 빈터에서 돌멩이, 쓰레기, 잡동사니 같은 것들을 정리하고 골라냈다. 그리고는 묵은 흙을 파헤쳐 뒤집은 다음 삽으로 으깨서 골고루 섞었다. 몇 번을 그렇게 반복했다. 땅의 힘 그대로 키우겠다고 비료도 주지 않았다. 그리고는 다음 날, 한 명 한 명 아이들에게 제 몫의 상추씨를 나눠 줬다. 상추씨는 그냥 뿌리기만 하면 된다는 걸 모르고 무작정 밭에 고랑을 팠다. 그리고 아이들마다 제 몫의 상추씨를 몇 개씩 고랑 사이에 묻고 흙으로 도닥도닥 덮어 줬다. 그 옆쪽 두 고랑에는 열무를 심었다. 그리고 물을 떠다 흠뻑 주었다. 작게 텃밭을 일군다는 말이 학부모님들에게 들어갔는지 씨감자를 가져온 아이도 있어서 씨감자도 심었다. 백창우가 지은 노래 〈씨감자〉를 목청껏 불렀다. 감자 심는 방법을 흥미롭게 자세히 노래로 가르쳐 주니 이렇게 좋을 수가 있을까. 안성맞춤이었다.

두 명씩 날마다 돌아가면서 물을 주고 농사일지를 썼다. 하지만 첫 농사라 체험 자체에 뜻을 크게 둬 농사(관찰)일지 쓰는 것을 소홀히했다. 그랬더니 귀한 체험을 그냥 흘려보내고 말았다. 지금 생각해도 아쉬운 대목이다. 체험 자체가 중요한 건 사실이지만 그것을 갈무리하는 것도 못지않게 중요하다. 그렇게 쓴 농사일지를 문집에 담아내면 얼마나 좋았겠나. 그나마 정리된 것을 추려 우리 반 학급문집 《넘어져도 난 좋아》에 농사일지를 담았다.

4월 16일 (은빈, 현순, 은혜) 오늘 체육을 했는데 너무 더웠다. 여러 가지 싹이 났고 잡초도 많이 났다. 물을 떠서 주고 잡초를 뽑아 주었다. 새싹이 얼른 많이많이 돋았으면 좋겠다. 건강한 싹이 났으면 좋겠다.

4월 21일 (연정, 혜림, 은실) 매우 더웠다. 그때보다 싹이 무지하게 많이 났다. 물을 주고 잡초를 뽑아 주었다. 농사하는 건 쉬운지 알았는데 오늘 직접 해 보니깐 어렵고 너무 힘들었다. 재미있던 이은, 나한테 똥물이 엄청 묻었다. 그래서 우리는 푸하하 웃었다.

글쓰기 시간마다 쓸 게 없다는 아이들이 많다. 당연한 일이다. 학교로, 학원으로 그리고 컴퓨터 오락으로, 텔레비전으로 날마다 기계처럼 똑같은 삶을 사는 아이들에게 무슨 진정한 체험이 있어서 쓸 거리가 나올까. 좋은 글, 가치 있는 글은 소중한 체험에서 나온다. 제 몸을 놀려서 일하는 것보다 소중한 체험이 또 있을까. 작은 땅에라도 텃밭을 가꾸어 보면 노동하는 삶이란 얼마나 고되고 힘든지, 우리

밥상에 올라오는 농산물들이 얼마나 소중한 것인지 잔소리 없이 깨닫게 해 준다.

상추가 자라서 따 먹을 만해졌을 때, 상추잔치를 열었다. 교실에서 그런 잔치를 했다가는 당장에 야단이 나기 때문에, 방과 후 다섯 시에 사택 안에 모여 잔치를 열었다. 모둠끼리 버너, 프라이팬, 쌈장, 삼겹살 같은 것들을 준비하고, 선생님도 몇 분 초대했다. 이날은 비가 엄청 쏟아졌지만, 잔치를 미루지 않고 강행했다. 모둠끼리 우산 쓰고 밭에 나가 상추를 제 먹을 만큼 땄다. 오종종 쭈그려 앉아 상추 따는 모습이 얼마나 예뻤는지 모른다. 따 온 상추는 화장실에서, 부엌에서 되는 대로 씻었다. 그리고는 사택 안으로 들어와 방 구석구석 모둠끼리 둘러앉아 삼겹살을 구워 먹기 시작했다. 집안은 고기 냄새로 자욱하고, 비는 쏟아지고 방안은 엉망진창이 된 한바탕의 소동이었지만 수확의 기쁨을 누리기에 충분히 유쾌한 잔치였다. 아이들은 이날을 이렇게 기억하고 있다.

선생님 사택에서 고기를 구워 먹는 날이다. 정말 좋은 날, 즐거운 날이다. 나는 목삼겹살을 들고 선생님 사택으로 왔다. 애들은 거의 없었다. 드디어 친구들이 거의 다 모였다. 고기를 구워 먹기 시작하였다. 손대한은 김치를 가져와서 김치와 같이 쌈을 싸서 먹었다. 물론 우리 모둠 친구들도 먹었다. 목삼겹살에 뜨거운 밥을 넣고 김치를 싸서 먹으니까 맛도 끝내 주게 맛있었다.

(6월 29일 이기복)

잔치가 끝나고 대부분의 아이들이 돌아갔지만, 해리와 해니, 혜숙, 민정이가 남아서 그 난장판을 꼼꼼하게 청소까지 하고 갔다. 노동의 기쁨을 알게 된 것일까? 시키지도 않았는데, 열심히 쓸고 닦았다. 40여 명의 아이들이 상추로 고기를 배부르게 싸 먹었는데도 텃밭에는 아직도 상추가 많이 남아 있다. 그걸 보더니 해리가 그런다. "선생님 이거 집에 좀 가져가도 되지요? 엄마, 아빠한테 내가 길렀다고 보여 드릴라구요." 그래라 했더니 아이들마다 제가 기른 상추를 비닐봉투에 한 움큼씩 집어 넣는다. 제 스스로 기른 것의 의미를 이보다 더 잘 가르칠 수 있을까.

색종이로 꾸미는 개성 만점 띠벽지

자료 제공 · 김혜신 | 경기 수원 고색초 교사

세상에서 단 하나뿐인 개성 만점 띠벽지로 교실을 꾸며 볼까? 뚝딱뚝딱, 색종이를 접고 오리고 붙이면 멋진 작품이 나온다. 어떤 색이 더 어울릴까, 어떤 모양이 좋을까 고민해 만든 작품에 아이들 어깨도 절로 으쓱해진다.

저학년 아이들이라면 사진에 담은 것처럼 간단하게 할 수 있지만, 조금 시시하다 싶으면 접는 횟수를 늘려 조금 더 복잡한 도형에 도전해 보자. 세상에 단 하나뿐인 나만의 조각들을 이으면 훌륭한 띠벽지로 교실을 단장할 수 있다.

준비물 : 양면 색종이, 투명 테이프, 가위, 풀

1. 양면 색종이를 두 번 접어 네 조각으로 나눈다. 고학년이라면 세 번, 네 번 접어 여러 조각으로 나눌 수 있다.

2. 색깔을 생각해 가며 작은 조각으로 나누어진 색종이를 원하는 모양대로 접는다. 접은 부분이 들뜨지 않게 풀로 붙인다.

3. 접어 놓은 조각과 어울리는 색깔의 바탕 색종이를 골라 4등분으로 접고 각 부분마다 준비해 놓은 조각을 붙인다. 규칙적으로 붙여서 안정적인 모양을 만들 수도 있고, 조금씩 변화시키며 역동적인 모양을 만들 수도 있다.

4. 아이들마다 개성 있는 작품 완성! 이렇게 모인 작품으로 교실을 꾸며 볼까?

5. 작품으로 교실을 꾸밀 땐 뒷면에 투명 테이프를 둥글게 말아 붙인다. 양면 테이프를 사용하면 더 편하겠지만 나중에 떼어 낼 때 페인트칠이 벗겨질 수 있다.

따가운 햇볕,
예쁜 유리창으로 살짝 반겨요

자료 제공 · 최진선 | 대구 대천초 교사

두 가지 예쁜 유리창 꾸미기 활동을 소개한다. 첫 번째 '투명 비닐을 이용한 창문 꾸미기'는 모둠활동으로 진행한다. 창문이 열릴 때 두 창문이 포개지면서 하나의 그림이 완성되는 '요술 그림' 만들기이다. 아이들의 상상력과 창의력을 길러 줄 수 있다. 두 번째 '한지를 이용한 창문 꾸미기'는 개인활동으로 진행한다. 여러 가지 색깔의 예쁜 한지를 이용해 창문의 햇볕을 한결 부드럽게 음미할 수 있다.

투명 비닐에 요술 그림을~

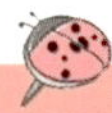

이 미술활동의 중심은 협동이다. 그리고 두 개의 비닐이 포개졌을 때 완전한 그림이 완성된다는 것을 감안해 그림을 그리기 전에 전체적인 구도를 잘 파악해야 한다. 따라서 아이들은 각자가 맡은 부분의 역할을 잘 이해한 뒤 활동해야 한다. 한쪽 비닐에 중심적으로 그려 넣을 것이 무엇인지 다른 한쪽 비닐에는 무엇을 배치해야 하는지 먼저 결정을 한 뒤, 전체 작품을 구성하는 여러 가지 그림들을 각자 나누어 맡는다. 여기에서는 '바다 속 용궁'을 꾸며 보기로 하자.

준비물 : 투명 비닐, 유성 매직, 색종이(필요에 따라 시트지도 이용한다.), 여러 가지 모양의 스티커, 연습장, 연필, 가위, 딱풀

그려 본다. 똑같은 크기의 두 영역에 각각 나누어 그린다. 용궁같이 덩치가 큰 그림과 바다 위의 고기잡이배는 한쪽 면에 배치하고, 바다에 사는 여러 가지 고기들과 자라의 꾐에 꼬여 용궁으로 향하는 토끼는 다른 한쪽 면에 배치했다. 기본적인 배경이 되는 물결과 바다 밑바닥 등은 양쪽 면에 똑같이 그려 넣는다.

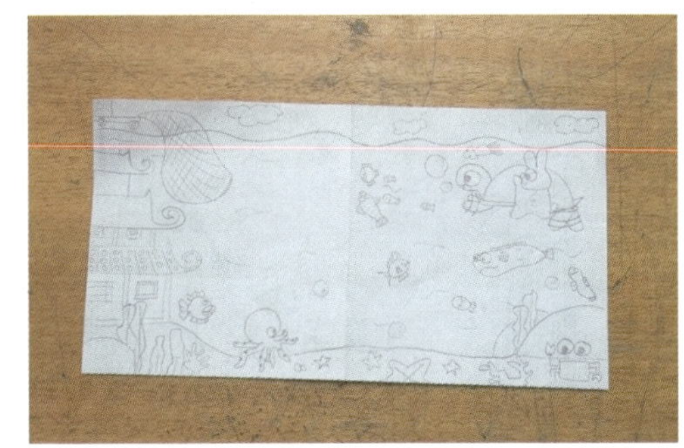

1. 주제 회의하기. 모둠 아이들끼리 토론해서 그림의 주제를 선택한다. 이때 비슷한 그림이 그려져 있는 여러 가지 그림 동화책을 참고하면 좋다.

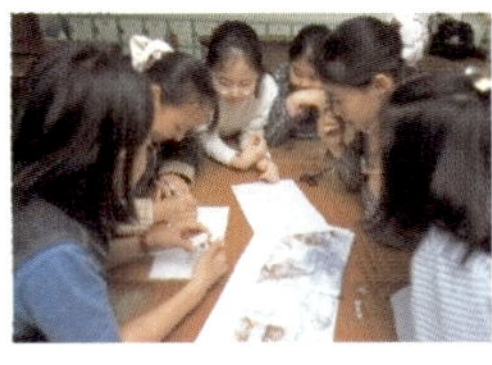

2. 밑그림 그리기. 토론에서 정한 그림의 밑그림을 연습장에

3. 교실 창문에 투명 비닐을 대고 창문 크기를 본떠 유성 매직으로 그린다.

4. 창문 크기를 본뜬 비닐을 새 비닐에 겹쳐 오려 똑같은 크기의 비닐을 두 장 준비한다.

5. 바다 속 장면 만들기. 아이들이 각자 맡은 부분의 그림들을 그리거나 만든다. 용궁을 맡은 사람은 색종이를 이용해 멋진 용궁을 만들고 물고기를 맡은 사람은 그림책을 참고하면서 여러 가지 물고기를 만든다. 그리고 자라와 토끼, 바다 속 바위와 미역 등 자기가 맡은 부분을 그린다. 이때 색종이뿐 아니라 매직, 시트지, 다양한 모양의 스티커 등을 이용한다.

6. 바다 속 장면 만들기가 완성되면 미리 오려 둔 비닐에 대충 올려놓고 전체적인 구도를 잡는다. 이때 밑그림을 포갰을 때 연출되는 장면을 중심으로 구도를 잡는다.

7. 구도를 잡은 뒤 크기가 큰 것부터 붙이기 시작한다. 먼저 시트지를 이용해 양쪽 비닐에 똑같이 바다 속 땅을 붙인다. 시트지는 오린 후 바로 붙일 수 있기 때문에 간편하다. 값이 비싸기 때문에 꼭 이용할 필요는 없다.

8. 두 장의 비닐을 포개 놓은 상태에서 밑그림을 참고하며 아래 위 비닐에 번갈아 그림들을 붙인다. 딱풀을 이용해 붙이면 되는데, 빈틈이 생기지 않게 풀칠을 해야 잘 떨어지지 않는다.

9. 유성 매직을 사용해 바다의 물결과 고기잡이배의 그물을 매직으로 그려 넣는다.

10. 그물에 잡힌 고기들을 표현하기 위해 한쪽 비닐에는 그물을, 다른 비닐의 똑같은 위치에는 잡혀 있는 고기들을 붙인다.

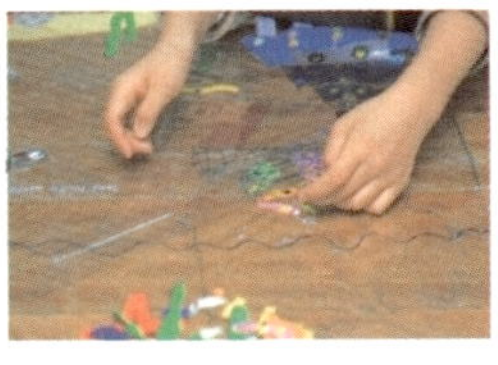

11. 완성된 비닐 그림을 창문 양쪽에 붙인다. 투명 테이프를 이용해 비닐이 들뜨지 않게 붙인다.

12. 창문을 닫았을 때와 열었을 때의 모습. 창문을 열면 두 개의 그림이 포개지면서 하나의 그림이 완성된다.

이 활동은 개인활동으로 진행할 수 있다. 종이에 바탕그림을 그려 칼로 파내는 과정이기 때문에 만들기에 앞서 그림의 선에 대한 사전지도가 필요하다. 색 한지를 붙이는 부분과 그림의 기본 틀을 이루는 선의 관계를 잘 설명해 주어야 한다.

준비물 : 검은색 도화지, 색 한지, 자, 연필, 칼, 지우개, 가위, 풀

1. 알맞은 크기로 자른 검은색 도화지에 1cm의 테두리를 그린다.

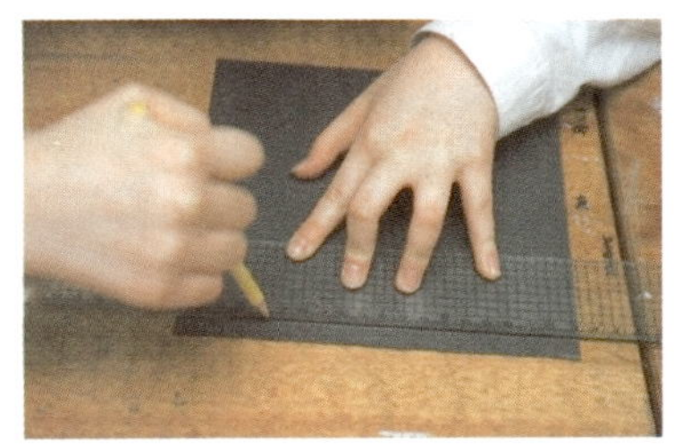

2. 미리 그려 놓은 자신만의 캐릭터 밑그림을 검은색 도화지에 옮겨 그린다. 칼로 파내야 하는 부분을 고려해야 하므로 한 줄로 그려진 밑그림을 참고하며 두 줄로 그림을 표현해 낸다. 이때 되도록 연결선이 끊어지지 않게 하고 부득이 연결할 수 없는 부분은 칼로 파낼 때 잘 간수하였다가 마지막에 그 부분에 붙이도록 한다.

3. 그림이 완성되면 기본 뼈대 선을 제외한 부분을 칼로 파낸다.

 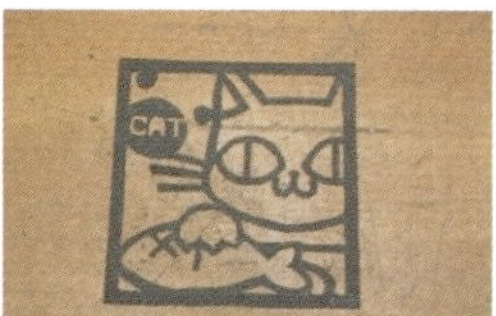

4. 칼로 다 파낸 그림틀에 다양한 색깔의 한지를 대고 본을 뜬다. 공간마다 전체적인 색의 조화를 생각하며 본을 뜬다.

 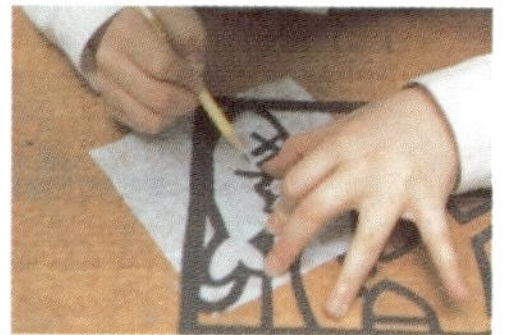

5. 본을 다 뜬 한지를 오린다. 이때 그린 선보다 약간 더 크게 오려야 풀칠을 해 붙일 수가 있다.

 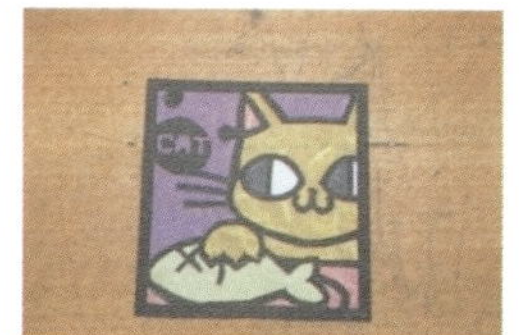

6. 햇빛이 드는 창문에 붙여 놓으면 예쁜 창문을 꾸밀 수 있다. 실물화상기를 이용해 아이들과 함께 완성된 작품들을 감상하는 시간을 가져도 좋다.

내일은 누구 어머님이
오실까?

IV

만나기

01

학부모 첫 만남

가정은 학교에 우선하는 일차적인 학교이며,

부모는 교사에 우선하는 교사입니다.

그간 잘못 세워진 교육열 때문에

학부모의 교육 참여를 두고 은근히 걱정하는 분들도 있습니다만,

학교교육이 가정교육과 조화를 이룰 때,

아이들을 돕고 키우는 바른 길을 찾을 수 있습니다.

먼저 기꺼이 학부모를 맞이하고,

교실 문턱을 낮추는 일이 교사의 몫입니다.

학교운영위원회로 물꼬를 튼 학부모의 교육 참여는 이제 방과 후 수업이나 상담 영역까지 넓어지면서 그동안 권한 없는 '구경꾼'으로 머물던 모습에서 벗어나고 있다. 이러한 추세는 학부모가 교육의 한 축을 담당하는 주체로서 교사, 지역인사와 함께 학교운영의 의제를 발의하고 심의하면서, 그 방향을 바로잡는 역할을 하게 되었다는 점에서 매우 긍정적이다. 그러나 입지가 강화되고 있음에도 학교와 학부모를 잇는 통로는 여전히 좁고 제한되어 있다. 학교운영위원회에 학부모가 참여한다고는 하지만 그 수는 매우 제한적이고, 전체 학부모의 다양한 의견을 수렴할 수 있는 일상적인 교육 공간으로 자리 잡기에는 여전히 그 바탕이 열악하기 때문이다. 학부모들이 '교육'에 참여한다는 의식을 가지기 위해서는 결국 아이의 담임교사와의 소통이 필수적이다. 하지만 많은 학부모들은 여전히 교실 문턱을 넘기 힘들어한다. '아이를 맡긴 입장'에서 뭐 하나라도 드려야 하는 것은 아닌지, 아이가 학급임원도 아닌데 굳이 가서 할 일이 있을지, 아이를 가르치는 것은 교사인데 이 말 저 말 늘어놓는 것은 주제넘은 짓은 아닌지, 재고 넘고 할 것이 너무 많기 때문이다. 이런 학부모에게 먼저 말을 걸고 교육의 장으로 초대하는 것은 결국 담임교사의 몫이다.

많은 교사들이 경험하는 것이겠지만, 초등학교 아이들의 교육에 가장 큰 영향을 끼치는 것은 가정이다. 교사가 열을 올리는 학급행사도 학부모들의 도움이 있을 때 효과가 배가된다. 무너진 가정 때문에 엇나가는 아이 문제로 씨름해 본 경험은 어느 교사나 가지고 있을 터, 그만큼 학부모의 영향력은 크고도 위력적이다.

올바른 교육철학을 바탕으로 훌륭한 프로그램으로 무장하여 학급운영을 해 나가는 교사라 해도 학부모를 우군으로 끌어들이지 못하면 절반의 성공에 그칠 수밖에 없다. 아이들을 만나듯, 스스럼없이 학부모를 만나자. 학급조직을 이끌 듯 학부모모임을 만들고 꾸준히 이어 나가 학급운영의 지원자로 삼아 보자. 담임의 어깨가 한결 가벼워질 것이다.

학부모 첫 만남 준비하기

첫인상은 관계를 맺는 데 매우 중요한 역할을 한다. 학부모총회는 교사와 학부모가 첫인상을 주고받는 중요한 날이다. 학부모는 어떤 교사를 만날지 교사는 어떤 학부모들을 만날지 설레게 마련이다. 그러나 많은 교사들이 학부모총회를 부담스러워하고 어떤 말을 어떻게 해야 할지 몰라 한다. 그래서 간단하게 인사하고 학교에서 정해 준 대로 임원만 선출하고 마는 형식적인 자리가 되기도 한다. 학부모 역시 학부모총회를 담임교사가 어떤 사람인지 얼굴 정도 보고, 임원이나 뽑는 자리쯤으로 치부해 버리기도 한다.

그러나 학부모총회는 담임의 교육관과 교과지도와 생활지도, 그리고 학급운영 방식에 대해 이해를 구하고 도움을 얻기 위한 기초조사를 하는 훌륭한 자리가 될 수 있다. 학부모가 교사의 교육관을 이해하고 적극적으로 지지해 준다면 아이들과의 만남 또한 훨씬 활력이 넘칠 것이다. 아무런 준비 없이 학부모를 만나 이름 석 자 주고받고 얼굴 익히기만 할 것이 아니라 만남의 기회를 충분히 활용할 수 있는 지혜를 생각해 보자.

안내장 보내기

학부모총회는 3월 중순이나 되어야 열리기 때문에 총회 이전에 학부모의 관심과 호응을 이끌어 낼 수 있는 준비가 가능하다. 첫 학부모총회를 개최할 때 대부분 학교에서 가정통신문을 보내긴 하지만, 전체 학부모를 대상으로 하기 때문에 개별 학부모들의 적극적인 관심과 호응을 이끌어 내기 어렵다. 학교에서 보내는 통신문에 덧붙여 담임이 따로 안내장을 보내는 준비 작업이 필요하다. 아무래도 학부모들에게는 담임의 직접적인 호소가 설득력이 있다.

학년 초에 학부모에게 담임 통신문을 보내지 않은 경우라면, 이때 학부모회의 참뜻을 알리고 담임 인사와 소개, 일 년 학급활동 계획, 담임의 교육관을 소개하는 것이 좋다. 담임에 대한 충실한 소개가 곁들여진 안내장은 학부모들의 참여 의욕을 불러일으키고 관심을 이끌어 낼 수 있다. 맞벌이 부부가 많아졌기 때문에 무리한 참여를 유도할 수는 없지만, 학부모총회에서 어떤 이야기들이 논의될지 쪽지 형식으로라도 간단하게 내용을 정리하여 보내도록 한다. 참석하지 못해서 정보를 놓치는 일을 막을 수 있고, 또 첫 모임에 참석하지 못했더라도 다음에 좀 더 편한 마음으로 학교를 찾을 수 있을 것이다.

특히, 학부모통신에는 촌지나 선물에 대한 교사의 입장을 명확하게 밝히는 것이 좋다. 대부분의 교사가 촌지나 선물을 받지 않고 있지만, 불필요한 학부모의 오해를 없애고 교사에 대한 신뢰를 심어 주기 위해서는 처음부터 교사가 입장을 명확히 밝히는 것이 필요하다. 학부모들이 교사를 만나러 갈 때 혹은 새로 만나는 담임교사를 평가할 때 촌지를 받는지 안 받는지를 따지는 것도 현실이기 때문이다. 촌지나 선물로부터 자유롭다는 것을 확인했을 때 학부모들은 일단 안심하게 된다.

예시 **학부모총회 담임 안내장**

얼굴 뵙고 싶습니다

안녕하십니까?

아이들이 ◦학년 들어 매우 힘들어하지 않던가요? 해마다 아이들에겐 새로운 선생님에게 적응하느라 시간을 보내다가 나름대로 정이 들 만큼 들고 나면 헤어져야 하는 일이 되풀이됩니다. 지금 ◦학년 생활에 적응하는 일도 아이들에게는 낯설기만 할 것입니다. 부모님께서도 그러시리라 생각합니다. 저 또한 아이들과 새롭게 호흡 맞추느라 조금은 헉헉대고 있습니다. 그 숨결이 좀 더 여유로워지고, 아이들 한 명 한 명에 대한 진한 감동이 마음에 새겨질 즈음이면 아마도 헤어질 때가 될 것입니다. 지내 놓고 보면 일 년은 얼마나 짧은 시간입니까?

'언제 선생님 얼굴이나 한번 봐야지.' 생각하면서도 '어, 어' 하는 사이 일 년이 다 지나가 버립니다. 내 아이를 가르치고 있는 선생님 얼굴도 모르고 매일 알림장으로만 만나려고 하시는 것은 아니겠지요?

학부모총회가 ◦월 ◦일에 있습니다. 새 학년을 맞아 처음 있는 우리 반의 큰 행사입니다. 부모님들을 한자리에 모실 기회가 어디 흔하겠습니까. 저는 학부모총회를 무척이나 소중하게 생각하고 있습니다. 부모님을 만나 글로 다 하지 못한 이야기를 한 보따리 풀어 놓으려고 합니다. 꼭 오십시오. 애타게 부모님을 기다립니다.

학부모총회는 부모님과 함께 아이들 교육에 대해 서로 이야기 나눌 수 있는 시간입니다. 교육에 왕도가 없다고 했듯이 아이들 가르치는 데 저의 교육관이 꼭 옳은 것도 아니며, 부모님들 각자가 원하는 교육방법을 교실에 다 적용할 수도 없습니다. 서로 이야기를 주고받으면서 공통분모를 찾아내는 일이 중요합니다.

꼭 오셔서 힘이 되어 주십시오. 함께 아이들을 위해 고민해 주시기 바랍니다.

○ ○ ○ ○년 3월 ○일 ○학년 ○반

담임 ○ ○ ○ 드림

학부모총회를 하기 전에 설문지로[1권 284쪽 참고] 학부모들이 하고 싶어하는 이야기를 미리 들어 보는 것이 좋다. 학부모들이 구체적으로 학교나 학급에 대해 무엇을 궁금해하는지, 아이들에 대해 어떤 점을 상의하고 싶은지 등을 미리 파악해서 이야기의 흐름을 잡아 가면 한결 깊이 있는 논의를 할 수 있다. 학부모통신을 보낼 때, 설문지도 함께 챙겨서 보내면 된다. 학부모들에게는 말로 하는 것보다 글로 쓰는 것이 상대적으로 덜 부담스러울 수 있다. 일주일 정도 여유를 두고 설문지를 돌린 뒤 학부모총회 전에 걷어 분석을 해 보면 좋다. 참석하지 못하는 학부모들의 의견도 들을 수 있어 효과적이다.

설문지와 함께 회의 날 학부모와 함께 볼 자료를 준비한다. 자료라고 해서 거창하게 생각할 필요는 없다. 학년 초인 만큼, 담임교사의 교육관과 학년 아이들의 발달 특징, 교과지도나 학급운영에 대한 간단한 안내 등을 정리하면 된다. 필요하다면 일기쓰기 지도 방법이나 독서지도 방법, 권장 도서 목록이나 학급 주소록 등도 자료집에 첨부하면 되겠다. 직장 때문에 혹은 다른 사정으로 총회에 나오지 못하는 학부모를 위해서 총회 자료를 아이들 편에 보내 주는 배려를 한다면 더더욱 좋겠다.

짧은 시간이지만, 학급을 이끄는 담임으로서 어떤 준비를 하고, 어떤 입장을 드러내느냐에 따라 학부모의 신뢰가 결정된다. 교사가 손수 만든 자료는 이후 학급 학부모회에 지속적으로 참여하게 할 수 있는 좋은 매개체가 된다.

학부모총회 진행하기

회의가 시작되기 전, 교사는 미리 칠판에 회의 순서를 적어 회의 안내를 하고, 처음 교실에 들어오는 학부모가 어디에 앉을지 몰라 주춤하지 않도록 자리 배치를 살피고, 소개를 위한 준비를 한다.

고학년으로 갈수록 서로 아는 사람이 많아져 학부모끼리도 안면이 있는 경우가 생기지만 대부분 총회 때 처음 얼굴을 마주하게 된다. 어느 학부모가 오실지 미리 조사를 해 두었다면 누구의 어머니(아버지)라는 이름표를 달고 회의에 임할 수 있도록 이름표를 준비한다.

또, 책상 배열이 모두 칠판을 향해 있으면 띄엄띄엄 앉아 앞만 바라보게 되어 가까운 사이가 아니면 말 붙이기도 쑥스럽다. 그런 점을 감안해서 모둠별로 자리를 만들고 이름표를 붙여 놓으면 서로 자연스럽게 이야기를 주고받을 수 있게 된다. 참가하는 학부모가 많으면 모둠을 알맞게 나누고 많지 않으면 둥글게 자리를 배치한다.

그 밖에 어색함을 풀고 부드러운 분위기를 만들기 위해 간단한 이야기를 준비하거나 악보를 복사해서 같이 노래를 불러 보는 것도 좋은 방법이다.(1권 290쪽 참고) 초대한 손님을 대접한다는 뜻에서 따뜻한 차를 준비해 놓는 것은 어떨까. 어딘지 모르게 어색하고 굳어 있는 분위기를 바꾸는 데 도움이 될 것이다.

진행 1 | 담임 인사

간단하게 경력을 소개한 뒤, 3월 한 달 동안 관찰한 아이들의 모습이나 인상을 곁들여 학급운영 방침을 설명한다. 원론이나 원칙을 지나치게 앞세우거나 담임으로서의 권위를 내세우는 것은 대화를 진행하는 데 큰 장애가 될 수 있으므로 주의한다. 분위기에 따라 학창 시절 경험이나 가정 이야기를 소재로, 함께 자녀를 키우는 사람으로서의 자연스러운 공감대를 형성하며 이야기를 이끄는 편이 훨씬 설득력이 있다. 뒤에 담임 이야기 시간이 따로 마련되어 있다면, 이름과 간단한 경력 소개만 하고 뒤에 차분히 진행할 수도 있다.

대부분의 학부모들은 아이들에 대해 상담을 하기 위해 학교에 오는 것을 무척이나 어려워한다. 어떤 학부모는 전화를 하는 것도 실례라는 생각을 하기도 한다. 그러나 학부모와의 의사소통은 신뢰의 기본일 뿐더러 아이들을 교육하는 데 소중한 정보가 된다. 언제든지 어떤 방법으로든지 이야기를 나눌 준비가 되어 있다는 사실을 알려 주자. 미리 명함을 준비해서 나누어 주는 것도 좋은 방법이다. 명함에는 주소, 집 전화번호, 휴대폰 번호, 이메일 주소, 홈페이지 주소 등을 담는다.

진행 2 | 학부모 소개

책상에 이름이 써 있지만 서로의 서먹서먹한 분위기를 없애기 위해 각자 스스로 자기 소개를 하도록 한다. 이때 담임은 임시 사회자가 되어 학부모들의 자기 소개를 돕고, 상황에 따라서는 학생의 특성을 간단하게 덧붙여 소개해 주며 학부모의 말문을 터 준다. 소개를 할 때는 'ㅇㅇㅇ 엄마, △△△입니다. 지난해에 몇 학년 몇 반이었습니다.' 라고 한다. 지난해 몇 반이었다는 것은 꼭 밝히지 않아도 상관없지만 같은 반이었던 어머니들은 어딘지 모르게 고향 사람 만난 듯한 느낌을 갖기 때문에 좀 더 분위기가 편해진다.

학교 전달 사항을 학교측에서 방송을 통해 교장 선생님이 하는 경우가 있다. 그럴 경우에는 생략해도 되지만, 담임교사가 직접 해야 할 때는 교사의 주관적인 판단에 따르지 말고 학교에서 행정적으로 혹은 교육적으로 중점을 두고 있는 사항이 무엇인지 그대로 전달하도록 한다. 학교의 교육방침과 담임교사의 교육방침이 다르더라도 학교 입장을 가감 없이 전달하는 게 중요하다. 유인물이 있다면 유인물로 대체해도 괜찮다. 다만, 유인물을 한 번 읽고 나서 질문할 시간을 주는 것이 좋다.

일 년 동안 교사가 학급운영을 하는 데 있어서 가장 중요하다고 생각하는 것 몇 가지를 간단하게 설명할 필요가 있다. 학부모들에게는 마음의 준비를 할 수 있는 기회가 될 것이며, 교사에게는 자신의 학급운영에 대해 동의를 얻어 내는 자리가 될 수도 있다. 특히 학부모들이 자칫 '교과와 관련 없는 활동인데 왜 저런 걸 하나?' 하는 의문을 가질 만한 학급운영을 준비하고 있다면 꼭 챙겨서 학부모총회 때 설명해야 한다.

아이들에 대해서 많은 학부모들이 가장 궁금해하는 것 가운데 하나가 담임이 어떤 생각을 가지고 아이를 가르치는가 하는 점이다. 특히, 아이들에 대한 차별과 편애 이야기는 늘 학부모들의 주요 관심사 가운데 하나이다. 이런 부분은 학부모총회 때부터 확실하게 밝히고 가는 것이 좋다. 교사는 그렇지 않다고 하는데도 학부모들은 '내 자식'에 대한 사랑으로 교사의 교육활동에서 빚어지는 아이들의 감정에 아주 민감하게 반응한다.

학부모총회에서 차별과 편애에 대한 교사의 생각을 여과 없이 전달하는 게 좋다. 교육활동에 대한 안내와 함께 아이들이 차별이나 편애라고 느낄 수 있는 대목이 있다면 미리 설명해 준다. 그리고 교사가 어떤 기준으로 상벌을 부과하는지, 공정성을 위해 교사가 어떤 노력을 기울이는지 등에 대해 설명할 필요가 있다.

요즘 학부모들은 학교보다 학원을 더 중시하는 경향이 있다. 학부모 입장에서 보면 먼 장래에 영향이 나타나는 학교교육에 대해서는 둔감할 수밖에 없다. 반면 지금 눈앞에 수치상으로 나타나는 학원 성적에 관심을 갖게 되기 때문에 학원을 더 믿고 의지하게 되는 것이다. 교사는 학부모총회 때 학부모들에게 학원교육과 학교교육의 차이점을 분명하게 설명할 수 있어야 하며, 교사가 수업을 진행할 때 어떤 것에 중점을 두는지에 대해서 이해할 수 있도록 설명해야 한다. 또, 밀도 있는 수업을 위해서 학부모가 무엇을 도와줘야 하는지에 대해서도 대화를 나누어야 한다.

그 밖에, 일 년 동안 교육 계획을 미리 세워 보고 학부모 명예교사가 필요할 경우에는 학부모총회에서 명예교사의 필요성과 활동 내용, 방법 등을 설명한 뒤 참여할 수 있는 학부모를 조사한다. 현장학습 도우미 교사나 문집 위원, 학급 체육대회 등 참여의 범위와 내용을 간단하게나마 소개하면 도움이 되겠다. 너무 부담스럽게 접근하는 것보다, 학부모 개인이 갖고 있는 특기를 아이들과 더불어 나눌 수 있는 기회임을 설명하고 담임교사와 함께 준비한다는 것을 명확히 하면 쉽게 참여를 끌어낼 수 있다.

 | **토론 시간**

어쩌면 다시는 없을지도 모르는 학부모총회를 교사의 이야기만 장황하게 늘어놓고 끝내 버리면 학부모들 입장에서는 하고 싶은 말을 하지 못하고 돌아간다고 생각할 수 있다. 담임교사가 이야기하는 시간을 조금 줄이더라도 학부모와 대화를 나누는 시간은 꼭 확보해야 한다. 오히려 이런 대화가 잘 이루어질 때 학교 차원이 아닌 '학급 학부모회'를 새롭게 준비할 기회가 될 수도 있다.

미리 설문지를 통해 파악한 내용을 바탕으로 토론 주제를 한두 가지 정해서 진행한 뒤에 자유 주제를 토론하면 좋다. 전체 문제로 거론되는 주제를 이야기하다 보면 자연스럽게 개개인의 문제가 소화될 수 있기 때문이다. 전체 문제는 우선 담임의 설명이 필요한 부분과 협의가 필요한 부분으로 나누어 진행한다.

개별 문제를 다룰 때, 교사가 모든 것을 다 상담해 주기보다는 일정 부분 다른 부모님에게 답을 구하는 방식으로 운용하면 좀 더 현실적인 대안을 모색할 수 있다. 비슷한 또래이기 때문에 개인의 문제가 곧 전체의 문제인 것이다.

 | **마무리**

토론이 어느 정도 진행되었다 싶으면 다음을 약속하는 것으로 마무리한다. 개인상담에 신경 쓰다 보면, 회의가 어느 특정 학부모에게 치우치거나 늘어질 수 있으므로 적당한 선에

서 마무리하는 것이 좋다. 특별히 개인상담을 요청하는 학부모가 있으면, 회의 뒤에 따로 하거나 다른 날을 정해 만나도록 한다.

회의를 마무리하면서 학급 학부모회에 대한 의사를 확인한다. 학급에서 자체적으로 학부모회를 운영한다면 참석할 의사가 있는지, 어떤 내용으로 진행하면 좋을지, 시기나 횟수는 어떻게 하면 좋을지 등을 협의한 뒤, 그 여부를 결정한다. 학부모들이 긍정적인 의사를 보이면, 구체적인 내용과 일정은 나중에 다시 학부모통신으로 알리겠다고 약속한다. 사전에 학부모총회를 위한 설문조사를 할 때 학급 학부모회 운영에 대한 의사를 묻고, 회의 안건으로 처리하는 방법도 있다.

🐰 학급 학부모회 꾸리기

학급 학부모회는 쉽게 말하면 아이들에 대한 이해와 성장을 돕기 위해 교사와 학부모, 학부모와 학부모들이 서로 대화를 통해 발전적인 대안을 모색하는, 일종의 '이야기 모임'이다. 모임이 정례화되고 발전되면 학교운영에도 참여할 수 있다. 모임이 지속적으로 이루어지려면 이러한 목적을 분명하게 해야 한다.

첫 학부모모임이 충실한 준비를 바탕으로 이루어진 경우라면 대부분 학부모들은 학급 학부모회 구성에 기꺼이 찬성한다. 혹, 구성 과정에서 '학급 학부모회'라는 공식적인 명칭 때문에 일반 학부모들이 참여를 부담스러워한다면 '학부모 이야기 마당'이라는 식으로 이름을 바꾸어, 자연스럽게 학부모들이 모여 이야기를 주고받는 모임이라는 성격을 내세워 참여를 유도한다.

학급 학부모회 구성에 합의하면 우선 연간 계획을 세워야 한다. 학급 학부모회의 생명은 교사가 얼마나 치밀하게 준비하고, 여유 있게 접근하느냐에 따라 좌우된다.

우선 설문조사를 통해 추려 낸 학부모들의 공동 관심사를 뼈대로 학급 학부모회 연간 계획을 세운다. 특히 미리 마련한 담임의 학급운영 계획서가 있다면 학부모와 함께할 지점을 살펴 교사의 학급운영과 학부모회의 활동이 조화를 이룰 수 있도록 계획한다.

학부모들은 대개 아이들의 학습태도와 자녀를 대하는 부모들의 바람직한 태도, 텔레비전시청, 컴퓨터 사용, 학원 수강, 학교생활, 친구 관계 지도 등에 많은 관심을 보인다. 이러한 주제를 다달이 하나씩 골라 꾸준히 모임을 꾸려 가다 보면 아이들의 교육을 공통분모로 한 공감대를 형성할 수 있다. 공감대를 바탕으로 할 때, 학급 학부모회는 바람직한 상설 조직으로 자리 잡게 된다. 자칫 학부모와 의사소통이 제대로 이루어지지 않아 서로의 교육 방침이 어긋나는 경우, 아이들은 상당한 혼란을 겪게 된다.

모임 횟수는 격월로 한 번 정도가 적당하다. 또한 학급 학부모회에서는 따로 '대표'의 역할을 하는 학부모를 두지 않는 것이 좋다. 모임의 주인은 참석하는 학부모 전체와 교사이기 때문에 대표가 만들어지면 오히려 어색하게 되고, 의무적이거나 강제성을 띠는 모임으로 변질되기 쉽다. 운영의 효율성을 고려해 만약에 대표를 두게 되더라도 학급 회장단 학부모가 무조건 학부모회의 대표가 되는 일은 피하도록 한다. 자칫하면 교사의 의도와 상관없이 학부모의 오해를 살 수도 있고, 또 학급 학부모회에 대한 학부모들의 자발성과 관심을 떨어뜨리게 된다.

언제 어디서 모임을 개최할 것인가에 대한 안내는 담임교사가 학부모통신을 통해 알려 주는 형식을 취한다. 모임 장소는 교실이 가장 좋다.

학부모들은 아이들이 꾸며 놓은 게시판이나 자녀들의 생활 흔적이 남아 있는 교실에 친근감을 갖고 있다. 음식점이나 가정에서 개최하는 방법도 있지만, 분위기가 산만해지고, 경제적인 부담이 만만치 않으므로 되도록 피하는 것이 좋다. 교실에서 정식으로 개최하는 이야기 모임 외에 부담이 가지 않는 범위 안에서 산행이나, 문화활동 등을 곁들이는 방법도 생각해 볼 만하다.

| 예시 | 학급 학부모회 월별 활동 |

월	주제
3월	학부모총회
4월	담임의 일 년 지도 계획 안내
	토의 주제 : 학습지도와 학습태도
5월	학급행사 계획
	토의 주제 : 아이들 상담과 생활지도
6월	학급 학부모회 중간 평가
	토의 주제 : 학부모의 학교 참여의 의미와 방법
7월	여름방학 계획과 생활지도
9월	가을 운동회
	토의 주제 : 책읽기 지도
10월	학예발표회 · 학급행사
	토의 주제 : 친구 관계 돕기
11월	총괄 평가
	토의 주제 : 아이들의 적성과 흥미 지도
12월	겨울방학 계획과 생활지도
2월	평가와 소감 나누기

글쓴이 · 도움 주신 분들

박종호 | 서울 배영초 교사 · 신명기 | 서울 영훈초 교사 · 이현미 | 인천 승학초 교사

학교에 첫발을 내딛는 아이들이 학교생활에 잘 적응하기 위해서는 교사의 '친절'이 제일 첫 번째 요소이다. 그 친절은 1학년 학부모에게도 똑같이 필요하다. 특히 첫 아이를 학교에 보낸 학부모는 자녀와 마찬가지로 학교생활에 대해 모든 게 새로운 초보 학부모이다. 이런 점을 감안해 학교 학급운영에 대해 세세하고 친절하게 안내해 준다면 이미 성인인 학부모가 '1학년 아이처럼' 되는 일은 없을 것이다.

1학년 초보 학부모 만나기

박종호 | 서울 배영초 교사 · 신명기 | 서울 영훈초 교사

입학식 날은 단정한 차림과 웃는 얼굴로 1학년 입학식 날은 아이들과 가족까지 합하면 족히 50명도 넘는 낯선 얼굴과 첫 대면을 하는 자리이다. 어느 학년을 맡든 첫날은 좀 긴장이 되긴 하지만, 이제 막 학부모가 된 부모님들까지 생각하면 1학년은 한층 더 신경이 쓰인다. 담임에 대한 첫인상은 쉽게 변하지 않는다. 겉으로 보이는 차림새가 내면을 다 보여 줄 수는 없지만 단정하고 정성스러운 몸가짐은 보는 이에게 알게 모르게 신뢰감을 준다. 밝은 표정으로 입학식을 안내하며, 식이 끝나고 집으로 돌아가는 시간에 놓치지 말고 꼭 "만나서 반갑습니다." 같은 짧은 인사라도 한마디 건네는 것이 좋다.

교사와 학부모의 거리를 좁히기 위한 마음 전하기 집으로 돌아가는 학부모들의 마음은 어떨까? 환하게 웃는 담임의 얼굴을 보고 일단 안심했다가도 돌아가면서 이런저런 생각을 하게 마련이다. 우리 선생님은 정말 모든 아이들을 다 고루 잘 보살펴 주시는 분일까? 촌지는 받으실까 안 받으실까? 우리 아이가 학교에 정말 잘 적응할 수 있을까? 아이를 맡긴 학부모 입장에서는 담임교사에 대한 불안한 우려를 쉽게 떨칠 수가 없다. 이런 학부모들을 위해 입학식 날 집에 돌아가 학부모들에게 말로 못한 이야기를 편지로 건네 보자.^(1권 286쪽 참고) 입학식을 준비하면서 느낀 생각, 첫날을 보낸 소감 등 처음으로 학부모가 된 1학년 가족들과 나눌 수 있는 이야기를 담으면 된다. 학기 중에 의례적으로 보내는 학부모통신 사이사이에 이런 마음을 전할 수 있는 편지를 덧붙이는 것도 좋은 방법이다. 1학년 학부모는 학교생활에서는 아직 초보다. 교사가 신경 쓰고 이끄는 만큼 학부모와의 사이를 좁힐 수 있다.

학부모 총회, 친절한 설명으로 학교생활 안내하기 1학년 학부모들은 다른 학년 학부모에 비해 욕심이 많다. 긴 학령기의 첫발을 내딛은 자녀가 학교생활의 첫 단추를 잘 꿰어 가기를 바라는 마음이 크기 때문이다. 그러다 보니 이것저것 아이에 대해 간섭도 많이 하고, 학교에서 뭔가 필요하다고 하면 '최고'를 마련하기 위해 애쓴다. 특히, 학습 준비물을 보면 학부모들의 이런 마음이 눈에 띈다.

또, 학교교육이나 교사에 대한 그릇된 정보를 갖고 오해를 하는 일이 많은 것이 1학년 학부모이다. 교사가 정확하게 말해 주지 않으면 소문은 늘 더 부풀려지고 학부모들은 뒤에서만 불안해하며 교사에게 어떻게 해야 하는지 몰라 망설인다.

공식적으로 학부모를 만나는 자리인 학부모총회 때, 학급운영에 대한 자세한 안내는 물론이고 교사의 교육관이나 학급에서 오해를 할 만한 사건들에 대해 충분히 이해할 수 있도록 밝혀 주자.

통보가 아니라 상의해서 학부모 참여 이끌기 1학년은 학부모들에게 청소와 급식 도움을 받는 경우가 많은데, 이 점은 쉽게 생각할 일만은 아니다. 학부모의 교실 참여라는 취지도 있지만 편의성을 앞세운 학부모 동원이라는 인상을 줄 수도 있기 때문이다. 청소와 급식뿐만 아니라 학부모의 도움이 필요한 일이 있으면 꼭 학부모통신을 이용해 '통보'가 아닌 학부모의 '참여와 이해'를 구해야 한다. 그리고 가능하다면 '의견 수렴'의 과정을 거치도록 한다.

학교운영이나 학급운영에 불만을 느끼는 학부모들에게 이유를 들어 보면, 대부분 기본적인 '안내 부족'과 교장이나 교사의 '일방통행식 의사 결정'을 지적한다. 학부모에게 친절하게 안내하고 의견을 들어 손해 보는 일은 없다. 오히려 더 좋은 안이 나오기도 하고 도움

실제로 1학년 아이들이 교실 청소를 하고 배식을 하는 것은 불가능하다. 청소의 경우, 최소한 1학기 정도는 누구에게든 도움을 얻어야 한다. 학교에 따라 다르지만 청소는 주로 고학년이 해 주거나 학부모 도움을 받는다. 드물게 교사가 직접 하는 경우도 있지만 매일 같이 교사 혼자서 교실 정리를 하는 건 어렵다.

배식도 학교 식당이 따로 없고 교실에서 급식을 한다면, 일 년 내내 누군가의 도움을 얻어야 한다. 급식은 고학년 도움보다는 대부분 학부모 도움으로 한다. 그러나 근본적으로 이 문제는 학교 예산으로 감당해야 할 몫이다. 실제 몇몇 학교에서는 학교 예산에서 급식 도우미 어머니들에게 수고비를 계산해 지불하고 있다. 학교의 정식 예산에서 지원받을 수 있도록 노력하는 일이 필요하다.

생각해 봅시다

을 받을 수도 있다.

청소 급식 도우미를 운영할 때도 학교 차원에서 할 의견 수렴 과정과 교사가 해야 할 의견 수렴 과정이 있을 것이다. 예를 들어 청소의 경우, 교사는 먼저 1학년 교실에 청소 도우미가 필요한 이유와 시간이 얼마나 걸릴지 등 학부모의 이해를 구할 수 있는 안내를 반드시 준비해야 한다.[1권 288쪽 참고] 말로 하는 것과 '글'을 통해 하는 것은 다르다. 되도록 정식 학부모통신을 이용해서 안내하고, 만약 학년 전체가 같은 계획을 세우는 것이 가능하다면 학교장 이름으로 보내는 것이 좋다.

도움을 받되 교사의 역할을 놓치지 않도록 학부모가 매일 교실에 와서 도우미로 일하는 것은 학부모나 교사 모두에게 그리 편한 일만은 아니다. 어떤 교사들은 마음이 불편해서 점심 식사가 끝나면 자리를 피했다가 청소가 끝날 때쯤 교실로 돌아온다. 또 어떤 교사들은 학부모들과 함께 청소를 하기도 하는데, 어떤 경우든 교사에게 곤란하긴 마찬가지이다. 학부모들도 내 일처럼 교실에 와서 도움을 주긴 하지만, 가끔은 교사의 따뜻한 말 한마디와 함께하는 모습을 원한다. 그 정도는 아이들을 가르치는 교사의 몫이어야 한다. 때로 시간이 허락하면 상담도 하고, 같이 손에 물 묻히며 청소도 하고, 바쁜 날은 업무를 보면서 상황에 따라 교사의 역할을 분명하게 한다. 그런 모든 상황에 대해 미리 이해를 구하는 것만 놓치지 않으면 된다.

자리 배치에도 분명한 원칙이 필요 짝이나 모둠, 1인 1역 등을 어떻게 구성하고 활용하느냐에 따라 학급의 분위기가 많이 달라진다. 저학년 학부모들은 짝이나 모둠 구성에 대해 신경을 많이 쓴다. 왜 그렇게 조직했는지, 언제까지 그 조직을 유지하고 바꿀 것인지도 꼭 알려 주는 것이 좋다. 가능하면 짝이나 모둠 구성 뒤 일주일 정도 아이들의 반응을 살펴 확정하도록 한다. 이 기간에 학부모의 의견도 들어 봐서 반영할 부분이 있다면 반영하고, 설득할 부분이 있다면 설득해야 한다.

농어촌 지역
학부모 만나기

임덕연 | 경기 여주 상품초 교사

학부모를 만나는 것은 단순히 쉽게 학생을 파악하기 위해서가 아니라 교사의 학급 교육과 정 자체를 학부모와 함께해야 하기 때문이다. 학부모와 긴밀히 소통하기 위해서는 우선 아이들이 사는 '지역' 을 알아야 한다. 지역을 모르면 학교와 교실에 갇히는 교육과정이 되거나 삶과 동떨어진 가르침이 될 수 있다. 학부모를 비롯한 지역의 인적·자연적 환경을 교육자료로 적극 활용해야 한다.

학교가 있는 지역을 둘러보자

농어촌 학교는 보통 다섯 개 정도의 리 단위로 구성되어 있는데, 맘먹고 한번 지역을 주욱 둘러보자. 도시에 비해 농어촌은 자연 환경뿐만 아니라 오래된 역사나 문화의 기운이 남아 있는 곳이 많아서 교사의 의도에 따라 교육적으로 활용할 만한 소재가 풍부하다. 지형 이나 지층, 암석을 관찰 탐구할 수도 있고, 마을 어르신들을 통해 전설이나 노래, 풍습 등을 생생하게 접할 수도 있다. 농번기 때에는 아이들과 함께 마을 농사를 거들며, 생활 속에서 지역을 배우게 된다. 농어촌에서는 되도록 학교 사택에 살거나 학교 근처에 거처를 정하는 것이 좋다. 학교에서 멀리 차를 타고 통근을 하면 아무래도 지역을 이해하기 어렵고, 그만큼 지역과 삶에 뿌리 박은 적극적인 교육을 하기 어렵다.

농어촌의 정서를 읽자

농어촌은 도시의 부속이라는 인식이 강한 나머지 마을 사람들이 괜한 열등의식을 보이기도 한다. 대체로 초등학생 자녀를 둔 학부모는 한 번쯤 도시생활을 해 본 경험이 있다. 도시 생활이 마땅치 않아 다시 고향으로 온 가정은, 지역에서 터를 잡고 살아온 가정보다 형편이 어려운 경우가 많다. 거기다가 아이 아버지의 고향으로 내려와 사는 경우가 많아서, 어머니들이 시골 생활에 적응하는 데 어려움을 겪기도 한다. 그래도 모두 적응하려고 노력하면서 살고 있다. 이런 농어촌 정서를 읽어야 한다. 이런 현실을 이해하고 그 사연을 스스로 털어놓을 때까지 적어도 "내가 교사입네."를 내세우지 말았으면 한다. 내가 내세우지 않아도 학부모들과 함께 하다 보면 충분히 떠받들어 준다. 농어촌에 살았던 경험이 있는 교사도 대학을 다니면서 도시에 나가 살아서 도시문화가 몸에 배어 있다. 너무 티나지 않도록 의복이나 언행을 조심하는 것도 염두에 두었으면 한다.

기다리지 말고 찾아가서 만나자

학부모를 만날 때 처음에는 교사의 이야기를 많이 하는 것보다 되도록 학부모의 이야기를 많이 듣는 것이 좋다. 농어촌 학부모들은 자기 속내를 이야기하는 데 시간이 좀 걸린다. 교사의 전ㆍ출입이 잦은 탓에 아이들도 학부모들도 쉽게 마음을 열지 않는다. 학부모 개별 상담을 시도하기 전에 생활 속에서 자연스럽게 만남의 기회를 만드는 것이 좋다. 넉살 좋은 남교사라면 학교에 부임하자마자 동네 노인들이나 이장을 찾아가서 직접 인사를 하는 것이 좋다. 맨손으로 가는 것보다 간단한 음료나 막걸리라도 한 병 챙겨 가면 어른들은 아주 좋아한다. 그러면서 시골에 와서 고생하는 사람이라고 치켜올리며 굳이 묻지 않아도

많은 이야기를 들려줄 것이다. 여교사라면 마을 어른들을 찾아뵐 때 학부모의 안내를 받는 것이 좋다. 나이 드신 어른들은 만날 때마다 인사를 해야 알아보신다. 이렇게 친해 놓은 마을 어른들은 재주가 많아서 학급운영에 많은 도움을 받을 수 있다. 전설이나 민요 배우기, 바구니 엮기, 짚신 삼기, 이엉 엮기, 두부 만들기, 떡 만들기 등 경험에서 우러난 교육이 가능해진다.

함께 어울리되 교사의 입장은 확실히 밝히자

남교사라면 학부모들과 술 한잔 하면서 마음을 열 수도 있고, 함께 산에 가거나 들일을 도우면서도 친해질 수 있다. 잘하지 못하는 일이라도 자꾸 관심을 갖고 물으면 신이 나서 많은 이야기를 한다. 항상 존댓말을 쓰는 것이 좋으며, 남자들은 나이에 따른 서열 따지기 좋아하므로 솔직하게 이야기한 뒤, 손위면 아우처럼 행동하는 것이 좋다. 그렇다고 함부로 대하지는 않는다.

한편 싫은 일은 싫다고 의사를 전하고, 맺고 끊는 것을 확실할 필요가 있다. 그러면서 조용히 교육철학과 교육에 관한 이야기를 조금씩 해 나가는 것이다. 교사에 대해 신뢰하고 믿어도 좋다고 생각하면 학교에 필요한 일도 먼저 나서서 해 준다. 학교행사나 학급활동도 내 일처럼 도와주고, 학생을 사이에 두고 학부모와 어려운 문제가 생겨도 적극적으로 나서서 중재 역할을 해 준다.

아이들 형편은 꼼꼼하게 확인해 두자

농어촌에서는 특히 할머니, 할아버지와 사는 학생을 잘 살펴야한다. 한부모 가정에 있는 아이도 주의 깊게 봐야 한다. 대부분 정서적 안정이 필요하며, 쉽게 정을 주지 않거나, 반대로 푹 안기는 현상이 두드러진다. 엄격하게 하면서도 비어 있는 어머니, 아버지 자리를 신경 써 주도록 한다. 또한 집에서 생긴 스트레스가 학교에서 연장되거나 증폭되지 않도록 해야 한다. 학습 부진으로 이어지는 경우도 많고, 보살핌을 받지 못해 건강이나 용의가 단정치 못한 경우도 많다. 여러 모로 교사의 세심한 노력이 필요하다.

1. 1학년 학부모와 함께 꾸린 학급 학부모회

이현미 | 인천 승학초 교사

첫아이를 낳은 뒤부터 둘째 아이까지 4년 동안 육아휴직을 했다가, 올해 복직하면서 1학년을 맡았다. 4년 만에 돌아온 학교와 교실은 그대로였지만 두 아이의 엄마가 된 아줌마 교사로서의 느낌은 새로웠다. 입학식 전날 어떤 아이들을 만나게 될까 하는 마음에 마치 첫 발령을 받은 새내기 교사처럼 맘이 설레기도 했다.

4년 만의 복직이라 학교생활에도 새롭게 적응해야 하니 거창한 학급운영 계획은 조금 뒤로 미루었다. 다만 내가 맡은 아이들을 내 아이처럼 사랑하자, 그리고 정성을 다해 수업을 준비하고 아이들과 학부모를 대하자는 큰 원칙만 세웠을 뿐이다.

1학년을 맡아 보니 아이들 한 명 한 명이 너무 예뻤고, "예쁜 우리 4반, 예쁜 ○○, 아이구 이뻐라~." 등의 말이 입에서 저절로 나왔다. 이게 또래 아이를 둔 아줌마 교사의 달라진 점이랄까.

문턱 낮은 교실, 학부모총회부터 학급 학부모회까지

3월 말에 있었던 학부모총회에는 1학년임을 증명이라도 하듯이 많은 학부모님들이 참석했다. 입학식 다음 날 이미 학부모통신을 통해서 '문턱이 낮은 행복한 교실, 저마다의 빛깔을 예쁘게 가꾸어 가는 행복한 아이들'이 되도록 노력하겠다는 뜻을 전한 터였다. 이날은 학급운영에 대한 전반적인 이야기와 함께 학부모회 임원을 학급 학부모회 대표로 뽑고, 한 달에 한 번 교실 청소 뒤 학급 학부모회를 하기로 결정했다. 또한 담임교사가 아이들의 특성과 성격 등을 어느 정도 파악할 수 있게 되는 4월 말에서 5월 초 사이에 개인상담을 하겠노라고 말씀을 드렸다. 그 뒤 매달 열린 학급 학부모회에서는 받아쓰기부터 글씨 지도, 책읽기, 준비물 챙기기, 학교생활, 학교행사, 모둠활동에 대한 보상 등 영역을 가리지 않고 이야기를 나누었다.

학부모와 교사의 관계에서는 거리낌 없는 의사소통을 하고자 하는 마인드가 가장 중요하다. 특히 공교육에 첫발을 내딛는 1학년의 경우는 더욱 그렇다. 아이들이 학교에서 있었던 일을 부모님께 전달하는 과정에서 사소한 오해가 생길 수 있고, 학부모들이 학교를 바라보는 시각 때문에 교사의 의도와는 다르게 또 오해가 생기기도 한다. 그래서, 우선 학부모총회를 통해서 '거리낌 없는 의사소통'의 중요성을 이야기하고 전화나 이메일 또는 알림장, 쪽지(아이들에게 비밀로 해야 하는 이야기) 등을 적극 이용하자고 말씀을 드렸다. 학년 초에는 첫 아이를 학교에 보낸 학부모들로부터 전화상담도 많이 왔다. 이메일과 휴대폰 문자로도 이야기가 오고 갔다. 특별한 일이 있어서가 아니라 평범한 일상도 대화거리였다. 학부모 공개 수업을 마치고는 "수업 준비하시느라고 수고하셨어요. 선생님, 오늘 너무 예뻤어요." 라는 문자 메시지가 오기도 했다.

4월 말에는 약속한 대로 학부모 개인상담을 위한 학부모통신을 보냈다. 4월 말부터 5월 초까지 5일 동안 날짜를 정하고 개인상담 희망 여부와 희망하는 날짜를 받았다. 행여 생길지도 모를 오해를 막기 위해 '빈손으로 오시는 분' 만 상담할 수 있다고 명확히 밝혔다.

개인상담은 한 사람당 20분씩 2시부터 4시 30분까지 이루어졌다. 하루에 일곱 명 정도 상담을 했고 우리 반 37명 중 30명의 학부모가 오셨다. 학년 초에 아이들의 성격과 학습태도와 능력, 가정환경, 일 년 동안 가장 변화하기를 바라는 점 등에 대해 기초 조사를 한 내용을 바탕으로 상담을 해 나갔다. 상담 과정에서 담임인 내가 파악하고 있는 것과는 전혀 다른 면과 미처 알지 못했던 사실을 알게 되었다.

공부 시간에도 마치 쉬는 시간인 것처럼 행동하는 아이가 있어 행여 무슨 문제가 있는 건 아닌가 생각하고 있었는데, 상담을 하러 온 엄마로부터 "공부 시간에는 자리에 앉아 있어야 하는 것을 몰라서 그랬다."는 이야기도 들었다. 그 뒤 그 아이에게는 공부 시간과 쉬는 시간이 어떻게 다른지 웃으면서 자세히 설명해 주었다. 지금은 공부 시간에 자리에 앉아서 열심히 공부한다. 한 아이는 시도 때도 없이 휘파람을 불기에 교실에서는 휘파람을 불지 말자고 했는데 학부모의 이야기를 듣고 할머니의 손자 편애 때문에 그런다는 것도 알게 되었다. 오빠가 불지 못하는 휘파람을 너무나 잘 불어서 늘 불고 다녔다는 것이다. 집에 친구를 데리고 오지 못했던 아이는 상담 뒤 같은 아파트에 사는 아이와 한 모둠으로 붙여 주었는데 이제 집에서도 잘 어울려 논다고 한다.

대부분의 학부모는 학교에 오는 것을 부담스러워 하면서도 내 아이가 학교에서 어떻게 생활하는지 궁금해하고 있다. 교사 역시 빠듯한 일정 속에서 아이들 한 명 한 명과 이야기를 나눌 여유가 없기 때문에 아이들의 성격이나 특성, 가정환경 등을 파악하는 데 시간이 많이 걸린다. 하지만 학부모와 이야기를 나누면 이해의 폭이 넓어져 지도하는 데도 효과를 거둘 수 있다. 그래서 무엇보다도 누구나 편하게 학교에 와서 내 아이에 대해서 이야기를 나눌 수 있는 개인상담은 중요하다고 생각한다. 학부모 개인상담은 2학기에 한 차례 더 진행하려고 한다.

7년째 이어지는 학부모모임

올해 스승의 날을 사흘 앞둔 날, 전화 한 통이 걸려 왔다. 내일 점심 시간에 학교 근처 음식점에서 모임이 있는데 잠깐 나와 같이 식사를 하실 수 있느냐고. 7년 전 2년 동안 연임해서 가르쳤던 아이들의 학부모모임인데 복직과 스승의 날을 기념할 겸 모인다고 했다. 그 아이들은 이제 고등학교 1학년이다. 유학을 간 아이도 있고, 학교를 그만두고 대입 검정고시 자격까지 얻고 수능을 준비 중인 아이도 있다. 그때처럼 한 달에 한 번은 아니지만 아직도 모임은 끊이지 않고 있다.

지난 3월 1일에는 고1이 된 그 아이들 20명 정도와 함께 춘천에 다녀왔다. 소양강 댐에도 가고 명동에서 닭갈비도 먹었다. 3학년 때 1반이었기 때문에 항상 3·1절 날 아이들과 만난다. 첫 만남 때 키가 내 가슴께밖에 오지 않았던 아이들인데 이제 내가 고개를 들고 바라보아야만 눈을 마주칠 수 있다.

올해는 아직 계획하고 있지 못하지만, 휴직하기 전에는 가족들과 함께하는 행사를 마련하기도 했다. 학급 학부모회 자리에서 모둠활동에 대한 상으로 1등 모둠 아이들과 하루 동안 가까운 곳에 '기행'을 갔다오겠다고 했는데, 학부모들의 제안으로 학급 전체가 함께 가게 되었다. 엄마와 형제자매가 함께

한 '학급기행'은 우리 반이라는 튼튼한 연대와 자부심을 갖게 하고 서로에 대해 더 많이 이해하고 친해지는 계기가 되었다. 우리 반만의 행사는 아이들에게 특별한 추억이 되었다. 올해도 여름방학이나 가을쯤 학급 학부모회를 통해 우리 반만의 행사를 기획해 보려고 한다. 1학년이기 때문에 가까운 곳에 하루 일정으로 학급기행을 떠나거나 학교 운동장에서 토요일 오후나 일요일에 엄마, 아빠와 함께 '학급 운동회'를 여는 것도 좋을 것 같다.

'동네 아줌마'로 살았던 4년, 엄마들의 담임 이야기

학부모들 가운데는 '이러지 말았으면' 싶은 일을 하는 분들이 있다. 물질적으로 모든 것을 해결하려 드는 분도 있고, 극히 일부지만 아이들에게 너무 무관심해 교사 입장에서 원망이 드는 때도 있다. 학교 일이나 교사에 대해 무조건 부정적으로 보는 분도 있고, 촌지를 줘야만 잘 봐준다고 생각하는 학부모도 있다.

하지만 휴직 기간 동안 학교 밖에서 '동네 아줌마'로 학교의 모습을 바라보니, 학부모들이 보는 교사 역시 크게 다르지 않았다. 소위 '아파트 통신'을 이용해 학교는 물론 교사에 대한 수많은 정보가 오고 갔다. 짧은 대화면 풀릴 오해가 입에서 입으로 전해지면서 눈덩이처럼 커지기도 했다. 교사를 대하는 나름대로의 경험담과 '교사 길들이기' 방법도 전수되고 있었다. 학부모 입장에서 '이러지 말았으면' 싶은 교사의 모습도 많았다.

이런 일들을 그대로 두면 교사와 학부모 사이에는 벽이 생기게 마련이다. 이런 벽을 없애기 위해서는 교사가 적극적으로 나서야 한다는 게 내 생각이다. 공개적으로 학부모들과 개인상담을 해 왔던 것도, 학급 학부모회를 정례화하면서 학급과 아이들, 그리고 교육 전반에 대해서 이야기를 나누는 시간을 마련하고자 했던 이유도 이러한 벽을 없애고 교육의 주체로서 인식을 같이하고 올바른 방향을 찾고자 함이었다. 학부모들과의 상담을 통해서 서로를 갈라 놓고 있는 벽이 없어지고 신뢰가 싹틈을 느낄 수 있었다. 신뢰는 교육의 출발점이고 기초다.

학부모는 학급의 궂은 일을 뒤치다꺼리해 주는 사람도, 교사와 대립하는 적수도 아닐뿐더러, 교사와

강한 성격의 아이를 부드럽게 만들기 위해 학부모는 꽃을 보내고, 아이는 매일 물을 갈아 준다.

학부모는 서로 길들이는 관계도 아니다. 학부모를 학급운영의 협력자로, 그리고 교육의 동반자로 바로 세울 수 있는 지혜와 노력, 많으면 많을수록 좋다.

2. 찐빵과 얽간지

김지숙 | 학부모

"이제 몇 밤 더 자야 되지?"

"으응……, 일곱 밤."

"그래, 일곱 밤이지!"

지난 봄 첫아이의 입학통지서를 받아 들고 어느 부모들이나 그렇듯 내 가슴이 더 설레고 뛰었다. 새삼 아이 어릴 적 사진을 들춰보면서 "아유, 이러던 게 어느새 저렇게 컸나!" 혼잣말을 하며 주체할 수 없는 감격에 겨워했다. 시장에 가 아이의 학용품을 사면서 '내가 진짜 학부모가 됐구나.' 하는 실감이 났다. 드디어 입학식 날, 아이 손을 꼭 쥐고 학교로 향하는 내 가슴은 왜 그리도 터질 듯 울렁거리는지, 이게 혹시 쉽게 흥분 잘한다는 갱년기 증상 아닌가 싶을 정도였다. 그렇게 기념사진 찍고 의자에 앉은 모습을 보며 뿌듯해하고 선생님께 큰 죄라도 지은 사람인 양 허리 굽혀 몸둘 바를 몰라 하며 입학식을 마쳤다. 그리고 며칠이 지나갔다. 옆집 소희 엄마가 선생님은 언제 찾아뵐 거냐고 물어 왔다.

"선생님?"

"그래, 선생님. 그럼 안 갈려고 그랬어?"

"글쎄, 가서 인사를 드리긴 해야지. 근데 좀 있다 천천히 가지 뭐."

그러자 소희 엄마는 펄쩍 뛰었다.

소희 엄마는 날 세상 물정 모르는 여자라며, 학년 초에 일찍 가면 갈수록 좋고 그것도 빈손으로 간다는 건 있을 수 없는 일이니 선물 세트 안에다 소위 말하는 '봉투' 하나를 넣어 가라고 하며 선물 종류와 돈의 액수까지 자상하게 알려 주었다.

"그래서 우리 소희 학교생활 잘하고 있잖아."

끝으로 자랑스레 덧붙이는 소희 엄마의 충고를 들으며 난 아이를 입학시키면서 느꼈던 흥분과 감격이 일시에 사라지는 기분이 들었다. 한 번도 생각해 보지 않았던 문제였다.

하지만 막상 내 아이의 일이 되고 보니 그게 그런 게 아니었다. 소희 엄마의 이야기도 이야기였지만 내가 느끼기에도 왠지 학교에 찾아가서 제대로 된 엄마 노릇을 하지 않으면 아이가 학년 내내 구박받을 것 같은 난데없는 불안감이 문제였다.

아이 아빠에게 얘기해 봤자 펄쩍 뛸 것이 분명하고 해서 난 소희 엄마가 가르쳐 준 대로 아이를 잘 봐 주십사 하는 인사를 대신하는 돈 봉투를 만들어 지갑 안에 곱게 챙겨 넣었다.

문득 어릴 적 어머니께서 보라색 보자기로 집에서 제일 좋은 자개찬합을 묶던 모습이 떠올랐다. 네 귀퉁이 간격 맞춰 곱게 펴시면서 "이거 선생님께 갖다 드려라. 식기 전에 드려야 되니께 퍼뜩 뛰어가거래이. 나오면서 인사 꼭 하고 잉." 하며 내 손에 꼭 쥐어 주셨다.

난 숨이 턱에 닿도록 뛰어 학교로 가서 선생님이 계시는 교무실 앞에 서서 숨을 골랐다. 도무지 익숙하지 않고 높기만 한 교무실 유리문 사이로 선생님의 모습이 보였다.

"저 이거예, 어머니께서 선생님 드리라고 해서……."

"그래? 지숙이구나. 이게 뭔데?"

"전 모릅니더."

선생님은 미소를 지어 보이며 보자기를 푸셨다. 안에 있던 엄마의 보물 자개찬합의 뚜껑도 살짝 열렸다. "어머나, 정말 맛있겠다. 오늘 내가 아침을 안 먹은 줄 지숙이 어머니께서 아셨나 보다." 그 안엔 엄마가 첫새벽, 무쇠솥에 쪄낸 찐빵이 아직도 모락모락 김을 올리고 있었다. 선생님께선 하나를 집어 반을 뚝 잘라 입에 넣으시며, "정말 맛있구나. 집에 가서 선생님이 아주 잘 먹었다고 꼭 전해 드려라. 알았지?"

선생님께서 맛있다며 환하게 웃으시는 모습에 기분이 좋아져 난 뿌듯한 마음으로 교무실을 나왔다. 그렇게 엄마는 철마다 봄이면 쑥을 뜯어 넣은 쑥찐빵이며 가을이면 산에 가서 밤을 털어 속을 넣은 밤찐빵, 또 겨울이면 막걸리를 듬뿍 섞어 쪄낸 막걸리빵 등을 나에게 들려 보내시곤 했다. 그러나 정작 당신께선 직접 선생님께 오시는 것을 몹시도 삼가하고 거북해하셨다. 바쁜 시골 살림도 그렇거니와 선생님께 부담을 드린다는 걱정에서였다. 오직 자식을 가르치는 스승에 대한 순수하고도 소박한 감사의 마음을 그저 찐빵으로 대신하는 것이었다.

돈 봉투를 넣으며 이 선물에도 나의 마음이 담겨 있을까 생각해 보았다. 난 이 돈을 아이의 선생님께 드리며 의무를 다한 것 같은 기분을 느끼겠지. 더불어 내 아이를 더 잘 봐주시리라는 기대를 하게 되리라. 그러고 보면 이 돈은 서로의 책임과 의무를 다시 한 번 상기시켜 주는 냉정한 상징이다.

다음 날 부지런히 일어나 남편과 아이를 보내 놓고 수업이 끝나는 시간에 맞춰 학교로 향했다. 청소도 끝난 교실엔 선생님 혼자 앉아 무언가를 적고 있었다. 조심스레 노크를 하고 문을 열며 "안녕하세요 선생님, 저 한아름이 엄마예요." 꾸벅 인사를 하고 교실로 들어갔다. 아이들의 빈 책상과 의자들이 꼭 스머프 마을에 온 것처럼 귀여웠다. 선생님께선 친한 이웃집 아줌마처럼 친근한 미소를 지으시며 "예, 어서 오세요. 앉으세요." 하며 맞으셨다. 황송한 듯 앉으려니 "이제 보니 아름이가 엄마 닮았네요." 하시는 말씀에 함께 웃으며 "그런 말 많이 들었습니다."라고 대답했다.

선생님은 아이의 학교생활과 학습태도를 그 사이 꼼꼼하게 관찰하신 듯 사소한 것까지 지적해 주시며 잘하는 점, 못하는 점 등을 알려 주셨다. 시종 온화하고 상냥한 모습에 아이에게 정말 잘된 일이다 싶어 안심이 됐다. 이야기를 마치고 집으로 올 때 선생님께 가지고 간 봉투를 내밀었다. "선생님 이거……." 하자 "이게 뭐지요?" 하며 낯빛이 흐려지셨다. "예, 이거 그냥요, 잘 부탁드립니다. 안녕히 계세요." 탁자 위에 던지듯 봉투를 놓고 나오니 속이 다 후련했다. 하지만 집으로 가까이 오면 올수록 왠지 뭔가 빠뜨린 것 같은 느낌을 지울 수 없었다. 선생님께 드릴 것을 다 드렸는데도 손에 들고만 있다 그냥 온 것 같은 느낌에 자꾸 두리번거리며 앞뒤를 살폈다. 옛날 엄마의 찐빵을 선생님께 전해 드리고 나올 때의 그런 가슴 따뜻함이 없었다. 줄 것 주고 받을 건 받는 거래처럼 무미건조할 뿐 마음 한 구석 추억이 될 만한 길게 남는 여운이 없었다. 값으로 치면야 찐빵 몇 개보다 몇십 배나 많았지만 한 가지 소홀히 빠뜨린 그 무엇이 분명히 있었다.

한 달여 뒤 우리 집 우체통에 아이 이름으로 우편물 하나가 배달되었다.

"이게 뭐예요 엄마? 어, 내 이름이다. 한아름." 나 역시 영문을 몰라 "글쎄 이게 뭘까?" 들뜬 아이와 함께 풀어 보니 그것은 초등학생용 월간 과학잡지였다.

"우와 여기 거북이 있어요 엄마. 어 저번에 동물원에서 본 카멜레온도 있다!"

아이의 수준과 나이에 딱 맞는 책이었다. 그리고 그 책을 보낸 이는 바로 아이의 담임선생님이었다. 내가 드린 봉투 안의 돈으로 선생님께선 아이에게 과학잡지 정기구독 신청을 해 주신 것이었다. 아이의 선생님이라는 것을 안 순간 선생님께서 봉투를 보시며 곤혹스러워하던 모습이 떠올랐다. 얼굴이 화끈 달아오르면서 창피하고 부끄러워졌다. 하지만 다음 순간 황폐하고 건조하던 내 마음밭에 일순간 단비가 시원스레 내리는 느낌이었다. 매달 어김없이 찾아오는 선생님의 사랑을 받고 팔짝팔짝 뛰며 이내 펼쳐 읽어 보는 아이의 옆 모습을 보며 난 '촌지'에 대해 다시 한 번 생각해 본다. '그런 걸 왜 걱정해?' 그럴지도 모르지만 아이를 키우는 부모 입장이 돼 보면 결코 마냥 무시해 버릴 수만은 없는 것, 결코 그대로 맘 편히 지나쳐 버리지 못하게 되는 것이 바로 촌지다.

요즘엔 뭐든지 첫마디에 확 시선을 불러모으는 '꺼리'를 좋아하는 것 같다. 잘하고 있는 다수를 무시한 채 소수의 잘못된 점만을 과장되게 보도하고 문제 삼는다. 특히 방송매체 등에선 오히려 신이 나서 떠들어대며 사건을 만들어 간다. 그런 것이 정말 큰 문제를 불러일으킬 때도 있다. 또 이런 것들 때문에 선의의 피해를 입는 이들도 얼마나 많은가!

난 지금 비록 초보 학부모지만 요즘에도 얼마든지 본받을 만한 훌륭한 선생님들이 계시다는 것을 믿고 싶다. 그러자면 먼저 뒷손을 내밀어 교육이 아닌 거래부터 하려는 학부모들부터 다시 한 번 생각해 보아야 한다.

그 옛날 엄마의 찐빵처럼 구수한 정이, 사랑과 감사의 마음이 모락모락 피어오르는 그런 촌지를 보내고 싶다. 하지만 내년에 학년이 바뀌고 아이가 새로운 선생님을 만나면 나는 또 이성적으로 반듯해지려 노력하지만 어쩔 수 없이 갈등하게 될 것이다. 아이를 사랑한다는 명분 아래 어쩔 수 없이 못난 고슴도치 엄마이므로…….

학급 홈페이지를 만들어 봅시다

송주현 | 강원 속초 청대초 교사

내가 초등학교를 다니던 시절에는 가정방문이란 것이 있었다. 기억나는가, 방과 후 집으로 선생님이 들이닥치셨을 때가. 그분 뒤에서 불현듯 느껴졌던 서광이. 감자밭에서 김을 매던 어머니께서 혼비백산 달려오시던 소리가. 옥수수를 까거나 공기놀이를 하던 툇마루에 양복 입은 선생님께서 올라앉으셨을 때 나는 처음으로 우리 집 마루가 참 초라하구나 생각했다. 어머니는 내가 초등학교에 들어가던 해 여름 아버지께서 긴 투병 끝에 돌아가셨노라는 이야기와 홀로 아이 다섯을 키우기가 고되지만 몸이 부서지는 한이 있더라도 꼭 공부를 가르칠 테니 매운 회초리로지도 편달해 주십사 수없이 고개를 조아리셨다.

그게 전부였던 것 같다. 그해에 어머니가 선생님을 만났던 것은. 그러나 단번에 끝나고 말았던 그 가정방문의 효과는 무척이나 커서 나는 잘못을 저지를 때마다 종아리를 맞기 전에 선생님으로부터 따끔한 훈계를 들어야만 했다. 이놈아, 아버지도 없이 홀로 고생하시며 널 키우시는 어머니를 생각한다면 어찌 이리 할 수가 있느냐. 내게 선생님은 형 다음으로 무서운 존재이자 어려운 대상이었다.

1992년, 내가 교사가 되었을 때에는 이미 가정방문이 없어진 상태였다. 가정방문은 촌지와 묘하게 이어져 대도시를 중심으로 '불륜'의 오해를 낳고 있었고, 치맛바람 경쟁은 급기야 지나가다 막걸리 한 잔 올리던 선생님과 어머니 사이를 막아서기에 이른 것이다. 초임 교사였던 나로서는 무척이나 아쉬웠다. 아이의 집에 가 보지 않고 어떻게 그 아이에 대해 속속들이 알 수 있단 말인가. 가정방문을 하지 않고 어떻게 가정과 학교에서 다르게 행동하는 아이를 설명할 수 있단 말인가. 가정방문은 오해를 낳을 수 있으므로 꼭 가고 싶으면 학교장의 허락을 받으라는 요구에 포기할 수밖에 없었다.

그래서 학급통신을 만들기 시작했다. A4 용지 앞뒤로 간단하게 그달의 교육활동을 소개하고, 내가 하고 싶은 말을 주절주절 늘어놓았다. 교사의 일방적인 소통에 지나지 않은 것이었지만 뒷면에 학부모가 의견을 적어 보낼 수 있도록 빈 여백을 만들어 놓자 몇몇 학부모들에게서 답장이 왔다. 미약하지만 교사와 학부모 간의 쌍방향 소통의 물꼬가 트인 것이다.

인터넷이 거미줄처럼 보급된 요즘은 더 이상 학급통신을 발행하지 않는다. 대신 학급 홈페이지를 운영한다. 홈페이지를 운영하다 보면 신이 난다. 마침 시간에 적어 준 알림장에 대한 아이들의 댓글이 깨작깨작 달리고 여차하면 실시간 채팅이 시작되기도 한다. 학부모나 아이들의 반응을 보기 위하여 다음 날 아침까지 기다릴 필요도 없다. 거의 실시간이다. 잡무에 깔려 제 시간에 화장실 가기도 힘든 교사가 그럴 시간이 있느냐고? 거의 없다. 그러나 신난다. 그 세계로 한번 들어가 보자.

학급 홈페이지, 어떻게 시작할까?

독립 홈페이지

독립 홈페이지는 교사가 직접 서버를 운영하는 방법과 개인에게 홈페이지 공간을 제공하는 인터넷 사이트를 이용하는 방법이 있다. 교사가 직접 서버를 운영하는 경우는 취향대로 메뉴와 내용을 구성할 수 있고, 사용 용량의 제한을 거의 받지 않아 자유롭게 운영할 수 있다는 장점이 있지만 경제적인 부담이 크다. 때문에 대부분은 홈페이지

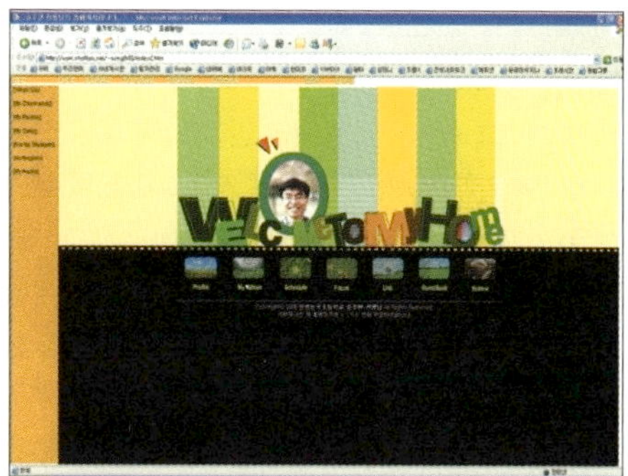

를 제공하는 사이트에서 광고를 게시하는 조건 등으로 무료 홈페이지 공간을 제공받아 운영하는 경우가 많다. 제한된 용량을 얻어서 사용하게 되는데, 인터넷 접속 속도가 느려지거나 광고(가끔 성인광고 비슷한 것이 뜨기도 한다.)를 막을 수 없는 어려움이 있다.

직접 서버를 운영하든 포털 사이트를 이용하든 독립 홈페이지의 가장 큰 어려움은 업데이트를 위해 손이 많이 간다는 것이다.

학교 홈페이지에 연결된 학급 홈페이지

비교적 홈페이지 개설과 유지가 쉽다. 학교 홈페이지에 들어오면 자연스럽게 학급 홈페이지로 올 수 있어서 참여를 유도하기도 쉽고 집중도도 높일 수 있다. 지방의 경우, 지역 교육청이 학교 홈페이지를 한데 모아 운영하는 경우가 많은데, 인근 학교와 교류할 수 있다는 점에서 이용해 볼 만하다. 다만, 학년이 바뀌면 학급 홈페이지가 없어질 수도 있다. 한 해 교육활동을 담은 사진과 일기, 여러 게시판 내용이 계속 이어지지 못하는 것은 큰 손실이다.

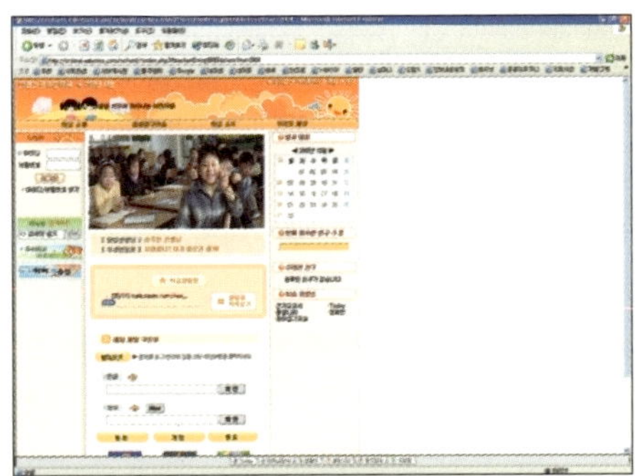

학급 인터넷 카페

가장 추천하고 싶은 방법은 학급 인터넷 카페를 만드는 것이다. 인터넷 카페를 제공하는 포털 사이트가 많을 뿐만 아니라, 무료이면서 용량도 무제한으로 제공하고 있다. 대중적인 사이트라 아이들이 커서도 쉽게 이용할 수 있다. 우리 반은 아이들이 제일 많이 회원으로 가입해 있는 사이트를 한 군데 골라 거기서 제공하는 인터넷 카페를 이용하였다.

학급 인터넷 카페를 열자마자 일주일에 한 시간씩(재량활동

시간) 아이들을 컴퓨터실로 데려가서 이용법을 알려 줬다. 학부모에게도 가입 안내장을 보냈다. 회원이 50여 명에 이르렀다. 알림장을 비롯해 아침활동을 시작하기 전에 들려주는 음악도 카페에 올렸다. 아이들은 집에 가자마자 컴퓨터를 켜고 음악을 틀어 댄다고 한다. 학부모들은 카페에 올라온 아이의 사진을 보며 즐거워했다.

카페는 우리 반 소통의 중심이 되어 가고 있다. 학년이 바뀌어도 우리 반 카페는 남을 것이다. 학년이 끝나면 교사의 카페 운영 권한을 대표 아이에게 넘기기만 하면 된다.

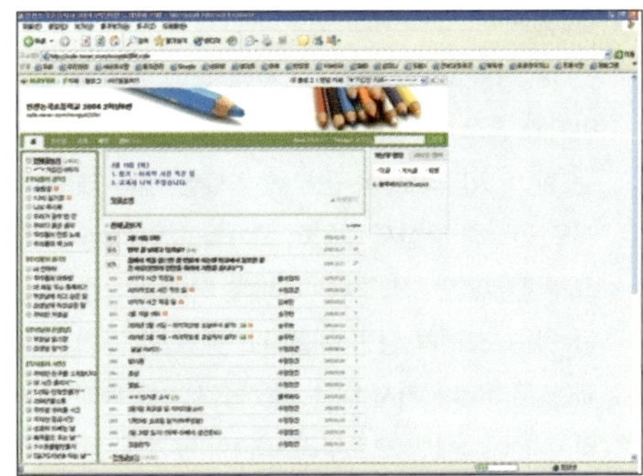

 **학급 홈페이지, 무엇을 담을까?**

어느 사이트든 인터넷 카페는 비슷한 기능을 지원하고 있다. 담임의 의도에 따라 여러 가지 메뉴를 설정할 수 있다. 우리 반은 모든 메뉴를 게시판 형태로 운영하고 있으며 읽은 사람이 댓글을 달 수 있도록 해 두었다.

· **가입 인사하기** : 일단 홈페이지가 활성화되면 유명무실해지는 메뉴지만 가입 초기에는 매우 중요한 역할을 한다. 가입하면 꼭 여기에 인사글을 올리라고 하고 담임이 그때그때 환영의 메시지(글이나 노래, 사진 등)를 답글로 게시해 주면 아이들이 좋아한다.

· **알림장** : 칠판에 써 주는 알림장을 그대로 여기에 올린다. 학부모가 이용할 수 있도록 자세한 설명을 곁들인다. 글꼴을 조금 크게 하고 색깔을 넣으면 눈에 띈다. ‘대문으로 지

정' 기능을 이용하면 카페를 열자마자 맨 위에 그날의 알림이 보이게 할 수 있다.

· **나의 일기장** : 저학년 아이들은 일기를 인터넷에 쓰는 것을 좋아한다. 이곳에 올린 일기는 학부모들도 자주 본다. 자연스럽게 아이의 생활을 파악할 수 있다.

· **나의 독서록** : 개인 독서록을 만드는 것보다 이곳에 독서록을 올리라고 하면 친구들과 부모에게 자연스럽게 공개할 수 있기 때문에 더 열심히 올린다. 교사는 그 내용을 읽어 보고 댓글을 달아 준다.

· **우리가 공부한 것** : 저학년은 그날그날 공부한 내용과 학습 요점을 담임이 올리고, 고학년은 아이들이 스스로 공부한 내용의 요점을 적는 메뉴이다. 자연스럽게 복습이 된다.

· **우리가 들은 음악** : 인터넷의 좋은 점은 교실에서 듣거나 본 것을 집에서도 그대로 듣거나 볼 수 있다는 점이다. 매일 아침마다 음악을 들려주고 사이트에 올려서 집에서도 들어 보게 했는데 일 년 내내 반응이 좋았다.

· **우리들이 만든 노래** : 컴퓨터실에서 헤드셋을 가져다가 컴퓨터로 녹음해서 파일을 변환해 올린다. 가정에서는 클릭만 하면 즉석에서 노래를 들을 수 있다. 고학년 아이들은 이 메뉴를 아주 좋아한다.

· **우리들의 목소리** : 노래뿐만 아니라 시 낭송이나 하고 싶은 말을 녹음해서 올려놓는다. 졸업한 뒤에도 유년을 추억할 수 있는 공간이 되지 않을까 하는 생각에서 만들었다.

· **내 연락처** : 친구들과 전화번호, 사는 곳, 메일 주소, 메신저 아이디 등을 주고받을 수 있도록 한다. 단, 미리 개인정보 유출에 관한 설명을 해 주어야 한다. 아이와 학부모가 다 가입하고 난 뒤에는 카페를 폐쇄적으로 운영하면 정보 유출을 막을 수 있다. (비회원은 내용을 못 보게 하는 방식으로 설정할 수 있다.)

· **우리들의 대화방** : 아이들의 자유 게시판이다. 학기 중에는 잘 쓰지 않지만 졸업하거나 상급 학년으로 올라간 뒤에 아이들이 즐겨 찾는다.

· **부모님께 하고 싶은 말** : 부모님에게 자연스럽게 의견을 개진하도록 만든 게시판이다. 고학년으로 갈수록 부모님과 진지한 대화가 이루어진다.

· **선생님께 하고 싶은 말** : 특히 고학년 아이들에게 필요하며 상급 학년으로 올라간 뒤 많이 사용하는 메뉴이다.

· **우리 반 자료실** : 학급 자료실. 불법 자료를 올리지 않도록 사전에 주의를 줄 필요가 있다.

· **부모님 일기장** : 부모님의 육아 일기장

· **선생님 일기장** : 담임교사의 교육 일기장

· **우리 반 친구를 소개합니다** : 3월 초 아이들 한 명 한 명 사진을 찍어서 올리고, 그 뒤에도 계절마다 아이들 모습을 담아 놓으면 아이들 커 가는 모습을 한눈에 볼 수 있다.

· **내 사진 올리기** : 요즘은 핸드폰 카메라가 많이 보급되었기 때문에 특히 고학년은 이 메뉴를 아주 부지런히 채운다.

· **각종 교육활동 사진** : 행사별로 메뉴를 만들어 놓으면 사진 찾기가 쉽다. 일 년 동안 사진을 많이 찍어 올리기 때문에 한 곳에 몰아 놓으면 찾기도 힘들고 잘 안 보게 된다. 메뉴에는 날짜와 행사명을 표시해 주는 것이 좋다. (예 : 5월 23일 – 인형 만들기, 7월 15일 – 성훈이 이 뺀 날 등)

· **권장 사이트** : 고학년의 경우 조사 학습 과제를 내줄 때가 많은데, 교사가 미리 몇 개의 사이트를 소개해 주면 좋다. 이럴 때 사용할 수 있는 메뉴이다. 인터넷 주소를 올리면 아이들은 클릭하여 사이트를 이용할 수 있다.

설 문 지

학년 반 학생 이름 (   ) 학부모 (   )

이 설문지는 월 일 개최될 학부모총회를 좀 더 알차게 운영하기 위해 마련한 것입니다. 부모님들의 의견을 바탕으로 아이들 교육을 위해 함께 나눌 수 있는 것이 무엇인지 찾아보려고 합니다. 구체적으로 써 주시면 소중한 상담자료로 활용하겠습니다. 이 설문은 학급 학부모회 면담과 토론자료 외에 다른 곳에 쓰이지 않습니다. 혹 부담스러운 마음이 있으면 아이 이름과 학부모 이름은 쓰지 않아도 됩니다.

1. 지난해 부모님께서는 학교를 방문하신 적이 있습니까? (방문 이유도 밝혀 주시면 좋겠습니다.)

2. 부모님께서는 올해 학부모총회에 참석하시겠습니까?

　① 참석한다　　　　　　　② 참석하지 못한다

3. 부모님께서는 올해 우리 반 학급일에 참여하실 수 있습니끼?

　① 참여할 수 있다　　　　　② 참여할 수 없다

4. 부모님께서는 학급에서 담임이 하는 교육활동에 어느 정도 관심이 있습니까?

　① 아주 많다　　　② 그저 그렇다　　　③ 신경 쓰지 못한다

5. 부모님께서는 담임의 교육관이 부모님과 다르다고 느낄 때 그런 의견을 담임에게 전하십니까?

　① 꼭 의견을 전하는 편이다　　② 하기도 하고 안 하기도 한다　　③ 전혀 하지 않는다

6. 부모님께서는 회장 · 부회장 어머니들께서 학부모 대표가 되는 관례에 대해 어떻게 생각하십니까?

　① 좋다고 생각한다　　　② 좋지 않다고 생각한다　　　③ 모르겠다

7. 부모님께서는 학부모 대표를 어떻게 뽑아야 한다고 생각하십니까?

　① 투표를 통해서　　　② 회장 · 부회장 학부모가　　　③ 하고 싶은 사람들끼리 의논해서

8. 이번 학부모총회에서 꼭 함께 이야기 나누고 싶은 주제가 있다면 무엇인가요?

　(자유롭게 써 주십시오.)

9. 일 년 동안 가장 원하는 교육활동이 있으면 말씀해 주십시오.

10. 이제까지 자녀를 학교에 보내면서 서운했던 점, 고마웠던 점이 있으면 말씀해 주십시오.

※ 촌지나 선물은 받지 않습니다. 저의 소신이며 학교의 방침입니다. 학부모총회 당일에는 자녀에
　대한 개인상담은 어렵습니다. 다음 기회에 해 주시기 바랍니다.

자녀의 입학을 축하합니다

안녕하십니까? 오랜 잠에서 깨어나 세상 밖으로 뛰쳐나올 개구리들처럼 올망졸망한 눈으로 입학식을 손꼽아 기다릴 아이들을 생각합니다. 초등학교 1학년이 된다는 기대로 가슴 뛸 아이들과 똑같이 저도 잠 설쳐 가며 오늘을 기다렸습니다.

반갑습니다. 부모님의 사랑스럽고 귀한 아이를 일 년 동안 가르치게 될 담임 ○○○입니다. 해마다 아이들과 헤어지고 다시 만나는 일을 반복하지만 여전히 가슴이 뛰고 설렙니다. ○년 경력의 제가 이토록 설레는데 부모님들은 아마도 더 하시겠지요.

오늘은 아이들이나 부모님이나 저나 다 똑같이 시작하는 첫날입니다.

1학년

가슴이 두방망이질하며 오른쪽 왼쪽을 분간 못할 정도로 우리 만남이 기다려진 것은 '1학년'이라는 이유 하나일 겁니다. 1학년이 된 아이를 보는 심정은 저나 부모님이나 비슷하겠지요. 뭔가 모를 희망을 안고 한 밤 두 밤 손꼽으며 초등학교에 가기를 기다리는 아이들을 만나는데, 어떻게 마음 편할 수 있겠습니까? 부모님 역시 마찬가지일 거라 생각합니다. 처음 초등학교 1학년에 아이를 보내는 부모님 심정을 또 누가 알겠습니까?

만남

사람을 만나는 일은 늘 즐거운 일입니다. 더구나 그 만남이 영리를 목적으로 한 것이 아닐 때 더 그렇습니다. 아이들과의 만남은 그래서 가장 큰 기쁨이 됩니다. 특히 1학년 새내기들을 만나는 일은 기쁨을 넘어 영광입니다. 아마도 세상에서 가장 아름다운 만남 가운데 하나일 것입니다.

걱정

시작은 늘 두려움과 희망이 엇갈리는 지점에서 출발합니다. 하지만 두려움을 벗은 뒤에 희망만을 꿈꾸며 살 수 있다면 그보다 더 큰 행복은 없을 겁니다. 부모님들이나 아이들 모두 초등학교에서 처음 만날 선생님에 대한 기대가 대단할 것입니다. 그 기대 속에는 걱정도 함께 자리하지요. 아이들을 학교에 보내 본 경험 있는 선배 학부모들로부터 이런저런 정보도 많이 얻었을 겁니다. 새로 만날 선생님에 대한 기대보다는 그렇고 그런 현실을 더 일찍 배운 부모님도 계실지 모릅니다. 처음 만나는 선생님인데도 여기저기서 들은 선입견으로, 처음 본 인상으로 마음에 들지 않는다고 한숨 쉴 수도 있습니다. 반대로 부풀려진 소문을 듣고 또는 그냥 웃는 얼굴이 좋아 보인다며 박수를 치실 수도 있습니다.

선생님

저는 초등학교 선생님입니다. 부모님께서 초등학교 선생님에 대해 어떤 생각을 갖고 계신지는 잘 모릅니다. 부모님의 생각이 옳을 수도 있고 그를 수도 있을 겁니다. 저에게도 요즘 학부모에 대한 선입견이 알게 모르게 자리하고 있을지도 모르겠습니다. 그렇지만 제가 자신 있게 말씀드릴 수 있는 것은 저는 부끄럽지 않은 선생님이 되기 위해 노력하고 있다는 것입니다. 초등학교 1학년 어린 아이들에게, 또 소중하게 키워 주신 부모님에게 '선생님'으로서 부끄럽지 않도록 열심히 할 겁니다. 일 년을 함께 생활하고 나서 저를 평가해 주시면 좋겠습니다. 추측이나 소문이나 인상이 아닌 실제 아이들과 지낸 교육활동을 보고 판단해 주시면 됩니다.

배려

지금 부모님께 이 세상에서 가장 소중한 것이 무엇이냐고 물으면, 아마도 그 대답은 '내 아이'일 겁니다. 아이의 존재가 부모님의 삶에 원동력이 되고 있는지도 모릅니다. 그렇게 귀한 아이들이 모인 곳이 초등학교 교실입니다. 내 아이와 똑같이 사랑 받고 예쁘게 커야 할 아이들이 한곳에 모여 있습니다.

'다른 집 아이는 몰라도 내 아이만은'이라는 생각이 가장 무섭다는 걸 알아주셨으면 합니다. 우리 반 ○○명 아이들의 부모님께서 모두가 '내 아이만은'이라는 생각을 갖게 되면 우리 교실에서 아이들의 웃음은 조금씩 사라질 수 있습니다. 다 내 자식처럼 귀한 아이들이라 생각하고 늘 배려하는 마음을 잊지 마십시오. 그 배려가 우리 아이를 행복하게 하는 길입니다.

강보성, 강하원, 공두만, 김외촌, 박재하, 이다훈, 이승빈, 이예준, 이용빈, 이재윤, 이준서, 장세환, 장윤도, 정성원, 정재현, 최윤석, 최주헌, 하완수 강미연, 강민경, 곽소정, 구동희, 권세인, 김다영, 김우지, 김정현, 류영인, 민동주, 설지우, 송윤주, 신수진, 안소운, 양희지, 유아림, 이지원, 이화진

우리 반 꼬마천사들 이름입니다. 이 꼬마천사들 부모님 가운데 누구도 내 아이가 선생님에게 미움받기를 원하는 부모님은 없을 겁니다. 그런데 가끔 내 아이가 선생님에게 더 사랑 받기를 원하는 부모님이 있습니다. 저는 초등학교 1학년 선생님입니다. 누구도 저에게 미움받는 일이 없을 것이며, 누구도 다른 아이보다 더 사랑받는 일도 없을 겁니다.

정말 반갑습니다. 이 만남이 우리 모두에게 '행복한 만남'이었다고 말할 수 있는 일 년이 되길 두 손 모아 빌겠습니다.

○○○○년 3월 ○일 아이들을 사랑하는 담임 ○○○ 드림

학급활동에 관한 조언을 구합니다

이 설문은 청소와 급식 도우미에 대해 부모님들의 의견과 참여를 구하기 위해 마련하였습니다. 우리 아이들이 더 쾌적한 교실환경에서 지내며, 맛있게 식사를 할 수 있도록 부모님의 시간을 내주시면 고맙겠습니다. 부득이한 사정으로 함께할 수 없는 경우에는 그 이유를 간단하게 써 주시면 됩니다.

1. 급식 도우미와 청소 도우미를 어떻게 운영하는 것이 좋겠습니까? (   )

  ① 급식 도우미와 청소 도우미를 같은 날로 해서 하루에 끝내도록 하자.

  ② 급식 도우미와 청소 도우미를 따로 운영하자.

  ③ 전체 의견을 받아 본 뒤 정하자.

  ※ 참고로 급식 도우미와 청소 도우미를 같은 날 하는 경우는 11시 50분까지 교실로 오셔서 1시 30분경에 가실 수 있습니다.

2. 급식 도우미와 청소 도우미의 참여 범위를 어떻게 하는 것이 좋겠습니까? (   )

  ① 모든 부모님께서 참여하는 것을 원칙으로 한다.

  ② 부득이한 사정으로 참여할 수 없는 분은 빼고, 나머지 분들로 하는 것을 원칙으로 한다.

2-1. ①번으로 정해졌는데도 직접 오시지 못하는 경우 어떻게 하면 좋겠습니까? (   )

  ① 학부모가 아닌 외부 인력을 통해 대리 참여를 하도록 한다.

  ② 대리 참여가 가능한 부모님께 부탁하고 직접 수고비를 지불한다.

  ③ 대리 참여가 가능한 부모님께 부탁하고 학급 대표에게 일정 금액을 지불한다.

3. 학교에서 급식 도우미 활동에 대하여 예산을 마련하여 부모님께 직접 지원한다면, 얼마가 알맞다고 생각하십니까? (   )

① 1만 원   ② 2만 원   ③ 3만 원

4. 부모님께서 참여가 가능한 요일과 참여할 수 없는 요일에 동그라미 표시를 해 주십시오.

가능한 요일	월	화	수	목	금
불가능한 요일	월	화	수	목	금
요일에 관계 없이 참여할 수 없는 경우 이유를 써 주시기 바랍니다.					

※ 우리 반 급식과 청소 안내

청소					
요일	시각	인원수	청소 범위	예상 소요 시간	비고
월, 화, 목, 금	12시 40분	2명	교실, 복도	30분	학부모님들이 34명일 때 3주 이틀 만에 차례가 돌아옵니다.
수요일	12시 40분	2명	교실, 복도, 창틀, 사물함, 화분 등	1시간	
토요일은 부모님께 청소 도움을 받지 않아도 됩니다.					
급식					
요일	시각	인원수	할 일	예상 소요 시간	비고
월~금	12시	2명	배식과 정리	40~50분	
토요일은 학교에서 점심을 먹지 않습니다.					

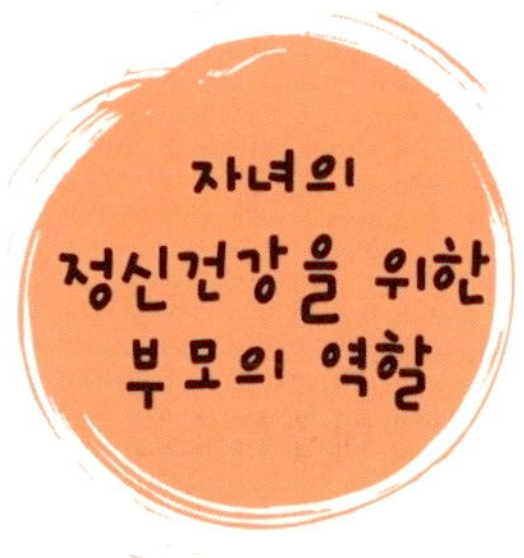

최영 | 전남대병원 소아청소년정신과 의사

진료실에 있으면 부모님들로부터 여러 가지 질문을 받습니다. 그 가운데 가장 흔하면서도 정답을 말해 주기 어려운 질문이 두 가지 있습니다.

"도대체 아이를 어떻게 키워야 하나요?"

"내가 부모 노릇을 제대로 못해서 우리 아이가 이러는 것은 아닌가요?"

인간의 발달을 세 단계로 나누어서 설명한 글을 읽은 적이 있습니다. 태어나서 상당 기간은 자식으로서의 역할만을 하는 단계, 결혼 후에는 부모이자 동시에 자녀의 역할을 하는 단계, 그리고 마지막으로는 부모로서의 역할만을 하는 단계가 그것입니다. 자식으로서보다는 부모로서의 역할이 훨씬 어렵고 힘들다는 것은 너무나 자명한 사실이며 대부분의 부모님들도 동의하시리라 생각됩니다.

이러한 점에서 "부모 노릇을 어떻게 해야 합니까?"라는 질문에 대한 몇 가지 답을 소아청소년정신과 의사의 관점에서 이야기해 보려고 합니다. 물론, 제 이야기가 100점짜리 정답이라고 생각하지는 않습니다.

"부모의 역할은 무엇인가요?"

한마디로 부모의 역할은 '자녀들을 잘 키우는 것'입니다. 아마 그것은 여러분이 해 본 여러 가지 일들 가운데 가장 즐거운 일이면서, 동시에 가장 힘든 일일 것입니다. 자녀를 키우는 데는 시간과 관심, 인내와 에너지가 필요합니다. 하지만 무엇보다도 사랑이 필수적이겠지요.

자녀를 양육하는 데 어려움을 겪는 부모가 도움을 받을 수 있는 방법은 여러 가지가 있습니다. 예를 들면, 자녀 양육에 관한 책이나 잡지를 읽거나 자녀를 어떻게 키울까 하는 주제의 강의를 들을 수도 있고, 가족 친지나 친구로부터 조언을 듣는 방법도 있습니다. 그리고 소아 청소년 정신건강 분야의 전문가와 상의하는 방법도 있겠지요. 도움이 필요하다면 망설이지 말고 도움을 청하십시오. '백지장도 맞들면 낫다.'는 말은 제가 좋아하는 속담 가운데 하나입니다.

"양육 기술을 배우는 것은 왜 중요한가요?"

부모가 좋은 양육 기술을 알고 있다면, 자녀가 잠재력을 최대한 발휘하도록 도울 수 있습니다. 자녀가 성장해 가면서 부모로서의 역할도 변화해야 합니다. 저는 진료 과정에서 세 살 된 아이의 부모는 '부모로서의 나이가 세 살', 18세 청소년의 부모는 '부모로서의 나이가 열여덟 살'이 되어야 한다고 말합니다. 아이가 커 가면서 변하듯, 부모도 자녀의 성장에 따라 성장해야 합니다.

자녀가 젖먹이이거나 걸음마를 할 동안에는, 부모는 아이의 기본적 욕구, 즉 먹는 것, 입는 것, 씻는 것 등 모든 면에 신경 써야 합니다. 유치원이나 초등학교에 들어갈 나이가 되면 거기에 맞추어 점차 부모의 역할도 바뀌게 됩니다. 여러분은 선생님이고 동시에 상담자가 되어야 합니다. 인생의 스승으로서 세상의 즐거움과 경이로움을 자녀가 배울 수 있게 도와야 합니다. 왜, 그리고 어떻게 세상일이 벌어지고 있는지를 설명해 주어야 하며, 자녀가 하는 질문에 대해서는 여러분이 할 수 있는 최선의 방법으로 대답해야 합니다. 부모야말로 자녀에게 가장 중요한 상담자이기 때문입니다.

자녀가 성장하는 매 단계마다 부모는 아이의 신체적, 정서적 그리고 지적인 욕구에 관심을 가져야 합니다. 모든 아이들은 각자의 독특한 욕구가 있게 마련입니다. 그 가운데 부모의 보살핌이 필요한 아이들의 공통된 욕구가 있습니다.

첫째, 신체적 욕구입니다.
· 아이들은 균형 있고 충분한 영양분을 필요로 합니다.
· 안식처가 제공되어야 합니다. 편안한 집과 의복을 필요로 합니다.
· 안전이 보장되어야 합니다. 안전벨트의 착용은 물론이고, 약물이나 독극물이 아이의 손에 닿지 않게 해 주며, 교통신호, 자전거 타기나 수영하는 데 필요한 규칙들을 가르쳐 주는 것이 부모의 할 일입니다.
· 편안한 잠과 충분한 운동은 아이의 신체적, 정신적 건강을 위해 필수적입니다.
· 정기적인 신체 검사, 예방주사, 시력과 청력 검사를 위해 규칙적으로 병원을 데리고 다니는 것과 같은 의학적 배려가 필요합니다.

둘째, 자녀의 정서적 욕구 또한 중요합니다.
보통의 부모라면, 자녀의 신체적인 욕구는 어느 정도 충족시켜 주고 있을 것입니다. 하지만, 자신의 틀에 아이들을 짜 맞추려는 부모들은 아이들의 정서적인 부분을 간과하기 쉽습니다.
· 자주 사랑을 표현해 주십시오. 껴안아 주고, 노래해 주고, 웃어 주고, 간단한 놀이를 함께하면서 자연스럽게 부모의 사랑을 전달해 주십시오. 아이가 크면, 시간을 같이 보내고 이야기를 들어 주고 아이의 활동에 같이 참여함으로써 공감의 폭을 넓힐 수 있습니다.
· 자녀의 성취를 칭찬해 주고, 작은 발전도 격려해 주십시오. 단점은 강조하지 마십시오. 아이로 하여금 자신이 부모에게 인정받고 있다는 느낌을 갖도록 해 주십시오.
· 안정감을 가지게 해 주십시오. 아이들은 부모의 사랑에 대한 확신을 필요로 합니다. 결코 '다리 밑에 내다 버린다.' 는 식의 협박을 해서는 안 됩니다.
· 아이들은 칭찬을 먹고 자랍니다. 말로 할 수도 있겠고 등을 토닥여 주거나 머리를 쓰다듬어 줄 수도 있습니다. 칭찬할

때, 아이들은 더욱 노력하게 될 것입니다. 아이들이 행한 결과가 성공적이지 못할지라도, 그들의 '노력'을 칭찬해 주는 것이 좋습니다. 그렇게 함으로써 아이들은 새로운 일이나 과제를 시작하는 것을 두려워하지 않게 됩니다.

셋째, 자녀의 지적인 욕구를 자극해야 합니다.
· 자녀와 대화를 많이 나누십시오. 자녀의 성장과 함께 부모로서 여러분이 보는 것, 하는 것, 그리고 왜 그렇게 하는지 등에 대해 설명해 주십시오.
· 자녀가 질문을 하도록 격려하십시오. 모르거나 곤란한 것을 물어보면 어떻게 하냐고요? 현재 여러분이 할 수 있는 최선의 답을 해 주면 됩니다. 모르는 것은 모른다고 솔직하게 말하는 것도 괜찮습니다.
· 교육에 직접 참여하십시오. 아이의 선생님을 만나고 무엇을 배우고 있는지를 알아보십시오. 가능하다면 자녀의 활동에 부모가 자원봉사를 하는 것이 좋습니다. 박물관, 도서관, 동물원 같은 곳에 함께 가 주는 것도 좋습니다. 자녀가 잘 이해하지 못하는 숙제에 대해서 설명해 주십시오. 자녀의 학교생활에 어떤 문제가 있다면, 전문적인 도움이 필요한지 여부도 생각해 보십시오.
· 창조성을 격려하십시오. 자녀가 예술적 자질을 가지고 있다고 생각하십시오. 자녀의 옷과 집안이 더럽혀지는 것을 염려하기보다는, 아이가 자유롭게 물감, 크레용, 진흙의 세계를 탐구하도록 허용해 주십시오. 리듬악기나 장난감 피리 등을 선물해서 음악에 대한 관심을 자극해 보십시오. 물론 라디오나 오디오로 여러 가지 음악을 들려주는 것도 필요합니다.

넷째, 자녀가 바른 행동을 하도록 훈육하십시오.
아이들은 항상 부모가 원하는 대로만 행동하지는 않습니다. 훈육이란 부모가 자녀에게 어떤 규칙을 어떻게 가르쳐야 하는지, 그리고 규칙이 지켜지지 않았을 때 부모는 무엇을 해야 하는지에 대한 것입니다. 훈육은 처벌이 아니라 가르침입니다. 규칙 지키기를 가르치는 것은 자녀의 안전을 지키며, 자녀가 옳고 그른 것의 차이점을 배울 수 있도록 도와줍니다.
· 아이에게 훈육을 하기 이전에, 부모 각자가 자녀 훈육의 규

칙을 어떻게 세우기를 원하는지 서로 대화해야 합니다.

· 부모로서 자녀에게 기대하고 요구하고 있는 것이 과연 합리적인가를 다시 생각해 보십시오.

· 사랑으로 훈육하십시오. 규칙은 무엇이고 왜 규칙을 지키는 것이 중요한지를 깨쳐 주십시오. 훈육에는 일관성이 중요합니다. 내일 금지할 일이 오늘 허용되어서는 안 됩니다. 부정적인 것("하지 마라.")보다는 긍정적 방식("이렇게 해라.")이 도움이 됩니다. 때리는 것은 피하십시오.

· 사회생활에 필요한 기술을 가르치십시오. 콩 한 쪽도 나누어 먹는 태도, 남의 말을 경청하는 것, 다른 사람의 욕구를 존중해 주는 것, 이러한 것들은 아이들이 건강하게 자라기 위해 중요한 것들입니다. 다른 사람을 돕는 경험은 자녀들이 스스로에 대해 긍정적으로 느낄 수 있게 해 준답니다.

· 독립심을 키워 주십시오. 아이들은 스스로 깨달았을 때 그것을 더욱 잘 기억합니다. 부모의 지도 아래 아이의 나이와 경험에 적합한 새로운 일을 시도할 수 있도록 허용해 주십시오.

· 좌절을 극복하도록 도와주십시오. 좌절을 경험했을 때 느끼는 감정은 잘못된 게 아니라는 것, 그러나 마구 소리를 지르거나 물건을 부수는 행동은 감정을 표현하는 좋은 방법이 아님을 가르쳐 주십시오. 대신, 이러한 감정을 말로 표현할 수 있도록 격려해 주십시오.

· 자녀와 함께 경험과 느낌에 대해 토의하십시오. 잘잘못을 따지려 하지 말고 건설적인 반응을 보이려고 노력하십시오. 이렇게 하면, 아이들은 부모를 믿고 자신들의 두려움, 공상, 계획, 그리고 꿈에 대해 이야기하게 됩니다.

· 여러분의 생각을 설명해 주십시오. 자녀와 관련된 규칙을 왜 만들었는지 이유를 설명해 주십시오. 부모와 자녀의 의견이 다르다면, 아이의 입장에 서 보십시오.

· 여러분의 자녀가 다른 아이와 다투었을 때는 가능한 한 객관적인 입장을 취하십시오. 주의 깊게 양쪽의 이야기를 끝까지 들어 보십시오. 여러분 아이가 무조건 옳다

(혹은 잘못했다)는 식으로 생각하지 마십시오. 양쪽이 다 받아들일 수 있는 해결책을 아이들이 스스로 찾도록 도와주십시오.

아이들은 흉내를 내면서 세상을 배워 갑니다. "내 아이가 커서 이런 사람이 되었으면 좋겠다."는 생각이 있다면, 부모 자신들이 그러한 종류의 사람이 되도록 노력하십시오.

· 부모가 사랑을 보여 주면, 자녀도 부모를 사랑하게 될 것입니다.

· 부모가 자녀를 존중해 준다면, 자녀도 당신을 존경하게 됩니다.

· 부모가 자율성을 보여 준다면, 자녀도 자율적이 됩니다.

· 부모가 남을 친절하고 공정하게 대한다면, 자녀도 그렇게 따라갑니다.

· 부모가 남의 이야기를 경청하고 도와주는 모습을 보이면, 자녀도 그런 사람이 됩니다.

· 어려운 상황에 처했을 때 침착한 모습을 보여 주면, 자녀도 침착한 사람으로 성장하게 됩니다.

· 부모가 문제를 부정적 태도("아이쿠, 이제 어떻게 한담?") 대신에 긍정적 태도("나는 할 수 있다.")로 해결해 나간다면, 자녀 역시 똑같은 태도를 배우게 될 것입니다.

요약해 봅시다. 여러분의 자녀가 배우고 성장하는 것을 도와주기 위해

· 아이들의 신체적, 정서적, 지적인 욕구에 대해 이해하십시오.

· 아이들의 길잡이가 되어 주고, 건설적 훈육을 하고, 터놓고 대화하십시오.

· 경험을 통해 느낀 문제점, 그리고 해결 방안들을 다른 부모와 나누십시오.

마지막 한마디를 덧붙이면서 제 글을 끝맺겠습니다.

새 학기, 학부모 만나는 게 두려워요

Q 이제 3년 차 교사입니다. 제가 아직 어리고 경력이 짧기 때문인지 학년 초가 되면 항상 고민이 되는 것이 하나 있습니다. 바로 학부모와의 관계입니다. 가끔 학교로 찾아오는 학부모들과 면담을 하는 것이 너무 부담스럽습니다. 무슨 말로 이야기를 꺼내야 할지, 아이에 대해 어디까지 말을 해야 하는지, 나이 든 학부모들에게 어린 제가 조언을 하는 게 건방져 보이지는 않을지……. 가끔 슬그머니 반말을 하는 학부모라도 만나면 저를 무시하는 것 같아 더 주눅이 듭니다. 학부모와의 소통은 꼭 필요하다고 생각하지만 특별한 이유가 아니면 피하고 싶은 게 솔직한 심정입니다. 어떻게 해야 할까요?

중요한 건 믿음을 쌓는 것

황재숙 | 서울 상원초 교사

초임교사라면 정도의 차이는 있겠지만 대부분이 겪는 어려움이지요. 예전에는 저도 학부모가 어렵고 불편했던 때가 있었습니다. 예의를 갖춰 대하긴 했지만 마음이 편치는 않았습니다. 자연히 마음속 이야기는 남겨 두고 겉도는 이야기만 하다가 끝낸 적이 많았지요.

"요즘 우리 아이 어때요?"

"잘해요."

"부족한 점은 없나요?"

"다 잘하는 걸요. 걱정하지 마세요."

이렇게 구체적인 내용 없이 애매한 말만 주고받았습니다. '지혜는 그림을 보면 깔끔하고 무난하지만 활기가 없어 보여요. 틀에 박힌 그림을 그린다는 생각이 드는데 어머니는 어떻게 생각하세요?' 이런 말은 교사의 입 안에서만 맴돌다가 사라지곤 했지요. 결국 학부모와 힘을 합쳐서 아이를 도와줄 기회를 놓치고 만 것입니다.

요즘은 그냥 편하게 학부모를 만나고 있습니다. 친구나 가까운 이웃을 대하듯이 이야기를 나누지요. 화제가 주로 아이에게 모아지지만 가끔은 살아가는 이야기도 나눕니다.

"지혜는 여러 가지 일을 고루 잘해요. 스스로 노력하는 점이 크게 칭찬할 점이지요. 그런데 결과에 너무 연연하는 것 같아요. 뜻대로 안 되었을 때 상처도 크게 받고요. 어머니께서 보시기엔 어떤가요?"

몇 가지 실례를 들어서 말씀드리면 부모님들도 쉽게 동의하시더라고요. 마침 그 문제로 고민을 하던 분이라면 함께 해결책을 찾아볼 수도 있겠지요. 부모가 아이의 문제를 정확히 알고 도와줄 때 아이의 변화는 생각보다 쉽게 일어납니다. 가끔은 냉담한 부모님의 반응에 마음이 상할 때도 있긴 합니다. 그러나 그 자체가 좋은 정보이고 아이의 태도를 이해할 수 있는 실마리가 된다고 봅니다. 그럴 때는 '아하, 그렇구나. 그런 분이었네.' 하고 바로 언짢은 기분을 털어버리는 게 좋습니다.

학부모와의 대화가 원활하게 이루어지려면 무엇보다도 신뢰가 필요합니다. 신뢰는 하루아침에 생기는 게 아니므로 학년 초부터 하나하나 쌓아 나가야 합니다.

"우리 선생님은 좋은 분이야. 아이들을 고루 사랑하시지."

이런 믿음을 얻으면 많은 문제가 수월하게 풀립니다. 반대로 이 믿음이 깨질 때 학부모는 교사에게서 멀어집니다. 그 대신 눈치 보고 경계하고 뒤에서 좋지 않은 소문만 만들어 냅니다. 제 경우에는 촌지를 받지 않는 게 학부모의 신뢰를 받는 계기가 되었어요. 학급을 위해서 애써 주신 분들께 드리는 책 선물도 호응이 좋았고요. 아이들이 집에 가서 전하는 말들도 영향을 미치겠지요. 아이에 대해 단정을 내리는 것보다는 질문을 해서 부모님의 의견을 들어 보는 것도 중요합니다.

"영수는 수업 중에 태도가 산만합니다."

"지혜는 친구들을 자주 때리거든요."

이렇게 단정 짓는 말은 상대방을 불쾌하게 만들고 학부모로 하여금 자신을 방어하게 만듭니다.

"제가 보기에는 이런 점이 있는데 어머니께서 보시기엔 어떤가요?"

"학교에서는 이런 행동을 할 때가 있는데 집에서는 어떻죠?"

이와 같이 학부모의 의견을 듣고자 하는 태도는 학부모로 하여금 다시 한 번 아이에 대해 생각해 보게 합니다.

사실 알고 보면 학부모들도 교사를 무척 어려워합니다. 어쩌면 교사들보다도 더 어려워하지 않을까요? 교사가 편하게 대하면 학부모도 편하게 다가옵니다.

자, 그럼 이제 교사가 먼저 편하게 말을 건네 보세요.

준비된 상담을 해 보세요

신명기 | 서울 영훈초 교사

저는 교사라면 학부모 상담을 위해 다음과 같은 준비가 되어 있어야 한다고 봅니다.

먼저 아이에 대한 관찰을 기록해 놓는 습관입니다. 이는 학부모 상담에서 좋은 자료가 됩니다. 그냥 눈으로 관찰해서 머릿속에 담아 둔 자료가 아니라 문서로 만든 자료가 있어야 합니다. 교과별로든 생활태도든 뭔가 아이를 관찰한 기록이 필요합니다. 그것이 바로 수행평가가 되고 아이의 모든 생활 평가가 되지요. 평가라는 말이 좀 딱딱하지만 아이의 모습이 다 담겨 있는 자료가 필요하다는 뜻입니다.

그 자료를 바탕으로 학부모와 이야기를 나눈다면 좋은 대화가 오갈 겁니다. 학부모 입장에서도 가운데에 책상 하나를 두고 선생님 입에서 나오는 얘기만 듣는 것은 아무래도 믿음이 덜 가겠지요. 자료를 보여 주면서 대화를 나누면 부모님도 아주 기뻐할 겁니다.

그 다음으로는 주제를 다양하게 가지세요. 상담의 기본은 '들어 주기'라고 했습니다. 학부모는 교사한테 무엇인가를 듣고 싶어서 왔지만 막상 교사가 몇 가지 질문을 하면 오히려 교사보다 더 많은 이야기를 합니다. 그리고 이야기의 주제를 처음부터 무조건 아이로 한정시켜 놓으면 대화가 부담스럽습니다. 세상 돌아가는 이야기부터 교사의 일상생활 이야기, 아이의 가정 이야기가 자연스럽게 나올 수 있도록 이야기를 풀어 나가는 것도 좋은 방법입니다.

준비된 상담을 만드는 것도 중요합니다. 교사가 학교 업무로 바쁠 때 학부모가 상담을 하러 오면 마음의 준비가 되어 있지 않은 데다 바쁜 나머지 '후딱' 끝내고 얼른 학부모를 보내고 싶어집니다. 또 바쁘지는 않더라도 전혀 준비가 되어 있지 않은 상태에서 부모님이 상담을 하러 오면 누구나 당황하게 되지요. 따라서 상담을 원하면 반드시 상담 날짜를 선생님과 의논하고 정확하게 약속을 한 뒤 오시도록 학년 초에 당부해 두는 겁니다. 그러면 아이에 대해 무슨 내용을 말할 것인지 미리 준비를 할 수 있게 되지요. 그때 이제까지 관찰한 자료를 보여 주면서 상담을 한다면 얼마나 좋은 시간이 되겠습니까?

교사가 자신감을 갖는 것은 무엇보다 중요한 일입니다. 학부모와 상담할 때 교사의 자신감은 '내가 아이를 얼마나 잘 알고 있는데…….' '나는 교사이고 당신은 어차피 학부모야.'와 같은 것이 아닙니다. 교사의 자신감이란 '확실한 교육관에 의한 정확한 아이 관찰'에서 나오는 것입니다. 학부모가 나이가 많고 교사가 나이가 어리다는 것은 '교육'을 이야기하는 데 그리 중요하지 않습니다. 아니, 어쩌면 전혀 중요하지 않을 수도 있습니다. 학부모가 나이 어린 교사를 쉽게 대하는 것 같을 때 선생님의 분명한 교육관과 아이 관찰이 필요합니다.

다만 그렇게 자신감을 갖고 확실하게 이야기하려면 평소 학부모에게 보여 주는 모습이 그대로 드러나야 합니다. 그래서 학부모들이 '우리 선생님은 정말 확실한 생각을 갖고 열심히 아이들을 가르친다.'는 믿음을 가지고 있어야 합니다. 평소에 담임에 대한 믿음이 없으면 학부모는 담임의 아이 관찰 내용에 대해서도 큰 믿음을 갖지 않게 됩니다.

초보교사를 위한
상황별 학부모 대응법 

Q 학부모가 수행평가 결과에 항의하면서 내 아이 점수가 이렇게 나온 기준을 설명해 달라고 따지러 왔다.

A 대부분 공부를 잘하는 학생의 학부모들이 이런 반응을 한다. 이럴 경우 일차적으로 "○○가 왜 이런 점수를 받았는지 저도 참 섭섭하네요. 기대를 많이 했었는데……."라고 말문을 열며 대화를 시작한다. 기준을 증명할 수 있는 문서나 증거자료를 보여 주고 동석한 상태에서 이러한 성적이 나오게 된 이유를 설명한다. 아이가 자리에 함께하지 않으면 집에 돌아간 뒤 아이가 또 다른 거짓말로 둘러댈 수 있기 때문에 오해가 해소되지 않는다. 이유를 설명하고 나서는 그 아이의 학습태도나 공부방법에 대해 긍정적 측면에서 조언해 주면 오히려 신뢰 관계가 형성될 수 있다. 아이의 학교생활에 대한 지적이나 아이에게 필요한 것은 성적보다 '다른 무엇'이라는 조언은 신뢰 관계가 형성된 후에나 가능한 것이다.

Q 자기보다 나이가 어리다고, 혹은 여자라고 무시하는 듯한 태도를 보이는 학부모를 만날 때가 있다. 어떻게 대처해야 할까?

A 그런 학부모일수록 교사의 아이에 대한 견해를 선입견 정도로 가볍게 무시하는 경우가 많다. 하지만 가능한 한 감정을 억제하고, 될 수 있으면 학부모의 태도에는 신경 쓰지 않는 게 좋다. 아무리 자기 중심적인 학부모라도 항상 틀린 말만 하는 것은 아니기 때문이다.
순간적인 기분에 좌우되지 말고 '내가 왜 지금 이렇게 기분 나쁜 대접을 받으면서까지 대화를 해야 하는가? 그것은 아이에 대한 사랑, 교육 때문이다.'라는 본질을 잊지 말아야 한다. 10~20분간의 대화를 통해 아이를 이해하고 문제를 해결하는 데 도움이 되는 작은 단서라도 찾았다면 그것만으로도 성공한 면담이다.
교사가 학부모의 인격까지 지도한다는 것은 어렵고 책임질 부분도 아니다. 학부모를 훈계하려고 할 필요는 없다. 하지만 인격적인 모독이라고까지 생각이 들 때는 다른 교사와 상의를 해서 자신이 예민한 것인지, 그 학부모가 문제가 있는 것인지, 자신의 상담 태도에 문제가 있는지를 객관적으로 파악해 보는 것이 좋다.

Q 반 아이가 사고(?)를 쳤다. 학부모와의 만남은 부담스럽고 자신이 없어 평소 이렇다 할 교류도 없었는데 어쩔 수 없이 상담을 해야 한다. 어떻게 대해야 할까?

A 먼저 그 아이에 대한 사전지식과 자신의 생각을 정리하고 있어야 한다. 학부모가 왔을 경우 자신감을 갖되, 학부모가 자신의 아이에 대한 생각, 가정문제 등을 털어놓을 수 있는 분위기를 조성해서 많은 이야기를 듣는 것이 좋다. 그리고 그 자리에서 해결 방법이나 결론을 내리기보다는 학부모의 아이가 우리 학급에서 중요한 아이라는 것, 열심히 지도하겠다는 신뢰감을 조성하는 데 주력한다. 사건의 구체적인 해결 방법은 경험 많은 믿음직한 선배교사의 조언을 얻어 결론을 구하는 것이 좋다. 신뢰 관계가 형성되기 전까지 어떠한 결론을 내리거나 구체적인 지도를 한다는 것은 효과가 별로 없다. 신뢰 관계 형성을 위해서는 학부모를 학교로 부르는 것보다 아이의 집이나 학부모의 회사 근처 커피숍 등, 학부모가 편하게 면담에 응할 수 있는 곳에서 이야기를 나누는 것이 좋다. 특히 학부모의 일터 근처로 가는 경우, 가정형편이 어려운 학부모의 경우는 교사로부터 대접(?)을 받아 본 적이 없기 때문에 생각 밖의 효과를 거둘 수도 있다.

02

학부모 만남 넓히기

아이들은 언제나 저 홀로 존재하지 않습니다.

그들은 일정한 배경 속에서 자라 왔고,

여전히 어떤 배경을 딛고 있거나 혹은 힘겹게 지고 서 있습니다.

학부모와 함께하는 교육활동은

아이들 배경 속으로 함께 걸어 들어가

그들을 지원하는 여러 방법을 모색하는 일입니다.

내 교실이 아닌 '우리' 교실로 공간을 열고,

머리 맞대고 '함께' 만들어 가는 일이 될 때,

학부모 만남은 물론, 교육활동도 깊고 넓어집니다.

수요자 중심의 교육과정이 대두되면서 학부모의 학교 교육과정에 대한 참여는 매우 활발해졌다. 그러나 여전히 교육현장에서 학부모는 교사의 잡무나 수업을 돕는 '도우미' 역할을 크게 벗어나지 못하고 있다. 저학년의 경우, 아이들이 스스로 해낼 수 없는 청소와 급식 배식, 심지어 교실환경 정리까지 학부모 손을 빌리는 경우가 많다.

하지만 교사가 하기 싫은 일은 학부모도 하기 싫을 수 있다. 꼭 필요한 일이 아니고 오로지 손을 빌리기 위해서 부탁을 하는 일은 좋지 않다. 교육적으로 꼭 필요한 일인지, 기꺼이 아이들을 위해 할 수 있는 일인지 고민해 보고 부탁해야 한다. 예를 들어, 청소를 부탁하더라도 청소의 교육적 의미를 함께 공유하고, 청소가 끝난 뒤에 대화의 자리를 마련하면 학부모는 청소만이 아니라 담임교사와 아이를 돕는 뜻 깊은 시간을 가졌다는 인상을 받을 것이다. 수업에 학부모를 명예교사로 초청할 때에도 교사가 미리 모든 준비를 완벽하게 해 놓고, 학부모에게 자리를 빛내는 역할만 맡기는 것이 아니라, 함께 수업을 기획하고 평가하면서 자연스럽게 수업 준비와 마무리까지 함께하는 경험을 나누어야 한다.

학부모를 교육의 동반자로 인정하는 마음의 준비가 되어 있다면 이제 어떤 동반자가 될 것인가를 고민해야 한다. 학부모를 교실에 끌어들이기 위해서는 교실에서 나눌 이야깃거리가 필요하고 토론하여 결정할 일이 있어야 한다. 우선 만나는 방법에 대해서 고민해 보고 어떻게 교실로 끌어들일 것인지 생각해 보자.

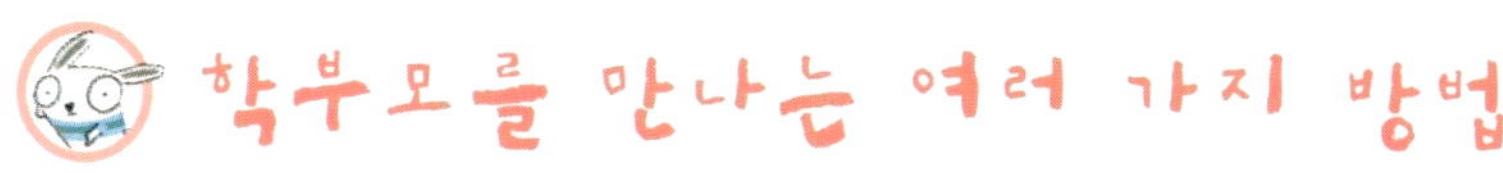

학부모를 만나는 여러 가지 방법

학급운영을 하다 보면 가끔 교사 혼자 독주하는 경우가 있다. 학부모에게 안내하는 절차도 없고, 학부모 의견도 들어 보지 않고, 교사 혼자 모든 일을 진행해 나가는 것이다. 그런 상황에서 교사가 학부모의 도움을 요청한다면 썩 내켜하는 학부모는 별로 없을 것이다. 학부모들이 교사를 도와 학급일을 해 나갈 때 '잡무'라고 생각하지 않기 위해서는 무엇보다 교사가 평소에 학부모들과 끊임없이 대화하고 소통하려는 자세를 보여야 한다.

여러 가지 의사소통 방식

지속적인 학부모통신

학부모와의 대화 창구를 마련하는 데 꼭 필요한 것이 학부모통신이다. 물론, 교사가 학부모통신을 띄운다고 해도 모든 것을 일일이 전해 줄 수는 없다. 교사가 진행하는 교육의 큰 흐름을 보여 줄 뿐이지만 그 큰 흐름이 학부모에게 전달되고 나면 서로 대화가 가능해진다. 학부모통신은 학년 초 교사의 교육관과 교육방향, 학급 운영 방식에 대한 안내로 시작하면 된다. 일회성에 그치면 학부모들은 인사치레 정도로 여기므로 꾸준히 보내야 한다. 특별히 어떠한 양식을 정할 필요 없이 자연스럽게 이야기하듯이 적어 보내면 된다. 내용은 학급운영에서부터 소소한 준비물, 설문조사 등 제한을 두지 않고 필요에 따라 만들면 되겠다.

다만, 일방적인 전달이 되지 않도록 학부모들의 의견을 수렴할 수 있는 통로를 마련해 두어야 한다. 학부모통신을 보내고 답신을 받을 수도 있고, 간단한 무기명 설문지를 만들어 돌린 뒤 아이들을 통해 걷는 방법도 있다. 인터넷을 활용할 수도 있다. 요즘 많은 교사들이 학급 홈페이지나 학급 카페를 활용하고 있다. 학급 홈페이지나 학급 카페는 학급에서 일어나는 일을 교사와 학생, 학부모가 공유하는 데 그 접근이 용이하다는 점에서 매우 큰 장점이 있다.^(1권 281쪽 참고)

작은 쪽지나 문자 메시지 활용하기

학부모들에게 간단하게 전할 일이 있을 때 쪽지나 알림장을 활용할 수도 있다. 학부모통신보다는 덜 형식적이고 비정기적이며, 담임이 전달하고 싶은 내용을 간단히 적어 보내는 것으로, 일상적인 소통이 가능하다. 쪽지편지를 알림장에 붙여 보내거나 따로 쪽지편지만 건넬 수도 있다. 아이가 알지 못하게 해야 할 내용이면 편지봉투에 넣어 풀로 붙여 보내는 것도 한 방법이다.

이 밖에도 전화나 문자 메시지 등 빠르고 즉각적인 응답이 가능한 방법을 활용할 수도 있다. 가능하다면 미리 학부모총회 때 학부모들에게 교사의 열린 마음을 전하고 아이들 주소록에 담임교사의 이메일과 휴대폰, 집 전화번호도 함께 적어 보낸다. 아이에 대한 사소한 질문부터 학급운영을 위한 제안이나 숙제에 대한 의견까지 자유롭게 이야기를 주고받을 수 있다. 어떤 학부모는 문자를 보내는 것이 실례라고 생각하여 보내지 못하겠다고도 한다. 결석이나 지각 같은 것은 문자로 알려 줄 것을 학부모총회 때나 학부모통신을 통해 이야기한다. 학부모 수업 공개가 끝나고 "선생님, 수고하셨어요. 오늘 너무 예뻤어요."라는 문자도 자연스럽게 주고받게 된다.

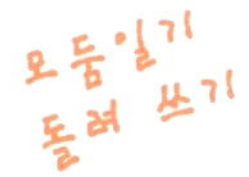

학습결과물 보내기 학부모들은 대부분 아이들이 학교에서 어떻게 지내고 어떤 공부를 하는지 궁금해한다. 아이들마다 편차는 있겠지만 대부분 아이들은 가정에 돌아가서 학교 이야기를 잘하지 않는다. 학습과 관련된 이야기는 더더욱 그렇다. 아이들만 그런 것이 아니라 교사도 마찬가지다. 학부모에게 성적을 노출시킬수록 부모가 아이 성적을 올린다고 학원으로 달려가는 이상 현상 때문에 애써 가정으로 학습 성취도를 보내려고 하지 않는다.

그러나 아이 교육에 있어 가장 큰 결정권자이며 책임자는 부모다. 부모가 아이의 성적을 궁금해하고 학습 결과물을 보고 싶어 하는 것은 '바람'이 아니라 권리이다. 아이의 학습태도를 비롯한 결과물과 성취도를 부모에게 알리는 일은 교사의 의무이기도 하다. 교사가 원하는 만큼 아이의 학습 결과와 성취도가 나오지 않을 때 학부모와 상담하는 일은 매우 중요한 과정이다.

작은 학습 결과물이라도 자주 가정으로 돌려보내자. 그래서 부모가 아이의 현 수준을 알게 하고 가정에서 도와줘야 할 것이 무엇인지 판단할 수 있도록 해야 한다.

> 대개 아이들은 자기 학습 결과물을 보고 별다른 뿌듯함을 느끼지 못하고 학부모들은 학부모들대로 아이들이 학교에서 무엇을 배우고 있는지 잘 모른다. 이럴 때 학습 결과물을 부모에게 보여 주고 '칭찬 듣고 오기'를 해 보자. 아이들이 자기 결과물에 애착을 갖게 되고 학부모들은 자녀의 학교생활에 대해 알게 된다. 이때 교사와 학부모 사이의 협조가 가장 중요한데, 먼저 교사는 학부모통신으로 취지를 충분히 전달하고, 아이들이 학습 결과물을 가져오면 칭찬을 해 준다든지 스킨십으로 보상해 주는 방법 등 구체적인 예를 들어 준다. 재미있게 학습한 내용을 가지고 활용할 수도 있지만 못한 것이라 하더라도 아이들의 의욕을 북돋는 데 효과적이다. 다음 날 아이들에게 그 내용으로 발표를 하게 하거나 일기를 쓰게 하면 각 가정의 분위기를 파악할 수 있다.

모둠일기 돌려 쓰기 학부모들에게 아이들의 학교생활과 친구 관계, 고민 등에 대한 구체적인 안내는 '최고급 정보'에 속한다. 특히 모둠활동으로 모둠일기를 쓰고 있다면,

이런 고급 정보가 이 안에 다 담긴다. 모둠활동이 익숙해질 무렵, 아이들에게 미리 동의를 구한 뒤 '모둠일기 같이 쓰기'의 취지를 알리는 학부모통신을 보낸다. 쓸 차례가 된 아이들이 집으로 가져가 모둠일기를 쓴 뒤 학부모에게 보여 준다. 학부모는 일기를 읽은 다음 특정한 아이의 일기에 도움말을 써 줄 수도 있고, 일기를 읽은 전체 소감을 쓸 수도 있다. 아니면 부모로서 아이들에게 하고 싶은 말을 써도 상관없다. 아이들은 부모님 글을 읽으며 재미있어할 뿐 아니라 다른 친구들의 부모님 글을 읽으면서 더 많은 것을 배우기도 한다. 교사도 모둠일기장을 보고 아이와 학부모 글을 함께 읽은 뒤 간단한 도움말을 써 준다. 이렇게 모둠일기를 돌려 쓰다 보면, 아이들끼리는 물론 부모와 자녀 사이 그리고 교사와 학부모들 사이가 한층 가까워질 것이다. 모둠일기 하나만 잘 운용해도 일거양득 아니 몇 곱절의 효과를 볼 수 있다.

학급문집이나 신문을 만들면서 학부모 참여란을 배치하는 것도 아이들과 학부모를 잇는 좋은 다리 역할을 한다. 많은 준비와 계획이 필요하지만 이러한 참여를 즐거워하는 학부모들이 의외로 많다. 학부모의 문학작품을 싣기도 하고, 자녀들에게 평소에 하고 싶었던 이야기를 편지 형태로 모아서 싣기도 한다. 좀 더 발전된 형태라면 학부모문집을 따로 만들 수도 있다.

학부모총회와 학부모통신을 이용해 학급문집이나 신문을 만드는 데 직접 참여할 수 있도록 문집위원을 꾸려 보는 것도 한 방법이다. 학부모들이 보고 싶어 하는 아이들 글은 어떤 것인지 조언을 구하는 것부터 문서 편집 작업이나 교정을 보는 일, 학부모 꼭지 담당하기 등 함께 만들어 갈 수 있는 일이 적지 않다. 학부모 문집위원이 맡아서 하게 하면 학급문집 제작이 훨씬 수월할 뿐더러 학급문집에 대한 관심과 참여도도 높일 수 있다.

얼굴 맞대고 함께 궁리하기

학부모와 교사 사이의 의사소통은 아이들과의 대화만큼이나 중요하다. 교사와 학부모가 만나면 대화의 주제는 자연스럽게 아이들 이야기로 모아진다. 방과 후에 아이들이 다니는 학원 이야기부터 교사에게 바라는 점 등 학부모 이야기를 듣다 보면 교실에서 이해하기 힘들었던 아이의 행동을 이해할 수 있는 정보를 얻기도 한다. 그렇게 얻은 정보는 아이들과 생활하는 데 소중한 재산이 된다.

저학년의 경우 학부모가 청소를 도와주러 오는 날 청소가 끝난 뒤에 학부모모임을 하면 좋다. 중·고학년의 경우 학부모총회에서 지속적으로 학급 학부모회를 여는 데 모두 동의하면 월 1회 정도 실시하는 것이 좋다. 학급 학부모회 역시 내용의 제한을 둘 필요는 없다. 학급운영은 물론 교과지도나 아이들의 생활에 대해서 함께 이야기한다. 물꼬가 터지면 여러 의견들이 나올 것이고 담임교사는 그 가운데 반영할 것은 반영하고 반영할 수 없는 것은 이유를 설명하며 이해를 구하면 된다. 학부모모임이 잘 운영되면 학급기행이나 캠프도 같이 기획해서 운영해 볼 수 있고, 독서지도나 그 밖의 수업 활동에도 도움을 받을 수 있다. 학부모모임을 하기 전에 참가 여부와 논의될 안건에 대해 먼저 안내를 하고 참석하지 못하는 학부모를 위해서 학부모회 결과를 적은 통신문을 보내는 것도 잊지 않도록 한다.

개인상담 학부모모임이나 청소나 급식활동 등의 이유로 교실에는 여러 번 들락거리지만 정작 교사와 마주 앉아 '내 아이의 이야기'를 터놓고 솔직하게 이야기하는 시간을 갖기는 힘들다. 학부모 입장에서는 자주 교사를 대해도 "내 아이는 어때요?" 하고 노골적으로 물어보기 힘들기 때문이다. 개인상담은 이러한 경우에 꼭 필요하다.

개인상담은 아이들에 대한 파악이 어느 정도 이루어질 무렵에 시작하는 것이 좋다. 상담을 할 때는 반드시 문서로 작성된 기초자료를 마련해 두도록 한다. 교사가 아이의 학습활동이나 생활습관 등을 이야기할 때 아무런 근거자료 없이 이야기하다 보면 학부모의 신뢰를 얻기 힘들다. 1학기에는 학부모 설문조사 결과와 아이들에 대해 평소에 관찰하고 평가한 내용을 기록으로 남겨 기초자료로 활용하고 학년 말 마무리 상담에는 일 년간의 학습 결과와 생활 내용을 서술식으로 평가, 기록한 내용과 글쓰기 모음 등을 참고자료로 사용할 수 있다. 상담을 하기 전에 아이들에 대해 간단한 설문조사를 해서 그것을 바탕으로 아이들과 이야기를 나눈 뒤 학부모 상담을 진행할 수도 있다.

집단상담 하루에 3~6명의 학부모와 함께 2~3시간 정도 함께 이야기를 나누는 방식이다. 사전에 학부모통신으로 집단상담의 의미와 참가 여부를 확인하고 날짜를 정한다. 상담 시간에는 담임이 먼저 차례대로 아이 하나하나에 대해 학부모와 이야기를 나눈다. 개인적인 이야기가 끝나면 전체적으로 공통의 문제, 학급운영, 교육문제 등에 대해 이야기를 나눈다. 마지막으로 학부모들의 요구를 듣는 시간도 가진다. 개인상담에서는 내 아이에 대한 이야기를 주로 듣는 반면 집단상담을 하게 되면 다른 아이들의 생활 모습을 알 수 있다. 또 교사로서는 학부모와 함께 현실적인 대안을 폭넓게 모색할 수 있는 장점이 있다. ^(1권 324쪽 참고)

 ## 학부모와 함께 만드는 교육활동

교사와 학부모 사이에 신뢰가 쌓이고 공통의 목표인 '아이들을 위한 교육'에 공감하게 되면 학부모와 함께하는 교육활동을 생각해 볼 수 있다. 학부모를 주변인으로 보지 않고 학급활동의 중심으로 끌어오는 것이다. 학부모를 교육활동 중심에 세우는 일은 교육의 외적 확대와 동시에 내실화에도 도움이 된다.

그러나 학부모가 교육의 중심에 들어와야 한다는 것이 교사가 교육과정에 대한 책임을 소홀히 하는 핑계가 될 순 없다. 교육과정을 설계하고 이행하며 평가할 수 있는 실질적 주체는 교사다. 학부모와 머리 맞대고 고민하는 과정이 중요하고, 학부모의 도움을 얻는 것도 훌륭한 일이지만 교사의 본래 자리가 어디인지는 정확하게 인식하고 있어야 한다.

학부모를 교육활동에 끌어들이기 위해서는 먼저 학부모들에게 교육과정에 대해 설명할 필요가 있다. 교육과정에 대한 이해가 있어야 학부모가 학교 학급 교육에서 할 수 있는 역할을 찾을 수 있다. 교사의 개별지도가 힘든 교육현실에서 학부모의 개별지도 보완은 아주 효과적이다. 이때 교사는 학부모와 미리 수업 목표가 무엇이고 어떤 부분에 대해 개별지도를 해야 하는지 사전에 논의해야 한다. 목표도 모르고 방법도 모르는 학부모에게 무조건 개별지도를 부탁하는 건 교사의 임무를 포기하는 행위이다.

또 학급행사를 계획할 때도 부모를 지나치게 수동적으로 만들어 '심부름' 정도나 하는 대상으로 만들지 말고 함께 논의하는 과정을 거치는 게 좋다. 도움을 요청했다면 서로 고민하는 과정과 역할 분담에 대한 명확한 설정이 필요하다.

명예교사로 함께 수업 만들기

학부모가 참여하는 수업에서는 명예교사를 선정하는 것이 아주 중요하다. 학년 초 학부모 총회를 할 때 명예교사 제도에 대해 소개하고, 학습에 필요한 부분을 함께 고민하고 도와줄 학부모의 자원을 받는다. 이후 학급신문이나 학부모통신으로 꾸준히 학부모와 의사소통하는 것이 학부모와 함께하는 수업의 성공 여부를 판가름한다.

학급신문이나 학부모통신으로 학급의 교육활동을 알리는 작업을 지속적으로 하다 보면 학부모들은 학급활동에 관심을 갖게 된다. 뿐만 아니라 더 좋은 아이디어를 제공해 줄 수도 있다. 일 년 교육과정을 계획하면서 학부모 참여에 알맞은 수업을 미리 생각해 보고 가능한 학부모가 있는지 알아보는 것도 좋은 방법이다. 예절 지도를 하면서 한복 입는 법을 배운다거나 다도법, 송편 빚어 찌기, 경단 만들기, 학급 체육대회, 수채화 지도, 현장 체험학습 등 교육과정에 학부모가 참여할 수 있는 가능성을 폭넓게 모색하는 것이다.

학부모 명예교사 제도를 운용할 때에는 무엇보다 사전에 수업 진행에 대하여 교사와 명예교사가 긴밀하게 협의하는 것이 중요하다. 별다른 사전 준비 없이 수업에 임하다 보면 교사의 의도와는 전혀 딴판으로 수업이 흘러가기도 한다. 학부모들의 의욕이 앞서서 아이들의 활동을 지원하고 도와주기보다는 스스로 활동을 주도하여 아이들은 구경만 하게 되는 경우도 있다.

준비모임 준비모임은 보통 수업하기 일주일 전에 교실에서 진행한다. 교사는 학부모들이 편안하게 이야기하면서도 회의에 진지하게 참여할 수 있는 분위기를 만들어 주어야 한다. 관련 자료를 명예교사 수만큼 복사하여 나누어 주고 회의를 진행하면서 먼저 수업 날짜와 시간을 정한다.

다음으로 중요한 것이 명예교사에게 교육 내용을 충분히 이해시키는 것이다. 이 수업을 계획한 이유는 무엇인지, 수업 목표는 무엇인지, 각 활동에서 중점을 두고 지도해야 할 부분은 무엇인지 등을 정확히 밝혀야 한다.

학부모들과 수업에 대해 여러 각도에서 계획하고 의논하면 교사 혼자 수업을 계획할 때보다 훨씬 창의적인 수업안을 짤 수 있다. 교사는 학교라는 틀 속에서 사고하는 습관이 있는데, 명예교사는 그런 면에서 훨씬 자유롭기 때문에 좋은 아이디어를 풍부하게 제공받을 수 있다.

다음으로 할 일은 담당자를 정하는 일이다. 학부모의 다양한 직업과 경험이 빛을 발하는 순간이다. 각자 재능과 장기를 살려 어떤 역할을 맡을지 정하면 된다. 담당자가 정해지면 교사는 수업에 쓸 준비물을 점검하고 가능하면 여러 학부모의 사정에 맞게 골고루 배분한다. 수업이 진행되기 전에 아이들에게 명예교사는 활동의 안내자이며 활동의 주체는 아이들임을 이야기해 주어야 한다.

학부모 명예교사 수업에서 매우 중요한 것이 평가회이다. 늘 교사가 진행하던 수업을 학부모가 진행할 뿐이라면 그것은 하나의 '이벤트'로 그칠 공산이 크다. 이러한 상황을 막기 위해서는 학부모 수업도 전체 교육과정 중에 놓인 수업의 한 형태임을 인지하고, 교사와 학부모, 그리고 아이들 모두 수업에 대해 진지하게 평가해야 한다.

보통 수업을 진행한 당일이나 그 다음 날 평가회를 하게 되는데, 명예교사의 시각에서 아이들의 반응이 어땠는지 서로 이야기해 보는 것으로 시작한다. 그러면 학부모가 생각하는 진정한 학교에 대한 이야기, 학원에서는 배울 수 없는 것을 학교에서 가르치고 있음을 알았다는 이야기 등이 나오게 된다. 이런 평가는 공교육에 대한 학부모들의 신뢰를 키우는 데 큰 힘이 된다.

> **학부모와 함께하는 수업에서
> 교사가 놓치지 말아야 할 점**
>
> 첫째, 교사가 수업 흐름을 철저하게 계획해야 한다.
> 둘째, 명예교사는 아이들의 활동을 도와주는 도우미임을 꼭 짚어 주어야 한다.
> 셋째, 수업에 참여하기 전에 반드시 준비모임을 갖고 학부모 명예교사의 역할을 정확히 전달해 주어야 한다.
> 넷째, 평가회를 통해 이후 활동을 계획할 때 시행착오를 줄이도록 한다.

학급행사 함께 열기

학급기행이나 캠프는 교사 혼자서는 쉽게 엄두를 낼 수 없지만 학부모가 함께한다면 한 번쯤 시도해 볼 만한 학급행사이다. 하루 또는 1박 2일 정도로 일정을 잡아서 학부모와 함께 행사를 준비한다. 먼저 학부모통신이나 학부모모임에서 기행이나 캠프의 의미를 짚어 보고 실시 여부와 장소를 결정하고 나면 학급기행이나 캠프 준비팀을 만든다. 장소와 숙박, 식사 등의 실무적인 준비는 학부모들이 알아서 하도록 하고 교사는 프로그램을 준비한다. 학부모가 캠프에 참여하기 때문에 프로그램의 진행이나 준비도 수월할 뿐더러 안전사고도 대비할 수 있다.

봉사활동　아이들의 봉사활동 과정에 학부모가 참여하면 아이들이 봉사의 참뜻을 깨닫는 데 큰 도움이 된다. 자원하는 학부모로 팀을 꾸려 봉사활동 장소를 물색하고, 아이들을 안내하는 역할을 맡길 수 있다. 경로당이나 고아원 같은 경우는 학부모가 동행하여 지도할 수 있도록 배려한다. 고학년은 청소나 식사 돕기 등 학부모의 지도로 봉사활동 프로그램을 운영해 볼 수도 있다. 아이들과 학부모가 함께하는 봉사활동은 무엇보다 형식적인 활동에서 벗어날 수 있다는 장점이 있다.

마무리잔치　학급 마무리잔치를 기획하고 있다면 학부모와 함께 준비해 보는 것도 한 방법이다. 교사와 아이들이 함께 프로그램을 마련하면서 학부모 참여를 끌어낼 수도 있지만, 학부모가 처음부터 함께 프로그램을 기획할 수도 있다. 마무리잔치는 아이들의 일 년 교육활동 성과를 마무리하는 의미도 크지만 학교와 가정에서 아이를 함께 키워 낸 학부모와 교사의 노고를 자축하는 뜻 깊은 자리가 될 것이다. 학급 아이들과 담임 시간을 먼저 마련하고, 학부모와 함께하는 프로그램은 뒤에 배치해 직장에 다니는 학부모들도 함께할 수 있도록 시간 안배에 신경을 쓰도록 한다.

글쓴이 · 도움 주신 분들　신명기 | 서울 영훈초 교사 · 이현미 | 인천 승학초 교사 · 전양준 | 광주 운천초 교사 · 정현주 | 서울 한천초 교사 · 홍순희 | 서울 대곡초 교사

학부모는 아이들의 정보를 가장 잘 알려 줄 수 있는 직접적인 정보 제공자이다. 또한 학교교육과 가정교육을 이어 줄 좋은 동반자이기도 하다. 그런 의미에서 교사에게 '학부모와의 관계 설정'은 매우 중요하다. 저학년 학부모는 교사와의 소통 방법을 모르거나 혹은 통로가 없어서 서로 만나지 못하는 경우가 있다. 교사가 여러 갈래의 소통 경로를 만들어 내고, 학부모가 조금씩 건강하게 학교에 참여하는 방법을 익히면, 학부모와 함께 교사도 성장하게 된다. 그 성장은 우리 교육의 기름진 거름이 될 것이다.

여러 갈래의
말길 트기 부터

신명기 | 서울 영훈초 교사 · 박종호 | 서울 배영초 교사

담임쪽지 활용하기

저학년은 각종 준비물이 제대로 전달되지 못해서 학부모들로부터 불필요한 오해를 받는 수가 있다. 알림장을 일일이 확인해서 보낼 수도 있지만, 아직 공책 정리나 글쓰기에 익숙하지 않은 아이들이 많아서 제대로 챙겨 주기가 쉽지 않다. 이럴 때 담임쪽지를 미리 마련해서 알림장에 붙여 주거나 따로 나누어 주는 것도 한 방법이다. 수업과 연계한 생활지도, 학습 상황, 숙제, 준비물, 부탁할 말, 교사의 교육 의도, 향후 계획 등 알림장으로 일일이 다 전하지 못한 내용을 좀 더 간편하게 알릴 수 있다. 담임쪽지는 시간 날 때, 필요한 때만 보낸다. 그리고 짧은 시간에 쉽게 만들 수 있어야 한다.

예시 담임쪽지

꿈이 많은 아이들 – 1학년 ○반 소식입니다

발행일 : ○○○○년 ○월 ○일 ○요일

1. 겨울방학 과제 계획을 내지 않은 아이가 4명 있습니다. 월요일까지 내 주십시오.
2. 문집에 실을 글을 모으고 있습니다. 아이의 글이 빠지지 않도록 확인해 주시기 바랍니다.
   - 오늘은 가족 그림을 그리고, 가족에게 하고 싶은 말을 글로 썼습니다.
   - '친구에게 쓰는 편지'를 내지 않은 아이가 많습니다. 월요일에 보내 주십시오.
3. 오늘 일기장은 문집에 싣기 위해 나누어 주지 않았습니다.
4. '나의 겨울방학 생활 계획표'를 만들었습니다. 지킬 수 있는 것들이 계획되어 있는지 확인해 주십시오. 계획을 잘 지켜 규칙적인 생활을 할 수 있도록 격려해 주시기 바랍니다.

형식에 구애받지 않고 컴퓨터로 작업을 해서 복사하여 붙여넣기를 하면 5~6장만 출력하면 된다. 학부모들의 의견이 필요한 경우에는 답신을 쓰는 공간을 두고 답신을 적어 오게 하면 좋겠다.

학부모통신 봉투 만들기

학부모통신을 나누어 주면 교실에 버리고 가는 아이들이 많다. 그래서 전달하고자 하는 내용을 제때 학부모들이 전달받지 못하는 일이 생긴다. 이럴 때를 대비해 알림장 표지 뒷면에 학부모통신 봉투를 만들게 한다. 여기에 학부모통신과 담임쪽지를 넣어 보내고 제대로 전달하도록 몇 차례 연습을 해 본다. 학부모통신을 받자마자 봉투에 넣는지 확인해 보고, 학부모의 확인 사인이나 도장을 받아 오도록 하면 효과적이다. 그래도 교실에 버리고 가는 아이들이 있다면 학부모통신을 받으면 무조건 이름을 쓰도록 하여, 나중에라도 확인할 수 있다.

학부모와 함께하는 어깨동무 상담

저학년 가운데는 종종 학교생활에 잘 적응하지 못하는 아이가 있다. 교사와 친밀감이 미처 형성되기 전에는 아이가 왜 그런 행동을 하는지 직접 알아내기 힘들다. 이럴 때 학부모와 상담을 하면서 문제를 풀 수 있다. 수업 시간에도 마치 쉬는 시간처럼 행동하는 아이의 학부모와 상담을 하다 보면 "공부 시간에는 자리에 앉아 있어야 하는 것을 몰라서 그랬다."는 등 아이 나름의 이유를 들어 볼 수 있다.

반대로, 학부모들은 집에서 알 수 없는 자녀의 학교생활에 대해 궁금해한다. 한 달에 1~2회 있는 급식도우미 활동 뒤 교사와 간단히 차를 마시며 자연스럽게 대화를 하는 것이 좋다. 복잡한 교육현실 얘기는 밀쳐 두자. 지금 내 앞에 앉아 있는 학부모가 듣고 싶은 이야기를 해야 한다.

의사소통이 어려운 1학년은 3월 한 달 동안 학부모와 함께 학교 들어오기 전의 교육활동이나 형제 관계와 우애 정도, 집에서 하는 행동, 식사 습관, 건강 상태, 취미, 친구 관계, 기초 학습능력, 가족 관계 등에 대해 꼼꼼하고 자세하게 이야기하는 시간을 가지면 좋다. 병설유치원에 다녔던 아이라면 유치원 선생님의 도움도 얻을 수 있다.

1학년은 자기 의사를 표현하는 데 서투를 뿐 아니라, 교사가 알고자 하는 내용에 대해 대답을 잘 못하는 경우가 많다. 물론 입학할 때 가지고 오는 가정환경 조사서를 참고할 수는 있지만 그것은 형식적인 부분이 많아 아이를 속속들이 알기 어렵다. 그래서 학부모통신을 보낸 뒤 가장 눈에 띄는 아이들(학교에 오기 싫어하거나 공부 시간에 밖을 배회하거나 행동이 지나치게 산만한 아이들)의 학부모를 중심으로 상담을 시작했다. 상담을 할 때 최대한 아이에 대해 솔직하게 말할 것을 부탁하고 "어떻게 해야 할까?" 하며 마음과 마음을 어깨동무 한 뒤에 상담에 들어갔다.

어깨동무 상담으로 가장 생활태도가 나아진 아이는 병묵이다. 그 아이는 3월 내내 공부 시간에 슬쩍 사라지곤 했었다. 묻는 말에 대답도 잘 안 하고 그저 눈만 멀뚱멀뚱 뜨고 쳐다보던 병묵이가 학교생활에 적응을 하고 공부 시간에 발표도 잘하는 아이가 된 것은 엄마와 유치원 선생님의 도움이 컸다. 병묵이가 적응을 못하고 떠돌던 것은 자기도 모르게 옷에 똥을 묻혀서 그랬던 것이다. 병묵이는 변비가 심해서 관장을 자주 한 탓에 괄약근을 조절하는 데 문제가 있었다. 한편, 책읽기를 무척 좋아하고 그래서 독서의 양과 수준이 상당하다 보니 또래 아이들과 함께 하는 활동이 영 시원찮았던 것이다. 어머니와의 어깨동무 상담 뒤 나는 수시로 병묵이를 내 자리에 불러 혹시 냄새가 나는지 은근슬쩍 검사했고 화장실을 다녀오라고 채근했다. 또 옛이야기나 동화책을 읽어 주는 시간에는 꼭 병묵이에게 질문을 던져 칭찬해 주고 용기를 북돋워 주었다. 그 뒤 병묵이는 우리 반 아이들 사이에서 척척박사, 책벌레 등으로 불리며 자신감을 갖고 활발하게 생활하고 있다.

교사가 아이들을 만나는 데 어떤 정해진 길이 있는 것은 아니다. 늘 상황이 다르고 그 속에 숨쉬는 아이들이 다르기 때문이다. 양파 껍질을 벗기다 보면 도대체 어떤 게 진짜인지 또 어디가 끝인지 알기 힘든 것처럼 아이들 역시 그렇다. '이런가?' 하면 또 엉뚱한 모습을 보여 주는 아이들. 인내와 끝없는 사랑이 아이들과 좀 더 가까워지는 지름길이며 함께 행복한 일 년을 보내는 길이 아닐까 생각한다.

(최은희 | 충남 아산 거산초 교사)

학부모 만남,
신뢰와 상식으로 다가가자

주순중 | 서울 창경초 교사

어떻게 학부모를 대해야 학급운영이 좀 더 원활해질 수 있을까? 좋은 의미로든 나쁜 의미로든 학부모와 자주 맞닥뜨리게 되는 건 대부분 저학년 담임이다. 손이 많이 필요한 급식이나 청소에 학부모 도움이 필요한 것도, 이러쿵저러쿵 말 많은 사건이 일어나는 것도 대부분 저학년에서 일어나는 일이다. 처음 학부모가 돼서 어찌해야 좋을지 모르는 서툰 학부모가 많기 때문일 것이다. 반면에 학년이 올라갈수록 교사도 학부모도 이래저래 경험을 하게 되니까 서로 부닥칠 일이 적어지는 게 사실이다.

진솔함으로 신뢰를 얻어라

사실 학부모와의 관계를 잘 풀어 나가는 데 특별한 방법이 있는 것은 아니다. 아주 기본적이라고 생각되는 부분에서부터 관계를 풀어 가야 한다는 게 내 생각이다.

학부모와 교사 사이에서는 언제나 문제가 많이 일어난다. 우선 신뢰 관계를 갖지 못한 게 제일 큰 원인인 듯하다. 내 얘기를 하자면, 새 학교로 옮긴 첫해였는데 학부모들이 새로 온 교사에 대해 잘 모르는 게 당연할 테고, 역시 굉장히 힘들어했다. 의욕에 넘쳐 교직생활을 하던 시절이었는데, 학부모들은 '뭔가 이상하다. 하지만 전의 선생님과 다르다.' 고 느끼면서 한 해를 넘겼다. 그런데 다음 해가 되니 일이 일사천리로 잘 진행되었다. 뭐 대단한 걸 한 건 아니었지만, 아이들을 이해하려 애쓰고 아이들이 필요로 하는 것을 채워 주기 위해 노력한 진심이 전해져 신뢰가 생겼던 것이다.

학교를 옮긴 첫해에는 너무 튀지 않게, 하지만 신뢰감을 심어 줄 수 있도록 일을 하는 게 중요하다. 신뢰감이 있으면 설혹 무슨 일이 생기더라도, 그냥 섭섭함 정도로 넘어가게 된다. 어떻게 하면 신뢰감을 줄 수 있냐고? 교사마다 다를 것이다. 우선은 아이들을 정말 사랑해야 하고, 계속 반성해야 하고, 그런 모습을 꾸준하게 학부모들에게 보이면, 저절로 신뢰감이 쌓이지 않을까? 그저 일만 벌인다고, 실속도 없이 떠벌린다고 신뢰감이 생기지는 않는다. 나 같은 경우 학교를 옮긴다 해도, 결국 비슷비슷한 지역이었다. 결국 어디를 가도 주변 사람들이 다 알게 되면서, 나에 대해 기대를 하곤 한다. 모두 신뢰에서 비롯되는 것이다.

또한 일 년에 한두 번 정도는 학급문집을 꼭 내는데, 아이들의 진솔한 모습을 학부모들에게 보여 줄 수 있고, 학부모들은 학급문집을 통해 몰랐던 면들을 새롭게 이해하게 되면서 다시금 교사에게 신뢰감을 갖게 된다. 수시로 좋은 책이나 공연 등을 알려 주면서 학부모들의 갈증을 채워 줄 수도 있다.

상식만 한 무기는 없다

신뢰 못지않게, 학부모와의 관계를 '상식' 선에서 풀어 나가는 것도 중요하다. 잘 보면 모든 문제는 상식에서 어긋날 때 생긴다. 그런데 막상 제대로 된 상식을 갖기가 쉽지는 않다. 우리 사회가 워낙 상식이 통하지 않다 보니 어떻게 하는 것이 상식인지 잘 판단이 안 될 때도 많고, '교육적'이란 이름으로 행해지는 일 가운데도 몰상식하고 비교육적인 일은 또 얼마나 많은가? 결국 너무나 당연한 말이지만, 교사 자신의 인생관, 가치관, 교육관이 바로 서 있어야 바른 상식을 가질 수 있음을 잊어서는 안 될 것이다.

억지로 잘하려 해도 그 진심은 다 보이게 마련이다. 학부모와의 관계가 친밀할수록 좋다는 생각만으로 도가 지나치게 친밀해져도 곤란하다. 예를 들어, 스스럼없다 해서 말을 막하는 경우도 있는데, 이건 상식적으로 보더라도 별로 좋지 않다. 결국 상식 선에서 학부모와의 관계를 생각하면 별로 어려울 것이 없다. 특별히 학부모라는 꼬리표를 달기보다는, 그저 사람을 대하는 방식으로 생각해 보면 될 것이다.

마지막으로 그동안의 경험을 바탕으로 몇 가지 더 언급을 해 보면, 30대 이전의 교사들은 젊다는 이유만으로도 학부모들에게 후한 점수를 받는다. 세상에 물들지 않은 참신함, 순수함을 학부모들은 높이 사는 것이다. 또 그 나이에는 결혼을 안 한 경우가 많아서, 자기 가정 돌볼 시간에 갖은 정성을 다 쏟을 수 있으니, 그것만으로도 얼마나 큰 이득인가.

또한 저학년 담임인 경우에는 학부모들을 충분히 안심시키는 것이 중요하고, 고학년을 맡았을 때는 젊은 감각으로, 아이들 세대를 잘 이해하고 풀어 가려는 자세를 갖는 것이 중요할 듯하다. 아이들은 자신들의 마음을 잘 이해해 주는 교사를 가장 좋아한다. 결국 아이들이 좋다고 하면 학부모들 역시 좋아하는 건 당연하다.

1. 마음을 이어 주는 학부모통신

최은희 | 충남 아산 거산초 교사

어린이집을 다닐 때 나는 아이가 어린이집에서 뭘 하는지 너무 궁금했다. 단순히 공부를 잘하는지가 아니라, 뭘 하고 놀았는지, 누구와 안 싸웠는지, 어떤 생각을 하고 지내는지가 너무 궁금했다. 그런데 어린이집 원장 선생님이 아이가 하루 동안 뭘 하고 지냈는지 짤막한 메모를 해서 보내 주시곤 했다. "오늘 우진이는 블록 놀이로 총을 만들어 친구 영석이와 신나게 놀았습니다. 참 재미있어하더군요." 그걸 보면서 우리 반 아이들의 학부모들도 이런 것을 참 궁금해하겠구나 하는 생각이 들었다.

그래서 나는 4년 동안 매주 학부모통신을 보내고 있다. 내 아이가 학교에서 어떻게 지내는가 하는 것은 학부모들 초미의 관심사이다. 그렇지만 아이들이 학교에서 있었던 일을 다 이야기하는 것은 아니다. 교사와 면담하는 것도, 맞벌이 부부에게는 어려운 일이다. 그래서 매주 아이들이 어떻게 지냈는지를 알려 주는 소식지를 보내 준다. 한 주의 뜨거운 뉴스, 교사의 짧은 편지, 학부모에게 교사가 꼭 하고 싶은 이야기, 교과 공부한 내용 같은 것을 모아서 보내 주는 것이다. 학부모가 소식지 한 장 받아들면, 아, 우리 아이가 이번 주에는 이렇게 살았구나 하고 자기 아이의 글이나 다른 아이의 글을 보며 알 수 있다.

아이들 글은 매주 모둠별로 싣는다. 처음에는 학부모 입장에서 좀 욕심에 못 차게 쓴 아이의 글이 실리면 그 학부모가 위축되기도 하는데, 학부모가 자녀의 학습능력이나 상태를 그대로 파악할 수 있다는 점에서 긍정적이라고 생각한다. 그리고 무엇보다 중요한 것은 아이가 글을 잘 쓰느냐 못 쓰느냐가 아니라 글 속에 담긴 아이의 마음을 정확하게 읽어 낼 수 있다는 점이다.

소식지를 보내다 보면 학부모들은 교사의 교육활동에 대해 더욱 깊이 이해하게 된다. 소풍을 다녀온 뒤 쓴 글이 실린 소식지가 나가면, 학부모들은 아이들이 소풍 가서 이런 사고를 쳤구나, 내 아이가 또 한 건 했구나, 하면서 나중에 교사를 만나면, "소풍 갔을 때 무척 힘드셨겠어요, 선생님." 하는 인사가 절로 나오게 된다.

아이들의 글을 보면 활동의 면면이 생생하게 보일 수밖에 없다. 어떤 애는 누가 때려서 울었고, 어떤 애는 뭐가 무서워서 도망갔고, 그 아이 찾느라 선생님이 얼마나 진땀을 뺐고 하는 이야기들이 적나라하게 실릴 수밖에 없다. 그러면 교사가 아이들을 야단치고 매를 들고 하는 부분도 학부모들은 이해할 수밖에 없게 된다. 소식지를 꼬박꼬박 보내다 보니 이것을 매번 철해서 모아 놓는 학부모도 여럿이다.

어떤 선생님들은 글쓰는 것이 부담스러워 학부모통신 보내는 것이 어렵다고 한다. 그러나 교사는 두세 줄만 쓰면 된다. "어디로 소풍 다녀왔습니다. 무사히 잘 다녀왔습니다." 그리고 나머지는 아이들 글로 채우면 된다. 그림을 중심으로 학급운영을 한다면 그림을 붙여 넣으면 된다. 독서지도를 중심으로 학급운영을 하면 독서지도 하면서 아이들이 남긴 결과물을 붙여 넣으면 된다. 하지만 그것마저도 교사에게 버거운 일이라면 모둠을 활용하면 된다.

나는 평소 소식지와 학급문집 내는 것을 중심으로 학급운영을 하기 때문에 생활모둠으로 편집 모둠과 소식지 모둠을 꾸리고 있다. 편집 모둠과 소식지 모둠은 소식지에 실릴 글을 고르는 역할을 한다. 아이들은 그 역할을 아주 훌륭히 해낸다. 자기들끼리 어떤 글을 실을지 매우 진지하게 토론한다. 체험학습 다녀와서 쓴 글을 아이들에게 주고 너희가 한번 점수를 매겨 보아라 하면 아주 잘 쓴 것, 보통인 것, 조금 부족한 것 등으로 나누고, "선생님, 이번에는 잘 쓴 것만 내보내고, 다음에는 좀 부족한 것, 그 다음에는 보통인 것 순서로 내보낼까요?" 하고 물어 온다. "이 아이는 글은 잘 쓰지만 지난번에도 나갔으니까 다른 아이 것을 넣자." 이러면서 형평성을 맞추기도 한다. 나는 자꾸 좋은 글, 잘 쓴 글에 눈이 가는데, 아이들이 이런 방식으로 토론해서 글을 뽑아 균형을 맞추어 준다.

소식지는 일주일에 A4 용지 한 쪽이나 두 쪽 정도로 만드는데, 그 안에 아이들 글을 모두 싣는 것은 거의 불가능하다. 또 모두 다 넣어 주는 것도 효과가 없을 것 같아서 아이들과 이런 방식으로 토론하

예시 우리 반 들꽃통신

햇살이 뒹구는 교실 13호

○○○○년 5월 31일 흙의 날

우리 이렇게 살았어요

지난 4월 초에 고구마를 묻고 움트는 싹을 신기한 듯 바라보며 매일 아침 한슬이와 태하가 물을 주며 길렀어요. 그 싹을 잘라 월요일에는 텃밭에 고구마를 심었어요. 저도 농사 짓는 데 서툴러 윤양수 선생님이나 이 주사님 도움을 받아가며 겨우겨우 흉내를 냈지요. 고구마순을 자르고 알맞은 크기로 잘라 비스듬하게 꽂고 흙을 덮었지요. 봄에 심은 감자는 잘 자라 꽃망울을 맺고 있구요, 완두콩도 쑥쑥 크고 있지요. 우리 아이들 기운을 받고 크는지 잘 자랍니다. 언제 시간이 나면 텃밭으로 우리 햇살마을 식구들을 초대할게요. 기대하세요.

학교에 오셨다가 혼자서 화장실 청소를 말끔하게 해 주신 지나 어머니 고생 많으셨어요. 이렇게 소리 없이 도와주시는 부모님들 덕분에 거산학교가 서로에게 소중한 학교가 되지 않나 싶습니다. 오늘 명인이 생일잔치로 음식 보내 주셔서 잘 먹었어요, 명인이 어머니. 고맙습니다.

햇살마을 지기가 떠우는 편지

오늘 우리 교실에 새 동무가 전학을 왔습니다. 동두천에 살다가 할아버지 댁으로 온 식구가 이사를 오는 바람에 전학을 온 아이는 최선묵입니다. 아이들이 아침부터 새로 온 동무에게 달라붙어 이것저것 물어보고 흥분되어 있습니다. 쉬는 시간에도 쪼르르 달려가 호기심을 보입니다. 지들끼리만 지내다가 낯선 얼굴이 오니 마음이 설레나 봅니다. 나 또한 그러니까요. 또 학교 동물의 집에 예쁜 강아지가 이사 왔습니다. 천안에 사시는 어떤 분이 우리 학교 아이들에게 보낸 것입니다. 시내에 나가 예쁜 강아지 집도 사 왔어요. 개와 닭과 토끼와 그리고 저 풀들과 꽃들과 텃밭의 곡식들과 어우러져 자라는 우리 아이들! 마음에도 뭇 생명들이 함께 자라하길 바라며 몇 자 적습니다.

이번 주 할 일
6월 4~5일은 야영활동을 합니다. 개인별 준비물을 잘 점검해 보시고, 미리미리 준비해 주세요.

준비물
6월4일(감자 - 깨끗이 씻은 것, 한 명당 3개) 그 밖의 준비물은 따로 안내장을 보냅니다.

스물둘 햇살들의 속삭임 

햄스터의 탈출

5월 29일 목요일

오늘은 햄스터가 구석에 들어갔다. 아슬아슬했다. 근데 그 구석은 서랍이었다. 그래서 서랍을 열어 보기로 했다. 그런데 덜컥 겁이 났다. 왜냐면 엄마가 이걸 알면 무지무지 혼난다. 너무 지긋지긋해서 빨리 햄스터를 꺼내려고 했다. 그래서 나 혼자 서랍을 힘껏 들었다. 무거워서 죽을 지경이었다. 그래서 더 힘껏 들었다. 근데 또 겁이 났다. 왜냐면 햄스터가 깔릴 거 같았기 때문이다. 너무 떨렸다. 그래서 마음을 가라앉히고 서랍을 다시 힘껏 들었다. 그래서 서랍을 끌어 보기로 했다. 근데 조금밖에 안 됐다. 근데 햄스터가 불편할 것 같았다. 그래서 서랍을 힘껏 당겼더니 됐다. 그래서 햄스터를 꺼냈다. 안심이 됐다. 근데 햄스터한테 편지를 보내고 싶다. 야! 이 햄스터 놈아! 너 때매 내가 얼마나 고생했는 줄 알아. 이제부턴 집에서 탈출하지 마! (백성운)

텃밭(고추모 심기)

5월 6일 화요일 비가 왔다가 멈췄다가 온다.

나는 오늘 학교에서 2교시 때 고추모를 심었다. 우리는 비옷 있는 사람은 입고, 우산 있는 사람은 우산을 썼다. 우리는 나가서 고추모를 심었다.

6학년 언니 오빠들이 고추모를 텃밭 옆에 놨다. 이 주사님께서 막대기로 구멍을 파 주셨다. 선생님이 "우리 2학년들은 구멍 판 데에다 고추모 심어."라고 말씀하셨다. 우리는 차례차례 심었다. 처음에 우리는 왔다갔다 돌아다니면서 심었다. 그 다음 명인이가 나영이한테 줘서 내가 홍빈이 주고 홍빈이가 다온이 주고 다온이가 현용, 재성, 환교 중에서 오는 사람 주었다. 이렇게 반복이 되었다.

시간이 가자 성운이가 정원이 주고 정원이가 나한테 줘서 내가 재성, 현용, 환교 중에서 고추모를 줘서 심었다. 우리는 이렇게 반복이 여러 번 갔다. 우리는 다 심어서 선생님이 "내려가라." 그랬다. 다온이하고 나는 민성이를 만났다. 민성이는 고추모를 양손에 두 개 들고 있었다. 그래서 나는 하나만 달라고 그랬다. 근데 "싫어, 싫어!"라고 말했다. 어디에 있었냐고 물어봤는데 선생님이 주셨다고 했다. 그때 다온이가 "우리도 달라고 해 볼까?" 하니깐 "그래." 하고 다시 텃밭으로 갔다. 우리는 선생님께 물어봤다. "선생님, 민성이도 가져갔는데 우리 가져가면 안 될까요?" 선생님이 "몇 개 가져 갈 건데?" "음…… 2개요." 하니깐 "그래." 하셨다. 우리는 2개씩 가져갔다. 우리는 현관 앞에서 황동혁 오빠를 만났다. 황동혁 오빠가 하나만 달라고 그랬다. 우리는 "자!" 하고 다시 빼앗았다. 우리는 재미있었다. 우리는 다시 "자!" 하고 진짜로 하나 주었다. 그러니깐 다온이도 "자!" 하고 진짜로 줬다. 우리는 신발 벗고 실내화 신고 교실에 들어갔다. (유지나)

이를 뺀 날

5월 12일 월요일 더워지다가 시원해졌다.

나는 오늘 이를 뺐다. 엄마가 "간식 먹고 빼 보자." 해서 간식을 다 먹고 이를 실로 묶었다. 난 아플 것 같아서 "잠깐만! 보고 올게." 하고 거울 앞에 갔다 왔는데 실이 아래로 빠졌다. 그래서 엄마가 다시 묶었다. 근데 내가 또 "잠깐만! 휴지 준비하고." 해서 휴지를 준비했는데 실이 또 빠져서 엄마가 다시 묶었다. 휴지를 준비하고 나니까 좀 긴장이 풀렸다.

엄마가 이를 '탁' 하고 빼는 순간에 조금 따끔했다. 근데 이상하게 뺀 자리가 진동하는 것 같이 아팠다 안 아팠다 하고 흔들렸다. 기분이 이상했다. 하지만 귀찮고 흔들리니까 아프고 해서 빼니까 속이 후련했다. 난 오늘 이빨을 빼서 뺀 이빨을 잘 간직하고 있다. 뺀 이는 모두 8개! (최하영)

고구마 물 주기

5월 27일 화요일 덥다.

점심 먹고 학교 텃밭에 심은 고구마에 물 주는 당번이다. 나, 재성, 태하, 성운이 이렇게 물을 줬다. 샤워기처럼 많이 나오는 데를 돌려서 물을 주었다. 왜냐하면 물을 많이 먹고 무럭무럭 자라라고 그렇게 준 거다.

할머니, 할아버지, 엄마, 아빠, 나, 누나 이러케 심는 느낌이 들었다.

우리 집 텃밭 고구마는 뿌리가 완전히 내렸고 학교 고구마는 뿌리를 내리기 위해 물을 준 것이다. 운동도 대고 힘들었다. (홍진홍)

여 내용을 고른다.

이러한 학부모통신은 일상적이고 지속적으로 학부모와 관계 맺는 데 매우 중요한 역할을 한다. 한 달에 한 번 보내 본 적도 있지만, 그렇게 해서는 일상적인 관계 맺기가 아니라 그야말로 소식을 전하는 구실밖에 하지 못하는 것 같다. 토요일에 너무 바빠서 못 보내면 어떤 주에는 두 개가 나갈 때도 있고 학교행사가 많은 주는 건너뛰기도 하는데, 그것이 나에게는 채찍이 된다. 학부모가 시켜서 하는 것도 아닌데 소식지를 보내지 못한 주에는 마음이 영 불안하다.

이 소식지는 아이들과 글쓰기 공부를 할 때에도 유용하게 쓰인다. 소식지를 한 부씩 나눠 주고 같이 평가해 보는 것이다. "이 친구는 어떻게 썼어요?" "누구의 글이 가장 마음에 들어요?" 하고 질문을 하면 아이들은 자기 눈으로 봐서 가장 좋은 글을 고르고 왜 그런지에 대해서도 이야기한다. 그것이 저절로 글쓰기 공부와 이어지는 것이다. 학급운영의 여러 활동이 낱낱으로 떨어져서는 도저히 다 해낼 수 없다. 교사는 이와 같이 통합적으로 엮어서 활동을 해 나가는 운영의 묘를 발휘해야 한다.

2. 체육대회로 아버지회를 만들다

이현미 | 인천 승학초 교사

승학초등학교 4학년 4반 담임을 맡았다. 우리 학교에서 15분 정도 걸으면 문학초등학교가 나온다. 문학초등학교 4학년 4반 담임을 맡고 있던 대학 후배와 전교조 지구모임에서 만나 학급운영에 대해 이야기를 나누던 중, 학교도 가깝고 학년도 같고 게다가 반까지 같으니 천생연분! 일을 꾸며 보자고 의견을 모았다. 이름 하여 학교 간 친선 체육대회!

프로그램을 의논했다. 재미도 있고 준비하기도 쉬운 프로그램을 생각한 끝에 아이들이 제일 좋아하는 종목인 남자 축구와 여자 피구 그리고 밀가루 속 사탕 입으로 먹기를 한 뒤, 운동회의 꽃 반 대항 이어달리기로 마무리를 하기로 했다.

여름으로 접어든 7월 어느 토요일 오후, 우리 학교 운동장에 문학초등학교 아이들과 승학초등학교 아이들이 모였다. 이어 엄마들이 손에 손에 음식을 싸들고 오셨고 시간이 지나면서 퇴근한 아빠들과 형제, 자매, 할머니, 할아버지도 오셨다.

제일 먼저 남자 축구를 했다. 엄선(!)된 선수들이 운동장으로 나갔고 응원 열기도 만만찮았다. 그러나 결과는 우리 학교의 7대 1 완패! 아쉬움이 컸지만 아이들의 얼굴엔 다른 학교 친구들과 함께 엄마, 아빠의 응원 속에 운동장을 누빈 기쁨이 그대로 배어 있었다.

이어 여자 피구. 승패에 앞서 친선이다. 아이들은 열심히 피구를 했고 어느새 서로 이름도 하나 둘씩 알아 가고 있었다.

경기 사이사이 천막교실 밑에서 우리 반 엄마들이 준비해 온 음식을 서로 나누었다. 시원한 수박과 떡볶이도 먹고, 아빠들은 어느새 막걸리도 한 잔씩 주거니 받거니 하더니 분위기가 무르익어 갔다. 그야말로 우리 어릴 적 시골학교 운동회 모습 그대로였다.

다음은 마대 속에 들어가 모둠발로 뛰어가서 밀가루 속 사탕 먹기. 사탕의 달콤함만큼이나 체육대회도 달콤했다. 마지막 프로그램은 반 대항 이어달리기. 엎치락뒤치락 하는 이어달리기 경기에 목이 터져라 응원을 했다. 준비한 프로그램은 다 끝났는데도 아쉬움이 남아 즉석에서 엄마, 아빠도 이어달리기를 하기로 했다. 선수가 선발되고 엄마, 아빠 선수는 넘어지면서까지 최선을 다해 달렸다. 그리고 엄마, 아빠를 응원하는 아이들의 목소리는 초여름 하늘로 퍼져 나갔다.

참가한 사람 모두 너무나 즐거워해서 2학기에 한 번 더 체육대회를 하기로 했다. 가족 같은 분위기 속에서 치러진 운동회의 기쁨과 아쉬움을 뒤로 하고 헤어졌다.

2학기가 시작되자 아이들은 언제 체육대회를 하느냐고 졸라 댔다. 심지어 어느 날 어떤 아빠가 전화를 했다. 체육대회 언제 하느냐고. 더 이상 미룰 수 없어 9월에 체육대회를 하기로 날짜를 잡았다.

체육대회 열흘 전. 새벽 6시에 한 아빠가 우리 반 남자 아이들을 운동장으로 소집했다. 축구 연습을 해야 한다는 것이었다! 1학기 때 7대 1로 패했던 것을 갚는 것이 목표라고 한다. 자천타천으로 우리 반 임시 축구 감독이 된 아빠와 몇 분의 아빠들이 돌아가며 나오셔서 아이들과 함께 새벽을 가르며 축구 연습을 했다. 그리고 또 몇몇 엄마들은 새벽 운동 삼아 나와 운동장을 달리기도 하고 아이들을 응원하기도 했다.

드디어 체육대회 날. 이번에는 우리가 문학초등학교로 갔다. 1학기 프로그램에 아버지 축구와 엄마와 여자 아이, 아빠와 남자 아이 각각 다섯 쌍씩 이어달리기를 추가했다. 열흘간의 맹훈련 덕분이었나 보다. 우리 반 아이들은 빛나는 팀워크로 운동장을 누볐다. 하지만 아쉽게도 경기는 무승부로 끝났다. 우리 반 축구 감독 아빠가 승부차기를 제안했다. 알고 보니 승부차기 연습도 시켰다고 한다. 결국 승부차기에서 우리 반 아이들이 이겼고 다들 뛸 듯이 기뻐했다.

아이들 경기가 이어지는 동안 퇴근하신 아빠들이 오셨고 곧이어 아버지 축구를 시작했다. 물론 엄마들과 아이들의 응원 열기는 대단했다. 엄마와 아이들의 응원 속에 운동장을 가르는 아빠들의 마음은 어땠을까?

마지막으로 이어진 이어달리기. 엄마에게서 딸에게로 다시 딸에게서 엄마에게로, 아빠에게서 아들에게로 다시 아들에게서 아빠에게로 이어지는 바톤 속에 사랑도 그대로 이어지는 듯했다.

이번에는 문학초등학교 엄마들이 준비한 음식을 경기 사이사이 나누었고 1학기보다도 한결 더 가까워져 있었다.

체육대회가 끝나자 아이들은 집으로 가고 엄마, 아빠들은 학교 근처 음식점에서 뒤풀이를 했다. 임시 축구 감독의 노고를 너 나 할 것 없이 치하하며 술잔을 들었다. 지고 이기는 것이 무슨 의미가 있으랴마는 상대적으로 체력이 열세인 우리 학교 아이들을 위해서 열흘 동안 새벽마다 나와 아이들과 운동장을 함께 달린 아빠의 마음이 그 자체로 얼마나 아름다운 것이었는지.

매달 학급 학부모회를 통해 어머니모임을 하고 있던 터라 자연스럽게 아버지모임도 하자는 의견이 나왔다. 아이를 키우는 데 아버지도 참여해야 한다는 뜻이었다. 아버지들끼리 모여 술 한잔 기울이며 아이들 이야기도 나누면서 아이들과 더 가까워지기 위해 노력해야 한다는 것으로 의견이 모아졌다. 세상 사는 이야기와 더불어 아이들을 어떻게 가르쳐야 할지에 대해서도 이야기를 나누자는 것이었다. 물론 학급 학부모회처럼 정기적으로 모임이 이루어진 건 아니지만 아이들을 매개로 같은 반 아버지들과 체육대회를 통해서 만나고 또 비정기적으로 가끔 만나 함께 교육에 참여한다는 것이 커다란 의미가 아니었을까 한다.

학년을 마무리하던 2월 어느 날, 아버지 대표와 어머니 몇 분이 학교 근처 식당에 모였다. 마무리하는 의미로 마음을 담아 감사패를 만들어서 가지고 오셨다. 거기에는 감사의 말씀과 함께 우리 반 아이들 48명의 이름이 나란히 들어가 있었다. 물론 전학 간 아이들까지 포함해서.

3. 집에 가면 아이들이 보인다

강승숙 | 인천 남부초 교사

십 년 넘게 아이들을 가르치면서 가정방문을 제대로 한 일이 없다. 늘 입버릇처럼 집안 형편을 잘 알아야 아이들을 잘 이해하고 가르칠 수 있다고 말하면서도 실천을 하지 못했다. 나한테는 그 일이 크게 마음먹어야 하는 대단한 일로 여겨졌다. 그러다 몇 해 전 봄, 후배교사한테 가정방문 한다는 말을 들었다. 정신이 번쩍 났다. 나는 이렇게 게으름을 피우고 있는데 후배는 발로 뛰며 아이들을 만나려고 애쓰는구나 싶었다. 후배교사는 아이들 집을 스무 집 가까이 가 보았는데 그러고 나니까 아이들이 한 눈에 들어오더라고 했다. 궁금한 게 많았지만 자세한 얘기는 나누지 못했다.

그 이야기를 들은 날 집으로 돌아오면서 많은 생각을 했다. 벌써 6월인데 새삼스럽게 가정방문을 해도 되는가 하는 생각이 가장 먼저 떠올랐다. 이제라도 해야지 하다가도 학기 말이 다가오는데 학부모들이 반갑게 여길까 하는 생각도 했다. 갈피를 잡지 못하다가 그래도 한번 생각한 일이니까 시작이나 해 보자 하는 마음으로 설문지를 만들었다. 설문지에는 가정방문을 하려는 뜻을 간단하게 쓰고 신청을 할 수 있도록 칸을 만들었다. 이렇게 만든 설문지도 며칠을 끌어안고 있다가 겨우 아이들한테 나누어 주었다. 같은 학년 선생님한테 말을 해야 할 것 같기도 하고 말을 하자니 또 쑥스럽고, 여러 가지로 걸리는 게 많았다. 누가 알면 대단한 일을 하는 것으로 비칠까 봐 걱정이 되기도 했다. 하지만 아이들한테 신청서를 나누어 준 뒤로는 마음이 바뀌었다. 학부모들이 어찌 받아들일지 궁금해지기 시작했다. 다음 날을 몹시 기다렸다. 몇 명이나 가정방문을 원할까 하는 생각에 밤잠을 설쳤다.

아침이 되어 학교에 가니 내 책상에 벌써 신청서가 몇 장 놓여 있다. 이렇게 나흘에 걸쳐 받은 것을 세어 보니 신청한 아이들이 스무 명 조금 넘는다. 집에 꼭 가 보고 싶은데 신청 안 한 아이들도 많았지만 그래도 스무 집이나 넘게 신청한 것이 놀랍고 기뻤다. 방학 전과 방학 중으로 나누어 가정방문을 하려고 했지만 방학 전에는 생각처럼 시간이 나지 않았다. 결국 방학하기 전에는 세 집밖에 못 갔다.

아이들 집을 찾아다니면서 가정방문은 정말 필요한 일이라는 것을 깨달았다. 반 아이들 집에 모두 가 보면 좋겠지만 아이들 집안 사정도 있고, 나도 몸이 그렇게 튼튼하지 못해서 가정방문을 신청한 집에만 여러 달에 걸쳐 천천히 다녔다. 한 집에 머무는 시간은 짧으면 한 시간 길면 두 시간이었다. 아이들 집에 가면 먼저 아이 방을 둘러보고 앨범을 보았다. 아이가 있을 때는 잠깐이라도 같이 앉아서 이야기를 나누다가 어머니하고 이야기했다. 어머니하고 이야기하다 보면 아이 이야기보다는 집안 이야기와 어머니 이야기를 들을 때가 더 많다. 그래도 그 이야기는 아이 이야기 못지않게 중요하다. 아이가 살고 있는 집안을 이루는 중요한 이야기이기 때문이다.

이상하게도 어머니가 학교에 찾아와서 나눈 이야기보다 집에 찾아가서 나눈 이야기가 더 기억에 남는다. 훨씬 따뜻하고 편하다. 가정방문을 하고 나면 어쩐지 아이와 어머니, 내가 더 끈끈하게 하나가 되는 것 같다. 나도 사람인데 아이들을 가르치면서 얼마나 많은 실수를 하고 잘못을 저지르겠는가. 하지만 집에 찾아가서 이야기를 나눈 어머니들은 내가 모자라는 것을 더 이해해 줄 것 같았다. 나는 아이 교육을 위해 교사와 부모가 머리를 맞대고 함께 했으면 좋겠다. 이듬해에는 가정방문 신청을 받아 놓고 건강이 나빠지는 바람에 몇 집 다니다가 마무리를 못한 채 그만두었다. 정말 죄송스럽다. 하지만 해마다 아이들 집을 찾아가는 일은 꼭 할 생각이다.

정희네 10월 12일

정희네 집은 학교에서 아주 가깝다. 그래서 다른 집보다 가정방문을 뒤로 미루었다가 하게 되었다. 정희는 부회장이다. 정희가 부회장이니 자연 정희 어머니도 자주 뵐 수 있었다. 하지만 꼭 학급일 때문은 아니었다. 정희가 자주 아팠기 때문에 정희 어머니가 데려다 주러 오기도 하고 준비물 잊은 것을

가져다주기도 했다. 그럴 때마다 언뜻 스쳐본 정희 어머니는 그다지 편해 보이지 않았다. 뭔가에 쫓기는 듯한 느낌을 주는 것이다. 가정방문을 가서야 그 사정을 알게 되었다.

집안에 들어가니 정희 어머니는 어쩔 줄 몰라 했다. 화장실에 들어가 손을 씻으려고 하니 씽크대에서 씻으라고 끌어당긴다. 안방에다 음식을 차려 놓았는데 또 밖으로 나가더니 떡을 잔뜩 사 온다. 그만하고 들어오라고 했다. 먹으러 온 게 아니라 얘기하러 왔는데 뭘 그렇게 밖에만 있냐고 하면서. 정희 어머니가 들어오시더니 실은 너저분한 짐을 화장실에 넣어 놔서 못 들어가게 했다고 말했다. 둘러보니 가구들도 낡았고 텔레비전도 구식이다. 벽지도 누렇게 바래 있었고 방 아랫목쯤 되는 곳의 벽지는 많이 찢겨 나가 있었다.

"정희야, 여기 좀 가리게 앉아. 선생님 보기에 창피하잖아."

"정희 등으로 가릴 수도 없네요. 괜찮아요."

"선생님, 얘네 아버지가 선생님 집에 오면 창피하다고 지저분한 것 다 치우랬어요."

"살다 보면 어려울 때도 있고 그러니까 그런 거 부끄러워 마세요."

나는 자연스레 우리 집 어려웠던 이야기를 꺼내며 지금도 안방 천장은 아래로 많이 내려앉았다고 말해 주었다. 그 말에 마음이 편해졌는지 정희 어머니는 어려운 살림 이야기를 꺼내기 시작했다

"선생님, 몇 번 교실에 가서 뵈었는데 꼭 언니같이 편하게 느껴져요. 저는 서른넷이에요."

듣고 보니 내 동생 또래다.

"저는 두 집 살림 하는 거나 마찬가지에요. 얘네 아빠가 장남인데 장가 안 간 삼촌 사업돈까지 댈 때가 많아요. 삼촌은 그걸 당연하게 여겨요."

정희 어머니는 그새 설움에 눈이 벌개진다.

"생활이 많이 곤란하겠네요."

"한 달에 한 45만 원이 삼촌 빌려 준 돈 갚느라 나가요. 그러니 살림이 뭐……."

정희 어머니는 열 살도 더 차이가 나는 남편이 집 한 채 있는 거 보고 스물넷에 시집을 왔다. 그런데 지금까지 한 번도 말대답을 한 적이 없다. 그러다 보니 자연 정희 아버지는 정희 엄마 뜻은 아랑곳없

이 큰 돈을 동생에게 내주기도 했다. 정희 아버지는 버스 기사다. 벌어야 얼마나 벌겠는가. 그런데 대책 없이 돈을 빌려 주다 보니 살림이 조금도 늘지 않고 낡아 가는 것이다. 뿐만 아니라 정희 아버지는 2교대 근무를 하는데 쉬는 날이면 어김없이 술친구들이 찾아온다. 그게 이틀에 한 번꼴이다. 한 번은 정희가 학교에서 돌아와 들어오지도 않고 밖에서 울더라는 것이다. 늘 손님으로 북적이는 집에 들어오기가 싫었던 것이다. 정희 아버지는 친구들 앞에서도 부인을 함부로 대하는 모양이다. 사는 게 그러니 정희 어머니는 쌓인 게 병이 되어 머리도 아프고 가슴도 뛸 때가 많다. 정희는 엄마가 자주 아픈 것도 불만이다. 한 번은 통곡을 하며 우리 엄마 맨날 아프니 먼저 죽으면 어쩌냐고 한 일도 있단다. 정희 아버지가 식구 생각을 안 하고 마음대로 하니 이렇게 식구들이 고통을 받는가 싶다.

정희 얘기를 물었다. 집에 오면 숙제도 안 하고 텔레비전만 본다고 했다. 그리고 1학년 때부터 맞고 울면서 집에 오는 일이 다반사란다. 정희 어머니는 남편이 자기를 무시하니 동네 아이들도 정희를 무시하는 게 아닌가 하는 생각이 든다고 했다. 정희 어머니는 모든 일에 자신감을 잃은 듯했다. 언니가 서른여덟에 암으로 죽어서 그 아픔이 크기 때문에 친정 어머니한테도 이런 사정을 말하기 싫고 해서 자기는 어디 하소연할 데가 없다고 했다. 나한테라도 이렇게 말하고 나니 속이 다 시원하다고 했다.

종교를 가져 보거나 무언가를 배워 보라고 했다. 하지만 그 말은 아무런 도움이 되지 않을 것 같았다. 몇 번이나 혼잣말로 못 살겠다고 한다. 가슴이 아프다. 그렇게 정희 어머니 이야기를 한 시간 30분이 넘게 들었다. 마음 같아서는 자주 찾아가 이야기라도 들어 주고 싶다. 쉽게 변하지 않을 가정형편, 그 속에서 정희가 잘 자랄지 걱정이다. 정희한테 따뜻하게 해 주지 못한 게 너무나 죄스럽다.

배지현네 10월 15일

퇴근하고 교문에서 기다리는 지현이를 차에 태웠다. 걸어가려고 했는데 날씨가 갑자기 추워져서 차를 가지고 갔다. 지현이가 길을 일러 주는 대로 갔는데 좌회전이 안 되는 곳이라 둘레를 헤매다 보니 30분이 지났다. 지현이네는 두 동이 있는 작은 연립이다. 들어가 보니 착실한 천주교 신자라는 것이 느껴진다. 책장에는 어머니가 보는 것인지 수필집이나 소설들이 여러 권 꽂혀 있다. 아담하고 깔끔하다.

지현이 어머니는 편하게 나를 대했다. 가정방문을 하다 보면 끊임없이 내가 말을 걸어야 하는 일도 있고 주로 듣기만 하는 경우도 있다. 많이 듣는 것이 나한테는 좋았다. 지현이 어머니는 일찍 시집을 왔는데 남편과 나이 차이가 10년 정도 진다고 했다. 너무 어린 나이에 엄마가 되어서인지 아이들 기르면서 화를 많이 내고 엄하게 했다고 말했다. 그래서 지현이가 조금 기가 죽어 보인다고. 내가 보기에는 그렇지 않았다. 얌전해 보이지만 발표도 가끔 하고 짝하고 장난도 많이 친다. 집에 같이 오면서 물어보니 피아니스트가 꿈이라고 했다. 피아노 선생님이 집에 와서 봐 주는데 아주 열심인가 보다.

요즘 우리 반은 수요조사 공부를 하는데 지현이는 한 번도 빠지지 않고 숙제를 해 온다. 매번 조사한 내용이 공책에 가득이다. 내용도 자세하고 그림도 열심히 그렸다. 지현이가 아주 예리한 아이라는 것을 느낄 수 있다. 어머니가 숙제를 도와주냐고 물었다. 그랬더니 2학년 때부터 가방 챙기거나 숙제하는 것을 봐 준 적이 없다고 한다. 혼자 다 한다고 했다. 지현이 어머니는 가정교육에 대한 소신을 밝히면서 자기가 잘하고 있는지 의견을 달라고 했다. 들어 보니 잘하고 계신 것 같았다. 다만 아이를 너무 엄하게만 대하지 말고 친구처럼 이야기를 나누어 보라고 했다. 친구 같은 관계가 되어야 청소년기를 잘 넘길 수 있다는 말도 덧붙였다. 지현이 어머니는 좀처럼 학교에 오지 않는 분이다. 그래서 가정방문을 오지 않았으면 담임을 볼 길이 없었을 거라며 반가워하셨다. 나도 기분이 몹시 좋았다.

학교생활을 담은
개인 문집형 포트폴리오

조진희 | 서울 동구로초 교사

'개인문집형 포트폴리오'는 쉽게 말하면 일반적으로 알고 있는 학급문집과 개인 포트폴리오의 결합 정도로 설명할 수 있다. 작년에 같은 학년에서 부장을 맡은 교사가 만드는 것을 보고 올해 처음 따라 해 보았다.

1학기 말에 만든 '강아지똥'은 올해 우리 반에서 중점적으로 하고 있는 독서교육 위주로 꾸민 개인문집형 포트폴리오다. 공통으로 들어가는 앞쪽은 1학기 동안 아이들이 쓴 글 가운데 잘 쓴 글만을 모아 편집해 넣었다. 주로 '독서공책 글모음' '과학 독후감 쓰기 대회' '여름방학 독서감상문 쓰기 과제' 같은 독후활동 결과물이었다. 이를테면 독서문집인 셈이다. 책이나 교과서에 실린 글뿐만 아니라 신문에도 좋은 글이 있으면 읽고 감상을 쓰게 했다. 잘 쓴 글만 뽑았더니 빠진 아이들도 몇 명 있지만, 뒤쪽에 꾸리는 지면은 오롯이 자신이 주인공이니 괜찮다.

올해는 2학년을 맡았기 때문에 주로 아이들이 그린 그림과 순환도서를 읽으면서 했던 학습지가 많다. 우리 학교는 순환도서라는 게 있다. 학년 권장도서 8권을 단체로 40권씩 산 후, 한 학기에 4권씩 반마다 거쳐 가는 제도이다. 이 순환도서를 중심으로 같은 학년 교사들이 함께 학습지를 만들어서 공유한다.

아이들 한 명 한 명 포트폴리오를 따로 만드는 것이지만 사실 그렇게 어려운 일은 아니다. 앞쪽의 독서문집은 좋은 글이 있을 때 그때그때 작업해 두었다가 나중에 출력해서 끼워 넣으면 된다. 뒤쪽의 개인 포트폴리오도 순서만 맞추어서 파일에 모아 두었다가 소장 가치가 있는 것만을 빼내 묶어 주기만 하면 되는 것이다. 거기에 표지만 만들면 되니 굳이 제본할 필요도 없어 비용도 많이 들지 않는다.

지난 10월에는 그동안 현장학습한 결과물을 모두 모아 '재미있는 마을 현장학습'이라는 제목으로 개인 현장학습 문집을 만들었다. 현장학습에 관심이 많은 탓에 한번 만들어 본 것이다. 이것 역시 앞쪽은 공통으로 모은 글로 꾸몄고, 뒤쪽은 아이들이 각자 쓴 현장학습 보고서와 소감문, 현장학습지 등을 묶었다.

학부모들은 학기 말에 한 번, 서술식 평가를 해서 주는 지금의 통지표 방식에 문제가 많다고들 한다. 하지만 평소에 꾸준히 소통한다면 교사와 학부모 사이에 이런 오해는 안 생길 것 같다.

작년까지 만들었던 학급신문에는 학부모와 소통할 수 있는 난을 꼭 만들었다. 특히 처음 몇 년간은 아이들 각자의 학교생활을 써 줄 수 있도록 일부러 공간을 비워 두었다. 빈 공간에 아이에 대해 이런저런 이야기를 써 보냈던 해도 있고, 각 교과나 영역별로 표를 만들어 학습이나 생활면을 적어서 보낸 해도 있었다. 교과 내용뿐만 아니라 아이의 학교생활까지 엿볼 수 있는 개별 정보를 집으로 전해 주는 것이다. 아이들은 학교에서 일어난 일을 부모가 다 알게 된다고 싫어했지만, 학부모들은 너무 좋아했다.

이런 활동을 해 보니, 오히려 학부모들이 보고 싶어하는 것은 수치화된 성적이 아니라 아이가 학교에서 생활하고 있는 모습이라는 걸 알게 되었다.

지금 만들고 있는 개인문집형 포트폴리오는 이전의 학급신문이 담당하던 학부모와의 소통을 대신하고 있다. 뿐만 아니라 현장학습 같은 여러 학교행사나 급식 배식 등의 이유로 학부모가 학교를 찾을 때면, 아이의 학습이나 학교생활 등에 대해 밀도 있는 상담을 할 수 있다.

이렇게 학부모와 꾸준히 소통하고 여러 결과물을 학기 말 통지표와 함께 보내면, '통지표가 엉성하고 학교에서 공부를 가르치지 않는다.'는 얘기는 나오지 않는다. 오히려 통지표를 하나의 정보로서 더 관심 있게 읽을 것이다. 통지표는 그 아이의 모든 것을 나타내는 전부가 아니다. 학부모와 소통하는 하나의 수단일 뿐이다.

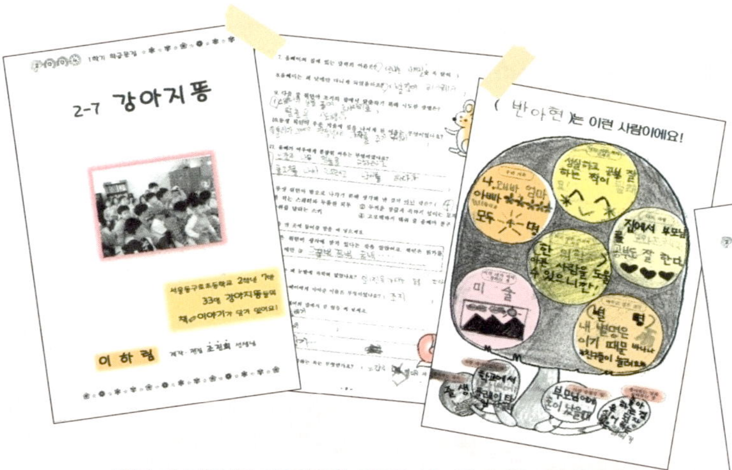

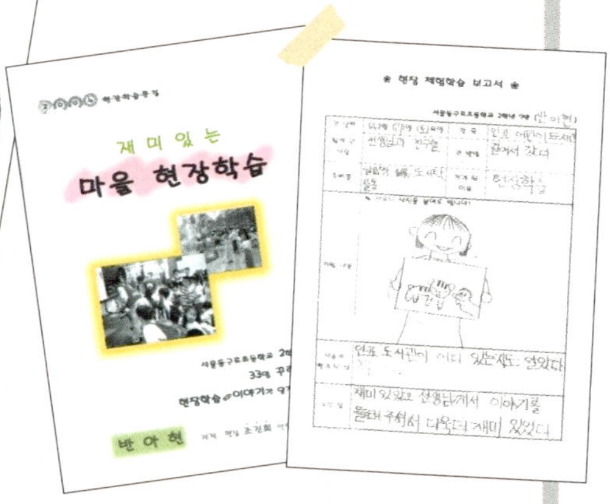

1학기 때 만들었던 개인문집형 포트폴리오 '강아지똥' 과 2학기에 만든 현장학습 문집인 '재미있는 마을 현장학습'. 아이들 한 명 한 명마다 자신만의 문집을 갖는다.

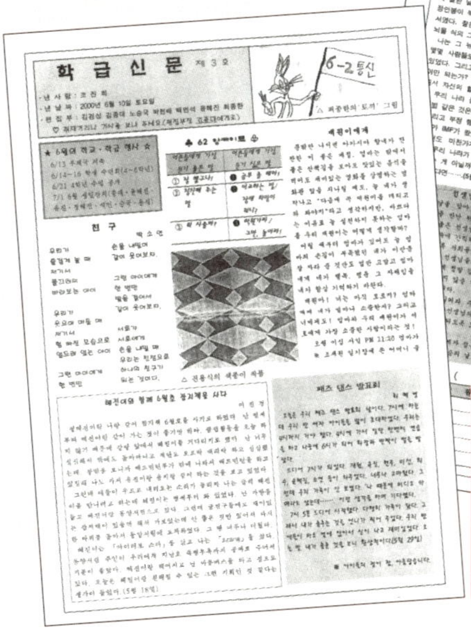

우리 반 학급신문. 학부모들이 아이의 학교생활을 알 수 있게 교과나 영역별로 아이들 각각의 개인 정보를 적어 보냈다.

♥ ♡ ♥ ♡ ♥ ( ) 어린이의 5월 학교 생활 어땠나?			
학 습 활 동		학 교 생 활	부탁의 말씀
광고문 만들기		수업 태도	
원의 둘레와 넓이		아침 자습	
사회 개념 정리		1인 1역	
리코더 연주		일기 쓰기	
기르기와 만들기		교우 관계	

한 걸음 더 가까이, 집단상담 으로 학부모 만나기

전양준 | 광주 운천초 교사

가정방문이 없어진 학교에서 아이들의 실태를 파악하기란 사실상 거의 불가능하다. 학교에서 외롭게 행동하는 아이의 집안형편이나 자라 온 과정을 알 수 없어 엉뚱한 소리를 할 때도 있고, 친구들과 잘 어울리는 아이가 한부모와 생활하고 있음을 모를 수도 있다. 이래서는 아이들의 가려운 곳을 긁어 줄 수가 없다.

나는 10여 년 전부터 학부모 집단상담을 하면서, 내가 수고한 수십 배의 교육효과를 거두었다. 교육에 대한 학부모의 이해를 배가시킬 수 있었으며, 그동안 가슴속 깊이 묻어 두었던 학교에 대한 불신을 말끔히 해소시킬 수 있었다. 또한 교사도 평범한 사람이기에 크고 작은 실수를 할 수 있음을 솔직히 인정받는 기회도 되었다.

 ### 학부모 집단상담 준비하기

모든 일이 그렇겠지만, 무턱대고 추진하는 활동들은 여러 가지로 많은 시행착오를 수반한다. 다른 기관에서야 잘못되면 예산이 더 들어가거나 완성 기간이 좀 늦어질 뿐이지만, 학교에서는 어디 그럴 수 있는가? 이번 학년도에 교육이 잘못되었다고 같은 학년을 두 번 반복할 수는 없는 일. 그러기에 학교에서는 시행착오를 최소화시키기 위해 주도면밀한 준비가 필수적이다. 학부모 집단상담도 마찬가지이다.

학부모를 만나기 위해서는 미리 아이들의 학교생활에 대해 자세히 파악해 두어야 한다. 그러자면 최소한 한 달 정도 시간이 필요하다. 거의 모든 학교에서 아직 아이들 얼굴도 낯선 3월 초에 학부모총회를 여는데, 그때는 몇몇 학부모와 피상적인 얘기를 나누는 게 고작이다. 이래서는 담임의 교육철학을 말하기도, 아이들의 학교생활을 제대로 알리기도 힘들다. 물론 학년 초에 각 가정에 보내는 학부모통신으로 학급운영에 관한 담임의 생각을 알릴 수는 있으나 직접 얼굴을 마주하고 안내하는 것과 비교할 정도는 못 된다.

3월 한 달은 담임과 아이들이 친하게 되는 기간으로 삼아 여러 방면을 자세히 관찰하고 기록해야 한다. 기록 양식은 수행평가 형태로 하되 대부분 서술식으로 한다. 물론 평가를 하는 항목은 경우에 따라서 상대평가를 하여 급간으로 나타내기도 한다. 특히 친구 관계와 집단에서의 활동 모습을 자세히 관찰하여 바른 공동체 생활을 할 수 있도록 지도한다. 여러 형태의 글쓰기를 의도적으로 해 보고 면담 때 활용하면 깊이 있는 이야기를 나누는 데 도움이 된다.

내 경험으로는 집단상담은 일 년에 두 차례 정도, 4월 초와 10월 초에 하는 게 적당했다. 너무 늦게 하면 아이들을 지도할 시기를 놓치게 되고, 너무 빠르면 아이들의 특성을 파악할 수 없어서 면담거리가 생기질 않는다. 한 번 면담하는 데 2주일이 걸리니까 상당히 부담이 되는 것도 사실이지만 그 정도 시간은 들여야 할 것이다.

 ### 안내장 보내기

학부모통신을 보낼 때 그 안에 면담 일정을 함께 적어서 보낸다. 집단상담의 교육적 효과와 필요성을 상세히 설명하고, 되도록 모든 학부모가 참가할 수 있도록 권유한다. 물론 아이들에게도 부모님께서 꼭 참가하면 좋겠다는 뜻을 전하도록 일러둔다.

안내장이 전달되면 참가할 수 있는 인원을 확인한다. 학부모통신을 보낸 날의 일기나 알림장에 학부모가 직접 참가 여부를 써서 보내도록 하면 확실하게 알 수 있다. 그래야만 하루에 면담하기 알맞은 인원을 배정할 수 있다. 하루에 면담할 적당한 인원은 3~6명인데, 처음 안내할 때 번호 순서대로 남자 3~4명, 여자 3명을 배정하고 가정형편에 따라 다른 날에 나올 수 있도록 여유를 준다. 이렇게 하면 어떤 날은 6명이 나온다고 알려 오고 어떤 날은 2명만 나온다고 하는 날도 생긴다. 이때 인원수를 적당히 조정해 주면 좋을 것이다.

 ### 집단상담 진행하기

학부모들은 거의 약속된 시간에 도착하지만 경우에 따라서는 조금 늦기도 한다. 보통 3시부터 시작하려면 고학년의 경우 정신없이 아이들 하교시키고 청소도 하지 못한 채 마주 앉게 된다. 학부모들이 오면, 해가 잘 드는 창문 쪽으로 자리를 마

련해 둘러앉는다. 어색한 분위기를 풀기 위해 일상적인 인사와 함께 학부모끼리도 잘 모르니까 서로 소개를 한다. 한 학구에 오래 살고 있는 학부모들은 서로 어느 정도 알고 있는 경우도 있다.

담임은 번호가 빠른 아이부터 이야기를 시작한다. 지금까지 학교에서 일어나는 일들에 관해 얼마나 알고 있는지 묻고, 학교 이야기를 어떻게 하는가에 관해서도 이야기를 나눈다. 취미와 특기, 특히 가정에서 열심히 하는 활동에 대해 관심을 갖고 이야기하도록 한다. 집에 자주 오는 친구와 관심을 갖는 친구에 대해 얼마나 알고 있는지 알아본다. 다음으로 학교에서의 행동에 관한 기록을 보면서 구체적으로 설명하고 조금 뒤떨어지는 분야에 대해서는 관심을 갖고 지도하도록 유도한다. 절대기준을 갖고 이야기를 하는 경우가 많지만, 경우에 따라서는 상대적 비교를 해야 할 경우도 있다.

보통 한 학부모에게 할애할 수 있는 시간은 최소 20분에서 많게는 50분 정도이다. 이렇게 차례로 한 학부모씩 이야기를 나누고 다른 학부모는 같이 앉아 듣는다. 물론 다른 아이에 관한 이야기가 자기 아이와 전혀 관계없는 내용만은 아니다. 또 대화를 할 때에도 관심을 쏟는 대목에서는 서로 이야기를 주고받는다. 이렇게 순서대로 돌아가면서 이야기를 마친 뒤 전체적으로 담임이 하고 싶은 이야기를 한다. 나는 주로 변화하는 교육 흐름과 교육 내용에 관한 이야기를 한다. 학교에서는 국가가 제시한 교육과정과 학교 교육목표에 따라 교육하고 있음을 인식시키는 것은 그리 어려운 일이 아니다.

면담 후반부에는 학부모 이야기를 듣는 시간을 가진다. 지금까지 학교에 나오지 못해 담임이나 학교에 하고 싶은 말이 있어도 가슴에 묻어 둔 경우가 많아 답답했을 테니 이런 기회에 무슨 이야기든지 하라고 권한다. 대부분의 교사들은 학부모들이 담임의 체면을 생각하여 별 이야기를 하지 않을 것이라 지레짐작하겠지만 실제로 말문이 트이면 전혀 그렇지 않다. 담임이 들어 주기에는 다소 무거운 부탁부터 자기 자녀를 좀 더 예뻐해 달라는 말까지 나오는데, 이야기를 들으면서 학부모 건의사항을 기록으로 남긴다. 상담이 끝난 뒤 학교 차원에서 추진할 사항이면 학교장과 협의하고, 학년에서 해결할 문제라면 동학년회의에 부치면 될 것이다. 그 밖에 담임은 면담 내용을 간략히 요약하여 아이들을 지도할 때 도움자료로 활용한다.

마지막으로 집단상담을 마치고 느낀 점을 이야기하도록 한다. 대부분의 학부모는 그동안 이런 기회를 갖지 못했으며, 정기적으로 면담을 하면 좋겠다고 말한다. 또한 혼자서 학교에 나올 때보다 부담이 적어서 좋다는 말도 한다. 개인상담에서는 자기 자녀의 문제만을 들었는데 함께 만나니 다른 아이들의 생활모습을 알 수 있어 교육에 많은 도움이 되었다고도 한다. 면담을 마친 학부모들은 모두가 한결같이 가슴이 후련하다고 하고, 한편으로는 책임이 더 무거워졌다고도 한다. 지금까지 몰랐던 여러 가지 교육사안에 관해 알게 되었으니 학부모로서의 역할에 충실하기 위해서 힘이 들 거라며 염려하는 소리이다.

학부모통신으로 담임과 대화를 해 본 경험이 있는 학부모들이지만 막상 학교에 나오려면 적잖은 부담을 느끼곤 한다. 그러나 그것은 교실에 들어올 때까지의 생각일 뿐, 면담을 시작하여 서로 이야기를 나누다 보면 자연히 없어지게 마련이다. 학부모들은 자녀가 몇 학년이냐에 관계없이 평소 학교와 교사에 관해 너무나 많은 이야기들을 나누고 있어서, 한 번 나쁜 쪽으로 생각이 굳어지면 담임이 아무리 좋은 말을 해도 받아들이지 못하는 경우가 있다. 학부모들은 자녀에 관해 구체적인 자료를 바탕으로 이야기를 할 때 담임에게 신뢰를 보낸다. 담임을 신뢰하면 가정에서도 자기 자녀에게 믿음을 갖게 되며, 한마디 말이라도 긍정적인 표현이 나오게 마련이다. 이것이 가정과 학교가 협력하여 교육하는 시발점이라고 생각한다. 교사 혼자서는 힘들고 무겁고 버거운 짐을 학부모와 함께 나누어 지고 갈 수 있는 한 방편이 학부모 집단상담이다. 이것을 잘만 운영하면, 이 사회에 대해 희망을 잃은 교사와 학부모 모두에게 새로운 활력을 불어넣어 줄 수 있는 묘약으로 작용할 것이다.

학부모 상담을 위한 지혜

하나 　학부모는 교사를 '내 아이 하나를 위한 사람'으로 인식함을 기억하라

교사는 학급원을 고루 보살피는 사람이다. 하지만 학부모 입장에서 교사는 '하나뿐인 내 아이를 보살피는 사람'이다. 당연히 요구 사항이 많을 수밖에 없음을 이해하자.

둘 　모든 학부모를 내 편으로 만들 필요는 없다

상담을 하다 보면 당신 생각만 고집하는 학부모를 만난다. 그럴 때 끝까지 학부모를 설득시켜 내 편으로 만들겠다고 다짐하기보다는 교사의 판단과 견해를 분명하게 밝히는 선에서 마무리 짓는 것이 상처를 줄이는 길이 된다. 서로 다름을 인정하자.

셋 　촌지, 그 자리에서 퇴짜 놓자

아이를 먼저 학교에 보낸 경험이 있는 선배 학부모들의 잘못된 조언을 듣고 촌지를 들고 학교를 찾는 학부모들이 여전히 있다. 촌지의 범위를 어디까지로 정의하느냐는 교사 개개인의 판단이겠지만, 일단 촌지라고 판단되면 과감하게 뿌리치고 돌려보내자. 아이를 통해 돌려보내는 것은 좋은 방법이 아니다. 교사가 들려 주는 봉투의 의미를 눈치 빠른 아이는 이미 알아채기 때문이다.

넷 　학부모의 피해의식을 인정하자

학부모가 '불려 온' 경우에는 교사 앞에서 움츠러들고 예민할 수밖에 없다. 이런 때는 교사의 말 한마디에도 과민하게 감정 대응을 하기 쉽다. 이는 교사 개인에 대한 불만이라기보다는 자신이 놓인 상황에서 느끼는 불안감이므로 가슴에 담아 두지 않는 것이 좋다.

다섯 　문제상황일수록 면담 이전에 사전절차를 두라

말썽이나 사건과 관련하여 상담을 요구할 때는 면담 사유를 밝힌 간단한 메모나 편지를 아이 손에 들려 보낸다. 전화는 피하는 것이 좋다. 담임의 급작스런 전화는 학부모에게 부담감을 안겨 줄 뿐이다. 사전준비는 좀 더 차분한 만남을 가능케 한다.

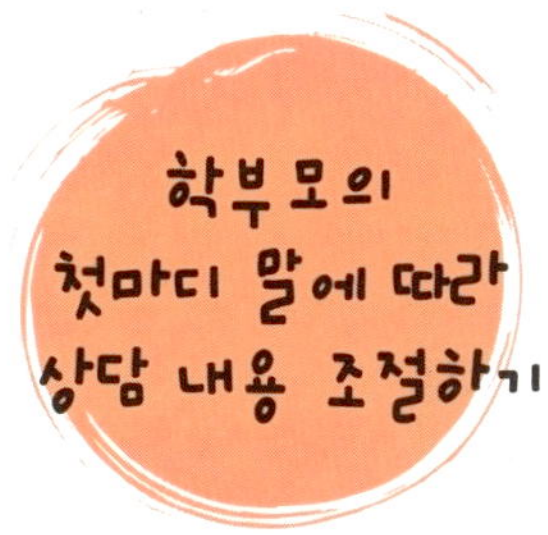

"우리 아이, 어떻게 도와주면 좋을까요?"

아이의 문제상황을 잘 인식하고 교사와 협조할 준비가 되어 있는 유형의 학부모이다.

학생의 문제상황을 설명할 때, 있었던 일을 그대로 전달하는 것보다는 '의존성이 많다.' '자주성이 부족하다.' '우유부단하다.' 등 인간 본성의 측면으로 자세히 설명한다. 그리고 교사와 함께 공동으로 문제를 해결해 나갈 것을 제안한다. 적절한 역할 분담으로 아이에게 도움이 될 수 있다.

"어쩌겠어요. 선생님이 사람 좀 만들어 주세요."

아이의 문제를 인정하지만 교사에게 교육을 전담시키려는 유형의 학부모이다.

문제상황을 설명하고 학교와 교사가 할 수 있는 것이 어디까지인지 솔직히 고백한다. 또한 아이의 삶을 변화시키는 것이 쉬운 일은 아니라는 것을 차근차근 설득하고, 학부모의 관심을 촉구한다. 단, 아이의 문제를 정도 이상으로 심각하게 전달하여 학부모의 기를 죽이고 말문을 막지 않도록 조심한다.

"어떻게 이런 일이……. 동네 창피해서 얼굴을 못 들고 다니겠어요."

창피해하며 아이의 문제상황을 받아들이지 못하는 유형의 학부모이다.

일단 아이의 문제상황이 그 아이만의 특수한 문제이기보다는 일반적으로 있을 수 있는 일이라고 이야기해 준다. 지금은 같이 의논하여 문제 해결 방법을 찾아야 한다고 설득한다. 이어서 학생을 인정하고 체벌하지 말 것을 당부한다. 그 뒤 학부모와 편지나 전화상담을 통해 관계를 유지하며 문제를 풀어 나가도록 한다.

"우리 애가 그럴 애가 아닌데……. 선생님이 뭘 잘못 아신 것 아닌가요?"

교사의 지도를 믿지 않고 아이를 무조건 보호하려는 유형의 학부모이다.

절제된 언어로 차분히 대응한다. 섣불리 인간적인 논리로 설득하려고 하는 것은 좋지 않다. 교육적 원칙에 근거하여 학교에서는 어떤 지도를 해 왔고, 현재 아이의 모습은 어떠하다고 논리적으로 이야기한다. 이때 추상적인 언어를 쓰지 말고 학교에서 아이가 하는 실제 행동의 구체적인 예를 들어 설명해야 학부모에게 문제상황을 정확하게 전달할 수 있다. 문제점을 이야기할 때는 아이의 장점과 가능성도 함께 짚어 주어야 학부모를 동반자로 만들 수 있음을 유의해야 한다.

그리고 아이에게 어떤 도움이 필요하며, 학교와 교사는 어느 정도 역할을 할 수 있는지 이야기하고 학부모가 취해야 할 태도 등 필요 사항을 정확하게 설명한다.